1 MONTH OF
FREE
READING

at
www.ForgottenBooks.com

By purchasing this book you are eligible for one month membership to ForgottenBooks.com, giving you unlimited access to our entire collection of over 700,000 titles via our web site and mobile apps.

To claim your free month visit:
www.forgottenbooks.com/free612773

ISBN 978-0-332-53222-6
PIBN 10612773

RÉPERTOIRE

UNIVERSEL ET RAISONNÉ

DE JURISPRUDENCE

CIVILE, CRIMINELLE,

CANONIQUE ET BÉNÉFICIALE.

OUVRAGE DE PLUSIEURS JURISCONSULTES:

Mis en ordre & publié par M. G U Y O T, Écuyer,
ancien Magiſtrat.

TOME NEUVIÈME.

A PARIS,

Chez **PANCKOUCKE**, Hôtel de Thou, rue des
Poitevins.

Et ſe trouve chez les principaux Libraires de France.

M. DCC. LXXVII.

RÉPERTOIRE

UNIVERSEL ET RAISONNÉ

DE JURISPRUDENCE

CIVILE, CRIMINELLE,

CANONIQUE ET BÉNÉFICIALE.

C

HANCELIER. C'eſt un titre commun à pluſieurs dignités & offices. Il y a le Chancelier de France, le Chancelier de la reine, les Chanceliers des fils & petits-fils de France, les Chanceliers dans les ordres de chevalerie, les Chanceliers des conſuls de France dans les pays étrangers, les Chanceliers des académies, les Chanceliers des égliſes, & entr'autres le Chancelier de Notre-Dame & celui de Sainte Geneviève, les Chanceliers dans les ordres religieux, les Chanceliers des univerſités, le Chancelier

de la bafoche , le Chancelier du haut & fouverain empire de Galilée.

Nous allons parler fucceffivement de ces divers
Chanceliers.

Chancelier de France. C'eft le chef de la juftice
& de tous les confeils du roi : il peut auffi,
lorfqu'il le juge à propos, aller préfider dans
tous les parlemens & les autres cours ; c'eft
pourquoi fes lettres font préfentées & enregiftrées dans toutes les cours fouveraines.

Il eft la bouche du roi & l'interprète de fes
volontés ; c'eft lui qui les expofe dans toutes
les occafions où il s'agit de l'adminiftration de
la juftice. Lorfque le roi vient tenir fon lit-de-
juftice au parlement, le Chancelier eft au-deffous de lui dans une chaife à bras, couverte de
l'extrémité du tapis femé de fleurs-de-lys qui
eft aux pieds du roi : c'eft lui qui recueille les
fuffrages, & qui prononce. Il ne peut être ré-
cufé.

Sa principale fonction eft de veiller à tout ce
qui concerne l'adminiftration de la juftice dans
tout le royaume, d'en rendre compte au roi,
de prévenir les abus qui pourroient s'y introduire, de remédier à ceux qui auroient déja
prévalu, de donner des ordres convenables fur
les plaintes qui lui font adreffées par les fujets
du roi contre les juges ou autres officiers de
juftice, & fur les mémoires des compagnies ou
de chaque officier en particulier, par rapport à
leurs fonctions, prééminences & droits.

C'eft encore une de fes fonctions de dreffer,
conformément aux intentions du roi, les nouvelles ordonnances, édits & déclarations, &
les lettres-patentes qui ont rapport à l'adminif-

tration de la justice. L'ordonnance de Charles VII, du mois de novembre 1441, fait mention qu'elle avoit été faite de l'avis & délibération du Chancelier & autres gens du grand-conseil, &c.

C'est à lui que l'on s'adresse pour obtenir l'agrément de tous les offices de judicature; & lorsqu'il a la garde du sceau royal, c'est lui qui nomme aux offices de toutes les chancelleries du royaume, & qui donne toutes les provisions des offices, tant de judicature que de finance ou municipaux. Les charges d'avocats au conseil tombent dans ses parties casuelles; il est le conservateur né des priviléges des secrétaires du roi.

La foi & hommage des fiefs de dignité mouvans immédiatement du roi à cause de sa couronne, peut être faite entre les mains du Chancelier ou à la chambre des comptes. Le Chancelier, comme représentant la personne du roi, reçut à Arras en 1499, l'hommage de l'archiduc d'Autriche, pour ses pairies & comtés de Flandres, d'Artois & de Charolois. L'archiduc se mettant en devoir de s'agenouïller, il le releva en lui disant: il suffit de votre bon vouloir; en quoi il en usa de même que Charles VII avoit fait à l'égard du duc de Bretagne.

Ce fut le Chancelier Duprat qui abolit l'usage des hommages que nos rois faisoient par procureur pour certaines seigneuries qui étoient mouvantes de leurs sujets. Il établit à cette occasion le principe, que tout le monde relève du roi médiatement ou immédiatement, & que le roi ne relève de personne.

Il seroit difficile de détailler bien exactement

toutes les fonctions & les droits attachés à la dignité de Chancelier : nous rapporterons feulement ce qu'il y a de plus remarquable.

D'abord, pour ce qui est de l'étymologie du nom de Chancelier & de l'origine de cet office, on voit que les empereurs romains avoient une espèce de fecrétaire ou notaire appellé *Cancellarius*, parce qu'il étoit placé derrière des barreaux appelés *cancelli*, pour n'être point incommodé par la foule du peuple. Naudé dit que c'étoit l'empereur même qui rendoit la justice dedans cette enceinte de barreaux ; que le Chancelier étoit à la porte, & que c'est de-là qu'il fut nommé *Chancelier*.

D'autres font venir ce nom de ce que cet officier examinoit toutes les requêtes & suppliques qui étoient présentées au prince, & les cancelloit ou biffoit quand elles n'étoient pas admissibles ; d'autres, de ce qu'il signoit avec grille ou paraphe faite en forme de grillage, les lettres-patentes, commissions & brevets accordés par l'empereur ; d'autres enfin, de ce qu'il avoit le pouvoir de canceller & annuller les fentences rendues par des juges inférieurs.

Ducange, d'après Jean de la Porte, fait venir le mot *Chancelier* de Palestine, où les faîtes des maisons étoient en terrasses bordées de balustres ou parapets nommés *cancelli* : il dit qu'on appella *Cancellarii* ceux qui montoient sur ces terrasses pour y réciter des harangues ; que cette dénomination passa aussi à ceux qui plaidoient au barreau, qu'on les appeloit *Cancelli forenses*, ensuite au juge même qui présidoit, & enfin au premier fecrétaire du roi.

L'office de Chancelier en France revient à-peu-près à celui qu'on appeloit *quefteur du facré palais* chez les romains, & qui fut établi par Conftantin le grand : en effet, c'étoit ordinairement un jurifconfulte que l'on honoroit de cette place de quefteur, parce qu'il devoit connoître les lois de l'empire, en dreffer de nouvelles quand le cas le requéroit, & les faire exécuter : elles n'avoient de force que quand il les avoit fignées. Il jugeoit les caufes que l'on portoit par appel devant l'empereur, foufcrivoit les refcrits & réponfes du prince, enfin il avoit l'infpection fur toute l'adminiftration de la juftice.

En France, l'office de Chancelier eft prefque auffi ancien que la monarchie ; mais les premiers qui en faifoient les fonctions, ne portoient pas le titre de Chancelier ; car on ne doit pas appliquer au Chancelier de France ce qui eft dit de certains officiers fubalternes que l'on appeloit anciénnement Chanceliers, tels que ceux qui gardoient l'enceinte du tribunal appelée *cancelli*, parce qu'elle étoit fermée de barreaux.

On donna auffi en France, à l'imitation des romains, le nom de Chancelier à ceux qui faifoient la fonction de greffiers & de notaires, parce qu'ils travailloient dans une femblable enceinte fermée de barreaux.

Les notaires & fecrétaires du roi prirent auffi, par la même raifon, le nom de Chanceliers.

Le roi avoit en outre un premier fecrétaire qui avoit infpection fur tous les autres notaires & fecrétaires : le pouvoir de cet officier étoit fort étendu ; il faifoit les fonctions de Chancelier de France ; mais avant d'en porter le titre, on lui a donné fucceffivement différens noms.

Quelques auteurs modernes font Widiomare, Chancelier ou référendaire de Childéric, mais fans aucun fondement : Grégoire de Tours ne lui donne point cette qualité.

Le premier qui foit connu pour avoir rempli cette fonction eft Aurélien, fous Clovis I. Hincmar dit qu'il portoit l'anneau ou le fceau de ce prince ; qu'il etoit *confiliarius & legatarius regis*, c'eft-a-dire le député du roi. L'auteur des geftes des François le nomme auffi *legatarium* & *miffum Clodovæi* : Aymoin le nomme *familiariffimum regi*, pour exprimer qu'il avoit fa plus intime confiance.

Valentinien eft le premier que l'on trouve avoir figné les chartres de nos rois en qualité de notaire ou fecrétaire du roi, *notarius & amanuenfis* : il fit cette fonction fous Childebert I.

Baudin & plufieurs autres fous Clotaire I & fous fes fucceffeurs, font appelés référendaires par Grégoire de Tours, qui remarque auffi que fous le référendaire qui fignoit & fcelloit les chartres de nos rois, il y avoit plufieurs fecrétaires de la chancellerie, qu'on appeloit notaires ou Chanceliers du roi, *Cancellarii regales*.

On trouve une charte de Thierri écrite de la main d'un notaire, & fcellée par un autre officier du fceau royal. Sous le même roi, Agreftin fe difoit *notarius regis*.

Sous le regne de Chilpéric I, il eft fait mention d'un référendaire & d'un fecrétaire du palais, *palatinus fcriptor*.

Saint Oüen, en latin *Audoenus & Dado*, fut

référendaire du roi Dagobert I, & enfuite de Clovis II. Aymoin dit qu'il fut ainfi appelé, parce que c'étoit à lui que l'on apportoit toutes les écritures publiques, & qu'il les fcelloit du fceau du roi : il avoit fous lui plufieurs notaires ou fecrétaires qui fignoient en fon abfence. Dans des chartres de l'abbaye de faint Denis, il eft nommé *regiæ dignitatis Cancellarius*. C'eft la première fois que le titre de Chancelier ait été donné à cet office.

La plupart de ceux qui firent les fonctions de Chancelier fous les autres rois de cette première race, font nommés fimplement référendaires, excepté fous Clotaire III, que Robert eft nommé garde du fceau royal, *gerulus annuli regii ;* & Grimaud, fous Thierri II, qui figne en qualité de Chancelier, *ego , Cancellarius , recognovi.*

Sous la feconde race de nos rois, ceux qui faifoient la fonction de Chanceliers ou référendaires, reçurent dans le même tems différens noms ; on les appela *archi-Chanceliers ,* ou *grands Chanceliers , fouverains Chanceliers* ou *archi-notaires ,* parce qu'ils étoient prépofés au-deffus de tous les notaires ou fecrétaires du roi, qu'on appeloit encore Chanceliers.

On leur donna auffi le nom d'*apocrifaires* ou *apocrifiaires ,* mot dérivé du grec, pour fignifier celui qui rend les réponfes d'un autre, parce que le grand Chancelier répondoit pour le roi aux requêtes qui lui étoient préfentées.

Hincmar, qui vivoit du tems de Louis-le-Debonnaire, diftingue néanmoins l'office d'*apocrifaire* de celui de *grand Chancelier ;* ce qui vient de ce que le grand-aumônier du roi faifoit quelquefois la fonction d'apocrifiaire, & en portoit le nom.

Les Chanceliers ont auffi été quelquefois appelés archi-chapelains, non pas que ce terme exprimât la fonction de Chancelier ; mais parce que l'archi-chapelain ou grand-aumônier du roi étoit fouvent en même-temps fon Chancelier, & ne prenoit point d'autre titre que celui d'archi-chapelain. La plupart de ceux qui firent cette fonction fous la première & la feconde race, étoient eccléfiaftiques.

Sous la troifième race, les premiers fecrétaires ou référendaires furent appelés grands Chanceliers de France, premiers Chanceliers ; & depuis Baudouin premier, qui fut Chancelier de France fous le roi Robert, il paroît que ceux qui firent cette fonction ne prirent plus d'autre titre que celui de Chancelier de France ; & que depuis ce tems ce titre leur fut réfervé, à l'exclufion des notaires ou fecrétaires du roi, des greffiers & des autres officiers fubalternes, qui prenoient auparavant le titre de Chancelier.

Le Chancelier fut d'abord nommé par le roi feul.

Gervais, archevêque de Reims, & Chancelier de Philippe I, prétendit que la place de Chancelier étoit attachée à celle d'archevêque de Reims, ce qu'il obtint, dit-on, pour lui & fon églife. Il étoit en effet le troifième depuis Hervé qui avoit poffédé la dignité de Chancelier ; mais depuis lui on ne vóit point que cette dignité ait été attachée au fiége de Reims.

Dans la fuite, le Chancelier fut élu au parlement par voie de fcrutin, en préfence du roi. Guillaume de Dormans fut le prémier élu de cette manière en 1371. Louis XI changea cet ordre, & depuis ce tems, c'est le roi seul qui nomme le Chancelier; le parlement n'a aucune juridiction sur lui.

Cet office n'est point vénal ni héréditaire, mais à vie seulement. Le Chancelier est reçu sans information de vie & mœurs, & prête serment entre les mains du roi. Ses provisions sont présentées par un avocat dans toutes les cours souveraines, l'audience tenante, & y sont lues, publiées & enregistrées sur les conclusions des gens du roi.

Quoique l'office de Chancelier ait toujours été rempli par des sujets distingués par leur mérite & par leur naissance, dont la plupart sont qualifiés de chevaliers, il est cependant certain qu'anciennement cet office n'annoblissoit point. En effet, sous le roi Jean, Pierre de la Forêt, Chancelier, ayant acquis la terre de Loupelande dans le Maine, obtint du roi des lettres de noblesse pour jouir de l'exemption du droit de franc-fief. Les Chanceliers nobles se qualifioient *messire*, & les autres *maître*. Présentement le Chancelier est toujours qualifié de *chevalier* & de *monseigneur*.

Charlemagne rendit le Chancelier dépositaire des lois & des ordonnances, & Charles-le-Chauve lui donna le droit d'annoncer pour lui les ordonnances en présence du peuple.

Le pouvoir du Chancelier s'accrut beaucoup sous la troisième race : on voit que dès le tems de Henri premier il signoit les chartes de nos rois, avec le connétable, le boutillier & les autres grands officiers de la couronne.

Frère Guérin, évêque de Senlis, fut d'abord

garde des sceaux sous Philippe-Auguste pendant
la vacance de la chancellerie ; il fut ensuite
Chancelier sous Louis VIII, & releva beaucoup
la dignité de cette charge ; il abandonna la fonction du secrétariat aux notaires & secrétaires du
roi, se réservant seulement sur eux l'inspection.
Il assista avec les pairs au jugement qui fut rendu
en 1224 contre la comtesse de Flandres. Du-
tillet rapporte que les pairs voulurent contester
ce droit au Chancelier, au boutillier, au chambrier & au connétable ; mais la cour du roi décida en faveur de ces officiers. Au sacre du roi,
c'est le Chancelier qui appelle les pairs chacun
à leur rang.

Dès le tems de Philippe-Auguste, le Chancelier portoit la parole pour le roi, même en
sa présence. On en trouve un exemple dans la
harangue que frère Guérin fit à la tête de l'armée, avant la bataille de Bouvines en 1214, &
la victoire suivit de près son exhortation.

On voit aussi dans Froissart, que dès 1355,
le Chancelier parloit pour le roi, en sa présence, dans la chambre du parlement ; qu'il ex-
posa l'état des guerres, & requit que l'on déli-
bérât sur les moyens de fournir au roi des secours
suffisans.

Le Chancelier étoit alors précédé par le connétable & par plusieurs autres grands officiers
dont les offices ont été dans la suite supprimés ;
au moyen de quoi celui de Chancelier est présentement le premier office de la couronne ; &
le Chancelier a rang, séance & voix délibérative après les princes du sang.

Dans les états que le roi envoyoit autrefois
de ceux qui devoient composer le parlement, le

Chancelier eſt ordinairement nommé en tête de la grand'chambre ; il venoit en effet y ſiéger fort ſouvent. Le cardinal de Dormans, évêque de Beauvais & Chancelier, fit l'ouverture des parlemens des 12 novembre 1369 & 1370, par de longs diſcours & remontrances, ce qui ne s'étoit pas encore pratiqué. Arnaud de Corbie fit auſſi l'ouverture du parlement en 1405 & 1406, le 12 novembre, & reçut les ſermens des avocats & des procureurs. Pierre de Mor-villiers reçut auſſi les ſermens le 11 novembre 1461.

Dans la ſuite, les Chanceliers ſe trouvant ſur-chargés de différentes affaires, ne vinrent plus que rarement au parlement, excepté lorſque le roi y vint tenir ſon lit-de-juſtice. Le jeudi 14 mars 1715, M. le Chancelier Voiſin prit en cette qualité ſéance au parlement ; il étoit à la petite audience en robe violette, & vint à la grande audience en robe de velours rouge doublée de ſatin. On plaida devant lui un appel comme d'a-bus, & il prononça l'arrêt.

Philippe VI, dit de Valois, ordonna en 1342 que quand le parlement ſeroit fini, le roi man-deroit le Chancelier, les trois préſidens du par-lement & dix perſonnes du Conſeil, tant clercs que laics, leſquels, ſuivant ſa volonté, nom-meroient des perſonnes capables pour le parle-ment à venir. On voit même qu'en 1370, le cardinal de Dormans, Chancelier, inſtitua Guil-laume de Sens premier préſident.

Le Chancelier nommoit auſſi anciennement les conſeillers au châtelet, conjointement avec quatre conſeillers du parlement, & avec le pré-vôt de Paris ; il inſtituoit les notaires & les exa-minoit avant qu'ils fuſſent reçus.

Son pouvoir s'étendoit aussi autrefois sur les monnoies, suivant un mandement de Philippe VI en 1346, qui enjoint aux maîtres généraux des monnoies de donner au marc d'argent le prix que bon sembleroit au Chancelier & aux trésoriers du roi.

Mais Charles V étant dauphin de Viennois & lieutenant du roi Jean, ordonna en 1356 que dorénavant le Chancelier ne se mêleroit que *du fait de la chancellerie, de tout ce qui regarde le fait de la justice, & d'ordonner des offices en tant qu'à lui appartient comme Chancelier.*

Philippe V défendit au Chancelier de passer à l'avenir des lettres où seroit la clause *nonobstant toutes ordonnances contraires ;* il ordonna que si l'on en présentoit de telles au sceau, elles seroient rapportées au roi ou à celui qui seroit établi de sa part ; & par une autre ordonnance de 1318, il ne devoit apposer le grand sceau qu'aux lettres auxquelles le scel du secret avoit été apposé ; c'étoit celui que portoit le chambellan, à la différence du petit signet que le roi portoit sur lui.

Charles V ordonna aussi en 1356, que le Chancelier ne feroit point sceller les lettres passées au conseil, qu'elles ne fussent signées au moins de trois de ceux qui y avoient assisté, & qu'il n'en pourroit être scellé aucune portant aliénation du domaine, ou don de grandes forfaitures & confiscations, qu'il n'eût déclaré au conseil ce que la chose donnée pouvoit valoir de rente par an.

Suivant les lettres du 14 mars 1401, il pouvoit tenir au lieu du roi les requêtes générales avec tel nombre de conseillers au grand-conseil qu'il lui plairoit, y donner les lettres de grâce & rémiſſion, & y expédier toutes les autres affaires, comme ſi le tout étoit fait en préſence du roi & de ſon conſeil ; il faiſoit ſerment de ne demander au roi aucun don ou grâce pour lui ni pour ſes amis ailleurs qne dans le grand-conſeil.

Charles VI ordonna en 1407 qu'en cas de minorité du roi, ou lorſqu'il ſeroit abſent, ou tellement occupé qu'il ne pourroit vaquer aux affaires du gouvernement, elles ſeroient décidées à la pluralité des voix dans un conſeil compoſé de la reine, des princes du ſang, du connétable, du Chancelier & des gens de ſon conſeil. Après la mort de ce prince, on expédia quelques lettres au nom du Chancelier & du conſeil. Louis XIV, en partant de Paris au mois de février 1678, pour aller en Lorraine, dit aux députés du parlement, qu'il laiſſoit ſa puiſſance entre les mains de M. le Chancelier pour ordonner de tout en ſon abſence ſuivant qu'il le jugeroit à propos.

François premier déclara au parlement que cette cour n'avoit aucune juridiction ni pouvoir ſur le Chancelier de France. Ce fut auſſi ſous le regne du même prince que le Chancelier fut gratifié du droit d'indult, comme étant chef de la juſtice.

Quoique le Chancelier ne ſoit établi que pour le fait de la juſtice, on en a vu pluſieurs qui étoient en même-tems de grands capitaines, & qui commandoient dans les armées : tel fut ſaint Oüen, référendaire du roi Dagobert I ; tel fut encore Pierre Flotte, qui fut tué à la bataille de Courtrai les armes à la main, le 11 juillet

1302. A l'entrée du roi à Bordeaux en 1451, le Chancelier parut armé d'un corſelet d'acier, & par-deſſus une robe de velours cramoiſi. M. le Chancelier Séguier fut envoyé à Rouen en 1639, à l'occaſion d'une ſédition; il commandoit les armes, on prenoit le mot de lui.

L'habit de cérémonie du Chancelier eſt l'épitoge ou robe de velours rouge doublé de ſatin, avec le mortier comblé d'or & bordé de perles: il a droit d'avoir chez lui des tapiſſeries ſemées de fleurs-de-lis, avec les armes de France & les marques de ſa dignité.

Quand il marche en cérémonie, il eſt précédé des quatre huiſſiers de la chancellerie portant tous leurs maſſes, & des huiſſiers du conſeil, appelés vulgairement huiſſiers de la chaine; il eſt auſſi accompagné d'un lieutenant de robecourte de la prévôté de l'hôtel & de deux gardes; ce qui paroît avoir une origine fort ancienne: car Charles VI ayant réduit en 1387 le nombre des ſergens d'armes, ordonna que l'un d'eux demeureroit auprès du Chancelier.

Anciennement le Chancelier portoit le deuil & aſſiſtoit aux obſèques des rois. Guillaume Juvénal des Urſins, Chancelier, aſſiſta ainſi aux funérailles de Charles VI, de Charles VII & de Charles VIII: mais depuis long-tems l'uſage eſt que le Chancelier ne porte point le deuil, & n'aſſiſte plus à ces ſortes de cérémonies. On a voulu marquer par-là que la juſtice conſerve toujours la même ſérénité.

Suivant une cédule ſans date qui ſe trouve à la chambre des comptes de Paris, Philippe d'Antogni, qui portoit le grand ſceau du roi ſaint Louis, prenoit pour ſoi, pour ſes chevaux &

pour

pour fes valets à cheval, fept fous parifis par jour, tant pour l'avoine que pour toute autre chofe, excepté fon clerc & fon valet-de-chambre, qui mangeoient à la cour. Leurs gages étoient doubles aux quatre fêtes annuelles ; le Chancelier avoit des manteaux comme les autres clercs du roi, & livree de chandelie comme il convenoit, pour fa chambre & pour les notaires ; quelquefois le roi lui donnoit pour lui un palefroi, & pour fon clerc un cheval. Sur foixante fous d'émolumens du fceau, il en prenoit dix, & en outre, fa portion du furplus, comme les autres clercs du roi, c'eft-à-dire les fecrétaires du roi ; enfin quand il éto t dans des abbayes ou autres lieux où il ne dépenfoit rien pour fes chevaux, cela étoit rabattu fur fes gages.

En 1290, il n'avoit que fix fous par jour, avec bouche à la cour pour lui & les fiens ; & vingt fous par jour lorfqu'il étoit à Paris, & mangeoit chez lui.

Deux états de la maifon du roi, des années 1316 & 1517, nomment le Chancelier comme le premier des grands officiers qui avoient leur chambre, c'eft-à-dire leur logement à l'hôtel du roi. Il y eft dit que fi le Chancelier, eft prélat, il ne prendra rien à la cour ; que s'il eft fimple clerc, il aura, comme Meffire de Nogaret avoit, *dix foldées de pain par jour, trois fetiers de vin pris devers le roi, & les autres du commun ; fix pièces de chair, fix pièces de poulailles; & au jour de poiffon, qu'il aura à l'avenant ; qu'on ne lui comptera rien pour cuiffon qu'il faffe en cuifine ni en autre chofe ; qu'on lui fera livraifon de certaine quantité de menues chandelles &*

torches; mais que l'on rendroit les torchons, c'eſt-à-dire les reſtes des flambeaux. Ces détails qui alloient juſqu'aux minuties, marquent quel étoit alors le génie de la nation.

Une ordonnance de 1318 porte qu'il devoit compter trois fois l'année en la chambre des comptes de-l'émolument du ſceau; & en 1320, il n'avoit encore que mille livres pariſis de gages par an, ſomme qui paroît d'abord bien modique pour un office ſi conſidérable : mais alors le marc d'argent ne valoit que trois livres ſept ſous ſix deniers, enſorte que mille livres pariſis valoient alors environ autant qu'aujourd'hui vingt-deux mille livres.

Les anciennes ordonnances ont encore accordé aux Chanceliers pluſieurs droits & priviléges, tels que l'exemption du ban & arrière-ban, le droit de priſe pour les vivres, comme le roi & à ſon prix ; l'exemption des péages & travers pour les proviſions de ſa maiſon, & de tous droits d'aides ; droit de chauffage, qui ne conſiſtoit qu'en deux moules de buches, c'eſt-à-dire deux voies de bois, & quatre quand les notaires du roi étoient avec lui, &c.

Au reſte, il y a pluſieurs autres droits & prérogatives attachés à la charge de Chancelier de France.

Chancelier de la reine. C'eſt un des grands officiers de la maiſon de la reine, qui a la garde de ſon ſceau particulier, ſous lequel il donne toutes les proviſions des offices de ſa maiſon, & les commiſſions & mandemens néceſſaires pour ſon ſervice.

C'eſt lui qui préſide au conſeil de la reine, lequel eſt compoſé du Chancelier, du ſurintendant des finances, des fecrétaires des commandemens, maifon & finances; du procureur-général, de l'avocat-général, des fecrétaires du confeil & autres officiers.

Il eft auffi le chef de la chancellerie de la reine, pour laquelle il y a plufieurs officiers.

C'eft encore lui qui donne, fous le fceau de la reine, toutes les provifions des offices de juftice dans les terres & feigneuries qui font du domaine particulier de la reine.

Il a le même droit dans les duchés, comtés & autres feigneuries du domaine du roi, dont la jouiffance eft donnée à la reine pour fon douaire en cas de viduité; il eft dans ces terres le chef de la juftice, & y inftitue des juges, lefquels rendent la juftice au nom de la reine, & ont le même pouvoir que les juges royaux; il peut pareillement, au nom de la reine, y établir des grands jours dont l'appel reffortit directement au parlement de Paris, quand même ces terres & feigneuries feroient dans le reffort d'un autre parlement.

C'eft encore une des prérogatives de la dignité de Chancelier de la reine, d'avoir droit d'entrée dans toutes les maifons royales lorfque le roi n'y eft pas, ou que la reine y eft feule.

Les reines de France ont de tems immémorial toujours eu leur Chancelier particulier différent de celui du roi.

Grégoire de Tours fait mention que Urciffin étoit référendaire de la reine Ultrogothe, femme de Childebert I. Celui qui faifoit alors l'office de Chancelier de France étoit auffi appelé référendaire.

Jeanne, femme de Philippe V, dit le Long,

avoit en 1319 pour Chancelier Pierre Bertrand, qui fut auſſi l'un des exécuteurs de ſon teſtament.

Iſabeau de Bavière, femme de Charles VI, avoit auſſi ſon Chancelier, autre que celui du roi, quoiqu'elle n'eût point de terres en propre. Maître Jean de Nielle, chevalier, maître Robert le Maçon & Maître Robert Carteau, furent ſes Chanceliers en divers tems.

Robert Maçon, l'un de ceux que l'on vient de nommer, étoit ſeigneur de Trèves en Anjou; il fut d'abord Chancelier de la reine Iſabeau de Bavière, ce qui eſt juſtifié par des lettres de Charles VI, de l'an 1415, par leſquelles il commet le comte de Vendôme & Robert le Maçon, qu'il appelle Chancelier de la reine ſa compagne, pour ſe tranſporter à Angers, & faire jurer la paix aux Anglois. Il fit en 1418 la fonction de Chancelier de France ſous les ordres du dauphin Charles, pour lors lieutenant général du roi.

Le regiſtre du parlement du 22 mai 1413, parlant de Bonne d'Armagnac, femme du ſieur de Montauban, l'appelle couſine & Chancelière de la reine; ce qui confirme encore qu'elle avoit un Chancelier.

La reine de Navarre avoit auſſi ſon Chancelier. François Olivier, qui fut Chancelier de France, avoit été auparavant Chancelier & chef du conſeil de Marguerite de Valois, reine de Navarre, ſœur de François premier.

Gui du Faur, ſeigneur de Pibrac, préſident au mortier, fut Chancelier de Marguerite de France, ſœur du roi Henri III, & alors reine de Navarre. Il mourut le 12 mai 1584.

Jean Berthier, évêque de Rieux, succéda au seigneur de Pibrac en cette charge, qui devint encore plus relevée en 1589, lorsque Marguerite devint reine de France. Le mariage de celle-ci ayant été dissous en 1599, l'évêque de Rieux continua d'être Chancelier de la reine Marguerite. Il logeoit au cloître Notre-Dame en 1605 ; & la reine Marguerite ayant eu alors la permission de revenir à Paris, elle alla d'abord descendre chez son Chancelier, & ce fut là que la ville vint la saluer.

Chanceliers des fils & petits-fils de France, & autres princes de la maison royale. Ce sont les principaux officiers qui sont donnés à ces princes pour leur maison & appanage. Ils sont Chanceliers, garde des sceaux, chefs du conseil, & surintendans des finances.

La chancellerie pour l'appanage n'est point dans le lieu de l'appanage ; elle se tient auprès du prince chez le Chancelier.

Les dauphins de France, ni leurs fils, ni leurs petits-fils aînés n'ont plus de Chanceliers comme ils en avoient autrefois ; parce qu'étant destinés à succéder à la couronne chacun en son rang, on ne leur donne point d'apanage ; mais tous les puînés descendans de la maison royale ont chacun leur apanage, & un Chancelier garde des sceaux, qui expédie & scelle toutes les provisions des offices même royaux dont l'exercice se fait dans l'étendue de l'apanage du prince.

Chancelier dans les ordres de chevalerie. C'est celui qui a la garde du sceau de l'ordre : il scelle en conséquence en cire blanche les lettres des chevaliers & officiers de l'ordre, & les commissions & mandemens émanés du chapitre ou affemblée de l'ordre : c'eft lui qui tient regiftre des délibérations, & qui en délivre les actes fous le fceau de l'ordre : c'eft le premier des grands officiers de chaque ordre.

L'ordre de Saint-Michel avoit autrefois fon Chancelier particulier, fuivant l'article 12 des ftatuts faits en 1469, lors de l'inftitution de cet ordre : le Chancelier devoit être archevêque, évêque ou en dignité notable dans l'églife, & l'article 81 portoit que la meffe haute feroit célébrée par le Chancelier, s'il étoit préfent, ou par un autre ordonné par le roi. Le prieuré de Vincennes, ordre de Grammont, étoit affecté aux Chanceliers de l'ordre de Saint-Michel, qui ont été tous archevêques ou évêques, jufqu'en 1574. Trois cardinaux ont rempli cette place : fçavoir, Georges d'Amboife, archevêque de Rouen ; Antoine Duprat, Chancelier de France ; mais on croit qu'alors il n'étoit plus Chancelier de l'ordre ; & le cardinal de Créqui. Louis d'Amboife, évêque d'Albi ; Georges d'Amboife, cardinal, & le cardinal Duprat, fe qualifioient de Chancelier de l'ordre du roi. Philippe Huraut, feigneur de Chiverny, maître des requêtes, Chancelier du duc d'Anjou, roi de Pologne, fut Chancelier de l'ordre de Saint-Michel, après la mort du cardinal de Créqui en 1574 ; c'eft le premier féculier qui ait eu cette charge. Il reçut le ferment du roi Henri III pour la dignité de chef & fouverain de l'ordre à fon retour de Pologne. Au mois de décembre 1578, il fut fait Chancelier, commandeur & furintendant des deniers de l'ordre du Saint-Efprit, que Henri III venoit d'inftituer. Quelques-uns de fes fucceffeurs prirent des provifions féparées pour

les deux charges de Chanceliers : les appointe-
mens de chacune de ces charges étoient aussi
distingués dans les comptes ; mais dans la suite
les deux charges & tous les droits qui y étoient
attachés ont été réunis en une seule provision ;
c'est pourquoi le Chancelier de l'ordre du Saint-
Esprit prend le titre de *Chancelier des ordres
du roi.*

Il a aussi le titre de commandeur des ordres
du roi ; il doit faire preuve de noblesse pater-
nelle , y compris le bisaïeul pour le moins , &
porte le collier comme les chevaliers. Guillaume de l'Aubespine , Chancelier des ordres ,
obtint en 1611 une pension de trois mille livres pour le dédommager du prieuré de Vincennes qui avoit été affecté aux Chanceliers de
Saint-Michel , & dont ils cessèrent de jouir
lorsque Philippe Huraut de Chiverny fut pourvu
de cette charge en 1574. Cette pension a passé
aux Chanceliers des ordres sur le pied de quatre
mille livres par an depuis 1663.

L'office de garde des sceaux des ordres du roi
a été plusieurs fois désuni de celui de Chancelier ; savoir, depuis 1633 jusqu'en 1645, depuis 1650 jusqu'en 1654, depuis 1656 jusqu'en
1661, & enfin depuis le 25 août 1691 jusqu'au
16 août suivant.

Le Chancelier des ordres est aussi ordinairement surintendant des deniers ou finances des
ordres ; mais cette charge de surintendant a été
quelquefois séparée de celle de Chancelier.

Pour ce qui est du Chancelier de l'ordre
royal & militaire de Saint-Louis, il n'y en avoit
point d'abord. Depuis l'institution de l'ordre
faite en 1693 jusqu'en 1719, le sceau de l'ordre

a été entre les mains du garde des fceaux de France ; ce ne fut que par édit du mois d'avril 1710, que le roi érigea en titre d'office héréditaire un grand'croix Chancelier & garde des fceaux de cet ordre : c'eft le premier des officiers grands'croix L'édit porte, que le Chancelier & les autres grands officiers du même ordre, jouiront des mêmes priviléges que les grands officiers de l'ordre du Saint-Efprit ; que dans les cérémonies & pour la féance, ils fe conformeront à ce qui fe pratique dans le même ordre du Saint-Efprit ; que le Chancelier garde des fceaux de l'ordre de Saint-Louis portera le grand cordon rouge, & la broderie fur l'habit ; que les lettres ou provifions de chevaliers feront fcellées du fceau de l'ordre, qui demeurera entre les mains du Chancelier garde des fceaux de cet ordre ; que le Chancelier & les autres grands officiers prêteront ferment entre les mains du roi ; que les autres officiers prêteront ferment entre les mains du Chancelier de l'ordre ; que le Chancelier aura en garde le fceau de l'ordre, & fera fceller en fa préfence les lettres de provifions & les autres expéditions, & qu'en toute occafion il fera telles & femblables fonctions que celles qui font exercées dans l'ordre du Saint-Efprit par le Chancelier de cet ordre ; que le garde des archives fcellera, en préfence du Chancelier, les provifions des grands'croix, commandeurs, chevaliers & officiers, & les autres expéditions ; que les hérauts d'armes recevront les ordres du Chancelier & du grand-prévôt. M. d'Argenfon, garde des fceaux de France, a été le premier Chancelier de cet ordre.

L'ordre royal, militaire & hospitalier de notre-Dame du Mont-Carmel & de Saint-Lazare de Jérusalem, a aussi son Chancelier garde des sceaux.

Dans l'ordre de Malthe, outre le Chancelier qui est auprès du grand-maître, il y a encore un Chancelier particulier dans chaque grand-prieuré : ainsi comme il y en a cinq en France, il y a autant de Chanceliers. Les commissions & mandemens du chapitre ou assemblée des chevaliers, sont scellés par le Chancelier : c'est lui qui tient le registre des délibérations, & qui en délivre des extraits sous le sceau de l'ordre. Ceux qui se présentent pour être reçus chevaliers de l'ordre, prennent de lui la commission qui leur est nécessaire pour faire les preuves de leur noblesse ; & après qu'elles ont été admises dans le chapitre, il les clôt & y applique le sceau, pour être, ainsi envoyées à Malthe.

Chanceliers des consuls de France dans les pays étrangers. Ce sont ceux qui ont la garde du sceau du consulat & qui scellent tous les jugemens, commissions & autres actes émanés du consulat, ou qui sont passés ou légalisés sous son sceau. Les consuls des échelles du levant & de la Barbarie, ont la plupart un Chancelier ; il y en a même auprès de plusieurs vice-consuls. Il y a aussi un Chancelier du consulat de France au port de Cadix en Espagne : ces Chanceliers font tout à la fois les fonctions de secrétaires du consulat, celles de gardes-scel, de greffiers & de notaires.

Dans quelques endroits moins considérables, le consul à lui-même la garde du sceau.

Suivant l'ordonnance de la Marine du mois d'août 1681, au titre des confuls de la nation Françoife dans les pays étrangers, ceux qui ont obtenu du roi des lettres de confuls dans les villes & places de commerce des états du grand-feigneur, appelées échelles du Levant, & lieux de la Méditerranée, doivent les faire enregiftrer à la Chancellerie de leur confulat.

L'article 16 porte, que les confuls doivent commettre à l'exercice de la Chancellerie des perfonnes capables, & leur faire prêter ferment; & ils en demeurent civilement refponfables : en quoi nous avons fuivi la difpofition des empereurs Honorius & Théodofe, dans la loi *Nullus judicium, cod. de affefforibus domefticis & Cancellariis*, qui veut que les Chanceliers ou greffiers des préfidens, & autres gouverneurs des provinces, foient élus par le corps des officiers ordonnés à la fuite du gouverneur, à la charge que la compagnie répondra civilement des fautes de celui qu'elle aura élu pour Chancelier.

La difpofition de cette article n'eft plus obfervée depuis l'édit du mois de juillet 1720, enregiftré au parlement le 6 mars 1721, portant que les Chanceliers dans les échelles du Levant & de Barbarie, feront pourvus de brevets du roi, nonobftant l'article 16 du titre 9 de l'ordonnance de 1681 ; & qu'en cas de mort ou d'abfence, le premier député de la nation en fera les fonctions pendant la vacance.

Les droits des actes & expéditions de la Chancellerie doivent être réglés par le Chancelier, qui prend à cet effet l'avis des députés de la nation Françoife, & des plus anciens marchands ; & le tableau doit en être mis au lieu le plus apparent de la Chancellerie , & l'extrait en être envoyé inceſſamment par chaque conſul au lieutenant de l'amirauté , & aux députés du commerce de Marſeille.

· Le conſul doit faire l'inventaire des biens & effets de ceux qui décedent ſans héritiers ſur les lieux , enſemble des effets ſauvés des naufrages , & le Chancelier doit s'en charger au pied de l'inventaire , en préſence de deux notables marchands qui le ſignent.

Les teſtamens reçus par le Chancelier dans l'étendue du conſulat , en préſence du conſul & de deux témoins , & ſignés d'eux , ſont réputés ſolemnels.

Les polices d'aſſurances , les obligations à groſſe avanture ou à retour de voyage , & tous les autres contrats maritimes peuvent être paſſés à la Chancellerie du conſulat , en préſence de deux témoins qui ſignent l'acte.

Enfin le Chancelier doit avoir un regiſtre cotté & paraphé ſur chaque feuillet par le conſul & par le plus ancien des députés de la nation , pour y écrire toutes les délibérations & les actes du conſulat , enregiſtrer les polices d'aſſurance , les obligations & contrats qu'il reçoit , les connoiſſemens ou polices de chargemens qui ſont dépoſés entre ſes mains par les mariniers & paſſagers , l'arrêté des comptes des députés de la nation , les teſtamens & inventaires des effets délaiſſés par les défunts ou ſauvés des naufrages , & généralement les actes & procédures qu'il fait en qualité de Chancelier.

Chanceliers des académies. Ce ſont des académiciens qui dans certaines académies de gens de lettres , ont la garde du ſceau de l'académie dont ils ſcellent les lettres des académiciens &

les autres actes émanés de l'académie. Le Chancelier de l'académie françoise eft le premier officier après le directeur, il préfide en fon abfence. On les élit l'un & l'autre tous les trois mois. Il y a auffi un Chancelier dans l'académie royale de peinture & de fculpture.

Ces Chanceliers des académies font auffi chargés d'en faire obferver les ftatuts.

Il y a de femblables Chanceliers dans plufieurs académies des villes de province, comme à la Rochelle ; & dans quelques fociétés littéraires, comme à Arras.

Chanceliers des églifes. Ce font des eccléfiaftiques, qui dans certaines églifes cathédrales & collégiales, ont l'infpection fur les écoles & les études. En quelques églifes, ils font érigés en dignités ; dans d'autres, ce n'eft qu'un office : en quelques endroits, ils font en même-temps Chanceliers de l'univerfité.

Dans l'origine, ces Chanceliers étoient les premiers fcribes des églifes, & les dépofitaires dufce au particulier de leur églife, dont ils fcelloient les actes qui en étoient émanés : ils avoient l'infpection fur toutes les écoles & études, comme ils l'ont encore dans quelques endroits en tout ou en partie ; par exemple, dans l'églife de Paris, le Chancelier donne la bénédiction de licence dans l'univerfité : le grand chantre a l'infpection fur les petites écoles.

L'établiffement de ces Chanceliers doit être fort ancien, puifque dans le fixième concile général tenu en 680, on trouve Etienne & Denis tous deux diacres & Chanceliers : c'étoit dans l'églife d'Orient, avant eux, qu'eft nommé un autre eccléfiaftique auquel on donne le titre de *defenfor navium*, c'eft-à-dire, des nefs des églises ; ce qui pourroit faire croire que l'office de Chancelier d'église étoit opposé à celui de *defensor navium*, & que le Chancelier étoit le maître du chœur appelé *cancelli*, & que l'on appelle encore en françois *chancel* ou *cancel*, & qu'il fut appelé delà *cancellarius*.

Il paroît néanmoins que l'opinion la plus commune est que les Chanceliers d'église ont emprunté ce nom des Chanceliers séculiers, qui chez les romains du temps du bas empire, écrivoient *intra cancellos*, & que ceux qui écrivoient les actes des églises, furent nommés Chanceliers à l'instar des premiers, soit qu'ils écrivissent aussi dans une enceinte fermée de barreaux, soit parce qu'ils faisoient pour les églises la fonction de notaires & de secrétaires, comme les Chanceliers séculiers la faisoient pour l'empereur ou pour différens magistrats.

Ceux qui sont préposés dans les églises pour avoir inspection sur les études reçoivent différens noms : en quelques endroits on les appelle *scholastiques* ou *maîtres d'école*, *écolatres* ; en Gascogne, on les appelle *capiscol*, *quasi caput scholæ*, chef de l'école.

Les écolatres & Chanceliers de plusieurs églises cathédrales sont Chanceliers nés de l'université du lieu : tels sont le Chancelier de l'église de Paris & ceux des églises d'Orléans & d'Angers.

En certaines églises, la dignité de Chancelier est différente de celle d'écolatre ; comme à Verdun, où l'office de Chancelier a été érigé en dignité.

Dans celle ou la dignité de Chancelier est plus ancienne que le partage des prébendes, le

Chancelier eft ordinairement du corps du chapitre & chanoine. Dans les églifes où cette dignité a été créée depuis le partage des prébendes, il ne peut être du corps du chapitre
qu'en poffédant une prébende ou canonicat.

On peut appliquer aux Chanceliers des églifes
plufieurs difpofitions des conciles qui concernent
les fcholaftiques, & qui font communes aux
Chanceliers.

Le concile de Tours, tenu en 1583, charge
nommément les fcholaftiques & les Chanceliers
des églifes cathédrales, d'inftruire ceux qui doivent lire & chanter dans les offices divins, &
de leur faire obferver les points & les accens.

Il y a encore des Chanceliers dans plufieurs
églifes cathédrales & collégiales : dans quelques-
unes cet office a été fupprimé.

On ne parlera pas en détail de tous les Chanceliers des différentes églifes ; mais il convient
de donner des articles particuliers pour le Chancelier de l'églife de Paris & pour celui de fainte-
Geneviève.

Chancelier de l'églife de Paris, ou *de Notre-Dame
& de l'univerfité.* C'eft un dignitaire de l'églife cathédrale de Paris, qui réunit l'office de Chancelier de cette églife & celui de Chancelier de
l'univerfité. Sa fonction, comme Chancelier de
l'églife de Paris, eft d'avoir infpection fur les
collèges ; il y a auffi lieu de croire qu'il avoit
anciennement la garde du fceau de cette églife,
& que c'eft delà qu'il a été nommé Chancelier.
Sa fonction, comme Chancelier de l'univerfité,
eft de donner la bénédiction de licence, de l'autorité apoftolique, & le pouvoir d'enfeigner à
Paris & ailleurs ; mais ce n'eft point lui qui donne

les lettres, ni qui les fcelle; elles font données dans chaque faculté par le greffier, qui eft dépofitaire du fceau de l’univerfité.

Il y avoit à Paris, dès le tems de la première & de la feconde race de nos rois, plufieurs écoles publiques; une entr’autres, qui étoit au parvis de Notre-Dame dans un grand édifice bâti exprès, & attaché à la maifon épifcopale : l’évêque avoit l’infpection fur ces écoles, & prépofoit un officier pour en avoir fous lui la direction, lequel donnoit des lettres à ceux qui étoient reçus maîtres dans une fcience, & auxquels on donnoit pouvoir d’enfeigner. Celui qui fcelloit leurs lettres fut appellé Chancelier, à l’inftar du Chancelier de France, qui fcelloit les lettres du roi.

L’inftitution du Chancelier de l’églife de Paris doit être fort ancienne, puifque dès le temps d’Imbert, évêque de Paris en 1030, un nommé Durand eft qualifié *Cancellarius ecclefiæ Parifienfis*. Raynald prenoit le même titre en 1032 ; & l’on connoît tous ceux qui ont depuis rempli cette place.

Lorfque les maîtres & régens des différentes écoles de Paris commencèrent à former un corps que l’on appela univerfité, ce qui n’arriva qu’au commencement du treizième fiécle, le Chancelier de l’églife de Paris prit aufli le titre de Chancelier de l’univerfité.

Innocent IV par des bulles, l’une datée de la feconde année de fon pontificat (c’étoit en 1244), l’autre datée de fept ans après, mande au Chancelier de l’églife de Paris, de faire taxer le louage des maifons où demeuroient les régens.

Grégoire X ordonna que le Chancelier élu

prêteroit ferment entre les mains de l'évêque &
du chapitre.

Suivant une lettre de Nicolas III , qui eſt au
ſecond volume du répertoire des chartres de
l'égliſe de Paris ; ce pape ayant caſſé l'élection
qui avoit été faite d'Odun de Saint-Denis , chanoine de Paris, pour évêque de la même égliſe ,
conféra cet évêché à frère Jean de Allodio , de
l'ordre des frères prêcheurs , qui étoit alors
Chancelier de l'égliſe de Paris ; lequel refuſa cet
évêché , voulant demeurer ferme dans l'état
qu'il avoit embraſſé.

La place de Chancelier de l'univerſité étoit
regardée comme ſi importante , que Boniface
VIII , dans le temps de ſes démêlés avec Philippe-
le-Bel , réſerva pour lui-même cette place , afin
d'avoir plus d'autorité dans l'univerſité , & principalement ſur les docteurs en théologie , auxquels le Chancelier de l'univerſité donne le dégré
de docteur & la bénédiction , & commiſſion de
prêcher par-tout le monde.

Mais après la mort de Boniface , l'univerſité
ayant deſiré de ravoir cet office , Bénoît XI le
lui rendit ; & l'on tient que ce fut pour éviter
à l'avenir une ſemblable uſurpation , que cet office fut attaché à un chanoine de l'égliſe de
Paris ; ce que l'on induit d'une bulle de ce pape ,
qui eſt dans les regiſtres de l'égliſe de Paris ,
dans ceux de ſainte-Genevive , & dans le livre
du recteur , où il y a encore une autre bulle de
Grégoire XI à ce ſujet.

Il eſt néanmoins certain que préſentement il
n'y a point de canonicat annexé à la dignité de
Chancelier ; il eſt membre de l'égliſe ſans être
du chapitre , à moins qu'il ne ſoit déjà chanoine,

ou qu'il ne le devienne dans la suite : ce qui est assez ordinaire.

Comme il ne tenoit anciennement son pouvoir que de l'évêque, il ne donnoit la faculté d'exercer & d'enseigner que dans l'étendue de l'évêché. L'abbé de sainte-Geneviève, qui avoit la direction des écoles publiques du territoire particulier dont il étoit seigneur spirituel & temporel, avoit son Chancelier qui donnoit des licences pour toutes les facultés ; & comme il relevoit du saint-siége, le pape lui accorda le privilége de donner à ceux qu'il licencieroit, la faculté d'enseigner par toute la terre. Le Chancelier de Notre-Dame obtint un semblable pouvoir de Bénoît XI, dans le quatorzième siécle.

Le Chancelier de Notre-Dame étoit quelquefois du nombre de ceux que l'on nommoit pour tenir le parlement. On voit qu'il y étoit le 21 mai 1375, lorsqu'on y publia l'ordonnance de Charles V qui fixe la majorité des rois à quatorze ans.

Le célébre Gerson, qui fut nommé Chancelier de l'université en 1395, fut un des plus grands hommes de son temps, & on l'employa dans les négociations les plus importantes.

Le Chancelier de l'université fut appelé à la réformation que firent les cardinaux de Saint-Mars & de Saint-Martin-aux-Monts, & à celle que fit le cardinal d'Etouteville, légat en France, où il permit au Chancelier de l'église de Paris, d'absoudre du lien de l'excommunication à l'article de la mort.

Le ministère du Chancelier devoit être purement gratuit ; tellement que le 6 février 1529, l'université vint se plaindre au parlement, de ce que fon Chancelier prenoit de l'argent pour faire des maîtres-ès-arts ou docteurs.

La dignité de Chancelier eſt à la nomination du chapitre.

Le recteur de l'univerſité aſſiſte au chapitre de Notre-Dame à l'inſtallation du Chancelier.

Il donne préſentement ſeul la bénédiction de licence dans les facultés de théologie & de médecine : par rapport au dégré de maître-ès-arts , par un ancien accord fait entre le Chancelier de Notre-Dame & celui de ſainte-Geneviève , les colléges ſont diviſés en deux lots , qu'on appelle le premier & ſecond lot. Le Chancelier de Notre-Dame & celui de ſainte-Geneviève ont chacun leur lot , & chacun d'eux donne la licence aux bacheliers-ès-arts venant des colléges de ſon lot ; & comme ces lots ne ſe trouvent plus parfaitement égaux , à cauſe des révolutions arrivées dans quelques colléges , ils changent de lot tous les deux ans. Ils font entre eux bourſe commune pour les droits de réception.

Lorſque la licence des théologiens & des étudians en médecine eſt finie , ils ſont préſentés au Chancelier de Notre-Dame dans la ſalle de l'officialité ; & quelques jours après , il leur donne dans la chapelle de l'archévêché la bénédiction & la permiſſion ou licence d'enſeigner. Il donne auſſi en même-temps le bonnet de docteur aux théologiens ; ce qui eſt précédé d'une thèſe qu'on nomme aulique , parce qu'elle ſe ſoutient dans la grande ſalle de l'archevêché. La cérémonie commence par un diſcours du Chancelier à celui qui doit être reçu docteur : à la fin de ce diſcours il lui donne le bonnet. Auſſi-tôt le nouveau docteur préſide à l'aulique où il argumente le premier , & enſuite le Chancelier , &c. L'aulique étant finie, le Chancelier & les docteurs accompagnés des bedeaux, menent le nouveau docteur à Notre - Dame, où il fait ferment devant l'autel de saint-Denis, autrefois de saint-Sébaftien, qu'il défendra la vérité jufqu'a l'effufion de fon fang. Ce ferment fe fait à genoux; la feule diftinction que l'on obferve pour les princes, eft qu'on leur préfente un carreau pour s'agenouiller.

A l'égard des licenciés en médecine, après avoir reçu du Chancelier la bénédiction de licence, ils reçoivent enfuite le bonnet de docteur dans leurs écoles, par les mains d'un médecin.

On trouve des lettres de Philippe VI, dit de Valois, du mois d'août 1331, par lefquelles, en confirmant quelques ufages obfervés de temps immémorial dans la faculté de médecine, il ordonne que les écoliers en médecine qui auront fait leur cours & voudront être maîtres, feront préfentés par les maîtres au Chancelier de l'églife de Paris, qui doit les examiner chacun à part; & que s'ils fe trouvent capables, ils foient licenciés.

Il intervint encore au mois de juin 1540, un arrêt de réglement à leur fujet; par lequel, faifant droit fur la requête des *licentiandes* en la faculté de médecine, il fut dit que dorénavant au temps de la mi-carême, la faculté de médecine s'affembleroit dans la falle de l'évêché de Paris, où l'on a accoutumé de faire les docteurs en Théologie; que le Chancelier de l'univerfité & de l'églife de Paris, s'y trouveroit comme principal juge de la licence; que les docteurs-régens en médecine feroient apporter les rôles particuliers des *licentiandes*, qu'ils les mettroient au chapeau en la manière accoutumée, & prêteroient ferment entre les mains du Chancelier, qu'ils ont fait ces rôles felon dieu & en leur confcience, n'ayant égard qu'à la doctrine, & fans aucune brigue ni ftipulation; que ce ferment fait, les rôles feroient tirés du chapeau en préfence du Chancelier; que de ces rôles particuliers feroit fait le rôle général, auquel feroient mis les *licentiandes* en leur ordre, à la pluralité des voix des docteurs; qu'en cas de partage des fuffrages, le droit de gratifier appartiendroit au Chancelier, qui pourroit préférer celui des *licentiandes* qu'il jugeroit à propos, comme il peut faire en la faculté de théologie: que fi au jour afligné, le Chancelier avoit quelque empêchement légitime, ou étoit hors de Paris, on feroit tenu de l'attendre trois jours, paffé lequel temps, la faculté pourroit faire fon rôle commun felon l'ancienne coutume; & la cour fit défenfes tant au Chancelier qu'aux docteurs de rien prendre ni exiger.

Pour ce qui eft de la faculté de droit civil & canon, il y donnoit auffi la bénédiction de licence & le bonnet de docteur; mais comme il étoit incommode de venir préfenter au Chancelier chaque licencié l'un après l'autre, par un ancien accord fait entre le Chancelier & la faculté de droit, le Chancelier a donné à cette faculté le pouvoir de conférer en fon lieu & place le degré de licence & le doctorat; en reconnoiffance de quoi, le quefteur de la faculté paye au Chancelier deux livres pour chaque licencié.

Le Chancelier de Notre-Dame jouit encore de plufieurs autres droits, dont nous remarquerons ici les plus confidérables.

Il a droit de visite dans les collèges de Sainte-Barbe, Cambrai, Bourgogne, Boissi & Autun, concurremment avec l'université; mais il fait sa visite séparément.

Il a en outre l'inspection sur toutes les principalités, chapelles, bourses & régences des colléges, mœurs & disciplines scholastiques, & sur tout ce qui en dépend. Il a la disposition des places de tous les colléges; & s'il s'éleve des contestations à ce sujet, elles sont dévoluës à sa juridiction contentieuse. Il peut rendre des sentences & ordonnances; il peut même en procédant à la réformation d'un collége, informer & décréter.

Suivant un réglement fait par le parlement le 6 août 1538, l'élection du recteur de l'université doit être faite par le Chancelier de Notre-Dame & les docteurs-régens, en présence de deux de messieurs.

Il a droit d'indult, de joyeux avènement, & de serment de fidélité: il est de plus un des exécuteurs de l'indult.

Il ne peut point donner d'absolution *ad cautelam*, ni de provisions au refus de l'ordinaire; l'usage est de renvoyer l'impétrant au supérieur du collateur ordinaire: mais s'il n'en a point dans le royaume, ou qu'il soit dans un pays fort éloigné, ou qu'il y ait quelqu'autre motif légitime pour ne pas renvoyer devant lui; on renvoie ordinairement devant le Chancelier de l'université, pour obtenir de lui des provisions.

Mais en matière de joyeux avènement & de serment de fidélité, il a seul dans tout le royaume le droit de donner des provisions au refus des ordinaires.

Il a un fous-Chancelier.

Chancelier de l'églife de fainte-Génevieve & de l'Univerfité. C'eft un chanoine régulier de l'abbaye royale de fainte-Genevieve de Paris, qui donne dans la faculté des arts la bénédiction de licence, de l'autorité apoftolique, & le pouvoir d'enfeigner à Paris & par-tout ailleurs.

L'inftitution de cet office de Chancelier eft fort ancienne; elle tire fon origine des écoles publiques qui fe tenoient à Paris dès le commencement de la troifieme race, fur la montagne & proche l'églife de fainte - Genevieve, appelée alors l'églife de faint-Pierre & de faint-Paul.

Sous le règne de Louis VII, on fubftitua aux chanoines réguliers qui deffervoient alors l'églife de faint-Pierre & faint-Paul, douze chanoines tirés de l'abbaye de faint-Victor, qui étoit alors une école célèbre. Philippe-Augufte ayant en 1190 fait commencer une nouvelle clôture de murailles autour de la ville de Paris, l'églife de faint-Pierre & faint Paul s'y trouva renfermée. Pafquier, dans fes recherches de la France, dit que quelque tems après on donna à cette églife un Chancelier, comme étant une nouvelle peuplade de celle de faint-Victor, laquelle pourtant ne fut point honorée de cette dignité, parce qu'elle fe trouva hors de la nouvelle enceinte.

Cette création, dit Pafquier, caufa de la jaloufie entre le Chancelier de l'églife de Paris & celui de l'églife de faint-Pierre & faint-Paul; le premier ne voulant point avoir de compagnon, & l'autre ne voulant point avoir de fupérieur.

Les écoles qui fe tenoient fous l'autorité de l'abbé de fainte-Genevieve, s'étant multipliées par la permiffion du chapitre de cette églife, fon Chancelier fut chargé de faire obferver les ordonnances du chapitre & d'expédier fes lettres de permiffion pour enfeigner. Il avoit l'intendance fur les écoles, examinoit ceux qui fe préfentoient pour profeffer, & enfuite leur donnoit pouvoir d'enfeigner.

Lorfque les différentes écoles de Paris commencèrent à former un corps fous le nom d'univerfité, ce qui ne commença qu'en 1200; le Chancelier de l'églife de fainte-Genevieve prit auffi le titre de Chancelier de l'univerfité, & en fit feul les fonctions jufqu'au temps de Benoit XI, comme l'obferve André Duchefne.

Ce que dit cet auteur eft juftifié par la célèbre difpute qui s'éleva en 1240 entre le Chancelier de fainte-Genevieve & celui de Notre-Dame. Les écoles de Théologie de Notre-Dame n'étant pas alors de l'univerfité, le Chancelier de cette églife ne devoit point étendre fa juridiction au delà du cloître de fon chapître, où étoient les écoles de théologie de l'évêque de Paris. Il entreprit néanmoins d'étendre fon autorité fur les écoles de l'univerfité, lefquelles étant toutes en deçà du petit pont, étoient appelées les écoles de la montagne. L'abbé & le Chancelier de fainte-Genevieve portèrent au pape Grégoire IX, leurs plaintes de cette entreprife; & ce pape, par deux bulles expreffes de 1227, maintint la juridiction de l'abbé & du Chancelier de fainte-Genevieve fur toutes les facultés, & défendit au Chancelier de Notre-Dame de les troubler dans cette juridiction & dans leurs fonctions : il ajouta que perfonne n'avoit droit d'enfeigner dans le territoire de fainte-Genevieve, fans la permiffion de l'abbé.

Les prérogatives de l'abbé & du Chancelier de fainte-Genevieve furent encore confirmées par la bulle d'Alexandre IV, qui défend au Chancelier de fainte-Genevieve de donner le pouvoir d'enfeigner dans aucune faculté à aucun licentié, qu'il n'ait juré d'obferver les ftatuts faits par le pape. Ce qui fait voir que le Chancelier de fainte-Genevieve étoit alors regardé comme ayant la principale autorité dans l'univerfité, puifque les papes lui adreffoient les bulles & les ordonnances qui concernoient l'univerfité. C'eft à lui qu'Alexandre IV adreffa la bulle par laquelle il enjoignit l'obfervation des réglemens qu'il avoit faits pour rétablir le bon-ordre dans l'univerfité de Paris.

Grégoire X, en 1271, délégua l'abbé de faint-Jean des Vignes & l'archidiacre de Soiffons, pour régler les différents des deux Chanceliers.

Le Chancelier de fainte-Genevieve fut le feul Chancelier de l'univerfité jufqu'en 1334, que Benoît XI ayant uni l'école de théologie de l'évêque de Paris à l'univerfité dont jufqu'alors elle n'étoit point membre, le Chancelier de l'églife de Paris reçut alors le pouvoir de donner la bénédiction de licence de l'autorité du faint-fiège, de même que celui de fainte-Genevieve, & prit auffi depuis ce temps le titre de Chancelier de l'univerfité, concurremment avec celui de fainte-Genevieve.

Alors le Chancelier de Paris donnoit la bénédiction aux licentiés des écoles dépendantes de l'évêque de Paris. Enfuite on eût le choix de s'adreffer à l'un ou à l'autre ; mais par fucceffion de temps l'ufage a introduit que le Chancelier de fainte-Genevieve ne donne plus la bénédiction de licence que dans la faculté des arts ; c'est pourquoi on l'appelle quelquefois Chancelier des arts, quoiqu'il ne soit pas le seul qui donne la bénédiction de licence dans cette faculté.

Dans les douzième & treizième siècles jusqu'en 1230, le Chancelier de sainte-Genevieve recevoit sans le concours d'aucun examinateur les candidats qui se présentoient pour être membres de l'université. Ce fait est appuyé sur l'autorité d'Alexandre III, au titre *De Magistris*, & sur le témoignage d'Etienne, évêque de Tournai, épître 133.

En 1289, le pape Nicolas III accorda à l'université de Paris, que tous ceux qui auroient été licentiés par les Chanceliers dans les facultés de théologie, de droit canon, ou des arts, pourroient enseigner par-tout ailleurs dans les autres universités, sans avoir besoin d'autre examen ni approbation, & qu'ils y seroient reçus sur le pied de docteurs.

Depuis le treizième siécle, pour s'assurer de la capacité des récipiendaires, le Chancelier de sainte-Genevieve a bien voulu, à la requisition de l'université, choisir quatre examinateurs, un de chaque nation, lesquels conjointement avec lui, examinent les candidats avant de leur accorder la licence.

L'université ayant contesté au Chancelier de sainte-Genevieve le droit de choisir des examinateurs, l'affaire fut portée au conseil du roi Charles VI, lequel par arrêt de 1381 confirma le Chancelier de sainte-Genevieve dans le droit & possession où il étoit, & où il est encore, de choisir chaque année quatre examinateurs, un de chaque nation; droit qu'il exerce aujourd'hui, & qui eft reconnu par l'univerſité.

Par une tranſaction paſſée entre les Chanceliers de Notre-Dame & de ſainte-Genevieve, homologuée par arrêts du mois de mars 1687, les deux Chanceliers ont fait deux lots de tous les colléges de l'univerſité de Paris; ils ſont convenus que les écoliers des collèges iroient, ſavoir ceux du premier lot, pendant deux ans, ſe préſenter au Chancelier de Notre-Dame, pour être examinés, & recevoir le bonnet de maître ès-arts; & ceux des colléges du ſecond lot au Chancelier de ſainte-Genevieve; qu'après les deux ans, les écoliers du premier lot ſe préſenteroient à ſainte-Genevieve, & ceux du ſecond lot à Notre-Dame, & ainſi alternativement de deux en deux ans; ce qui s'eſt toujours pratiqué depuis ſans aucune difficulté.

Voici l'ordre & la maniere dont les Chanceliers de Notre-Dame & de ſainte-Genevieve ont coutume de procéder aujourd'hui dans l'exercice de leurs fonctions.

Lorſque les candidats ſe préſentent à l'examen d'un des Chanceliers, le bedeau de la nation des candidats lui remet le certificat de leur cours entier de philoſophie, ſigné de leur profeſſeur, avec les atteſtations du principal du collége où ils ont étudié, du greffier de l'univerſité, du recteur auquel ils ont prêté ſerment, & l'acte de leur promotion au degré de baccalauréat ès-arts. Le Chancelier les examine avec ſes quatre examinateurs. Quand ils ont été reçus à la pluralité des ſuffrages, il leur fait prêter les ſermens accoutumés, dont le premier & le principal eſt d'obſerver fidelement les ſtatuts de l'univerſité ; après quoi il leur confère ce qu'on appeloit autrefois le dégré de licence dans la faculté des arts, en leur donnant, au nom & de l'autorité du pape, la bénédiction apoſtolique, & il couronne le nouveau maître-ès-arts par l'impoſition du bonnet.

Un bachelier-ès-arts d'un lot, ne peut s'adreſ-ſer au Chancelier qui a actuellement l'autre lot, ſans un *licet* de l'autre.

Il y a bourſe commune entre les deux Chanceliers pour les droits de réception des maîtres-ès-arts.

En 1668, le Père Lallemant, Chancelier de l'abbaye de ſainteGenevieve, obtint du cardinal de Vendôme, Légat en France, un acte en forme qui confirme le Chancelier de ſainte-Genevieve, dans les droits qu'il prétend avoir été accordés par les ſouverains pontifes aux Chanceliers ſes prédéceſſeurs, de nommer aux bourſes & aux régences des collèges, lorſque les nominations ſont nulles, & qu'elles ne ſont pas conformes aux ſtatuts de l'univerſité. On voit dans cet acte beaucoup d'autres prérogatives prétendues par le Chancelier de ſainte-Genevieve, & confirmées par le cardinal-légat, que le Chancelier ne fait pas valoir.

Le Chancelier de ſainte-Genevieve prête ſerment dans l'aſſemblée générale de l'univerſité.

Suivant l'article 27 des ſtatuts de l'univerſité de Paris, le Chancelier de ſainte - Genevive doit être maître-ès-arts; ou s'il n'eſt pas de cette qualité, il eſt tenu d'élire un Sous-Chancelier qui ſoit maître, c'eſt-à-dire, docteur en théologie. Les Chanceliers ſont dans l'uſage de choiſir toujours un docteur en théologie.

Chanceliers dans les ordres religieux. C'eſt un religieux, qui dans certaines congrégations tient regiſtre des actes & papiers concernant le monaſtère, & qui eſt chargé du ſoin de ces papiers. Il y a apparence qu'il a été ainſi nommé, parce qu'il avoit auſſi la garde du ſceau de la maiſon, ou bien parce qu'il avoit la garde de tous les actes ſcellés.

On trouve dans les regiſtres de l'abbaye de Saint-Germain-des-Prés-lèz-Paris, un acte du onzieme ſiécle qui fait mention d'un Chancelier qui étoit alors dans cette abbaye.

Dans le procès-verbal des coutumes de Lorraine, du premier mars 1594, comparut Jean Gerardin, chanoine & Chancelier d'office en l'égliſe de Remiremont.

Chanceliers des univerſités. Ce ſont ceux qui ont la garde des ſceaux des univerſités & qui ſcellent les lettres des differens grades, proviſions & commiſſions que l'on y donne.

Chaque univerſité a ſon Chancelier : il y en a même deux dans l'univerſité de Paris, comme on vient de le voir.

Il eſt parlé du Chancelier de l'étude de médecine de Montpellier, dans des lettres de Philippe VI, dit de Valois, du mois d'août 1331, rapportées dans le recueil des ordonnances de la troiſieme race, & dans d'autres lettres du roi Jean du mois de janvier 1350.

Le pape Eugene IV donna en 1439, à la requête des états de Normandie, une bulle, par laquelle il créa l'univerſité de Caën, & nomma l'évêque de Bayeux pour en être Chancelier; ce qui fait voir que l'office de Chancelier dans les univerſités, a toujours été en grande conſidération

Le parlement de Paris ordonna par un arrêt du 18 mars 1543, que les nouveaux docteurs qui vouloient prétendre aux régences, devoient préalablement répondre pendant trois jours publiquement fur la loi & le chapitre qui leur feroit donné par le Chancelier & les commiffaires à ce députés.

Par un autre arrêt du 18 avril 1582, il fut défendu, tant au Chancelier qu'aux docteurs, de recevoir aucune perfonne à une régence vacante, fans avoir préalablement répondu publiquement.

Par arrêt du parlement de Touloufe, du 9 avril 1602, défenfes furent faites au Chancelier & aux docteurs-régens de l'univerfité de Cahors, de recevoir aucun docteur-régent fans difputes publiques.

Le Chancelier de l'univerfité de Valence a droit de régler les gages des docteurs-régens, fuivant un arrêt du confeil d'état du 2 décembre 1645.

Dans les lettres de Charles VI, du 17 octobre 1392, rapportées dans les ordonnances de la troifieme race, le Chancelier de l'univerfité de Touloufe eft nommé deux fois avant le recteur.

Toutes les commiffions de la cour de Rome pour les univerfités, font adreffées au Chancelier.

Le Chancelier eft le premier officier de l'univerfité de Dijon ; mais il faut obferver que cette univerfité n'eft compofée que d'une feule faculté, qui eft celle de droit civil, canonique & françois. Il a un Vice-Chancelier.

Chancelier de la bafoche. C'eft le nom que

porte le préfident de la bafoche. Il en a été parlé à l'article BASOCHE.

Chancelier du haut & fouverain empire de galilée. C'eft le préfident d'une jurifdiction que les clercs des procureurs de la chambre des comptes exercent pour juger les conteftations qui peuvent furvenir entre eux.

Le chef de cette juridiction prenoit autrefois le titre d'empereur de Galilée ; fon Chancelier étoit le fecond officier : mais Henri III ayant défendu qu'aucun de fes fujets prît le titre de roi, comme faifoient le premier officier de la bafoche & les chefs de plufieurs autres communautés, le titre d'empereur ceffa dans la juridiction des clercs dont il s'agit, laquelle conferva néanmoins toujours le titre d'empire ; & le Chancelier en devint le premier officier. On voit par-là que l'ufage de lui donner le titre de Chancelier eft fort ancien.

Le Chancelier eft foumis de même que tout l'empire, au protecteur, qui eft le doyen des maîtres des comptes, protecteur né de l'empire. Il fait, lorfqu'il le juge à propos, des réglemens pour la difcipline de l'empire. Ces réglemens font adreffés, *à nos amés & féaux Chancelier & officiers de l'empire*, &c.

Lorfque le Chancelier actuellement en place donne fa démiffion, ou que fa place devient autrement vacante, on procède à l'élection d'un nouveau Chancelier à la requifition du procureur-général de l'empire. Cette élection fe fait, tant par les officiers de l'empire, que par les autres clercs actuellement employés chez les procureurs de la chambre. Les procureurs qui ont été officiers de l'empire, peuvent auffi

affifter à cette nomination, & y ont voix délibérative.

Celui qui eft élu Chancelier prend des provifions du protecteur de l'empire ; & lorfqu'elles
font fignées & fcellées, il les donne à un maître
des requêtes de l'empire, qui en fait le rapport
en la forme fuivante.

M. le doyen des maîtres des comptes prend
place au grand bureau de la chambre des comptes, où il occupe la place de M. le premier préfident. M. le procureur-général de la chambre
prend la première place à droite fur le banc des
maîtres des comptes.

Le maitre des requêtes de l'empire chargé des
lettres du Chancelier, en fait fon rapport devant ces deux magiftrats, l'empire affemblé &
préfent, fans fiége néanmoins.

Le Chancelier fe préfente, & fait une harangue à la compagnie, enfuite il prend féance
à côté du protecteur, & fe couvre d'une toque
ou petit chapeau d'une forme affez bifarre.

Le protecteur l'exhorte à faire obferver les
réglemens ; enfuite il eft conduit à l'empire affemblé dans la chambre du confeil, où il prête
ferment entre les mains du plus ancien des Chanceliers de l'empire : il fait auffi un difcours à
l'empire.

Il en coûte ordinairement quatre ou cinq cénts
livres pour la réception : plufieurs néanmoins fe
font difpenfés de faire cette dépenfe, qui n'eft
pas d'obligation.

Un des priviléges du Chancelier eft que,
lorfqu'il fe fait recevoir procureur à la chambre
des comptes, fes provifions font fcellées gratis
à la grande chancellerie de France.

Quand la place de Chancelier n'eſt pas remã plie, c'eſt le plus ancien maître des requêtes de l'empire qui préſide à la chambre de l'empire.

Il n'y a que le Chancelier, les maîtres des requêtes & les ſecrétaires des finances qui aient voix délibérative dans les aſſemb'ées.

On ne peut choiſir que parmi les officiers de l'empire pour remplir la charge de Chancelier.

Les nominations aux offices vacans ſe font par le Chancelier, les maîtres des requêtes & les ſecrétaires des finances. Les lettres ſont viſées & ſcellées par le Chancelier.

Le coffre des archives, titres & regiſtres des arrêts & délibérations de l'empire, eſt fermé à deux clefs dont l'une eſt entre les mains du Chancelier, & l'autre entre les mains du greffier.

Voyez *Miraumont, origine de la chancellerie de France*; *Paſquier, recherches de la France*; *le Bret, traité de la ſouveraineté*; *les ordonnances du louvre*; *Teſſereau, hiſtoire de la chancellerie*; *le traité des offices de France par Joly*; *le gloſſaire de Ducange*; *l'hiſtoire des grands officiers de la couronne*; *du Tillet, des rangs des grands de France*; *Bouchel, bibliothèque du droit françois*; *Sauval, antiquités de Paris*; *les édits d'avril 1693, & d'avril 1719*; *l'ordonnance de la marine du mois d'août 1681*; *l'édit du mois de juillet 1720*; *Thomaſſin, traité de la diſcipline eccléſiaſtique*; *Fuet, traité des matières bénéficiales*; *du Boulays, hiſtoire de l'univerſité*; *les arrêts de Bardet*; *le journal des audiences*; *les mémoires du clergé*; *le recueil de Decombes*; *la bibliothèque canonique*; *les ſtatuts de l'univerſité de Paris*; &c. Voyez auſſi les articles CHANCELLERIE, CONSEIL, GARDE DES SCEAUX, REINE, PRINCE, CONSUL, UNIVERSITÉ,

UNIVERSITÉ, ÉCOLE, &c. (*Cet article appartient à M. BOUCHER D'ARGIS, ancien conseiller au conseil souverain de Dombes.*)

CHANCELLERIE. C'est le tribunal où l'on scelle certaines lettres avec le sceau du Prince.

Il y a plusieurs sortes de Chancelleries, dont la plus considérable est la *Chancellerie de France*, qu'on appelle autrement *grande Chancellerie*, par opposition aux autres Chancelleries établies près des cours & des présidiaux.

On entend aussi sous le terme de *Chancellerie de France*, le corps des officiers qui composent la Chancellerie, tels que le chancelier, le garde des sceaux, les grands audienciers, les secrétaires du roi du grand collège, &c.

L'établissement de la Chancellerie de France est aussi ancien que la monarchie ; elle n'a point emprunté son nom du titre de chancelier de France ; car sous la premiere race de nos rois, ceux qui faisoient les fonctions de chancelier n'en portoient point le nom ; on les appeloit référendaires, gardes de l'anneau ou scel royal ; & c'étoient les notaires ou secrétaires du roi que l'on appeloit alors *Cancellarii, à cancellis*, parce qu'ils travailloient dans une enceinte fermée de barreaux ; & telle fut aussi sans doute l'origine du nom de Chancellerie.

Ce ne fut que sous la seconde race que ceux qui faisoient la fonction de chancelier du roi commencerent à être appelés *grand Chancelier, archi-Chancelier, souverain Chancelier*, & alors le terme de Chancellerie devint relatif à l'office de chancelier de France.

Lorsque cet office se trouvoit vacant, on disoit que la Chancellerie étoit vacante, *vacante*

Cancellariâ : cette expreſſion ſe trouve uſitéé dès l'an 1179. Pendant la vacance on ſcelloit les lettres en préſence du roi.

Le terme de *Chancellerie* ſe prenoit auſſi pour l'émolument du ſceau : on le trouve uſité en ce ſens dès le tems de Saint-Louis, ſuivant une cédule de la chambre des comptes, portant entre autres choſes que ſur les lettres qui devoient ſoixante ſous pour ſcel, le ſcelleur prenoit dix ſous pour ſoi & la portion de la commune Chancellerie, de même que les autres clercs du roi.

Cette même cédule fait auſſi connoître que le chancelier avoit un clerc ou ſecrétaire particulier, & qu'il y avoit un regiſtre où l'on enregiſtroit les lettres de Chancellerie. On y enregiſtroit auſſi certaines ordonnances, comme cela s'eſt pratiqué en divers tems pour certains édits qui ont été publiés le ſceau tenant.

Guillaume de Creſpy, qui fut chancelier en 1293, ſuſpendit aux clercs des comptes leur part de la Chancellerie ; parce qu'ils ne ſuivoient plus la cour comme ils faiſoient du tems de Saint-Louis, ſous lequel ils partageoient à la groſſe & menue Chancellerie.

Il y avoit déja depuis long-tems pluſieurs ſortes d'officiers pour l'expédition des lettres que l'on ſcelloit du grand ou du petit ſcel.

Les plus anciens étoient les chancelliers royaux, *Cancellarii regales*, appellés depuis notaires, & enſuite ſecrétaires du roi. Il eſt parlé de ces chancelliers dès le tems de Clotaire I. Sous Thierri on trouve des lettres écrites de la main d'un notaire, & ſcellées par celui qui avoit le ſceau, lequel étoit le grand référendaire.

Sous Dagobert I, on trouve juſqu'à cinq notaires ou ſecrétaires; leſquels en l'abſence du référendaire faiſoient ſon office, & ſignoient en ces termes : *ad vicem obtuli, recognovi, ſub-ſcripſi.*

Du temps de Charles-le-Chauve on trouve juſqu'à onze de ces notaires ou ſecrétaires; leſquels en certaines lettres ſont qualifiés *Cancellarii regiæ dignitatis*, & ſignoient tous *ad vicem.* Du tems de Saint-Louis on les appela clercs du roi : on continua cependant d'appeler notaires, ceux que le chancelier de France commettoit aux enquêtes du parlement, pour faire les expéditions néceſſaires.

Sous la troiſieme race l'office de garde des ſceaux a quelquefois été ſéparé de celui de chancelier, ſoit pendant la vacance de la Chancellerie, ou même du vivant du chancelier. C'eſt ce que nous voyons aujourd'hui.

Dans un état de la maiſon du roi fait en 1285, il eſt parlé du chauffe-cire, ou valet chauffe-cire.

Il y avoit auſſi dès 1317, un officier prépoſé pour rendre les lettres lorſqu'elles étoient ſcellées; & ſuivant des lettres de la même année, les notaires-ſecrétaires du roi (c'eſt ainſi qu'ils ſont appelés) avoient quarante livres pariſis à prendre ſur l'émolument du ſceau pour leur droit de parchemin.

Tous ces différens officiers qui étoient ſubordonnés au référendaire, appelé depuis chancelier de France, formèrent inſenſiblement un corps que l'on appela la Chancellerie, dont le chancelier a toujours été le chef.

Cette Chancellerie étoit d'abord la ſeule pour

tout le royaume. Dans la fuite on admit trois Chancelleries particulieres ; l'une qui avoit été établie par les comtes de Champagne ; une autre par les rois de Navarre, & une Chancellerie particuliere pour les actes passés par les Juifs.

Philippe V, dit le Long, fit au mois de février 1321 un règlement général, tant pour la Chancellerie de France que pour les autres Chancelleries : les fonctions des notaires du roi y sont réglées ; il est dit qu'il sera établi un receveur de l'émolument du sceau, qui en rendra compte trois fois l'année en la chambre des comptes ; que le chancelier sera tenu d'écrire au dos des lettres la cause pour laquelle il refusera de les sceller, sans les dépecer ; que tous les émolumens de la Chancellerie de Champagne, de Navarre & des Juifs, tourneront au profit du roi comme ceux de la Chancellerie de France ; que le chancelier prendra pour ses gages mille livres parisis par an.

On voit par des lettres de Charles V, alors régent du royaume, que dès l'an 1358 il y avoit déjà des regiftres à la Chancellerie, où l'on enregiftroit certaines ordonnances & lettres-patentes du roi ; & suivant d'autres lettres du même prince alors régnant, du 9 mars 1365, le lieu où se tenoit le sceau s'appeloit déjà l'audience de la Chancellerie, d'où les offices d'audienciers ont pris leur dénomination. En effet on trouve un mandement de Charles V, du 21 juillet 1368, adreffé *à nos audiencier & contrôleur de notre audience royale à Paris*, c'est-à-dire de la Chancellerie.

Les clercs-notaires du roi avoient dès 1320 leurs gages, leurs droits de manteaux & la

nourriture de leurs chevaux à prendre fur l'é-
molument du fceau.

Pour ce qui eft de la diftribution des bourfes
de Chancellerie ,(*) l'ufage doit en être auffi fort

(*) On appelle *bourfe de Chancellerie*, une portion des
émolumens du fceau qui appartient a certains officiers de
la Chancellerie.

Le reglément fait en 1320 par Philippe V , fur l'état
du grand fcel, & fur la recette des émolumens , porte,
article 10 , que tous les émolumens de la Chancellerie de Champagne , de Navarre , & des juifs, viendront
au profit du roi comme la Chancellerie de France , que
tous les autres émolumens & droits que le Chancelier avoit
coutume de prendre fur le fcel , viendront pareillement
au profit du roi, & que le Chancelier de France prendra
pour gages & droits 1000 livres parifis par an.

Les clercs notaires du roi avoient auffi dès-lors des gages
& droits de manteaux, qu'on leur payoit fur l'émolument
du fceau ; comme il eft dit dans des lettres du même roi,
du mois d'avril 1300.

On fit en la chambre, le 27 janvier 1328, une information fur la manière dont on en ufoit anciennement pour
l'émolument du grand fceau : on y voit que le produit de
certaines lettres étoit entièrement pour le roi ; que pour
d'autres on payoit fix fous, dont les notaires , c'eft-à-dire
les fecrétaires du roi , avoient douze deniers parifis , &
le roi le furplus; que le produit de certaines lettres étoit
entièrement pour les notaires ; que de toutes les lettres en
cire verte , il étoit dû foixante fous parifis, dont le Chancelier avoit dix fous parifis ; le notaire qui l'avoit écrite de
fa main, cinq fous parifis ; le chauffe-cire autant; & le commun de tous les notaires, dix fous parifis. Plufieurs autres
articles diftinguent de même ce que prenoit le Chancelier
de ce qui reftoit au commun des notaires.

Par les provifions que Charles V étant régent du royaume, donna le 18 mars 1357, à Jean de Dormans de l'office de Chancelier du régent , il lui attribua deux mille
livres parifis de gages par an, avec les bourfes, regiftres,

ancien, puisque le dauphin régent ordonna le

& autres profits que les Chanceliers de France avoient coutume de prendre ; & en outre avec les gages, bourses, registres, & autres droits qu'il avoit comme son Chancelier de Normandie. La même chose se trouve rappelée dans des lettres du 8 décembre 1358.

Les notaires & secrétaires du roi ayant procuré aux célestins de Compiègne un établissement à Paris en 1352 ; & ayant établi chez eux leur confrairie, avoient délibéré entr'eux que pour la subsistance de ces religieux, qui n'étoient alors qu'au nombre de six, ils donneroient chacun quatre sous parisis par mois sur l'émolument de leurs bourses ; mais au mois d'août 1358, le dauphin régent du royaume ordonna à la requisition des notaires & secrétaires du roi, qu'il seroit fait tous les mois aux prieur & religieux célestins établis à Paris une bourse semblable à celle que chaque secrétaire avoit droit de prendre tous les mois sur l'émolument du sceau ; ce que le roi Jean ratifia par des lettres du mois d'octobre 1361.

Le même prince fit une ordonnance pour restraindre le nombre de ses notaires & secrétaires qui prenoient *gages & bourses*. Elle se trouve au mémorial de la chambre des comptes, commençant en 1359, & finissant en 1381.

Charles V confirma en 1365 la confrairie des secrétaires du roi, & l'attribution d'une bourse aux célestins ; & ordonna que le grand audiencier pourroit retenir les bourses des secrétaires du roi, qui n'exécuteroient pas les réglemens portés par ces lettres-patentes.

Dans un autre réglement de 1389, Charles VI ordonna qu'à la fin de chaque mois les secrétaires du roi donneroient aux receveurs du sceau un billet qui marqueroit s'ils avoient été présens ou absens ; que s'ils ne donnoient pas ce billet, ils seroient privés de la distribution des droits de *collation*, ainsi que cela se pratique, est-il dit, dans la distribution des bourses ; car la distribution des droits de collation ne se doit faire qu'à ceux qui sont a Paris ou à la cour, à moins qu'un secrétaire du roi n'ait été présent pendant une partie du mois, & absent pendant l'autre ; ce qu'il sera tenu de déclarer dans le billet qu'il donnera aux receveurs.

18 mars 1357, que le chancelier auroit deux

***

Le *sciendum* de la Chancellerie, que quelques-uns prétendent avoir été écrit en 1413 ou 1415, d'autres un peu plus anciennement, porte que le secrétaire du roi qui a été absent, doit faire mention dans sa cédule s'il a été malade, qu'autrement il sera totalement privé de ses bourses ; que s'il a été absent huit jours, on lui rabattra la quatrième partie ; pour dix ou douze jours, la troisième ; la moitié pour quinze ou environ : que dans la confection des bourses on a coutume de ne rien rabattre pour quatre, cinq, ou six jours ; si ce n'est que le notaire eût coutume de s'absenter frauduleusement un peu de temps : que le quatrième jour de chaque mois on fait les bourses & distribution d'argent à chaque notaire & secrétaire, selon l'exigence du mérite & travail de la personne ; & aux vieux, selon qu'ils ont travaillé en leur jeunesse, & selon les charges qu'ils ont eu à supporter par le commandement du roi ; que le cinq du mois les bourses ont accoutumé d'être délivrées aux compagnons, en l'audience de la Chancellerie : que la bourse reçue, chaque notaire doit mettre la somme qu'il a reçue en certain rôle, où les noms des secrétaires sont écrits par ordre, ou il trouvera son nom ; & qu'il doit mettre seulement j'*ai reçu*, & ensuite son seing, sans mettre la somme qu'il a reçue, a cause de l'envie & contention que cela pourroit faire naître entre ses compagnons : qu'il arrive souvent de l'erreur à cette distribution de bourses ; & que tel qui devroit avoir beaucoup, trouve peu : que s'il se reconnoît trompé, il peut recourir à l'audiencier & lui dire ; *monsieur, je vous prie de voir si au rôle secret de la distribution des bourses, il ne s'est pas trouvé de faute sur moi, car je n'ai eu en ma bourse que tant*: qu'alors l'audiencier verra le rôle secret ; que s'il trouve qu'il y ait eu de l'erreur, il suppléera à l'instant au défaut.

Il est dit à la fin de ce *sciendum*, qu'en la distribution *des bourses desdits confrères*, qui étoient alors soixante sept en nombre, *les quatre premiers maîtres clercs de la chambre des comptes ne prennent rien, si ce n'est aux lettres de France : savoir, quarante sous parisis pour chaque charte.*

mille livres de gages , avec les bourfes & autres

Le règlement fait pour les Chancelleries en 1699 , ordonne que les notaires & fécrétaires du roi ne figneront d'autres lettres que celles qu'ils auront écrites , ou qui auront été faites & dreffées par leurs compagnons , & écrites par leurs clercs , à peine pour la première fois d'être privés de leurs bourfes ou gages pour trois mois , pour la feconde de fix mois , & pour la troifième pour toujours.

L'ancien collége des fecrétaires du roi , compofé de cent vingt , étoit divifé en deux claffes ; favoir foixante bourfiers , c'eft-à-dire qui avoient chacun leur bourfe tous les mois , & foixante gagers qui avoient des gages.

Il y a auffi des bourfes dans les petites Chancelleries établies près des cours fouveraines. Le règlement du 12 mars 1599 ordonne qu'elles feront faites le huit de chaque mois , comme il eft accoutumé en la Chancellerie de France.

Le règlement du mois de décembre 1609 défendoit de procéder à aucune confection de bourfes , qu'il n'y eût pour le moins trois fecrétaires bourfiers , deux gagers , & un ou deux des cinquante quatre fecrétaires qui formoient le fecond collége , pour la confervation de leurs droits.

Lorfqu'on créa le fixième collége des quatre vingt fecrétaires du roi en 1655 & 1657 , le roi leur attribua pour leurs bourfes le droit d'un fou fix deniers fur l'émolument du fceau.

Il fut ordonné par arrêt du confeil privé du 17 juillet 1643 , que les droits de bourfes des fecrétaires du roi ne pourroient être faifis , ni les autres émolumens du fceau , qu'en vertu de l'ordonnance de M. le Chancelier.

Au mois de février 1673 , Louis XIV fit un règlement fort étendu pour les Chancelleries , lequel ordonna entr'autres chofes que les fix colléges de fecrétaires du roi feroient réunis en un feul ; que les céleftins auroient par quartier foixante-quinze livres , au lieu d'une bourfe dont ils avoient coutume de jouir fur la grande Chancellerie ; que l'on donneroit pareillement foixante livres par quartier aux quatre maîtres de la chambre des comptes de Paris , fecrétaires , pour leur tenir lieu des deux fous huit deniers parifis , droits accoutumés ; & au mois d'août 1358, il ordonna que l'on feroit tous les mois pour les Céleſtins de Paris, une bourſe ſemblable à celle que chaque ſecrétaire du roi avoit droit de prendre tous les mois ſur l'émolument du ſceau.

La Chancellerie de France n'a été appelée grande Chancellerie, que lorſqu'on a commencé

---

qu'ils avoient droit de prendre ſur chaque lettre de charte viſée. Les diſtributions qui doivent être faites aux petits officiers, ſont enſuite reglées ; & l'article ſuivant porte, que toutes ces ſommes ſeront réputées bourſes, & payées à la fin de chaque quartier, ſur un rôle qui en ſera fait à la confection des bourſes ; que du ſurplus des droits de la grande Chancellerie & des petites, il ſera fait deux cens quatre vingt bourſes, dont l'une appartiendra au roi comme chef, ſouverain & protecteur de ſes ſecrétaires, laquelle lui ſera préſentée à la fin de chaque quartier par celui des grands audienciers qui l'aura exercé ; une pour le Chancelier ou garde des ſceaux de France ; une pour le corps des maîtres des requêtes, leſquels a ce moyen n'en auront plus dans les Chancelleries près des cours ; une à chacun des deux cens quarante ſecrétaires du roi, ſans qu'ils ſoient obligés à l'avenir de donner leur *ſervivi*, ni de faire aucune réſidence ; & une bourſe enfin aux deux tréſoriers du ſceau, à partager entr'eux. Il eſt dit auſſi que les bourſes ſeront faites un mois au plus tard, après chaque quartier fini par les grand audiencier & contrôleur. général, en préſence & de l'avis des doyen, ſousdoyen, des procureurs, des anciens officiers ou députés, tréſorier du marc d'or, & greffier des ſecrétaires du roi, & du garde des rôles en quartier ; que les veuves des ſecrétaires du roi décédés revêtus de leurs offices, jouiront de tous les droits de bourſe appartenans aux offices de leurs maris, juſqu'au premier jour du quartier, qu'elles ſe déferont de ces offices, & que ceux qui s'y feront recevoir, commenceront à jouir des bourſes du premier jour du quartier, d'après celui de leur réception & immatricule.

d'établir des Chancelleries particulières près des parlemens, c'est-à-dire vers la fin du quinzieme siècle.

On a aussi ensuite institué les Chancelleries présidiales en 1557.

Toutes ces petites Chancelleries des parlemens & des présidiaux, font des démembremens de la grande Chancellerie de France.

Lorsque la garde des sceaux est comme aujourd'hui séparée de l'office de chancelier, c'est le garde des sceaux qui scelle toutes les lettres de la grande Chancellerie, & qui est préposé sur toutes les autres Chancelleries dont nous allons parler, en commençant par celle du palais.

Chancellerie du palais, qu'on appelle aussi *la petite Chancellerie*, pour la distinguer de la grande Chancellerie de France, est la Chancellerie particulière établie près du parlement de Paris pour expédier aux parties toutes les lettres de justice & de grâce qui sont scellées du petit sceau, tant pour les affaires pendantes au parlement, que pour toutes les autres cours souveraines & autres juridictions royales & seigneuriales qui sont dans l'étendue de son ressort, soit à Paris ou dans les provinces.

Cette petite Chancellerie est la première & la plus ancienne des Chancelleries particulières établies près des parlemens & autres cours souveraines. On l'a appelée Chancellerie du palais, parce qu'elle se tient à Paris au palais, près du parlement, dans le lieu même où l'on tient que Saint-Louis avoit son logement, & singulièrement sa chambre; car sa grande salle étoit où est présentement la tournelle criminelle.

Il eft affez difficile de déterminer en quelle année précifément, & de quelle manière s'eft formée la Chancellerie du palais.

On conçoit aifément que jufqu'en 1302, que Philippe-le-Bel rendit le parlement fédentaire à Paris, & lui donna le palais pour tenir fes féances, il n'y avoit point de Chancellerie particulière près du parlement.

On trouve bien que dès 1303 il y avoit en Auvergne des chanceliers ou gardes des fceaux, qui gardoient le fcel du tribunal, & qu'il y avoit aufli dès 1320 trois Chancelleries particulières ; favoir, celle de Champagne, celle de Navarre, & celle des Juifs ; mais cela ne prouve point qu'il y eût une Chancellerie près du parlement.

Du Tillet fait mention d'une ordonnance de Philippe-le-Long, du mois de décembre 1316, contenant l'état de fon parlement, dans lequel font nommés trois maîtres des requêtes qui étoient commis pour répondre les requêtes de la langue françoife, & fix autres pour répondre les requêtes de la *languedoc* ; c'étoit fur ces requêtes que l'on délivroit des lettres de juftice, en forte que l'on peut regarder cette ordonnance comme l'origine de la Chancellerie du palais & de celle de Languedoc, qui eft préfentement près du parlement de Touloufe.

Philippe-le-Long, par une autre ordonnance du mois de novembre 1318, ordonna qu'il y auroit toujours auprès de lui deux maîtres des requêtes, un clerc & un laïc, lefquels, quand le parlement ne tiendroit point, délivreroient les requêtes de juftice, c'eft-à-dire les lettres, & que quand le parlement tiendroit, ils les renverroient au parlement. Ils devoient aussi examiner toutes les lettres qui devoient être scellées du grand sceau, & ces lettres étoient auparavant scellées du scel secret que portoit le chambellan : mais cette ordonnance ne parle point du petit sceau.

Sous Philippe de Valois, le chancelier étant absent pour des affaires d'état, & ayant avec lui le grand sceau, le roi commit deux conseillers pour visiter les lettres que l'on apporteroit à l'audience, & les faire sceller du petit scel du châtelet, & contre-sceller du signet du parlement.

Pendant l'absence du roi Jean, les lettres furent scellées du sceau du châtelet de Paris. Les chanceliers usèrent du petit sceau en l'absence du grand, depuis l'an 1318 jusqu'en 1380. Ce petit sceau étoit celui du châtelet, excepté néanmoins que pendant le tems de la régence on se servit du sceau particulier du régent.

Cependant en 1357, le chancelier étant de retour d'Angleterre, & y ayant laissé les sceaux par ordre du roi, on voulut user d'autres sceaux que de celui du châtelet ; mais il ne paroît pas que cela eût alors d'exécution.

Il y avoit près du parlement, dès l'an 1318, un certain nombre de notaires-secrétaires du roi qui étoient commis pour les requêtes. Ils assistoient au siége des requêtes, & écrivoient les lettres suivant l'ordre des maîtres des requêtes ; ils ne devoient point signer les lettres qu'ils avoient eu ordre de rédiger, avant qu'elles eussent été lues au siége, ou du moins devant celui des maîtres qui les avoit commandées ; & suivant des ordonnances de 1320, on voit que ces notaires du roi faifoient au parlement la même fonction qu'à la grande Chancellerie : il étoit encore d'ufage en 1344, qu'après avoir expédié les lettres, il les fignoient de leur fignet particulier connu au chancelier, & les lui envoyoient pour être fcellées.

Au mois de novembre 1370, Charles V, à la prière du collège de fes clercs-fecrétaires & notaires, leur accorda une chambre dans le palais, au coin de la grande falle du côté du grand pont, où les maîtres des requêtes de l'hôtel s'affembloient & tenoient quelquefois les requêtes & placets; il fut dit qu'ils feroient appareiller cette chambre de fenêtres, vitres, bancs, & autres chofes néceffaires; qu'ils pourroient aller & venir dans cette chambre quand il leur plairoit écrire & faire leurs lettres & écritures, & y parler de leurs affaires. Il paroît que ce fut-là le premier endroit où fe tint la Chancellerie du palais : mais depuis l'incendie arrivé au palais en 1618, la Chancellerie a été transférée dans l'ancien appartement de Saint-Louis, où elle eft préfentement.

Le premier article des ftatuts arrêtés entre les fecrétaires du roi le 24 mai 1389, porte qu'ils feront bourfe commune de tous les droits de collation des lettres qu'ils figneront ou collationneront, foit qu'elles aient été octroyées par le roi en perfonne, ou dans fon confeil, par le chancelier, ou par le grand-confeil, ou par le parlement, par les maîtres des requêtes de l'hôtel, par la chambre des comptes, par les tréforiers, ou qu'elles foient extraites du regiftre de l'audience, ou autrement.

En 1399, il fut établi une Chancellerie près des grands jours tenus à Troyes.

Le *fciendum* de la Chancellerie, que quelques-uns croyent avoir été rédigé en 1415, ne fait point encore mention de la Chancellerie du palais.

La première fois qu'il soit parlé de *Chancelleries* au plurier, c'est dans l'édit de Louis XI, du mois de novembre 1482, par lequel en confirmant les priviléges des notaires-fecrétaires du roi, il dit qu'ils étoient inftitués pour être & *affifter ès-Chancelleries, quelque part qu'elles fuffent tenues.*

Enfin on ne peut douter que la Chancellerie du palais ne fût établie en 1490, puifqu'il y en avoit dès-lors une à Touloufe. Il n'y eut d'abord que ces deux Chancelleries particulières ; mais en 1493, on en établit de femblables à Bordeaux, à Dijon, en Normandie, en Bretagne & en Dauphiné.

Depuis ce tems il a été fait divers règlemens, qui font communs à la Chancellerie du palais & aux autres petites Chancelleries, & fingulièrement à celles qui font établies près des parlemens & autres cours fupérieures.

La Chancellerie du palais a cependant un avantage fur celles des autres cours ; c'est que le fceau y eft toujours tenu par les maîtres des requêtes, chacun à fon tour, pendant un mois, fuivant l'ordre de réception, dans chaque quartier où ils font diftribués, excepté le premier mois de chaque quartier où le fceau eft toujours tenu par le doyen des doyens des maîtres des requêtes, qui eft confeiller d'état, au lieu que dans les Chancelleries des autres cours, les maîtres des requêtes, ont bien également le droit d'y tenir le ſceau, mais ils n'y ſont pas ordinairement, c'eſt un garde ſcel qui tient le ſceau en leur abſence.

Le procureur-général des requêtes de l'hôtel, qui a titre & fonction de procureur-général de la grande Chancellerie de France, & de toutes les autres Chancelleries du royaume, a droit d'aſſiſter au ſceau de la Chancellerie du palais, & a inſpection ſur les lettres qui s'y expédient, & ſur les officiers du ſceau pour empêcher les clauſes vicieuſes & les ſurpriſes que l'on pourroit commettre dans les lettres, & faire obſerver la diſcipline établie entre les officiers de cette Chancellerie.

Il y a encore pour cette Chancellerie des officiers particuliers, autres que ceux de la grande Chancellerie de France; ſavoir, quatre ſecrétaires du roi audienciers & quatre ſecrétaires du roi contrôleurs, qui ſervent par quartier : il n'y a point de ſecrétaires du roi particuliers pour cette Chancellerie; ce ſont les ſecrétaires du roi de la grande Chancellerie de France, qui ſont dans l'une & dans l'autre ce qui eſt de leur miniſtère.

Chancelleries près des cours ſupérieures, c'eſt-à-dire près des parlemens, des chambres des comptes, des cours des aides, &c. Ce ſont les tribunaux où s'expédient les lettres de juſtice & de grâce qui ſont ſcellées du petit ſceau. Ces Chancelleries rempliſſent les mêmes fonctions que celle du palais. Les officiers qui les compoſent jouiſſent de différens privilèges dont le détail ſe trouve dans l'édit du mois de juin 1770 concernant les officiers de la Chancellerie

établie près de la cour souveraine de Lorraine & Barrois, connue aujourd'hui sous le titre de parlement de Nancy.

Lorsque par l'édit du mois d'avril 1770, le
roi créa cette Chancellerie, il ordonna que les
officiers qui la composeroient jouiroient des
honneurs, priviléges, prérogatives, &c. dont
jouissoient les officiers des Chancelleries établies
près des autres cours du royaume; mais ces
privilèges n'ayant point alors été spécifiés, sa
majesté expliqua par l'édit du mois de juin suivant en quoi ils devoient consister (*).

(*) *Cet édit détermine non seulement les privilèges des*
officiers des Chancelleries près des cours, il règle aussi la
manière dont ceux de la Chancellerie de Nancy doivent
remplir leurs fonctions, & les droits de sceau des lettres
scellées dans cette Chancellerie.

Cette loi ayant été formée d'après ce qui s'observe dans
les autres Chancelleries près des cours, nous l'insere-
rons ici :

Louis, par la grace de Dieu, roi de France & de Navarre : a tous présens & à venir ; salut. Par notre édit du
mois d'avril dernier nous avons créé & établi une Chancellerie près notre cour souveraine de Lorraine & Barrois
à Nanci, & ordonné que tous les officiers créés pour le
service d'icelle, jouiroient des mêmes privilèges & droits, &
feroient les mêmes fonctions que les pareils officiers de
nos autres Chancelleries près nos cours : & comme cette
désignation indéfinie pourroit faire naître des difficultés &
des doutes, nous avons estimé à propos d'expliquer par
notre présent édit en quoi consistent les privilèges, droits
& exemptions dont nous entendons faire jouir chacun des
officiers de notredite Chancellerie, de déterminer leurs
fonctions & de fixer les droits du sceau, & d'arrêter en
conséquence en notre conseil, le règlement & l'ordre que
nous voulons être gardé & observé en notredite Chancellerie, & un tarif des droits du sceau. A ces causes & autres

Chancelleries

Chancelleries préfidiales. Ce font des tribunaux

à ce nous mouvant, de notre certaine fcience, pleine puiffance & autorité royale, nous avons, par notre préfent édit perpétuel & irrévocable, ftatué, dit & ordonné, difons, ftatuons & ordonnons, voulons & nous plaît ce qui fuit.

ARTICLE PREMIER. Nos confeillers, garde des fceaux, audienciers, contrôleurs & fecrétaires, maifon, couronne de France en notre Chancellerie établie près notre cour fouveraine de Lorraine & Barrois à Nanci, jouiront, tant qu'ils feront revêtus defdits offices, ou en cas de démiffion après les avoir poffédés pendant vingt années & acquis la vétérance, de la nobleffe au premier degré, & de toutes les immunités, franchifes, privilèges, rang, féance, prééminences, exemption de franc-fiefs, & de tous droits dont jouiffent les nobles de notre royaume, fans pouvoir être inquiétés ni recherchés pour fait d'ufurpation de nobleffe, antérieurement à leurs provifions & réceptions efdits offices; & fera ladite nobleffe tranfmife à leurs enfans, tant mâles que femelles, nés & à naître en légitime mariage, lefquels feront infcrits au catalogue des nobles de notre royaume pourvu toutefois que lefdits officiers décédent revêtus defdits offices, ou après les avoir poffédés pendant vingt années, & acquis la vétérance.

II. Voulons & nous plaît que lefdits officiers puiffent fe faire pourvoir de toutes charges qui requièrent nobleffe, & ne peuvent être poffédées que par des nobles; & que fi quelques-uns defdits officiers viennent à acquérir ci-après des offices de nos confeillers fecrétaires, maifon, couronne de France & de nos finances, ou autres offices donnant la nobleffe au premier degré, le temps qu'ils auront poffédé leur office en notredite Chancellerie près notre cour fouveraine de Nanci, leur ferve & foit compté pour acquérir la vétérance dans les offices dont ils fe feront fait pourvoir.

III. Jouiront les officiers, de l'exemption de tous profits de fiefs, quint & requint, droits de lods & vente, relief,

établis près des préfidiaux pour y expédier &

---

treizième, rachat, échanges., & autres droits & devoirs
feigneuriaux & féodaux, de quelque nature qu'ils foient,
tant en achetant, vendant, qu'autrement, & qui pourroient être dus, tant à caufe de notre couronne, qu'à caufe
de nos domaines, foit qu'ils foient régis par nos fermiers,
foit qu'ils foient aliénés, ou donnés en apanage, le tout
feulement dans l'étendue du reffort de notredite Chancellerie, pourvu toutefois qu'il n'y ait ni dol ni fraude : &
pour y obvier, voulons qu'au cas qu'ils viennent à revendre à des non privilégiés les biens qu'ils auroient acquis
d'autres non privilégiés, dans les cinq ans du jour de la
première acquifition, les fermiers & receveurs de nos domaines, les appanagiftes & les engagiftes puiffent fe faire
payer des droits dus, pour raifon de l'une des deux acqui-
fitions, à leur choix.

IV. Jouiront des droits de *Committimus* en la Chancellerie de Nanci, où en celle près les cours du lieu où
ils feront domiciliés, à leur choix, fans qu'ils puiffent cu-
muler le privilége des deux *Committimus*.

V. Pourront exploiter & faire valoir par leurs mains
en tel endroit de notre royaume qu'il jugeront à propos,
& fans déroger à nobleffe, leurs biens ; néanmoins une
feule ferme dont le labour n'excédera pas la valeur de quatre
charrues, fera franche de Tailles, encore que les héritages
qui la compoferont foient fitués dans différentes paroiffes.

VI. Jouiront du droit de franc-falé, à raifon de deux
minots, de l'exemption du droit de confignation feulement
dans le cas de vente qui pourroit être faite fur eux de
leurs biens, du droit de greffe pour les jugemens qui les
concerneront, de tous droits de voirie, péage, paccage,
& autres de pareille nature, de l'exemption de fervice,
de contribution au ban & arriere-ban, de guet & garde,
logement de gens de guerre, tutelle, curatelle, nomination à icelles, de toutes taxes, octrois, tarifs, fubventions,
charges de ville & de police, emprunts, dons gratuits,
taxes de confirmations & toutes autres.

VII. Déclarons lesdits offices compatibles avec tous autres offices, soit militaires, soit de judicature ou de finance, non dérogeant à la noblesse.

VIII. Pourront résider en tel lieu de notre royaume qu'il leur plaira, pourvu toutefois qu'il y ait un nombre suffisant pour le service de notre Chancellerie.

IX. Les veuves desdits officiers qui décéderont revêtus desdits offices, ou qui les auront possédés vingt années, & acquis la vétérance, jouiront, tant qu'elles resteront en viduité, de tous les privilèges, exemptions & droits dont jouissoient leurs maris, & énoncés ès articles précédens.

X. Jouiront nos conseillers-référendaires, greffiers, gardes-minutes, le trésorier de l'émolument du sceau, & le chauffe-ciré, du droit du franc salé, à raison d'un minot, du droit de *Committimus* en notre Chancellerie près notre cour souveraine de Nanci seulement, logement de gens de guerre, de tutelle, curatelle, nomination à icelles, & de toutes charges de ville & de police, & du droit de vétérance après vingt années de service ; & jouiront des mêmes droits leurs veuves, tant qu'elles demeureront en viduité, si toutefois leurs maris décédent pourvus desdits offices ou ayant acquis la vétérance.

XI. Jouiront le valet-chauffe-cire, le porte-coffre & les huissiers, du droit de *Committimus* en notre Chancellerie seulement, & de logement des gens de guerre, collecte des tailles & du sel, de tutelle, curatelle, nomination à icelles, & de toutes charges de ville & de police ; & auront lesdits huissiers le droit & faculté d'exploiter partout notre royaume, & de signifier & mettre à exécution tous jugemens & actes, de quelques juridictions qu'ils soient émanés.

XII. Sera suivi, gardé & observé en notre Chancellerie, le réglement arrêté en notre conseil, ci-attaché sous le contre-scel de notre présent édit, & fixant les fonctions de chacun des officiers de notredite Chancellerie, auquel ils seront tenus de se conformer, chacun en ce qui les concerne.

dont la connoiſſance eſt attribuée aux préſidiaux, ſoit au premier ou au ſecond chef de l'édit.

XIII. Les lettres qui ſeront ſcellées en notredite Chancellerie, ſeront taxées ſuivant le tarif arrêté en notre conſeil, & ci attaché ſous le contre-ſcel , voulons & nous plaît qu'il ſoit exécuté ſelon la forme & teneur , & enjoignons à tous les officiers de notredite Chancellerie de s'y conformer , & s'il ſurvient quelque difficulté ſur l'exécution dudit tarif ; il en ſera référé à notre Chancellerie-garde des ſceaux de France, pour les décider ; en interdiſons la connoiſſance à tous autres.

XIV. Voulons & nous plaît que les droits de ſignature, fixés par ledit tarif, ſur aucunes des lettres qui ſeront ſcellées en notre Chancellerie , ſoient partagés également entre nos conſeillers-audiencier , contrôleurs & ſecrétaires , à raiſon de leur aſſiſtance au ſceau , & les abſens n'y auront aucune part ; & ſera à la fin de chaque quartier & dans la huitaine du ſuivant, arrêté l'état du montant deſdits droits de ſignature, & de ce qui reviendra à chacun ; & ſera ledit état arrêté ſigné par l'audienciers, contrôleur & nos ſecrétaires au nombre de deux au moins ; ſera ledit état remis au tréſorier de l'émolument du ſceau, qui payera le montant revenant à chacun ſur leur émargement en marge dudit état.

XV. Ordonnons que par préciput & ſur le produit de l'émolument du ſceau à nous appartenant, il ſoit prélevé chaque quartier , & payé à l'audiencier & au contrôleur qui auront fait le ſervice pendant ledit quartier , & à chacun d'eux , deux cens livres ; au ſcelleur cent cinquante livres par an , au tréſorier receveur de l'émolument du ſceau, pareille ſomme de cent cinquante livres par an, & au chauffe-cire trois livres par chaque jour du ſceau ; à la charge par lui de fournir de plumes & d'encre pour le ſervice de notre Chancellerie ; & ne pourront leſdits officiers prétendre autre préciput en lettres en nature, ni autrement.

XVI. Il ſera tous les mois nommé par nos conſeillers-ſecrétaires , l'un deux , pour tenir le regiſtre ou *populo* ,

Les premières Chancelleries préfidiales ont

fur lequel fera fait mention des lettres fcellées à chaque fceau, de la manière & ainfi qu'il eft porté par notredit règlement, & un autre d'entr'eux pour mettre le fcellé au dos des lettres ; & fera prélevé chaque mois fur le produit dudit émolument du fceau à nous appartenant ; & payé, favoir au populotier quinze livres, & pareille fomme à celui qui aura été prépofé pour mettre le fcellé.

XVII. Ne pourront lefdites fommes accordées par préciput auxdits officiers ci-deffus dénommés, ni les droits de fignature être faifis pour quelque caufe que ce foit.

XVIII. Seront fcellées en notre Chancellerie toutes les lettres de la natuie défignée au tarif ci-attaché.

XIX. Ne feront introduites en notredite cour fouveraine de Lorraine & Barrois, aucunes affaires en caufe d'appel, ni en première inftance, qu'il n'ait été obtenu en notredite Chancelleiie lettres de relief d'appel, d'anticipation ou commiffion, à peine de nullité de toutes les piocédures, d'interdiction des procureurs, de mille livres d'amende, dépens, dommages & intéiêts des parties ; faifant défenfes à tous huiffiers ou fergens, fous pareilles peines, de donner aucunes affignations fur lefdits appels ou demandes, qu'en vertu de lettres fcellées en notredite Chancellerie.

XX. Ne feiont mis à exécution aucuns arrêts & jugemens rendus en notredite cour fouveraine à Nanci, qu'ils n'ayent été fcellés du fceau de notredite Chancellerie, à peine de nullité, d'interdiction des huiffiers ou fergens, de mille livres d'amende, dépens, dommages & intérêts des parties.

XXI. Défendons à tous juges, dans le reffort de notredite Chancellerie, d'admettre & recevoir à fe porter héritier par bénéfice d'inventaire, & à jouir du bénéfice d'âge, qu'il n'ait été obtenu & fcellé en notredite Chancellerie le ties de bénéfice d'inventaire & de bénéfice d'âge, a peine de nullité & caffation des jugemens, piivation de la part des juges de leurs offices, mille livres d'amende, dépens,

été créées-par édit du mois de décembre 1557.

dommages & intérêts des parties : défendons, fous pareilles peines, à tous greffiers d'expédier de pareils jugemens, & à tous procureurs de les requérir.

XXII. Pour maintenir le bon ordre en notredite Chancellerie, nous avons attribué & attribuons à notre conseiller-garde des sceaux en ladite Chancellerie, la connoissance de tout ce qui peut concerner la police & discipline intérieure de notredite Chancellerie ; & s'il survient quelques contestations entre les officiers de notredite Chancellerie, & qu'il y ait quelques réprimandes à leur faire pour faute dans l'exercice de leurs fonctions, le tout sera jugé sommairement par notredit conseiller-garde des sceaux, assisté des deux de nos conseillers-secrétaires, & puniront les déliquans de telles peines & amendes qu'ils aviseront, sauf l'appel de leur jugement à notre chancelier garde des sceaux de France.

XXIII. S'il se commet quelque faux, ou est fait quelques altérations dans les lettres scellées en notredite Chancellerie, en sera informé par notredit conseiller-garde des sceaux, & le procès par lui fait, assisté de deux de nos conseillers-secrétaires, jusqu'à sentence exclusivement, & le tout sera envoyé à notre chancelier pour être avisé ce qu'il appartiendra.

XXIV. Faisons défenses à notre cour souveraine de Lorraine & Barrois à Nanci, de prendre aucune connoissance sur le fait de notredite Chancellerie, droits d'icelles, pouvoirs, fonctions & exercice de nosdits conseillers-garde des sceaux, audienciers, contrôleurs, secrétaires & autres officiers de notre Chancellerie, la réservons à notre chancelier, & l'interdisons à tous autres.

XXV. Voulons & nous plait qu'il ne soit apporté aucun trouble à nosdits conseillers-garde des sceaux, audienciers, contrôleurs, secrétaires & autres officiers de notredite Chancellerie dans la jouissance de tous les privilèges, exemptions & droits à eux attribués. Si donnons en mandement, &c.

Il en a été créé dans la fuite plufieurs autres, à

TARIF des droits du fceau , & taxe des lettres qui feront fcellées en la Chancellerie établie près la cour fouveraine de Lorraine & Barrois à Nanci.

La taxe des lettres fera compofée de deux droits, qui feront remis en un total, & ne formeront qu'une feule taxe qui fera mife en tête de la lettre.

1°. De celui de fceau, appartenant au roi.

2°. De celui de fignature, revenant & appartenant aux audienciers & fecrétaires du roi, pour leur honoraire & droit de fignature; & ne fera taxé ledit droit que fur aucunes defdites lettres, fuivant qu'il fera défigné au préfent tarif.

Ne feront point compris dans la taxe du fceau, qui fe mettra en tête des lettres les droits des référendaires, ni des greffiers gardes-minutes.

Sera fait une minute de toutes les lettres fur lefquelles eft attribué par le préfent tarif, droits aux greffiers gardes-minutes, qui conferveront lefdites minutes pour y avoir recours au befoin.

TITRE DES LETTRES.	Droit de fceau.	Droit de fignature	TOTAL.
A *Attribution de juridiction.* C'eft une lettre par laquelle il eft permis à un faififfant réellement de biens fitués dans différentes juridictions, de pourfuivre la faifie-réelle dans celle des juridictions où la majeure partie des biens faifis eft affife. Cette forte de lettres ne pourra être fcellée en la Chancellerie de Nanci, que lorfque les différentes juridictions où les biens feront affis, feront toutes dans le reffort de la cour fouveraine de Lorraine & Barrois à Nanci.			

E iv

mefure que le nombre des préfidiaux a été aug=

TITRE DES LETTRES.	Droit de fceau.		Droit de fignature.		TOTAL.
	Liv.	fous.	Liv.	fous.	Sous.
Autrement ne pourra y être fcellée, fauf en ce cas, à fe pourvoir par-devers fa majefté, en fa grande Chancellerie.					
Pour un impétrant.	3.	6.	»	5.	3. 11.
A deux.	6.	12.	»	5.	6. 17.
A trois.	9.	18.	»	5.	10. 3.
A quatre.	13.	4.	»	5.	13. 9.

Ne fera point taxé au-delà de quatre impétrans, quoiqu'il y en ait un plus grand nombre.

Les référendaires percevront dix fous par lettre feulement, & non à raifon des impétrans.

Les greffiers gardes-minutes, percevront fept fous par lettre feulement, & non à raifon des impétrans.

B.

Bénéfice d'âge ou émancipation.

A un impétrant.	14.	»
A deux.	26.	»
A trois.	39.	»
A quatre.	50.	»

} . . . Nihil.

Et fi les impétrans excèdent le nombre quatre, la taxe fera augmentée de dix livres par chaque impétrant.

Exemple.

A cinq impétrans.	60.	»
A fix.	70.	»

Et ainfi de fuite.

Le bénéfice d'âge étant une grace perfonnelle à chaque im-

menté. Il y en a eu auſſi quelques-unes de ſup-

TITRE DES LETTRES.	Droit de ſceau.	Droit de ſignature.	TOTAL.
	Liv. ſous.		

pétrant, la lettre ſe taxera à raiſon du nombre des impétrans, quel qu'il ſoit.

Si la lettre eſt obtenue par un tuteur ou curateur, il ſera taxé autant d'impétrans qu'il y aura de mineurs ou de perſon nes pour leſquelles ſtipuleroient les tuteurs ou curateurs, & ſe ront à cet effet dénommés dans la lettre.

Il n'y aura point de droit de ſignature ſur ces lettres.

Les référendaires percevront ſur ces lettres, dix ſous par lettre ſeulement; & les greffiers gardes-minutes, ſept ſous par lettre ſeulement.

Bénéfice d'inventaire.

A un Impétrant.........	8. 10.	
A deux...............	15. 10.	... Nihil.
A trois..............	22. 15.	
A quatre............	28. 16.	

Et au-delà de quatre, la taxe ſera augmentée de ſix livres par impétrant, attendu que ces lettres ſont grace perſonnelle à chaque impétrant.

Exemple.

A cinq impétrans......	34. 16.
A ſix...............	40. 16.

Et ainſi de ſuite.

Si la lettre eſt obtenue par un tuteur ou curateur, il ſera

primées, notamment dans les villes où il y a

TITRE DES LETTRES.	Droit de sceau.	Droit de signature.	TOTAL.
taxé autant d'impétrans qu'il y aura de mineurs ou de personnes pour lesquelles stipuleront les tuteurs ou curateurs, & seront à cet effet dénommés dans la lettre.	Liv. sous		

Il n'y aura point de droit de signature sur ces lettres.

Les référendaires percevront dix sous sur chaque lettre seulement, & les gardes-minutes sept sous sur chaque lettre seulement.

C.

Cession.

Se taxera comme attribution de juridiction, tant pour sceau & signature, que pour les référendaires & gardes-minutes.

Committimus.

	Droit de sceau.		
A un Impétrant.	1.	16.	
A deux.	3.	12.	
A trois.	5.	8.	
A quatre.	7.	4.	
A cinq.	9.	»	

Et ainsi en augmentant d'une livre seize sous par chaque impétrant.

Il n'y aura point de droit de signature pour ces lettres.

Les référendaires n'auront aucun droit sur ces lettres.

Les greffiers gardes-minutes auront sept sous sur chaque lettre seulement.

TITRE DES LETTRES.	Droit de sceau.	Droit de signature.	TOTAL.
Compulsoire.			
Sera taxé comme simple, ci-après au mot SIMPLE.			
Contre-Sceau.			
Voyez ci-après au mot DOUBLE.			

D.

Debitis.

Se taxera comme le *Committimus*, sans droit de signature ni droit pour les référendaires.

Mais il sera payé sept sous seulement par lettre pour les greffiers gardes-minutes.

Double.

Seront appellés *Doubles*, tous arrêts qui jugent définitivement ou par provision, qui font défenses d'exécuter sentences, de passer outre, ou qui prononcent, toutes choses demeurant en état ; ce qui opère une surséance.

A l'égard des autres arrêts qui ne jugent point, & qui ne font que de simple instruction, tels arrêts qui tiennent une cause, procès ou instance pour reprise avec le représentant d'un défunt, & qui joignent le profit d'un défaut à un procès ; arrêts interloçutoires & autres de

primé celles de l'ancien & du nouveau châtelet
ce Paris.

TITRE DES LETTRES.	Droit d sceau.	Droit de signature	TOTAL.
cette nature, ils seront appellés *simples*, & seront taxés comme il sera dit ci-après au mot SIMPLE.			
Il y aura deux sortes de doubles,			
Les uns sans droit de signature,			
Les autres avec droit de signature.			
Les doubles sans droit de signature, seront les arrêts expédiés en forme, c'est-à-dire, dont l'intitulé commencera par ces termes: *LOUIS, par la grace de Dieu, Roi de France & de Navarre, &c.* Sur ces sortes d'arrêts étant en forme, en queue d'iceux sera apposé le sceau, & mention sera faite sur l'arrêt du scellé, & la taxe mise en tête de l'arrêt.			
Les doubles avec droit de signature, seront ceux qui ne seront point expédiés en forme, mais seulement par extrait.			
Ces sortes d'arrêts ne pourront point être représentés au sceau, qu'il n'y ait dessus un *pareatis*, portant permission de les mettre à exécution; la taxe du sceau & la mention du scellé, se mettront sur le *pareatis*, & le sceau sera attaché en queue du *pareatis*.			

Pour l'exercice de ces Chancelleries préfidia-

TITRE DES LETTRES.	Droit de fceau.	Droit de fignature	TOTAL.
	Liv. fous.	Sous.	Liv. fous.
Les doubles fans fignature, feront taxés,			
Pour un impétrant........	3. 6.		
A deux.............	6. 12.	... Nihil.	
A trois......!.......	9. 18		
A quatre...........	13. 4		

Outre cette taxe, il fe percevra un droit de contre-fceau, à raifon d'un fou par chaque rôle d'arrêt.

. Ne fera cependant perçu aucun droit de contre fceau, lorfque l'arrêt n'aura qu'une feuille ou deux rôles, ou lorfqu'il fera fur un quarré.

Les doubles avec droit de fignature, feront taxés,			
Pour un impétrant........	3. 6.	» 5.	3. 11.
A deux.............	6. 12.	» 5.	6. 17.
A trois.............	9. 18.	» 5.	10. 3.
A quatre...........	13. 4.	» 5.	13 9.

Ce droit de fignature fe percevra à caufe du pareatis.

Sur ces fortes de doubles, & à caufe du pareatis, les référendaires auront cinq fous pour chaque pareatis feulement.

Et les greffiers gardes-minutes, fept fous par chaque pareatis feulement, & ne fera fait minute que du pareatis feulement.

La quotité des impétrans, fe règlera par le nombre de ceux auxquels l'arrêt bénéficiera, & fera regardé comme gagnant & formant nombre des impé-

les , le roi leur a attribué à chacune un fcel par-

TITRE DES LETTRES.	Droit de fceau.	Droit de fignature.	TOTAL.
trans , ceux en faveur defquels il y aura condamnation de dépens prononcés, ou faculté , en cas de compenfation , de s'en faire payer , foit en les retenant ou en déduifant, foit en les employant en frais & mifes , frais de direction , frais d'ordre , frais de pourfuites.	Liv. fous.		

Il ne fera néanmoins jamais taxé au-delà de quatre impé trans , quelque foit le nombre de ceux au profit defquels les arrêts fe trouveront rendus , fi ce n'eft cependant en matiere criminelle, où il fera taxé autant de droits que de perfonnes en faveur defquelles le jugement fe trouvera rendu.

F.

Foi & Hommage.

A un impétrant.	6.	»
A deux.	10.	10.
A trois, ...	16.	5.
A quatre.	20.	»

} ... Nihil.

Et au-delà de quatre impétrans, augmentera de quatre livres par chaque impétrant.

Se taxera autant que d'impétrans , quel qu'en foit le nombre.

Ne fe percevra aucun droit, ni de fignature , ni par les référendaires & gardes-minutes.

ticulier aux armes de France, au tour duquel

TITRE DES LETTRES.	Droit de sceau	Droit de signature	TOTAL.
	Liv. fous.	*Sous.*	*Liv. fous.*

M.

Main Souveraine.

A un impétrant.........	5. 16.	» 10.	6. 6.
A deux.............	10. »	» 10.	10. 10.
A trois.............	14. 16.	» 10.	15. 6.
A quatre..........	18. »	» 10.	18. 10.

Et au-delà de quatre impétrans, la taxe fera augmentée
de trois livres, fans augmentation de droit de fignature.

Se taxera autant que d'impétrans, quel qu'en foit le
nombre.

Ne fera perçu aucun droit
pour les référendaires.

Auront les greffiers gardes-
minutes, fept fous par chaque
lettre feulement.

R.

N'eft point ici fait mention
des lettres de rémiffion & par-
don, parce qu'il n'en fera fcellé ni délivré aucune, pour quelque caufe que ce foit, en ladite
Chancellerie.

Requéte Civile.

A un impétrant.........	6. »	» 10.	6. 10.
A deux.............	10. »	» 10.	10. 10.
A trois.............	16. »	» 10.	16. 10.
A quatre..........	19. »	» 10.	19. 10.

Et au-delà de quatre impétrans, la taxe augmentera de

font gravés ces mots, *le scel royal du siége pré-*

TITRE DES LETTRES.	Droit de sceau.	Droit de signature.	TOTAL.
deux livres douze sous par chaque impétrant, sans augmentation du droit de signature.			
Sera taxé autant de droits que d'impétrans, quel qu'en soit le nombre.			
Les référendaires auront quinze sous par chaque lettre de requête civile seulement.			
Et les greffiers gardes-minutes, dix sous aussi par chaque lettre seulement.			

Rescision.

Seront taxées comme simples, suivant qu'il sera expliqué ci-après au mot SIMPLE.

S.

Simples.

Il y aura distinction de simples civiles & de simples criminelles.

Simples Civiles.

Ce seront toutes lettres de la nature ci-après désignée, obtenues en matiere civile.

Il y aura simples civiles avec droit de signature, & simples civiles sans droit de signature.

Les Simples civiles avec droit de signature, seront :

Lettres de relief d'appel.
Lettres d'anticipation.

fidial de la ville de, &c. Le sceau y est tenu

TITRE DES LETTRES.	Droit de sceau.		Droit de signature.	TOTAL.	
	Liv. sous.		*Sous.*	*Liv. sous.*	
Lettres de désertion d'appel.					
Commission en constitution de nouveaux Procureurs, en reprise d'instance, en déclaration de jugement commun.					
Debitis.					
Compulsoire.					
Pareatis sur arrêt & jugement, scellés ès autres cours souveraines, & qui seront obtenus pour les mettre à exécution dans l'étendue du ressort de la cour souveraine de Nanci.					
Surannation.					
Appel comme d'abus.					
Lettres de rescision.					
Ces lettres ne seront point taxées au-delà de quatre impétrans, quel qu'en soit le nombre.					
A un impétrant.........	»	15.	» 5.	1.	»
A deux.............	1.	10.	» 5.	1.	15.
A trois.............	2.	5.	» 5.	2.	10.
A quatre...........	3	»	» 5.	3.	5.
Les référendaires auront cinq sous pour chacune desdites lettres seulement, sauf néanmoins sur les lettres d'appel comme d'abus, & lettres de rescision, où ils auront dix sous par chacune lettre seulement.					
Les greffiers gardes-minutes auront sept sous par chacune desdites lettres seulement.					
Les Simples civiles sans signature, seront :					
Exécutoire de dépens.					

Tome IX. F

par un confeiller garde des fceaux. Les maî-

TITRE DES LETTRES.	Droit de fceau.	Droit de fignature.	TOTAL.
Arrêt d'*Iterato*.	*Liv. fous.*		

Tous arrêts interlocutoires & d'inftruction, qui tiendront caufes, inftances ou procès pour reprifes, joindront ou disjoindront; en un mot tous arrêts qui ne jugeront rien définitivement ou par provifion, encore que lefdits arrêts prononçaffent condamnation de dépens.

Seront taxés :

A un impétrant..........	» 15.		
A deux...............	1. 10.	} ... *Nihil.*	
A trois...............	2. 5.		
A quatre.............	3. »		

Ne fera taxé plus de quatre impétrans.

Il n'y aura aucun droit pour les référendaires ni pour les gardes-minutes.

Simples Criminelles.

Sera taxé autant de droits que d'impétrans.

Il y aura fimples criminelles avec droit de fignature.

Et fimples criminelles fans droit de fignature.

Simples Criminelles avec figna-
ture, feront :

Relief d'appel.

Les anticipations.

Les commiffions en reprifes.

En déclaration d'arrêt commun.

tres des requêtes ont néanmoins droit de le

TITRE DES LETTRES.	Droit de sceau	Droit de signature	TOTAL.
	Liv. jous.	Sous.	Liv. sous
Et seront taxées :			
A un impétrant.........	» 16.	» 5.	1. 1.
A deux............	1. 12.	» 5.	1. 17.
A trois............	2. 8.	» 5.	2. 13.
A quatre...........	3. 4.	» 5.	3. 9.
A cinq............	4. »	» 5.	4. 5.
A six............	4. 16.	» 5.	5. 1.
A sept............	5. 12.	» 5.	5. 17.
A huit............	6. 8.	» 5.	6. 13.

Et au delà de huit impétrans, de seize sous par impétrant, sans augmentation de droit de signature.

Les rétérendaires & les greffiers gardes-minutes auront les mêmes droits que sur les simples civiles avec signature, & ne sera fait minute que du *pareatis* seulement.

Simples Criminelles sans signature, seront :

Arrêt d'*Iterato*.
Exécutoire de dépens.
Tous arrêts interlocutoires, d'instruction, & tous autres de cette nature en matiere criminelle.

Et seront taxés :

A un Impétrant.........	» 16.	
A deux.........	1. 12.	
A trois.........	2. 8.	
A quatre........	3. 4.	... *Nihil.*
A cinq.........	4. »	
A six........	4. 16.	
A sept........	5. 12.	
A huit.........	6. 8.	

tenir, lorfqu'il s'en trouve quelqu'un fur le lieu.

TITRE DES LETTRES.	Droit de fceau.	Droit de fignature		TOTAL.	
	Liv. fous.		*Sous.*	*Liv. fous.*	
Et au delà de huit impétrans, augmentera de feize fous par chaque impétrant.					
Il n'y aura aucun droit pour les référendaires ni pour les greffiers gardes-minutes.					
Nota. Lorfqu'une lettre contiendra en même-temps plufieurs objets, comme appel & anticipation, & commiffion pour affigner en reprife, ou déclaration d'arrêt commun, il fera taxé autant de droits qu'il y aura de nature de lettres différentes comprifes dans la même.					

T.

Terrier.

Ces lettres fe taxeront autant que d'impétrans, quel qu'en foit le nombre.					
A un impétrant.........	3.	»	»	5.	3. 5.
A deux.............	6.	»	»	5.	6. 5.
Et augmenteront par chaque impétrant, de trois livres, fans augmentation de droit de fignature.					
Les référendaires auront fur chaque lettre, feulement dix fous.					
Et les greffiers gardes-minutes, pareille fomme.					

FIXATION pour déterminer le nombre des impétrans.

Le mari & la femme, en matière civile, ne feront comptés

Par l'édit de 1557, le roi avoit créé pour

que pour un impétrant ; mais en matière criminelle, seront comptés séparément, & feront deux impétrans.

Tuteurs & curateurs de mineurs & interdits, ne seront comptés que pour un, quoiqu'il y ait plusieurs mineurs, excepté toutefois dans la taxe des lettres de grace, c'est-à-dire, lettres de bénéfice d'inventaire & autres lettres appellées *de grace*, pour la taxe desquelles il sera taxé autant d'impétrans qu'il y aura de mineurs ou d'interdits.

Procureurs, fabriciens, marguilliers, ne seront comptés que pour un, ainsi qu'un commissaire au régime & gouvernement d'un bien saisi.

Abbé, religieux & couvent, lorsque l'abbé sera abbé régulier, ne seront comptés que pour un, attendu qu'il n'y a qu'une mense.

Mais l'abbé commendataire & religieux & couvent, seront taxés deux, attendu qu'il y a deux menses, l'abbatiale & la mense conventuelle.

Doyen, chanoines & chapitre ne seront comptés que pour un, mais l'Evêque & le chapitre étant ensemble, seront comptés pour deux.

Les habitans d'un village en nom collectif, seront taxés quatre, sauf toutefois en matiere de taille & impositions royales, où ne seront comptés que pour un.

Un particulier, tant en son nom que comme cessionnaire des droits d'un autre, ou comme héritier ou légataire d'un autre, ne sera compté que pour un.

Une veuve, tant en son nom que comme tutrice de ses enfans, sera comptée, en matiere civile, pour deux ; savoir, un pour elle, & un à cause de tous ses enfans mineurs.

Mais lorsqu'elle ne plaidera que comme tutrice, & non comme intéressée en outre personnellement, elle ne sera, en matiere civile, comptée que pour un.

Traitans, sous-traitans, fermiers généraux, receveurs des domaines & bois, agissant pour le recouvrement des droits royaux, seront comptés pour quatre, ainsi que les commis, agens des fermes, agissant pour le recouvrement des droits de la ferme.

F iij

chaque Chancellerie préfidiale un office de con-

Les officiers des cours, préfidiaux, bailliages & juftices royales, feront comptés pour quatre, même quand la procédure ne s'inftruiroit qu'à la requête du procureur du roi, pour l'intérêt commun du corps.

Mais lorfque le procureur du roi, ou le procureur général, agiront pour le bien public & pour le roi, tant en matières civiles qu'en matières criminelles, il ne fera rien taxé, mais les lettres feront fcellées *pro rege*, fans qu'il foit pour ce payé aucuns droits de fceau ni autres ; mais s'il y a des parties jointes au miniftère public, il fera taxé à raifon des parties qui agiront pour leur intérêts perfonnel.

Fait & arrêté au confeil royal des finances, tenu à Verfailles le vingt-fixième jour de juin mil fept cent foixante-dix. *Signé* Louis. *Et plus bas*, le Duc de Choifeul.

Règlement que le roi entend être gardé & obfervé en la Chancellerie établie près la cour fouveraine de Nanci.

ARTICLE PREMIER.

La Chancellerie fe tiendra deux fois par femaine, depuis dix heures du matin jufqu'à midi, dans le lieu qui fera à cet effet deftiné, & aux jours qui feront les plus convebles, & arrêtés par le garde des fceaux, les audienciers, contrôleurs & fecrétaires du roi ; à l'effet de quoi, feront un reglèment qui fera publié à l'audience du fceau ; & enregiftré fur les regiftres d'icelle par les audienciers & contrôleurs, & ne pourront lefdits jours être changés.

II. Le fceau & le contre-fceau feront renfermés dans un coffre à quatre clefs, dont le garde des fceaux en aura une, l'audiencier & le contrôleur de quartier, auffi chacun une, & l'un des fecrétaires du roi, une ; ledit coffre reftera dans une falle où fe tiendra le fceau, & fera ledit coffre renfermé dans un armoire qui fera pratiquée à cet effet dans le mur, s'il eft poffible, & la clef de cette armoire reftera entre les mains du garde des fceaux.

III. Il fera choifi dans le palais de la cour fouveraine de Nanci, s'il eft poffible, finon le plus à portée, un endroit pour y tenir la Chancellerie, & fera compofée d'une

seiller garde des sceaux, & un office de clerc-

salle où se feront les expéditions, & où se chauffera la cire, d'un autre salle pour y tenir le sceau, & d'un cabinet pour, après le sceau, y faire le contrôle & révision de la taxe des lettres, en faire l'état, & en charger le trésorier de l'émolument du sceau.

IV. Dans la salle destinée pour y tenir le sceau, sera placé un bureau long couvert d'un tapis vert, autour duquel seront des banquettes à dos couvertes de tapisseries à fleurs-de lys, pour s'asseoir.

V. Le garde des sceaux sera placé seul au haut du bureau & au milieu.

Le long des côtés seront placés les audienciers, contrôleurs, secrétaires du roi, scelleur & chauffe-cire.

SAVOIR:

A la droite du garde des sceaux, l'audiencier; après le scelleur; ensuite le chauffe-cire.

A la gauche du garde des sceaux, les secrétaires du roi.

Au bas dudit bureau, dans le milieu & en face du garde des sceaux, se placera un coffre, dans lequel seront mises les lettres à mesure qu'elles seront scellées, & s'apportera ledit coffre chaque jour du sceau par le porte-coffre.

A côté dudit coffre, à la gauche d'icelui, se placera le contrôleur, & à la droite un secrétaire du roi, de manière que le coffre se trouvera entre le contrôleur & l'un des secrétaires du roi.

VI. N'entreront en la salle du sceau que les officiers qui y seront nécessaires, qui seront le garde des sceaux; les audienciers & contrôleurs, les secrétaires du roi, le scelleur, le chauffe-cire, les référendaires & les huissiers.

VII. L'huissier restera en dehors de la porte de la salle du sceau, & n'y laissera entrer que ceux dénommés en l'article ci-dessus; & seront les huissiers en robe.

VIII. Les audienciers, contrôleurs, secrétaires du roi & autres officiers de ladite Chancellerie, se rendront en icelle une heure avant la tenue du sceau, & se tiendront dans la salle des expéditions du sceau, pour y faire chacun les fonctions de leur charge.

commis à l'audience, pour sceller les expédi-

IX. Il ne sera présenté aucunes lettres au sceau qu'elles
ne soient signées par l'un des audienciers, contrôleurs &
secrétaires, qui tous signeront concurremment, savoir,
les minutes des lettres qui y seront sujettes, avec paraphe,
& les expéditions en parchemin avec grille & paraphe ;
sur l'expédition en parchemin, en fin d'icelle & au milieu
d'icelui, seront mis en plus gros caractères ces mots : par
le conseil, & au bas l'un desdits audienciers, contrôleurs
& secrétaires du roi signera avec grille & paraphe ; & seront toutes lesdites lettres dressées par lesdits audienciers,
contrôleurs & secrétaires, & pourront les faire écrire par
leurs commis, tant sur la minute que sur le parchemin.

Toutes les lettres seront écrites lisiblement, sans ratures,
interlignes ni renvois.

X. Toutes les lettres sujettes à la collation des greffiers
gardes-minutes, seront, après la signature de l'un des
audienciers, contrôleurs ou secrétaires du roi, collationnées tant sur la minute que sur l'expédition, par l'un des
greffiers gardes-minutes, qui gardera la minute signée du
secrétaire du roi qui aura signé l'expédition en parchemin,
& ledit greffier rendra ladite expédition en parchemin, en
lui payant les droits à lui pour ce dus.

XI. Lorsque le garde des sceaux arrivera à la porte de
la chambre, il sera conduit par l'huissier jusqu'à sa place,
& à la sortie du sceau, il sera reconduit par l'huissier de
sa place à la porte de la Chancellerie.

XII. Lorsque le garde des sceaux sera entré, il fera l'ouverture de l'armoire où sera renfermé le coffre du sceau,
lequel sera pris par le scelleur, & par lui porté sur le bureau du sceau ; le garde des sceaux ouvrira la serrure dont
il aura la clef, ensuite l'audiencier ; le contrôleur & le
secrétaire du roi feront de même, après quoi le sceau &
le contre-sceau seront tirés du coffre par le scelleur, &
posés à côté de lui sur le bureau.

Le sceau fini, le scelleur remettra le sceau & le contre-
sceau dans le coffre, le garde des sceaux fermera le coffre
avec sa clef, ensuite l'audiencier, le contrôleur & le secrétaire du roi feront de même ; le scelleur prendra le coffre,

tions & recevoir les émolumens. Ces offices

le remettra dans l'armoire qui fera fermée par le garde des fceaux.

XIII. Toutes les lettres feront préfentées au garde des fceaux, & rapportées par les audienciers, contrôleurs & fecrétaires du roi concurremment, même par les référendaires pour celles feulement, par rapport à ces derniers, qui les concerneront.

XIV. Les référendaires fe tiendront debout dans la falle du fceau, & rapporteront, après toutefois les audienciers, contrôleurs & fecrétaires du roi, les lettres de requête civile, lettres d'appel comme d'abus, & lettres de refcifion feulement ; néanmoins pourront lefdits audienciers contrôleurs & fecrétaires du roi, les rapporter par préférence à eux : pourront lefdits référendaires, concurremment avec les audienciers, contrôleurs & fecrétaires, dreffer minutes & groffoyer en parchemin lefdites lettres de requête civile, d'appel comme d'abus, de refcifion, fans pouvoir les figner mais feulement cotter leur nom en queue.

Les référendaires feront en robe & bonnet quarré à la main.

XV. Les lettres rapportées pafferont au fcelleur qui y appofera le fceau & le contre-fceau, lorfqu'il y aura lieu.

XVI. Le chauffe-cire qui fera à côté du fcelleur, apprêtera la cire au fcelleur, & la mettra en morceaux fuffifans pour qu'il puiffent recevoir l'impreffion du fceau & du contre fceau.

XVII. La lettre fcellée paffera entre les mains de l'audiencier qui la taxera conformément au tarif, & mettra cette taxe en toutes lettres en tête de la lettre fcellée ; elle fera remife enfuite à l'un des fecrétaires du roi, qui au dos d'icelle mettra ces mots, *fcellé le.....* 'en énonçant la date du jour, du mois & de l'année, & fignera avec paraphe, il examinera en même temps fi la taxe mife par l'audiencier eft conforme au tarif, & fi elle ne l'eft pas, le fera obferver, & l'audiencier réformera la taxe.

La lettre paffera enfuite au contrôleur, qui vérifiera pareillement la taxe, & s'il la trouve jufte, ou après la réforme, s'il y a eu erreur, mettra au-deffous de la taxe

ayant été fupprimés par édit du mois de fé-

ou à côté, ces mots, *Contrôlé*; & paraphera feulement fans figner; après quoi il mettra la lettre dans le coffre étant à côté de lui.

XVIII. S'il furvient quelque difficulté fur la taxe d'aucune des lettres, elle fera décidée fur le champ à la pluralité des voix de l'audiencier, du contrôleur & des fecrétaires du roi.

XIX. Ne feront rendues aucunes lettres fous le fceau, mais feront toutes mifes dans le coffre.

XX. Ne fera fcellé ailleurs qu'en la falle du fceau, & le jour du fceau, icelui tenant.

XXI. Ne feront préfentées au fceau que les lettres qui feront dans le cas d'être fcellées en la Chancellerie de Nanci.

XXII. Ne pourront non plus y être fcellées lettres de refcifion, lorfqu'il y aura plus de dix années écoulées depuis la date des actes contre lefquelles elles auront été prifes, non compris toutefois dans les dix années, celles de minorité, fauf en ce cas aux parties à fe pourvoir en la grande Chancellerie, en la forme ordinaire.

XXIII. Lorfque le fceau fera fini, l'on fermera le coffre qui fera à deux clerfs, dont l'une fera remife à l'audiencier ou au contrôleur, & l'autre à l'un des fecrétaires du roi.

XXIV. Le coffre ainfi fermé fera porté par le portecoffre, de la Chancellerie dans le lieu deftiné à faire le contrôle.

Et ledit coffre reftera dans ledit endroit.

XXV. Entreront en la falle du contrôle, & affifteront au contrôle qui fe tiendra à la fuite du Sceau, & incontinent après icelui, les audienciers, contrôleurs, fecrétaires du roi, le tréforier des émolumens du fceau, & le fermier des droits du fceau, ou celui qui fera prépofé par le fermier: y affiftera l'un des référendaires, celui d'entr'eux qu'ils choifiront à l'effet de prendre note des lettres fujettes aux droits de référendaire, defquels droits le tréforiers des émolumens du fceau fera la perceptioon, pour en compter amiablement aux référendaires avec celui d'entr'eux qu'ils nommeront à cet effet.

XXVI. Sera fait en ladite falle du contrôle une révi-

vrier 1561, furent rétablis par un autre édit du

---

fion de la taxe des lettres, & fera fait mention fur deux regiftres appelés *Populos*, l'un tenu par l'audiencier, l'autre par l'un des fecrétaires du roi, du nombre des lettres & de leur nature, avec diftinction du droit de fignature dû fur aucune d'icelles ; & au bas defdits regiftres ou *populos*, fera fait calcul du montant defdites lettres, avec diftinction du montant des droits de fignature ; & fera l'un & l'autre regiftre figné par l'audiencier & fecrétaire du roi, & par le tréforier de l'émolument du fceau, & la fignature dudit tréforier le chargera du montant du tout, & d'en compter.

XXVII. Le tréforier de l'émolument du fceeau remettra les lettres à qui il appartiendra, en lui fourniffant le coût d'icelles.

XXVIII. Si l'un des maîtres des requêtes ordinaites de l'hôtel du roi fe trouve à Nanci, & qu'il veuille y tenir le fceau, alors le garde des fceaux fera tenu de lui remettre la clef du coffre & de l'armoire.

XXIX. Si le garde des fceaux eft abfent, ou que l'office foit vacant, la clef du coffre fera remife à l'un des fecrétaires du roi, & celle de l'armoire à l'un des audienciers ou contrôleurs, fans que lefdites deux clefs puiffent être dans la même main, & le fceau fera tenu par le plus ancien des fecrétaires, qui fera tenu de prendre l'avis des audienciers, contrôleurs & fecrétaires du roi préfens au fceau, & néanmoins nepourra fe mettre à la place du garde des fceaux.

XXX. En l'abfence de l'audiencier ou contrôleur, ou en cas de vacance defdits offices, leurs fonctions feront remplies par l'un des fecrétaires du roi.

XXXI. Les confeillers-fecrétaires du roi, maifon, couronne de France & de fes finances, qui fe trouveront à Nanci, pourront affifter au fceau & au contrôle, & y auront féance, avant les officiers & fecrétaires de ladite Choncellerie, fans néanmoins pouvoir prendre part aux émolumens du fceaux & partager avec lefdits officiers ; & en l'abfence du garde des fceaux tiendront le fceau par préférence aux autres officiers de la Chancellerie. Fait & arrêté au cónfeil royal des financès, tenu à Verfailles le vingt-fixième jour de juin mil fept cent foixante-dix. *Signé,* Louis. *Et plus bas,* le duc de Choifeul.

mois de février 1575, qui ordonna en outre que les greffiers d'appeaux figneroient les lettres de ces Chancelleries en l'abfence des fecrétaires du roi. En 1692 on créa les greffiers garde-minutes & expéditionnaires des lettres de Chancellerie pour les préfidiaux ; & par édit de novembre 1707, le roi créa dans chaque Chancellerie préfidiale deux audienciers, deux contrôleurs, deux fecrétaires du roi à l'exception des préfidiaux des villes où il y a parlement ; mais les offices créés par cet édit furent fupprimés au mois de décembre 1708. Le nombre des officiers des Chancelleries préfidiales fut fixé par édit de juin 1715, à un confeiller garde-fcel, deux confeillers-fecrétaires-audienciers, deux confeillers-fecrétaires-contrôleurs, & deux confeillers fecrétaires.

Enfin tous les offices qui avoient été créés pour les Chancelleries préfidiales, ont été fupprimés par un édit du mois de décembre 1727, qui ordonne que les fonctions du fceau dans ces Chancelleries feront faites à l'avenir, favoir, pour la garde du fceau, par le doyen des confeillers de chaque préfidial, ou par telles autres perfonnes qu'il plaira au garde des fceaux de France de commettre : à l'égard des fonctions d'audienciers, contrôleurs & de fecrétaires, qu'elles feront faites par les greffiers des appeaux des prefidiaux en l'abfence des confeillers-fecrétaires établis près des cours, conformément aux édits de décembre 1557 & de février 1575.

Les actes qui s'expédient dans les Chancelleries préfidiales font, 1°. les commiffions pour affigner au préfidial tant en première inftance que par appel, au fujet de demandes en garan-

tie, fommation, anticipation, acquiefcement,
reprife d'inftance, conftitution de nouveau
procureur, oppofitions, intenventions, ou pour
procéder relativement à des appellations principales, ou incidentes, renvois, incompétences,
compulfoires, défertions ou autres demandes
dans les cas de l'édit des préfidiaux. C'eft ce
qui réfulte de l'édit du mois de décembre 1557,
& de l'arrêt du confeil du 7 août 1697, rendu pour Amiens.

Il faut toutefois excepter de cette règle les
affaires qui avant l'édit du mois d'avril 1749
portant réunion des prévôtés aux bailliages ou
fénéchauffées, étoient de la compétence des prévôtés, châtellenies, vicomtés ou vigueries, &
qui en feroient encore fans la fuppreffion portée par cet édit : dans ces affaires, les parties
ont été difpenfées par arrêt du confeil du 7
novembre 1749, d'obtenir des commiffions
pour faire donner les affignations en première
inftance aux fiéges préfidiaux dans les deux cas
de l'édit. Au refte, le même arrêt a déclaré
les jugemens rendus dans ces fortes d'affaires,
fujets au fceau des fentences préfidiales. La déclaration du 10 juillet 1739, avoit déja réglé
la même chofe pour Provins, lors de la réunion de la prévôté de cette ville au Bailliage.

2°. On doit obtenir dans les Chancelleries
préfidiales toutes les lettres de refcifion ou de
reftitution néceffaires pour le jugement des
inftances ou procès dans les deux cas de l'édit,
même dans les inftances qui fe pourfuivent par
devant les juges du reffort du préfidial. C'eft
ce qui réfulte de l'édit du mois de décembre
• 1557, & de divers règlemens du confeil des

20 août 1703, 3 & 17 mars 1704, 25 janvier 1706, 22 Novembre 1707 & 26 janvier 1751.

Il eſt vrai que quelques auteurs ont prétendu que pour les lettres de reſciſion ou de reſtitution, il falloit ſe pourvoir dans les Chancelleries établies près des cours : c'eſt l'opinion de Maynard, & Lapeyrère rapporte un arrêt du parlement de Bordeaux qui l'a ainſi jugé ; mais ces autorités ne doivent pas l'emporter ſur celles qu'on vient de rapporter.

3°. On doit faire ſceller dans les Chancelleries préſidiales tous les jugemens, ordonnances & autres, ſujets au ſceau, tels que ſont les ſentences ou jugemens interlocutoires, proviſoires ou définitifs dans les deux cas de l'édit, tant en matière civile qu'en matière criminelle, les exécutoires des dépens prononcés par ces ſentences, les ordonnances portant permiſſion de ſaiſir, & les mandemens ou contraintes en forme de *débitis*, ſur titres ou contrats dans les cas de l'édit. C'eſt ce qui réſulte des arrêts du conſeil des 21 avril 1670, 22 avril 1673, 20 août 1703, 3 & 17 mars 1704, 21 novembre 1707 & 27 janvier 1751.

Les lettres qui s'expédient dans les Chancelleries préſidiales, ſont au nom du roi comme dans les autres Chancelleries du royaume.

Ces expéditions ſe délivrent en parchemin & doivent être collationnées & paraphées par les greffiers garde-minutes.

Les droits qui ſe payent dans les Chancelleries préſidiales tant pour la taxe des lettres que pour le ſceau ſont réglés par les arrêts du conſeil dont nous avons parlé, & ils doivent être payés par toutes sortes de personnes indistinctement, à l'exception des procureurs du roi pour les affaires qui concernent sa majesté.

Suivant l'article 3 de l'édit du mois de décembre 1557, les Chancelleries établies près des cours ont la prévention sur les Chancelleries présidiales, & l'on peut se pourvoir devant les premières pour y obtenir les lettres qui s'expédient dans les secondes.

Chancelleries aux contrats. Ce sont des juridictions établies en différentes villes du duché de Bourgogne.

Pour bien entendre ce que c'est que ces Chancelleries aux contrats, il faut d'abord observer que du tems des ducs de Bourgogne, le Chancelier, outre le garde du grand scel, avoit aussi la garde du scel aux contrats, & le droit de connoître de l'exécution des contrats passés sous ce scel ; ce qu'il devoit faire en personne au moins deux ou trois fois par an, dans les six siéges dépendans de sa Chancellerie.

Il avoit sous lui un officier qui avoit le titre de gouverneur de la Chancellerie. Il le nommoit, mais il étoit confirmé par le duc de Bourgogne. Le Chancelier mort, cet officier perdoit sa charge & le duc en nommoit un pendant la vacance, lequel étoit destitué dès qu'il y avoit un nouveau Chancelier : en cas de mort, ou de destitution du gouverneur de la Chancellerie, les sceaux étoient déposés entre les mains des officiers de la chambre des comptes de Bourgogne, qui les donnoient dans un coffret de laiton à celui qui étoit choisi. Ce gouverneur avoit des lieutenans dans tous les bailliages de Bourgogne, & dans quelques villes particulières du duché : ils gardoient les fceaux des fiéges particuliers, & rendoient compte des profits au gouverneur. Un regiftre de la chambre des comptes de Bourgogne fait mention que le 7 août 1761, Jacques Paris, bailli de Dijon, qui avoit en garde les fceaux du duché de Bourgogne, les remit à Jean de Vefranges, inftitué gouverneur de la Chancellerie ; favoir le grand fcel & le contre-fcel, & le fcel aux caufes, tous d'argent & enchaînés d'argent, enfemble plufieurs autres vieux fcels de cuivre, & un coffret ferré de laiton, où on mettoit les petits fcels.

Les lieutenans de la Chancellerie de chaque bailliage avoient auffi des fceaux, comme il paroit par un mémoire de la chambre des comptes de Dijon, portant que le 7 feptembre 1396, il fut ordonné à Me. Hugues le vertueux, lieutenant de monfeigneur le Chancelier, au fiége de Dijon, un grand fcel, un contre-fcel, & un petit fcel aux caufes, pour en fceller les lettres, contrats & autres chofes qui feroient à fceller dans ce fiége, toutes les fois qu'il en féroit requis par les notaifés leurs co-adjuteurs au même fiége. Dans quelques villes particulières de Bourgogne, il y avoit un garde des fceaux aux contrats, lequel faifoit ferment à la chambre des comptes, où on lui délivroit trois fceaux de cuivre, favoir un grand fcel, un contre-fcel & le petit fcel. Le Chancelier avoit auffi dans chaque bailliage des clercs ou fecrétaires, appelés *libellenfes*, qui percevoient certains droits pour leurs écritures.

L'état préfent des Chancelleries aux contrats,

eft

eſt que le gouverneur eſt le chef de ces jüridic-
tions. Son principal ſiége eſt à Dijon. Il a rang
après le grand bailli, avant tous les lieutenans
& préſidens du bailliage & du préſidial. Il a un
aſſeſſeur pour la Chancellerie, qui a le titre de
lieutenant civil & criminel, & de premier conſeiller au bailliage.

Le reſſort de la Chancellerie aux contrats,
ſéante à Dijon, pour les villes, bourgs, paroiſſes & hameaux qui en dépendent, n'eſt pas
préciſément le même que celui du bailliage; il
y a quelquequels lieux dépendans de l'abbaye
de Saint-Seine, qui ſont de la Chancellerie de
Dijon pour les affaires de Chancellerie, & du
bailliage de Chatillon pour les affaires baillia-
gères, ſuivant des arrêts du parlement de Dijon, des 30 décembre 1560, & 4 janvier 1561.

Il y a auſſi des Chancelleries aux contrats
dans les villes de Beaune, Autun, Châlons, Semur en Auxois, Châtillon-ſur-Seine, appelé
autrement le bailliage de la Montagne. Ces
Chancelleries ſont unies aux bailliages & ſiéges
préſidiaux des mêmes villes; mais on donne toujours une audience particulière pour les affaires
de Chancellerie, où le lieutenant de la Chancellerie préſide; au lieu qu'aux audiences du
bailliage, il n'a rang qu'après le lieutenant général.

Le gouverneur de la Chancellerie nommoit
autrefois les lieutenans de ces cinq juridictions;
mais il ne les commet plus depuis qu'ils ont été
créés en titre d'office.

L'édit de François premier du 8 janvier 1535,
& la déclaration du 15 mai 1544 contiennent
des réglemens entre les officiers des Chancel-

Tome IX.   G

leries & ceux des bailliages royaux. Il réfulte
de ces réglemens, que les juges des Chancelleries doivent connoître privativement aux bail-
lis royaux & à leurs lieutenans, de toute matière d'exécution de meubles, immeubles,
héritages, criées & fubhaftations qui fe font
en vertu de lettres reçues fous le fcel aux contrats de la Chancellerie, tant contre l'obligé
que contre fes héritiers; qu'ils ont auffi droit
de connoître des publications de teftamens paffés
fous ce même fcel, & des appels interjetés des
fergens, ou autres exécuteurs des lettres &
mandemens de ces Chancelleries; en forte que
les officiers des bailliages n'ont que le fceau des
jugemens, & que celui des contrats appartient
aux Chancelleries. Il y a dans chacune un garde
des fceaux prépofé à cet effet.

Les jugemens émanés des Chancelleries de
Dijon, Baune, Autun, Châlons, Semur en
Auxois & Châtillon-fur-Seine, & tous les actes
paffés devant notaires, fous le fceau de ces
Chancelleries, font intitulés du nom du gouverneur de la Chancellerie; mais les contrats
n'ont pas befoin d'être fcellés par le gouverneur;
le fceau appofé par le notaire fuffit.

La ville de Semur, & les paroiffes & villages
du Châlonnois, qui font entre la Saône & le
Doux, plaident pour les affaires de la Chancellerie, à celle de Châlons, ou à celle de
Beaune, au choix du demandeur, ainfi qu'il fut
décidé par un arrêt contradictoire du confeil
d'état en 1656.

L'appel des Chancelleries de Dijon & des
cinq autres qui en dépendent, va directement
au parlement de Dijon. Celle de Beaune, où

il n'y a point de préfidial, reffortit au préfidial de Dijon, dans les matières qui font au premier chef de l'édit.

Il y a auffi à Nuys, à Auxonne, Saint-Jean-
de-Lône, Montcenis, Semur en Briennois,
Avallon, Arnay-le-Duc, Saulieu, & Bourbon-
Lanci, des Chancelleries aux contrats ; elles
font unies comme les autres aux bailliages des
mêmes villes, conformément aux édits des 29
avril 1542, & mai 1640.

Ces neuf Chancelleries ne reconnoiffent point
le gouverneur de la Chancellerie de Dijon pour
fupérieur ; c'eft pourquoi les jugemens qui s'y
rendent ne font point intitulés du nom du gouverneur, mais de celui du lieutenant de la Chancellerie.

L'appel de ces neuf Chancelleries va au parlement de Dijon, excepté qu'au premier chef
de l'édit, les Chancelleries de Nuys, Auxône,
& Saint-Jean-de-Lône, vont par appel, au préfidial de Dijon ; celles de Montcenis, de Semur en Briennois, & de Bourbon-Lancy, au
préfidial d'Autun ; & celles d'Arnay-le-Duc
& de Saulieu, au préfidial de Semur en Auxois.

A l'égard des contrats qui fe paffent dans
toutes ces Chancelleries, foit celles qui dépendent en quelque chofe du gouverneur, ou
celles qui n'en dépendent point, ils ne font pas
intitulés du nom du gouverneur, & ils n'ont
pas befoin d'être fcellés de fon fceau ; & néanmoins ils ne laiffent pas d'emporter excution
parée, pourvu qu'ils foient fcellés par le Notaire ; c'eft un des privilèges de la province.

Voyez *le recueil des ordonnances du Louvre ;
Teffereau, hiftoire de la Chancellerie ; l'arrêt du*

conseil du 17 juillet 1643 ; le réglement du mois de février 1673 ; l'édit du mois de décembre 1557 ; Miraumont origine de la Chancellerie ; les édits de février 1561, février 1575, novembre 1707, décembre 1708, juin 1715, & décembre 1727 ; Joly, traité des offices de France ; la bibliothèque de Bouchet ; les arrêts du conseil des 20 août 1703 ; 3 & 17 mars 1704, 25 janvier 1706, 21 novembre 1707, & 26 janvier 1751 ; les questions de Maynard ; les décisions de la Peyrère ; le traité de la juridiction des présidiaux ; les mémoires pour servir à l'histoire de France & de Bourgogne ; l'édit du 8 janvier 1535 ; la déclaration du 15 mai 1544 ; les édits d'avril 1542 & mai 1640, &c. Voyez aussi les articles CHANCELIER, GARDE DES SCEAUX, MAÎTRE DES REQUÊTES, SECRÉTAIRE DU ROI, PRÉSIDIAL, PARLEMENT, SCEAUX, &c. (Cet article appartient pour la plus grande partie, à M. BOUCHER D'ARGIS, ancien conseiller au conseil souverain de Dombes).

CHANCELLERIE ROMAINE. C'est un bureau établi à Rome, où l'on expédie toutes les grâces que le pape accorde.

La Chancellerie romaine est composée de plusieurs tribunaux, de la chambre apostolique, de la daterie, &c. Ces tribunaux ont cependant des priviléges & des droits différens, & ils exercent leurs fonctions séparément. La Chancellerie paroît être le plus ancien : son nom tire son origine de ce qu'il y avoit autrefois une charge de Chancelier du saint-siége ; mais cette charge n'existe plus.

On fait dans ce bureau l'expédition de toutes les grâces que le pape accorde dans le consistoire. Il est sur-tout chargé d'expédier les bulles concernant les bénéfices confiſtoriaux, tels que les archevêchés, évêchés, abbayes, &c.

Les canoniſtes ne font pas d'accord fur la véritable époque où la Chancellerie romaine a été établie. Les uns prétendent qu'elle exiſtoit avant le fixième concile œcuménique tenu en 680; ils fondent leur opinion fur ce qu'il y avoit alors un Chancelier à Rome; mais les autres foutiennent que le pape Luce III n'a fait cet établiſſement que dans le treizième fiécle.

· Il paroît certain que ce pontife eſt le premier qui ait parlé de la charge de Chancelier.

Au-reſte il n'y a plus de Chancelier à Rome. On attribue la fuppreſſion de cette place à Boniface VIII. Ce pape ne voulut point, fuivant pluſieurs auteurs, qu'il exiſtât dans fa cour un officier qui eût autant de pouvoir que lui (*), & il créa un vice-Chancelier (**) qui fubfiſte aujourd'hui.

Le vice-Chanelier eſt le chef & le préſident de tous les officiers qui compoſent la Chancellerie romaine. Toutes les affaires qui fe traitent dans ce bureau & toutes les bulles, reſcrits, &c. qui s'y expédient, font foumis à fon infpeſtion.

Outre le vice-chancelier, il y a un régent de la Chancellerie. Ses fonſtions conſiſtent à connoître de toutes les réſignations & ceſſions de bénéfices, & à les diſtribuer aux prélats du collège *de majori parco.* Il met fa marque(***)fur

---

(*) *Cancellarius certabat de pari cum papa.*
(** *Papa eſt cancellarius in eccleſia Dei.*
(***) Le vice chancelier met cette marque fur les expéditions *N. Regens.*

les expéditions à la marge du côté gauche de la fignature.

Le régent de la Chancellerie a feul le droit de corriger les erreurs qui peuvent s'être glissées dans les bulles. Lorfqu'il corrige quelque faute ou quelqu'omiffion, il en fait mention au desfus de la première ligne de la bulle (*), & il figne.

Nous ne diftinguons point en France le pouvoir du pape de celui du vice-Chancelier. Nous regardons comme une maxime certaine que tout ce qui émane de la Chancellerie romaine a été fait par fa fainteté (**).

La Chancellerie romaine n'avoit pas anciennement des droits auffi étendus que ceux dont elle jouit aujourd'hui ; mais les papes en ont augmenté fuccefivement les privilèges à proportion des droits qu'ils ont exercés fur les bénéfices. C'eft à préfent un des établiffemens les plus précieux & les plus importans pour la cour de rome.

D'Héricourt dit dans fes lois eccléfiaftiques, « que les premiers Chanceliers de la cour de » Rome étoient des perfonnes plus diftinguées » par leur mérite & par leur érudition, que » par leur dignité. Boniface VIII donna cet emploi à un cardinal ; fon exemple fut fuivi par » fes fucceffeurs ; mais les cardinaux, (dit le » cardinal de Luca) regardent comme au-deffous » de leur rang, de tenir ces fortes d'emplois en » titre ; c'eft pourquoi le pape ne les leur donne

---

. (*) *Corrigatur in regiftro pro ut jacet ;* & il figne fon nom ainfi ...... *Regens.*

(**) *Quidquid geffit cancellaria, videtur geftum a papa.*

» que comme une espèce de commission. Les
» prélats qui en sont pourvus prennent aujour-
» d'hui la qualité de vice-Chancelier, au lieu
» de celle de Chancelier qui n'existe plus ».

Nous n'admettons point en France toutes les
régles de la Chancellerie romaine. Il n'y en a que
trois qui sont reçues dans le royaume (*). Ces
régles n'ont force de loi en France que lorsque
l'église Gallicane les a admises. C'est aussi un
principe certain que le pape ne peut déroger
aux règles de Chancellerie dont la pratique est
reçue parmi nous.

Outre les trois règles de Chancellerie romaine que nous avons citées, il y en a encore
plusieurs autres qui sont suivies dans le royaume ;
mais c'est comme régles d'équité fondées sur nos
lois & sur la jurisprudence des tribunaux françois, & non comme régles de Chancellerie.

Voyez *Rousseau de la Combe, dans son recueil de jurisprudence canonique ; d'Héricourt ; le
père Thomassin, dans son traité de la discipline
de l'église ; Rebuffe, Louet, Vaillant, les mémoires du clergé*, &c. Voyez aussi les articles
Bulles, Bénéfices, Consistoire, Chambre apostolique, Dattes, Datterie,
Provisions, Régles de Chancellerie romaine, Rescrits, &c. (*Cet article est de M.
Désessarts, avocat au parlement*).

CHANGE. C'est une négociation par laquelle
on transporte à une personne les fonds qu'on a

(*) Les trois règles de Chancellerie romaine admises en
France sont, 1°. *la règle de infirmis resignantibus* ; 2°. *la
règle de verisimili notitia obitûs* ; & 3°. *la règle de publi-
candis resignationibus.*

dans quelque endroit pour un prix convenu, ou qui se trouve réglé sur la place par le commerce. Ce transport se fait par le moyen d'un acte qui représente les fonds dont on fait la cession & qu'on appelle lettre-de-change.

On appelle aussi *Change*, le prix qu'un banquier prend pour l'argent qu'il fait remettre.

Nous diviserons cet article en six parties :

Dans la première, il sera traité de la nature & de l'utilité du Change.

Dans la seconde, de la forme des lettres-de-change & de leur origine.

Dans la troisième, de la qualité des personnes qui interviennent dans la négociation d'une lettre-de-change.

Dans la quatrième, des règles relatives à l'usage & au commerce des letttres-de-change.

Dans la cinquième, des dommages & intérêts résultans du défaut de payement d'une lettre-de-change.

Et dans la sixième, du *Change*, considéré dans l'acception où ce mot signifie le lieu où doivent être portées les monnoies tant étrangères que décriées & les matières d'or & d'argent pour en recevoir le prix.

PREMIÈRE PARTIE.

De la nature & de l'utilité du Change. Le contrat de Change a été introduit pour éviter le transport réel de l'argent, qui outre les frais & les risques, apporteroit un rétardement considérable au commerce que l'on n'a vu fleurir que depuis l'usage des lettres-de-change. Soit que le négociant tire des lettres-de-change, soit qu'il prenne sur la place des lettres tirées par d'autres négocians, il est payé de ses ventes ou paye ses achats en lettres-de-change.

Or le Change est une fixation de la valeur actuelle & momentanée des monnoies des divers pays ; il faut donc qu'un négociant étudie les variations de cette valeur, afin de ne payer ni d'être payé a son désavantage ; il faut aussi qu'il connoisse le pair du Change de chaque place, c'est-à-dire, le prix moyen qui ne cause ni profit, ni perte ; c'est par la science exacte des variations du Change, qu'il dispose ses opérations de façon à tourner le cours actuel à son avantage. On entend par cours actuel, le prix auquel sont les lettres-de-change pour faire des remises d'une place à une autre.

Le pair du Change est fondé sur une proportion arithmétique du titre, du poids, & de la valeur numéraire des espèces réelles d'or & d'argent reçues & données en payement ; on en a par-tout des tables exactes, qu'on peut consulter au besoin. Mais le cours du Change s'éloigne sans cesse de ce pair réel dans toutes les places, suivant les circonstances ou la situation momentanée de leur commerce respectif, & ce sont ces circonstances qui établissent le cours actuel. Remontons au principe.

L'argent, comme métal, a une valeur, ainsi que toutes les autres marchandises ; l'argent, comme monnoie, a une valeur que le prince peut fixer dans quelques rapports, & qu'il ne sauroit fixer dans d'autres.

1°. Le prince établit une proportion entre une quantité d'argent, comme métal, & la même quantité comme monnoie.

2°. Il fixe celle qui est entre divers métaux employés à la monnoie.

3°. Il établit le poids & le titre de chaque pièce de monnoie.

4°. Enfin il donne à chaque piéce une valeur idéale.

Pour bien entendre ce qu'on vient de dire, il faut se repréfenter que quand l'or, l'argent & le cuivre furent introduits dans le commerce pour y être les fignes des marchandifes, & qu'ils furent convertis en monnoie d'un certain poids, les monnoies prirent leur dénomination du poids qu'on leur donna ; c'eft-à-dire, qu'une livre pefant d'argent fut appelée une livre.

Les befoins ou la mauvaife foi firent retrancher du poids de chaque pièce de monnoie, qui conferva cependant fa dénomination.

Ainfi il y a dans chaque pays une monnoie réelle, & une monnoie idéale.

Les monnoies idéales repréfentent une quantité déterminée de monnoies réelles, fans égard à leur valeur numéraire dans chaque pays ; par exemple, en Hollande, cinquante-quatre deniers de gros, monnoie idéale, repréfentent un écu de France monnoie réelle.

Quelques efforts qu'aient faits les fouverains pour faire circuler comme réelles, leurs monnoies devenues idéales par l'altération du poids ou du titre, le commerce les a toujours remifes à leur valeur pofitive, fuivant la quantité de carats ou de deniers de fin qu'elles contiennent : il fépare l'aloi, & c'eft fur ce pied qu'il établit le pair du Change ; & de même que le pair réel confifte dans la comparaifon des monnoies réelles, le pair idéal ou des monnoies de Change, eft le rapport des monnoies idéales de divers pays.

Les monoies de chaque état comparées avec les monoies des autres pays, ont donc une valeur relative qui dépend beaucoup de leur valeur positive, mais qui varie fans ceffe par les circonftances : ces variations font réglées par l'eftime la plus générale des négocians, & ne peuvent l'être par l'ordonnance du prince. Pour fixer cette valeur relative, les diverfes nations doivent fe régler beaucoup fur celle qui a le plus d'argent : dans l'état actuel de la terre, c'eft la Hollande qui eft cette nation dont nous parlons ; examinons le Change par rapport à elle.

Il y a en Hollande une monnoie qu'on appelle un florin ; ce florin vaut vingt fous ou quarante demi fous ou deniers de gros. Pour fimplifier les idées, imaginons qu'il n'y ait point de florins en Hollande, & qu'il n'y ait que des deniers de gros ; un homme qui aura 1000 florins aura 40000 deniers de gros, ainfi du refte.

Or le Change avec la Hollande confifte à favoir combien chaque piece de monnoie des autres pays vaudra de deniers de gros ; & comme on compte ordinairement en France par écu de trois livres, le Change demandera combien un écu de trois livres vaudra de deniers de gros. Si le Change eft à cinquante-quatre, l'écu de trois livres vaudra cinquante-quatre deniers de gros ; s'il eft à foixante, il vaudra foixante deniers de gros : fi l'argent eft rare en France, l'écu de trois livres vaudra plus de deniers de gros ; s'il eft en abondance, il vaudra moins de deniers de gros.

Cependant cette rareté ou cette abondance d'où réfulte la mutation du Change, n'eft pas la rareté ou l'abondance réelle, c'eft une rareté

ou une abondance relative ; par exemple , quand
la France a plus befoin d'avoir des fonds en Hollande , que les Hollandois n'ont befoin d'en avoir
en France , l'argent eft appelé commun en
France & rare en Hollande & réciproquement.

Suppofons que le Change avec la Hollande
foit à cinquante-quatre : fi la France & la Hollande ne compofoient qu'une ville , on feroit
comme on fait quand on donne la monoie d'un
écu : le François tireroit de fa poche trois livres,
& le Hollandois tireroit de la fienne cinquante-
quatre deniers de gros ; mais comme il y a de
la diftance entre Paris & Amfterdam , il faut
que celui qui me donne pour mon écu de trois
livres cinquante-quatre deniers de gros qu'il a
en Hollande , me donne une lettre-de-change
de cinquante-quatre deniers de gros fur la Hollande : il n'eft plus queftion ici de cinquante-
quatre deniers de gros , mais d'une lettre-de-
change de cinquante-quatre deniers de gros ;
ainfi pour juger de la rareté & de l'abondance de
l'argent , il faut favoir s'il y a en France plus
d'écus deftinés pour la Hollande , qu'il n'y a de
lettres de cinquante-quatre deniers de gros ; s'il
y a beaucoup de lettres offertes par les Hollandois, & peu d'écus offerts par les Frannois,
l'argent eft rare en France & commun en Hollande , .& il faut que le Change hauffe , & que
pour votre écu on vous donne plus de cinquante-
quatre deniers de gros , autrement vous ne le
donnerez pas.

On voit que les diverfes opérations de Change
forment un compte de recette & de dépenfe
qu'il faut toujours folder , & qu'un état qui
doit, ne s'acquitte pas plus avec les autres par

le Change, qu'un particulier ne paye une dette en changeant de l'argent.

S'il n'y avoit, par exemple, que trois états dans le monde, la France, l'Efpagne & la Hollande ; que divers particuliers d'Efpagne dûffent en France la valeur de cent mille marcs d'argent, en même temps que divers particuliers de France devroient en Efpagne cent dix mille marcs, & que quelque circonftance fît que chacun en Efpagne & en France voulût tout-à-coup retirer fon argent, que feroient les opérations du Change ? Elles acquitteroient réciproquement ces deux nations de cent mille marcs. Mais la France devroit toujours dix mille marcs en Efpagne ; ainfi les Efpagnols auroient toujours des lettres fur la France pour dix mille marcs, & la France n'en auroit point du tout fur l'Efpagne.

Si la Hollande étoit dans un cas contraire avec la France, & que pour folde elle lui dût dix mille marcs, la France pourroit payer l'Efpagne de deux manières, ou en donnant à fes créanciers d'Efpagne des lettres fur fes débiteurs de Hollande pour dix mille marcs, ou bien en envoyant en Efpagne dix mille marcs d'argent en efpèce.

Il fuit de là que quand un état a befoin de remettre une fomme d'argent dans un autre pays, il eft indifférent par la nature de la chofe, que l'on y voiture de l'argent, ou que l'on prenne des lettres-de-change ; l'avantage de ces deux manières de payer dépend uniquemeut des circonftances actuelles. Il faudra voir ce qui dans ce moment donnera plus de deniers de gros en Hollande, ou l'argent porté en efpèces, ou une lettre fur la Hollande de pareille fomme, les frais de la voiture & de l'affurance déduits; car il faut faire attention qu'ordinairemeut le prix du Change ne s'élève point au deffus des frais, & des rifques du tranfport réel de l'argent, & qu'on préfère le tranfport réel, dès que le cours du Change y fait voir du bénéfice.

, Lorfque le même titre & le même poids d'argent en France, rendent le même poids & le même titre d'argent en Hollande, on dit que le Change avec la Hollande eft au pair. Dans l'état actuel des monoies, le pair eft ordinaire-ment à peu près à cinquante-quatre deniers de gros par écu. Lorfque le Change eft au deffus de cinquante quatre deniers de gros, on dit qu'il eft haut; lorfqu'il eft au deffous, on dit qu'il eft bas.

Pour favoir fi dans une certaine fituation du Change, l'état gagne ou perd, il faut le confidérer comme débiteur, comme créan-cier, comme acheteur, comme vendeur. En France, lorfque le Change avec la Hollande eft plus bas que le pair, l'état perd comme débiteur, il gagne comme créancier; il perd comme acheteur, il gagne comme vendeur.

On fent bien qu'il perd comme débiteur : par exemple, la France devant à la Hollande un cer-tain nombre de deniers de gros, moins fon écu vaudra de deniers de gros, plus il faudra d'écus pour payer : au contraire, fi la France eft créancière d'un certain nombre de deniers de gros, moins chaque écu vaudra de deniers de gros, plus elle recevra d'écus; l'état perd en-core comme acheteur, car il faut toujours le même nombre de deniers de gros, pour acheter la même quantité de marchandifes ; & lorfque le Change baiffe , chaque écu de France donne moins de deniers de gros ; par la même raifon l'état gagne comme vendeur : je vends ma marchandife en Hollande le même nombre de deniers de gros que je la vendois; j'aurai donc plus d'écus en France , lorfqu'avec cinquante deniers de gros je me procurerai un écu, que lorfqu'il m'en faudra cinquante - quatre pour avoir ce même écu : le contraire de tout ceci arrivera à l'autre état ; fi la Hollande doit un certain nombre d'écus, elle gagnera ; & fi on les lui doit, elle perdra ; fi elle vend elle perdra ; fi elle achete , elle gagnera.

Lorfque le Change eft au deffous du pair, par exemple , s'il eft à cinquante au lieu d'être à cinquante-quatre, il devroit arriver que la France envoyant par le Change cinquatre-quatre mille écus en Hollande , n'achetât des marchandifes que pour cinquante mille écus ; & que d'un autre côté la Hollande , envoyant la valeur de cinquante mille écus en France , en rachetât pour cinquante-quatre mille , ce qui feroit une différence de huit cinquante-quatrièmes, c'eft-à-dire , de plus d'un feptième de perte pour la France, de forte qu'il faudroit envoyer en Hollande un feptième de plus en argent ou en marchandifes qu'on ne faifoit lorfque le Change étoit au pair.

Il femble que cela devroit être , & cependant cela n'eft pas ; car fi les défavantages du Change font permanens & fenfibles, le négociant inftruit dirige en conféquence fes opérations , & le Change n'influe en aucune façon fur la valeur réelle des denrées & marchandifes : le vendeur

ou l'acheteur pour qui le Change est défavantageux, convient alors d'un prix différent, ou du
payement sur le pied du Change au pair ; c'est
ainsi que le commerce reprend toujours son ni-
veau entre les mains des négocians instruits, &
que les variations du Change n'ont pas les inconvéniens qui paroissent être à craindre.

Plusieurs causes concourent à faire hausser le
Change.

Lorsque les négocians font beaucoup d'achats
dans un pays, le Change sur ce pays devient
infailliblement défavantageux.

Il en est de même, lorsqu'on demande une
grande quantité de lettres-de-change sur un pays
qui ne doit rien.

Cependant le Change de toutes les places tend
toujours à se mettre à une certaine proportion,
& cela est dans la nature de la chose même.

Si le Change de l'Irlande à l'Angleterre est plus
bas que le pair, celui de l'Irlande à la Hollande
sera encore plus bas, c'est-à-dire, en raison
composée de celui de l'Irlande à l'Angleterre, &
celui de l'Angleterre à la Hollande ; car un Hollandois qui peut faire venir ses fonds indirectement d'Irlande par l'Angleterre ne voudra pas
payer plus cher pour les faire venir directement;
cependant il y a des circonstances qui font
varier ces choses ; & la différence du profit
qu'il y a à tirer par une place ou à tirer par
une autre, est l'objet de l'étude particuliere du
banquier.

Au reste les connoissances nécessaires au banquier, sont aussi très-utiles à tout autre négociant pour profiter des avantages du Change,
lorsqu'il doit faire ou recevoir des payemens.

Il

Il doit favoir ce que c'eſt que le prix certain
& le prix incertain : le prix certain eſt un prix
fixe & invariable ; & le prix incertain eſt un prix
variable ; c'eſt-à-dire, qu'une place dans le
Change avec une autre place donne toujours
le certain, pour avoir l'incertain, c'eſt-à-dire,
plus ou moins ; & une autre donne l'incertain,
ou plus ou moins, pour avoir le certain : par
exemple, à Lyon, on donne un écu de trois
livres pour avoir cinquante-cinq deniers de gros
à Amſterdam, plus ou moins : Lyon donne ici
le certain pour avoir l'incertain. Il donne au
contraire l'incertain à Madrid, pour avoir le
certain, c'eſt-à-dire, une quantité incertaine de
ſous, depuis ſoixante-quatorze juſqu'à ſoixante-
dix-huit, pour avoir une piaſtre.

Un négociant qui demeure dans une place où
l'on donne le certain, étant obligé de faire une
remiſe dans celle où l'on donne l'incertain doit
pour la faire avec avantage, obtenir contre ſon
prix certain, le plus d'eſpèces qu'il ſera poſſible,
de la place où l'on donne l'incertain; parce que
plus il en reçoit pour ſon prix fixe, plus il gagne ;
moins il en reçoit, plus il perd ou manque de
gagner.

Le négociant au contraire qui fait une remiſe
dans une place où l'on donne le certain, doit
donner le moins qu'il peut d'eſpèces de ſa place,
pour le prix fixe de celle qui lui donne le certain.

Ainſi le Change haut dans une place qui donne
le certain, comme Paris avec Londres, indique
l'avantage, & le Change bas le déſavantage. Par
exemple : le pair de l'écu de France étant avec
Londres trente deniers ſterling, il eſt évident
que ſi le Change monte à trente-deux deniers ,

la France gagne deux deniers ; s'il baiffe à vingt-huit deniers, la France perd deux deniers fterling par écu. Au contraire dans une place qui donne l'incertain pour le certain, comme Lyon avec Madrid, le Change haut indique le défavantage, & le Change bas l'avantage. Le pair de la piaftre de huit réaux de *vieille platte* ou *vieil argent*, fuppofé à foixante-dix-fept fous tournois ; fi Lyon donne foixante dix-huit fous pour avoir à Madrid, une piaftre de Change, Lyon perd un fou par piaftre ; fi le Change baiffe à foixane-feize, Lyon gagne un fou par piaftre.

En fuivant ces principes, le bénéfice que le négociant peut tirer du cours des Changes, eft une affaire d'attention & de calcul. La valeur des monnoies connues, le pair du Change & fon cours actuel donnés, le négociant voit dans un moment fur quelle place il lui eft plus avantageux de remettre ou de tirer, ou dans quelle place il lui convient mieux de donner des ordres pour faire tirer. Car il arrive fouvent qu'un négociant paye ce qu'il doit dans une place, en faifant tirer de cette place fur lui, à fon bénéfice : les opérations font fûres, fi le calcul eft exact.

Il eft aifé de voir parce que nous venons de dire, qu'il ne faut pas feulement confidérer la lettre de Change comme un moyen de faciliter les payemens en évitant le tranfport des efpèces, mais encore comme une marchandife, qui confidérée relativement aux rapports du Change dans les principales places de l'Europe, produit de grands bénéfices par la circulation, & forme une branche de commerce très-utile. Les négocians ne fe contentent pas de tirer des lettres de

Change pour payer leurs achats ; mais profitant de leur crédit dans diverses villes de commerce, ils font d'autres lettres de Change fans autre objet que de les négocier fur la place avec profit ; ils en ont augmenté ainfi la quantité, & par là .l, ont donné plus d'activité à la circulation & plus de facilité au commerce ; car ceux qui ont des re- mifes à faire dans tous les pays commerçans, trouvent toujours par ce moyen des lettres à prendre fur la place ; mais on ne fauroit apporter trop de foin dans le choix qu'on eft fans ceffe obligé d'en faire ; tout particulier ayant la li- berté de produire ce papier dans le commerce fous la même forme, il eft extrêmement difficile de diftinguer le papier folide de celui qui ne l'eft pas ; car la plus grande partie de ces papiers ne font point une ceffion d'un fonds actuellement exiftant, mais un ufage continuel du crédit, & une lettre de Change, quoiqu'acceptée & en- doffée, ne mérite pas toujours une pleine con- fiance, parce que l'accepteur, fondé fur l'ap- parence de la folidité du tireur, peut avoir ac- cepté au-deffus de fes forces.

Le négociant doit donc s'appliquer à connoî- tre toutes les bonnes maifons de commerce de fa place & celles des places étra. gères ; il ne lui fera pas moins utile pour juger du mérite des lettres de Change, d'être informé du genre d'affaires dont chaque négociant s'occupe.

Il faura, autant qu'il eft poffible, quelles font les maifons intéreffées dans les faillites ; car quoiqu'une maifon ait du crédit, elle ne doit plus jouir de la même confiance, fi elle a effuyé des pertes qui peuvent abforber fa fortune ap- parente ; & les lettres de Change qu'elle tire, peuvent n'être qu'une reffource préparée dans le fecret de fes affaires, pour foutenir des entréprifes ruineufes, ou un crédit fur le point d'expirer. Un négociant qui a eu foin de s'inftruire, rejette dans la négociation des lettres de Change de cette efpèce.

Il faut diftinguer parmi les lettres de Change, celles qui font tirées ou acceptées par les banquiers, de celles qui font tirées ou acceptées par les négocians qui ne font point le commerce de banque. Celles du banquier n'ont jamais que deux caufes; le bénéfice d'une provifion ou le bénéfice du Change; car c'eft à procurer ces deux fortes de bénéfices, que confifte le commerce de banque. Celles du négociant qui ne fait point le commerce de banque, n'ont pour caufe qu'un payement; les bénéfices de provifion & de Change ne s'y trouvant que comme des acceffoires & par une fuite naturelle de l'opération; mais donnons à ceci une attention plus particulière, car c'eft le fondement de la confiance.

Un banquier fage ne tire des lettres qu'à fon avantage, & avec le bénéfice du Change en fa faveur: il n'accepte non plus que pour des maifons réputées folides, & pareillement avec bénéfice. Ainfi celui qui tire à un Change défavantageux, qui féduit par l'appas d'une provifion, ou engagé par des premiéres acceptations qui l'ont mis à découvert, continue d'accepter pour une maifon dont les opérations font forcées, rend fa fignature fufpecte: cela fe reconnoît à des acceptations de traites faites à perte: car un négociant ne tire à un tel Change, que forcé par la néceffité de fe faire des fonds, & par le befoin. Cette opération dangéreufe fe reconnoît encore aux retraites que fait le banquier, ou fur la même maifon, ou fur une autre qui lui eft indiquée pour fe procurer fon remboursement. Si dans ce cas, on examine avec un peu d'attention cette maifon, on la trouve embarraffée, car cette fituation tranfpire toujours un peu, & la maifon tierce qui fe prête aux retraites, eft infailliblement mauvaife ou affociée aux embarras de la première : c'eft pourquoi la réputation du banquier qui a eu l'imprudence de livrer fa fignature eft fortement compromife. Le négociant qui reconnoît ce caractère dangéreux aux lettres qu'on lui préfente, ne doit pas leur donner fa confiance, tant à caufe des rifques de perdre, que pour fa tranquillité. Il ne faut pas cependant regarder cette obfervation comme une règle générale & applicable à toutes les places, fans exception, car les banquiers après s'être affurés de la folidité d'une maifon, lui prêtent fouvent leur crédit, fans avoir égard au Change, & l'ufage de ce crédit peut devenir néceffaire à une maifon, dans des opérations de commerce dont les bénéfices font bien fupérieurs aux frais des traites & à la perte du change. Alors la réputation du négociant, l'étendue & la folidité de fon commerce, & la fageffe du banquier affurent le crédit de ces lettres, & font la bafe de la confiance publique.

A l'égard des lettres tirées ou acceptées par des négocians, il faut diftinguer cellesqui font tirées ou acceptées par des négocians qui font le commerce de commiffion. Il y a peu d'attention à faire aux avantages, & aux défavantages du Change, à

H iij

l'égard des lettres acceptées par un négociant ;
qui vend par commiſſion pour le compte du tireur ; il ſeſt regardé comme ayant proviſion en
main, & le crédit de ces lettres eſt de la plus
grande ſolidité. Il importe peu que le tireur,
propriétaire de la marchandiſe ou du fonds qui
eſt entre les mains de l'accepteur, ait tiré par
un beſoin preſſant à un Change déſavantageux ;
ſi les fonds de ſa traite ſont faits, & l'accepteur
ſolide.

Les traites du commiſſionnaire pour ſe rem-
bourſer ſur le négociant qui lui a commis des
achats, ont également une double ſûreté ; la
ſolidité du commiſſionnaire tireur, & le fonds
de la traite qui exiſte actuellement chez le négociant ſur qui la traite a été faite. Mais il eſt
rare que le négociant qui a commis des achats
les rembourſe autrement, qu'en faiſant tirer à
ſon bénéfice ; parce que, pour s'acquitter, il a
ſur la place des moyens de remettre à ſon avantage, ou tout au moins au pair. S'il en arrive
autrement, ou le négociant eſt gêné, ou il tra-
vaille mal. Mais dans l'un & dans l'autre cas, il
faut conſidérer principalement la ſolidité de la
ſignature du commiſſionnaire qui a fait la traite.

Les traites & les acceptations d'un négociant,
données en payement de marchandiſes, ſont ſans
doute d'un ordre inférieur, mais cependant d'un
crédit ſolide en général ; parce qu'on en voit la
cauſe dans l'achat des marchandiſes qui ſont
chez le bon négociant le gage de la ſolvabilité
& de la confiance.

Il réſulte de ces obſervations qu'un négociant
doit avoir ſous ſa main, la note des variations
de tous les Changes, pour voir ſi les lettres

qui lui font préfentées ont été tirées à un Change avantageux ou défavantageux ou au pair. Néanmoins dans le doute fur la folidité du tireur, de l'accepteur & du premier endoffeur, dans le cas même où les fignatures lui feroient inconnues, un feul endoffement connu raffure ou établit même la confiance.

Il faut encore obferver dans le choix des lettres de Change, fi elles font conformes par la date de leurs échéances, aux ufages des places d'où elles font tirées. Il y a peu de places dont les négocians tirent à plus de deux ou trois ufances; alors les lettres à plus long terme ne méritent guères la confiance, à moins qu'on n'ait des raifons particulières pour les juger folides.

DEUXIÈME PARTIE.

De la forme des lettres de Change & de leur origine. Pour former une lettre de Change, il faut le concours de trois chofes : 1°. Il faut que le Change foit réel & effectif, c'eft-à-dire, que la lettre foit tirée d'une place pour être payée dans une autre. Ainfi une lettre tirée de Paris fur Paris, n'eft qu'un mandement ordinaire & non une véritable lettre de Change.

2°. Il faut que le tireur, c'eft-à-dire, celui qui donne cette lettre, ait entre les mains de la perfonne fur laquelle il tire ce mandement, une fomme pareille à celle qu'il reçoit, ou bien qu'il le tire fur fon crédit ; autrement ce ne feroit qu'un fimple mandement ou refcription.

3°. Il faut que la lettre de Change foit faite dans la forme prefcrite par l'article premier du titre 5, de l'ordonnance du mois de mars 1673; & qu'elle porte valeur reçue foit en deniers, marchandiſes, ou autres effets. C'eſt ce qui diſtingue les lettres de Change des billets de Change qui ne ſont point pour valeur fournie en deniers, marchandiſes, ou autres effets, mais pour lettres de Change fournies ou à fournir.

La forme ordinaire d'une lettre de Change eſt la ſuivante :

» *A Paris, ce premier août 1776.*

» MONSIEUR,

» A vue, il vous plaira payer par cette pre-
» mière de Change à monſieur André, la ſomme
» de deux mille cinq cens livres pour valeur
» reçue comptant de monſieur Valentin, &
» mettez à compte comme par l'avis de

» votre très - humble ſerviteur
» FABRICE.

» A monſieur
» Alexandre, négociant.
» à Bordeaux (*).

(*) Il eſt auſſi très-commun de faire des lettres de Change en cette forme :

A Paris ce 2 août 1776.

MONSIEUR,

A vue, il vous plaira payer par cette première de Change à monſieur Alexandre ou à ſon ordre, la ſomme de deux mille livres, pour valeur reçue comptant dudit ſieur, & mettez à compte comme par l'avis de

Votre très-humble
ſerviteur
THOMAZETTE.

A monſieur Blanchard,
Négociant à Marſeille.

Dans cet exemple la Lettre de Change eſt payable à celui qui en a donné la valeur, c'eſt pourquoi il n'y paroit que trois perſonnes.

Il entre ordinairement, comme on vient de

Quelquefois celui fur qui la lettre de Change eft tirée, étant correfpondant de celui qui la fait & de celui qui en donne la valeur, elle eft payable à lui-même, & alors il n'y paroît non plus que trois perfonnes, comme dans cet exemple :

A Paris, ce 15 août 1776.

MONSIEUR,

A trois ufances, il vous plaira payer par cette première de Change à vous-même la fomme de deux mille écus, à cinquante-quatre deniers de gros pour écu, pour valeur reçue comptant de monfieur Pierrot, & mettez à compte comme par l'avis de

A monfieur Joffe, Négo-   Votre très-humble
ciant à Rotterdam.   *ferviteur.*
    DANDART.

Il ne paroît de même que trois perfonnes dans une lettre de change, lorfque celui qui la fait met que la valeur eft de lui-même, comme dans cet exemple :

A Paris le 16 août 1776.

MONSIEUR,

Aux prochains payemens de Touffaints il vous plaira payer à monfieur Larcher dix mille livres pour valeur en moi-même, & mettez à compte comme par l'avis de

    Votre très-humble
A monfieur Jacquet, Négo-   *ferviteur*
ciant à Lyon.   GALLOIS.

On voit auffi des lettres de Change où il ne paroît que deux perfonnes, celle qui a fait la lettre & celle qui doit la payer, comme dans cet exemple :

A Paris le 20 août 1776.

MONSIEUR,

Aux prochains payemens de Pâques il vous plaira payer par cette première de Change à vous-même, la fomme

le voir, quatre perſonnes dans la confeſtion d'une lettre de Change; ſavoir, celui qui la fait, & qu'on appelle *tireur*; celui qui a donné la valeur, celui qui la doit payer, & celui qui doit en recevoir le montant.

Il n'y a aucun veſtige de notre contrat de Change ni des lettres de Change dans le droit romain : les anciens ne connoiſſoient d'autre Change que celui d'une monnoie contre une autre; ils ignoroient l'uſage de changer de l'argent contre des lettres.

On eſt fort incertain du tems où cette manière de commercer a commencé, auſſi-bien que ceux qui en ont été les inventeurs.

Quelques auteurs, tels que Giovan, Villani, en ſon hiſtoire univerſelle, & Savary dans ſon parfait négociant, attribuent l'invention des lettres-de-change aux Juifs qui furent bannis du royaume.

Ils prétendent que ſous le regne de Dagobert I, en 640, ſous Philippe-Auguſte en 1181, & ſous Philippe-le-Long en 1316, ces Juifs s'étant retirés en Lombardie pour y toucher l'argent qu'ils avoient dépoſé en ſortant de France entre les mains de leurs amis, ils ſe ſervirent de l'entremiſe des voyageurs & marchands étrangers qui

---

de deux mille livres pour valeur en moi-même, & mettez à compte comme par l'avis de

Votre très-humble
ſerviteur
ROBERT.

A monſieur Lacroix, Négociant à Lyon.

Mais dans les lettres de cette eſpece on ſous-entend une perſonne dont il eſt queſtion dans la lettre d'avis, & pour le compte de laquelle la traite ou la remiſe eſt faite.

venoient en France, auxquels ils donnèrent des lettres en ſtyle concis, à l'effet de toucher ces deniers.

Cette opinion eſt réfutée par de la Serra, tant parce qu'elle laiſſe dans l'incertitude de ſçavoir ſi l'uſage des lettres de Change a été inventé dès l'an 640, ou ſeulement en 1316, ce qui fait une différence de plus de ſix cents ans ; qu'à cauſe que le banniſſement des Juifs qui étoit la punition de leurs rapines & de leurs malverſations, leur ayant attiré la haine publique, cet auteur ne préſume pas que quelqu'un eût voulu ſe charger de leur argent en dépôt, les aſſiſter & avoir commerce avec eux, au préjudice des défenſes portées par les ordonnances.

Il eſt cependant difficile de penſer que les Juifs n'aient pas pris des meſures pour faire paſſer en Lombardie la valeur de leurs biens ; ce qui ne ſe pouvoit faire que par le moyen des lettres de Change : ainſi il y a aſſez d'apparence qu'ils en furent les premiers inventeurs.

Les Italiens Lombards qui commerçoient en France ayant trouvé cette invention propre à couvrir leurs uſures, iutroduiſirent auſſi en France l'uſage des lettres de Change.

De Rubys, en ſon hiſtoire de la ville de Lyon, attribue cette invention aux Florentins ſpécialement, leſquels, dit-il, ayant été chaſſés de leur pays par les Gibelins, ſe retirèrent en France, où ils commencèrent, ſelon lui, le commerce des lettres de Change, pour tirer de leur pays, ſoit le principal, ſoit le revenu de leurs biens. Cette opinion eſt même celle qui paroît la plus probable à de la Serra, auteur du traité des lettres de Change.

Il eſt à croire que cet uſage commença dans la ville de Lyon, qui eſt la ville de commerce la plus proche de l'Italie ; & en effet, la place où les marchands s'aſſemblent dans cette ville pour y faire leurs négociations de lettres de Change & autres ſemblables, s'appelle encore la place du change.

Les Gibelins chaſſés d'Italie par la faction des Guelphes, s'étant retirés à Amſterdam, ſe ſervirent auſſi de la voie des lettres de Change pour retirer les effets qu'ils avoient en Italie ; ils établirent donc à Amſterdam le commerce des lettres de change, qu'ils appelèrent *polizza di cambio.* Ce furent eux pareillement qui inventèrent le rechange, quand les lettres qui leur étoient fournies revenoient à protêt, prenant ce droit par forme de dommages & intérêts. La place des marchands à Amſterdam eſt encore appelée aujourd'hui la place Lombarde, à cauſe que les Gibelins s'aſſembloient en ce lieu pour y exercer le Change. Les négocians d'Amſterdam répandirent dans toute l'Europe le commerce des lettres de Change par le moyen de leurs correſpondans, & particulièrement en France.

Ainſi les Juifs retirés en Lombardie ont probablement inventé le commerce des lettres de Change, & les Italiens & négocians d'Amſterdam en ont établi l'uſage en France.

Ce qui eſt de certain, c'eſt que les Italiens, & particulièrement les Génois & les Florentins, étoient dans l'habitude dès le commencement du treiſième ſiecle de commercer en France, & de fréquenter les foires de Champagne & de Lyon ; tellement que Philippe-le-Bel fit en 1294 une convention avec le capitaine & les corps de ces marchands & changeurs Italiens, contenant que de toutes les marchandises qu'ils achetcroient & vendroient dans les foires & ailleurs, il seroit payé au roi un denier par le vendeur & un par l'acheteur; & que pour chaque livre de petits tournois à quoi monteroient les contrats de Change qu'ils feroient dans les foires de Champagne & de Brie, & dans les villes de Paris & de Nîmes, ils payeroient une pite. Cette convention fut confirmée par les rois Louis Hutin, Philippe-de-Valois, Charles V & Charles VI.

On voit aussi que dès le commencement du quatorzième siecle il s'étoit introduit dans le royaume beaucoup de florins, qui étoient la monhoie de Florence; ce qui provenoit sans doute du commerce que les Florentins & les autres Italiens faisoient dans le royaume.

Mais comme il n'étoit pas facile aux Florentins & aux autres Italiens de transporter de l'argent en France pour payer les marchandises qu'ils achetoient, ni aux François d'en envoyer en Italie pour payer les marchandises qu'ils tiroient d'Italie; ce fut ce qui donna lieu aux Florentins & aux autres Italiens d'employer les lettres de Change, par le moyen desquelles on fait tenir de l'argent d'un lieu dans un autre sans le transporter.

Les anciennes ordonnances font bien quelque mention de lettres de Change; mais elles n'entendent par-là que les lettres que le roi accordoit à certaines personnes pour tenir publiquement le Change des monnoies; & dans les lettres-patentes de Philippe-de-Valois du 6 août 1349, concernant les privilèges des foires de

Brie & de Champagne, ce qui eſt dit des lettres paſſées dans ces foires ne doit s'entendre que des obligations & contrats qui étoient paſſés ſous le ſcel de ces foires, ſoit pour prêt d'argent, ſoit pour vente de marchandiſes; mais on n'y trouve rien qui dénote qu'il fût queſtion de lettres tirées de place en place; ce qui caractériſe eſſentiellement les lettres de Change.

La plus ancienne loi où l'on voie qu'il ſoit véritablement queſtion de ces ſortes de lettres, eſt l'édit de Louis XI, du mois de mars 1462, portant confirmation des foires de Lyon. L'article 7 veut *que comme dans les foires les marchands ont accoutumé uſer de Changes, arrière-Changes & intérêts, toutes perſonnes de quelque état, nation ou condition qu'elles ſoient, puiſſent donner, prendre & remettre leur argent par lettres de Change, en quelque pays que ce ſoit, touchant le fait de marchandiſe, excepté la nation d'Angleterre, &c.*

L'article ſuivant ajoute que ſi *à l'occaſion de quelques lettres touchant les Changes faits ès-foires de Lyon pour payer & rendre argent autre part ou des lettres qui ſeroient faites ailleurs pour rendre de l'argent auxdites foires de Lyon, lequel argent ne ſeroit pas payé ſelon leſdites lettres, en faiſant aucune proteſtation ainſi qu'ont accoutumé de faire les marchands fréquentant les foires, tant dans le royaume qu'ailleurs; qu'en ce cas ceux qui ſeront tenus de payer ledit argent tant pour le principal que pour les dommages & intérêts, y ſeront contraints tant à cauſe des Changes, arrière-Changes qu'autrement, ainſi qu'on a coutume de faire ès-foires de Peẓenas, Montignac, Bourges, Genéve & autres foires du royaume.*

On voit par ces difpofitions que les lettres de Change tirées de place en place étoient déja en ufage non-feulement à Lyon, mais auffi dans les autres foires & ailleurs.

La juridiction confulaire de Touloufe établie en 1549, celle de Paris établie en 1563, & les autres qui ont été enfuite établies dans plufieurs autres villes du royaume, ont entr'autres chofes pour objet de connoître du fait des lettres de Change entre marchands.

Mais c'eft l'ordonnance du commerce donnée au mois de mars 1673 qui a fixé la jurifprudence fur cette matière.

TROISIÈME PARTIE.

De la qualité des perfonnes qui interviennent dans la négociation d'une lettre de Change. L'ufage des lettres de Change n'a d'abord été introduit que parmi les marchands, banquiers & négocians pour la facilité du commerce qu'ils font, foit avec les provinces, foit dans les pays étrangers. Il a été enfuite étendu aux receveurs des tailles, receveurs généraux des finances, fermiers du roi, traitans & autres gens d'affaires & de finance, à caufe du rapport qu'il y a entr'eux & les marchands & négocians pour tirer des provinces les deniers de leur recette, au lieu de les faire voiturer; & comme ces fortes de perfonnes négocient leur argent & leurs lettres de Change, ils deviennent à cet égard jufticiables de la juridiction confulaire.

Les perfonnes d'une autre profeffion qui tirent, endoffent ou acceptent des lettres de Change, deviennent pareillement jufticiables de la juridiction confulaire, & même foumifes à

la contrainte par corps ; c'eſt pourquoi il ne
convient point à ceux qui ont des bienſéances
à garder dans leur état, de tirer, endoſſer ou
accepter des lettres de Change ; mais toutes
ſortes de particuliers peuvent ſans aucun inconvénient être porteurs d'une lettre de Change
tirée à leur profit.

Les eccléſiaſtiques ne peuvent ſe mêler du
commerce des lettres de Change : les lettres
qu'ils adreſſent à leurs fermiers ou receveurs ne
ſont que de ſimples reſcriptions ou mandemens
qui n'emportent point de contrainte par corps,
quoique ces mandemens aient été négociés.

Les mineurs qui ſont marchands ou banquiers
de profeſſion peuvent intervenir dans la négociation des lettres de Change, en tirer & en
accepter ſans eſpérance de reſtitution. C'eſt ce
que porte l'article 6 du titre premier de l'ordonnance du commerce.

Quant aux mineurs qui ne ſont par état ni
marchands, ni banquiers, M. Pothier penſe ju-
dicieuſement qu'ils doivent être reſtitués contre
les obligations qu'ils ont pu contraƈter en tirant
ou en acceptant des lettres de Change. Il fonde
ſon opinion ſur ce qu'il n'y a aucune loi ni juriſprudence qui tire les lettres de Change de la
règle générale ſuïvant laquelle la reſtitution eſt
accordée aux mineurs contre tous les aƈtes par
leſquels ils ſont lézés. On trouve d'ailleurs au
journal des audiences un arrêt du 19 avril 1717,
par lequel il a été jugé qu'un mineur quoique
marié ne pouvoit valablement accepter ni endoſſer des lettres de Change pour des ſommes
qui excédoient ſes revenus.

Les femmes qui ſont ſous puiſſance de mari
&

& qui comme marchandes publiques, font au fçu de leurs maris un commerce dont ils ne fe mêlent pas, peuvent fans avoir befoin d'autorifation, contracter valablement les engagemens ufités dans les négociations relatives aux lettres de Change.

A l'égard des autres femmes fous puiffance de mari, elles ne peuvent intervenir valablement dans ces fortes de négociations fans y être autorifées, quand même ce feroit pour les affaires de leurs maris. Cela eft conforme aux difpofitions des articles 234 & 235 de la coutume de Paris ; & c'eft d'après le même principe, que Savary dans fes parères, juge nulle l'acceptation faite par une femme d'une lettre de Change que fon mari tire fur elle.

S'il étoit juftifié que la femme d'un marchand a coutume, au fçu de fon mari, de figner des lettres de Change pour lui, fa fignature en ce cas feroit valable ; mais ce ne feroit pas la femme qui feroit obligée, ce feroit le mari ; il feroit cenfé avoir contracté par le miniftère de fa femme.

L'article premier du titre 2 de l'ordonnance de 1673, & l'article 34 de l'arrêt du confeil du 24 feptembre 1724, défendent aux agens de Change de faire pour leur compte particulier aucun commerce de lettres de Change, foit fous leurs noms, foit fous des noms interpofés, fous peine de privation de leurs charges & de trois mille livres d'amende.

Cette défenfe a eu pour objet de prévenir les monopoles auxquels pourroit donner lieu la connoiffance que les agens de Change ont des affaires des divers négocians de la ville où ils font établis. Si, par exemple, un agent de Change de Bordeaux fçavoit que les remifes que les négocians de cette ville ont à faire à Cadix dans le cours de l'année font confidérables, & que ce qu'ils ont à en tirer eft de peu de conféquence, cet agent de Change pourroit, fi la loi n'y mettoit pas obftacle, fe hâter de prendre pour fon compte particulier toutes les lettres de Change à tirer fur Cadix, & les revendre enfuite à un pr x exorbitant aux négocians qui en auroient befoin.

Remarquez néanmoins que quoiqu'il foit défendu aux agens de Change de faire un commerce de lettres de Change, & même d'être cautions des tireurs ou endoffeurs, comme nous l'avons dit à l'article AGENT DE CHANGE, les actes qu'ils paffent en contravention des lois que nous avons citées ne laiffent pas d'être valables : la raifon en eft que ces lois n'ont pas prononcé la nullité de ces actes, mais une autre peine.

Q U A T R I È M E   P A R T I E.

Des règles relatives à l'ufage & au commerce des lettres de Change. Il fe forme par le moyen d'une lettre de Change un contrat entre le tireur & celui qui donne la valeur. Le tireur s'engage à faire payer le montant de la lettre de Change.

Un tel contrat n'eft point un prêt, c'eft un contrat du droit des gens & de bonne foi, un contrat nommé contrat de Change ; c'eft une efpèce d'achat & de vente, de même que les ceffions ou tranfports ; car celui qui tire la lettre de Change vend, cède & tranfporte la créance qu'il a fur celui qui la doit payer.

Ce contrat eſt parfait par le ſeul conſentement, comme l'achat & la vente ; tellement
que lorſqu'on traite d'un Change pour quelque
payement ou foire dont l'échéance eſt éloignée,
il peut arriver que l'on ne délivre pas pour lors
la lettre de Change ; mais pour la preuve de la
convention, il faut qu'il y ait un billet portant
promeſſe de fournir la lettre de Change ; ce
billet eſt ce qu'on appelle billet de Change, lequel, comme on voit, eſt totalement différent
de la lettre même ; & ſi la valeur de la lettre
de Change n'a pas non plus été fournie, le billet
de Change doit être fait double, afin de pouvoir prouver reſpectivement le conſentement.

Les lettres de Change doivent conteuir ſom-
mairement, ſuivant l'article premier du titre 5 de
l'ordonnance de 1673, 1°. le nom de la perſonne
à laquelle le contenu doit en être pavé, ce qui
s'exprime ainſi : *vous payerez à Monſieur. . . . .*

On prétend que les banquiers font difficulté
d'acquitter une lettre de Change dans laquelle
le tireur ayant omis d'indiquer celui à qui elle
doit être payée, a néanmoins fait mention de la
perſonne qui en a fourni la valeur, comme s'il
eut dit : *à vue, vous payerez la ſomme de mille
écus valeur reçue de M. Paul :* mais M. Pothier
obſerve fort bien qu'en cas pareil il ſeroit rai-
ſonnable de préſumer que le tireur a entendu
que la lettre fût payable à celui de qui il a déclaré en avoir reçu la valeur.

2°. La loi citée veut qu'une lettre de Change
ſpécifie le tems auquel elle doit être payée.

Il faut conclure de cette diſpoſition que la
lettre où le tems du payement ne ſera pas exprimé ne vaudra pas comme lettre de Change ;

mais elle vaudra comme une reconnoiffance que celui qui a donné la lettre a reçu la fomme y mentionnée, & en conféquence, la perfonne qui a donné cette fomme aura une action pour la répéter fi celui à qui la lettre eft adreffée ne la paye pas.

Les termes des payemens des lettres de Change font de cinq fortes.

La première eft des lettres payables à vue ou à volonté : celles-ci doivent être payées auffi-tôt qu'elles font préfentées.

La feconde eft des lettres payables à tant de jours de vue ; en ce cas, le délai ne commence à courir que du jour que la lettre a été préfentée.

La troifième eft des lettres payables à tant de jours d'un tel mois, & alors l'échéance eft déterminée par la lettre même.

La quatrième eft à une ou plufieurs ufances, qui eft un terme déterminé par l'ufage du lieu où la lettre de Change doit être payée, & qui commence à courir, ou du jour de la date de la lettre de Change ou du jour de l'acceptation ; il eft plus long ou plus court, fuivant l'ufage de chaque place. En France, les ufances font fixées à trente jours par l'ordonnance du commerce, titre 5, ce qui a toujours lieu, quoique les mois aient plus ou moins de trente jours ; mais dans les places étrangères il y a beaucoup de diverfité. A Londres, par exemple, l'ufance des lettres de France eft du mois de la date ; en Efpagne, de deux mois ; à Venife, Gênes & Livourne, de trois mois, & ainfi des autres pays : on peut voir à ce fujet l'art des lettres de Change, par Dupuy de la Serra.

La cinqüième efpèce de terme pour les lettres de Change eft en payemens aux foires ; ce qui n'a lieu que pour les places où il y a des foires établies, comme Lyon, Francfort & autres endroits, & ce tems eft déterminé par les règlemens & ftatuts de ces foires.

3°. L'ordonnance veut que la lettre de Change contienne le nom de celui qui en a fourni la valeur, & en quoi cette valeur a été fournie.

Cette dernière difpofition eft, felon la remarque de M. Pothier, un droit nouveau établi pour empêcher les fraudes des banqueroutiers, qui ayant des lettres de Change portant fimplement *valeur reçue*, & defquelles ils n'avoient fourni d'autre valeur que leur billet, paffoient des ordres la veille de leur banqueroute à des créanciers fuppofés pour recevoir fous leur nom le montant de ces lettres, au moyen de quoi ils faifoient perdre la valeur de ces mêmes lettres à ceux qui les leur avoient fournies.

Faute d'avoir exprimé en quoi la valeur a été fournie, la lettre ne vaut pas comme lettre de Change ; on ne la confidère que comme un fimple mandat de payer à la perfonne à qui la lettre a été donnée : c'eft pourquoi dans le cas de faillite de cette perfonne, le tireur peut, en rendant le billet qui lui a été donné pour valeur, retirer la lettre qu'il a fournie.

Pareillement lorfqu'on n'a pas exprimé en quoi la valeur a été fournie, celle qui eft mentionnée dans la lettre eft préfumée fictive relativement aux créanciers du tireur. Ils peuvent faifir entre les mains de celui fur qui la lettre eft tirée, la fomme y énoncée, comme ayant toujours appartenu au tireur leur débiteur, & le porteur de la lettre ne peut obtenir main-levée de la saisie qu'en justifiant soit par les livres du tireur, soit autrement, que le tireur en a effectivement reçu la valeur. C'est ce qu'a décidé Savary le 8 juin 1683, dans son quarante-sixième parere.

Quant au tireur qui a reconnu avoir reçu la valeur en ces termes *valeur reçue*, quoiqu'il n'ait pas spécifié conformément à l'ordonnance en quoi il a reçu cette valeur, il ne doit point être écouté en niant qu'il l'a reçue, à moins qu'il ne le justifie par le billet de celui auquel il a fourni la lettre.

Outre les choses prescrites par l'ordonnance pour la validité d'une lettre de Change, on conçoit bien qu'elle doit aussi contenir le nom de la personne à qui elle est adressée, ou du moins une désignation suffisante de cette personne & de la somme qui doit être payée.

Il convient d'écrire cette somme en lettres plutôt qu'en chiffres, afin d'éviter les altérations dont les chiffres sont plus susceptibles que les lettres : au surplus, une lettre de Change où la somme ne seroit désignée qu'en chiffres ne laisseroit pas d'être valable, parce qu'il n'y a aucune loi qui oblige le tireur à écrire la somme en lettres.

Si en cas pareil l'accepteur craignoit qu'on n'altérât la lettre de Change, il pourroit écrire en lettres, *accepté pour la somme de tant*.

Ordinairement le tireur qui fournit une lettre de Change en avertit par une lettre d'avis celui sur qui il la tire ; mais cela n'est pas nécessaire pour la validité de la lettre de Change : il y a même beaucoup de négocians qui tirent des lettres de Change fur leurs correfpondans fans les en avertir, fur-tout lorfque les fommes ne font pas confidérables.

Obfervez que le défaut de date ou une erreur dans la date d'une lettre de Change, ne peuvent être oppofés ni par le tireur, ni par l'accepteur. Il faut en dire autant de l'omiffion du lieu où la lettre de Change a été écrite.

Obfervez auffi qu'on fait quelquefois plufieurs exemplaires d'une même lettre de Change, afin que dans le cas où le porteur de la lettre en auroit égaré un, il pût fe faire payer fur celui qui lui refteroit. Il eft même affez ordinaire de tirer par *première* & *feconde* les lettres de Change qui ont un certain nombre d'ufances à courir, furtout lorfqu'on les envoie à l'étranger : on adreffe la première à celui qui doit l'accepter, & l'on paffe l'ordre fur la feconde, en défignant au bas le banquier ou négociant chez lequel on trouvera la première acceptée.

Si le tireur a manqué d'exprimer dans le premier exemplaire quelqu'une des chofes prefcrites par l'ordonnance, il peut rectifier ce défaut dans le fecond exemplaire.

Toute lettre de Change doit être acceptée purement & fimplement & par écrit. Une acceptation conditionnelle pourroit être regardée comme un refus, & l'ordonnance a abrogé l'ufage des acceptations verbales. C'eft ce que nous avons fait remarquer à l'article ACCEPTATION.

Lorfqu'il n'y a eu qu'un feul exemplaire d'une lettre de Change payable à un tel particulier, & que cet exemplaire fe trouve adiré, le payement de la fomme y mentionnée peut être fait en vertu d'une feconde lettre fans donner caution, en faifant mention que c'eft une feconde lettre, & que la première ou autre précédente demeurera nulle. Un arrêt de règlement du 30 août 1714, décide qu'en ce cas celui qui eft porteur de la lettre de Change doit s'adreffer au dernier endoffeur de la lettre adirée pour en avoir une autre de la même valeur & qualité que la première, & que le dernier endoffeur, fur la réquifition qui lui en eft faite par écrit, doit s'adreffer au précédent endoffeur, & ainfi en remontant d'un endoffeur à un autre jufqu'au tireur, &c.

Si la lettre adirée eft payable au porteur ou à ordre, le payement n'en doit être fait que par ordonnance du juge & en donnant caution.

Les fignatures au dos des lettres de Change ne fervent que d'endoffement & non d'ordre, s'il n'eft daté & ne contient le nom de celui qui a payé la valeur en argent, marchandife ou autrement.

Les lettres de Change endoffées dans la forme qui vient d'être dite, appartiennent à celui du nom duquel l'ordre eft rempli, fans qu'il ait befoin de tranfport ni fignification.

Au cas que l'endoffement ne foit pas dans la forme qui vient d'être expliquée, les lettres font réputées appartenir à celui qui les a endoffées & peuvent être faifies par fes créanciers & compenfées par fes débiteurs.

Il eft défendu d'antidater les ordres, à peine de faux.

Ceux qui ont mis leur aval fur des lettres de Change, fur des promeffes d'en fournir, fur des ordres ou des acceptations, fur des billets de Change ou autres actes de pareille qualité concernant le commerce, font tenus folidairement avec les tireurs, endoffeurs & accepteurs, quoi qu'il n'en foit pas fait mention dans l'aval.

En cas de protêt d'une lettre de Change, elle peut être acquittée par tout autre que celui fur qui elle a été tirée, & au moyen du payement il demeure fubrogé en tous les droits du porteur de la lettre, quoiqu'il n'en ait point de tranf-port, fubrogation ni ordre.

Les porteurs de lettres de Change qui ont été acceptées, ou dont le payement échet à jour certain, font tenus fuivant l'ordonnance, de les faire payer ou protefter dans dix jours après celui de l'échéance; mais la déclaration du 10 mai 1686 a réglé que les dix jours accordés pour le protêt des lettres & billets de Change ne doivent être comptés que du lendemain de l'é-chéance des lettres & billets, fans que le jour de l'échéance y puiffe être compris.

La ville de Lyon a fur cette matière un rè-glement particulier du 2 juin 1667, que l'arti-cle 7 du titre 5 de l'ordonnance du commerce a confirmé (*).

(*) *Comme ce règlement contient des difpofitions qu'il importe de connoître nous allons le rapporter.*

ARTICLE PREMIER. L'ouverture de chaque payement fe fera le premier jour non ferié du mois de chacun des quatre payemens de l'année, fur les deux heures de rele-vée, par une affemblée des principaux négocians de ladite place, tant François qu'étrangers, en préfence de M. le prévôt des marchands ou en fon abfence, du plus ancien échevin, qui feront priés de s'y trouver. En laquelle affem-blée commenceront les acceptations des lettres de Change, payables en icelui, & continueront inceffamment, à me-fure que lefdites lettres feront préfentées jufques au fixième

Après le protêt celui qui a accepté la lettre

jour dudit mois inclufivement , après lequel , & icelui
paffé , les porteurs defdites lettres pourront faire proteiter ,
faute d'acceptation , pendant tout le courant du mois , &
enfuite les renvoyer pour en tirer le remboursement , avec
les frais du retour.

. II. Que pour faire les comptes & établir le prix des Changes de ladite place de Lyon avec les étrangers , il fera
fait pareille affemblée le troifième jour de chacun defdits
mois , non ferié , auffi en préfence de M. le prévôt des
marchands ou du plus ancien échevin.

III. Que les acceptations defdites lettres de Change fe
feront par écrit , datées & fignées par ceux fur qui elles
auront été tirées , ou par perfonnes duement fondées de
procuration , dont la minute demeurera chez le notaire.
Et toutes celles qui feront faites par facteurs , commis , &
autres non fondés de procuration , feront nulles , & de nul
effet contre celui fur qui elles auront été tirées , fauf le
recours contre l'acceptant.

IV. Que l'entrée & ouverture du bilan & virement
de parties commencera le fixième de chaque mois defdits
quatre payemens non ferié , & continuera jufques au dernier jour defdits mois inclufivement , après lefquels , icelui
paffé , il ne fe fera aucun virement , ni écriture , à peine de
nullité.

V. Que l'on entrera pendant lefdits quatre payemens
en la loge du Chenge , le matin à dix heures , pour en
fortir précifément à onze heures & demie , paffé laquelle
heure , ne fe feront aucunes écritures , ni viremens de
partie ; & pour avertir de ladite heure , on fonnera une
cloche.

VI. Que ceux qui en leurs achats de marchandifes
auront réfervé la faculté de faire efcompte , fi bon leur
femble , feront tenus de l'offrir dès le fixième jour du mois
de chacun defdits payemens , après lequel & icelui paffé ,
ils ne feront plus reçus.

. VII. Que toutes parties virées feront écrites fur le bilan
par les propriétaires , ou par leurs facteurs , ou agens ,
qui en feront les porteurs , fans qu'ils puiffent être défavoués

peut être pourſuivi à la requête de celui qui en
eſt le porteur.

---

par leſdits propriétaires ; & feront leſdites écritures auſſi
bonnes & valables , que ſi elles avoient été par eux-mêmes
écrites & virées.

VIII. Que tous viremens de parties feront faits en préfence de tous ceux qu'on y fait entrer , ou des porteurs
de leurs bilans , à peine d'en répondre par ceux qui auront
fait écrire pour les abſens ; & ce ſur les bilans & non
en feuilles volantes : & à l'égard des autres perſonnes de
la ville , qui ne portent point de bilan , ils donneront
leurs ordres à leurs débiteurs par billets , qui leur ſerviront
de décharge du payement qu'ils feront des parties , au deſir
de leurs créanciers ; & pour ceux de dehors , pour leſquels
les courtiers diſpoſent les parties , ils donneront auxdits
courtiers pouvoir ſuffiſant , qui ſera remis chez un notaire ,
pour la ſureté de ceux qui payeront , & pour y avoir recours en cas de beſoin.

IX. Que les lettres de Change acceptées , payables en
payement , qui n'auront été payées du tout , ou en partie,
pendant icelui & juſques au dernier jour du mois incluſive-
ment , feront proteſtées dans les trois jours ſuivans , non
feriés , ſans préjudice de l'acceptation , & leſdites lettres,
enſemble les protêts envoyés dans un temps ſuffiſant , pour
pouvoir être ſignifiés à tous ceux & par qui il appartiendra ;
ſavoir , pour toutes les lettres qui auront été tirées au dedans
du royaume , dans deux mois ; pour celles qui auront été
tirées d'Italie , Suiſſe , Allemagne , Hollande , Flandres,
& Angleterre , dans trois mois ; & pour celles d'Eſpagne,
Portugal , Pologne , Suede & Dannemarck , dans ſix mois,
du jour & date des protêts , le tout à peine d'en répondre
par le porteur deſdites lettres.

X. Que toute lettre de Change payable eſdits payemens , ſera cenſée payée ; ſavoir , à l'égard des domiciliés
porteurs de bilan ſur la place du Change de ladite ville ,
dans un an ; & pour les autres , dans trois ans après l'é-
chéance d'icelle , & n'en pourra le payement être répété
contre l'acceptant , ſi l'on ne juſtifie de diligences valables
contre lui faites dans ledit temps.

Les porteurs peuvent aussi, par la permission

XI. Que si les étrangers remettent en comptant, ou en lettre de Change, après le dernier jour du mois, on ne sera obligé de les recevoir en l'acquittement de leurs traites faites durant ledit payement.

XII. Que lorsqu'il arrivera une faillite dans ladite ville, les créanciers des faillis, qui se trouveront être de certaines provinces du royaume, ou des pays étrangers, dans lesquels, sous prétexte de saisie & transport, & en vertu de leurs prétendus privilèges ou coutumes, ils s'attribuent une préférence sur les effets de leurs débiteurs faillis, préjudiciable aux autres créanciers absens & éloignés, ils y seront traités de la même manière, & n'entreront en répartement des effets dudit failli, qu'après que les autres auront été entièrement satisfaits, sans que cette pratique puisse avoir lieu pour les autres regnicoles, ou étrangers, lesquels étant connus pour légitimes créanciers, seront admis audit répartement de bonne foi, & avec équité, suivant l'usage ordinaire de ladite ville, & de la juridiction de la conservation des privilèges de ses foires.

XIII. Que toutes cessions & transports sur les effets des faillis seront nuls, s'ils ne sont faits dix jours, au moins, avant la faillite publiquement connue. Ne seront néanmoins compris en cet article les viremens des parties faits en bilan, lesquels seront bons & valables, tant que le failli, ou son facteur portera son bilan.

XIV. Que les teinturiers, & autres manufacturiers n'auront privilèges pour les dettes, sur les effets & biens des faillis, que des deux dernières années; & pour le surplus, entreront dans la distribution qui en sera faite au sou la livre, avec les autres créanciers.

XV. S'il arrive qu'un mandataire de diverses lettres de Change acceptées, aussi créancier de l'acceptant, ne reçoive qu'une partie de la somme totale, & fasse dans le temps dû, le protêt du surplus, la compensation légitime de sa dette étant faite, il sera obligé de répartir le restant à tous ceux qui lui auront fait lesdites remises, au sou la livre, & à proportion de la somme dont un chacun des remettans sera créancier.

du juge , saisir les effets de ceux qui ont tiré ou

XVI. Tous ceux qui seront porteurs de procuration générale pour recevoir le payement des promesses , & lettres de Change , remettront les originaux de leur procuration ès mains d'un notaire , & seront lesdits porteurs de procuration obligés d'en fournir des expéditions à leurs frais , à ceux qui payeront les susdites lettres.

XVII. Toute procuration pour recevoir payement de lettres de Change , promesses, obligations, & autres dettes, n'aura plus de force passé une année , si ce n'est que le temps qu'elle devra durer soit précisément exprimé ; auquel cas elle servira pour tout le temps qui sera énoncé en icelle, s'il n'apparoît d'une révocation.

XVIII. Que les faillis & banqueroutiers ne pourront entrer en la loge du Change , ni écrire & virer parties, si ce n'est après qu'il auront entièrement payé leurs créanciers , & qu'ils en auront fait apparoir. Et pour donner moyen audits faillis de payer leurs créanciers des effets qu'ils auront à recevoir , ils le pourront faire par transports , procurations, ou ordres , à telles personnes qu'ils aviseront, lesquels payeront à leur acquit ce qu'ils ordonneront & seront nommés pour eux aux parties qui seront passées en écritures.

XIX. Les courtiers on agens de banque & marchandises de ladite ville seront nommés par lesdits prévôts des marchands & échevins , entre les mains desquels ils preteront le serment , en la manière accoutumée , en justifiant par des attestations des principaux négocians , en bonne & due forme , de leur vie & mœurs , & capacité au fait & exercice de ladite charge ; & seront lesdits courtiers réduits a un certain nombre , & tel qu'il sera jugé convenable par lesdits sieurs prevôt des marchands & échevins, sur l'avis desdits négocians.

XX. Que tous banquiers , porteurs de bilan , & marchands en gros , négociant sous les privilèges des foires de Lyon , seront obligés de tenir leurs livres de raison en bonne & due forme ; & tous marchands , boutiquiers & vandant en détail , des livres journaux ; autrement , en cas de déroute , seront déclarés banqueroutiers frauduleux & comme tels condamnés aux peines qu'ils devront encourir en ladite qualité.

endoſſé les lettres , quoi qu'elles aient été acceptées, même les effets de ceux ſur leſquels
elles ont été tirées , en cas qu'ils les aient acceptées.

Ceux qui ont tiré ou endoſſé des lettres doivent être pourſuivis en garantie dans la quinzaine , s'ils ſont domiciliés dans la diſtance de
dix lieues & au-delà, à raiſon d'un jour pour
cinq lieues, ſans diſtinction du reſſort des parlemens pour les perſonnes domiciliées dans le
royaume ; & hors du royaume , les délais ſont
de deux mois pour les perſonnes domiciliées en
Angleterre , Flandre ou Hollande ; de trois
mois pour l'Italie , l'Allemagne & les cantons
Suiſſes; quatre mois pour l'Eſpagne ; ſix mois
pour le Portugal, la Suéde & le Dannemarck.

Faute par les porteurs des lettres de Change
d'avoir fait leurs diligences dans ces délais ,

XXI. Que très-expreſſes inhibitions & défenſes feront
faites à toutes perſonnes , de quelque qualité & condition
qu'elles ſoient , de contrevenir à ce que deſſus directement ou indirectement, à peine de trois mille livres d'amende
contre chaque contrevenant, applicable , ſavoir, le quart à
l'hôtel dieu du pont du Rhône , le quart à l'aumone générale , le quart au dénonciateur , & le quart à la réparation de la loge des Changes ; pour le payement de laquelle
ils ſeront contraints par corps , ſaiſie & vente de leurs biens :
& pour plus exacte obſervation des préſentes , ſera permis
à l'un deſdits contrevenans, de dénoncer les autres contrevenans avec lui; auquel cas il ſera déchargé , pour la premiere fois, de payer ladite peine , & aura ſon droit de
dénonciation. Et afin que perſonne n'en puiſſe ignorer,
ſeront les préſentes lues , & publiées à ſon de trompe, & cri
public , & affichées au-devant de l'hôtel-de-ville, en la
place des Changes, & autres lieux accoutumés, & paſſé
outre pour le tout , nonobſtant oppoſitions , ou appellations quelconques, & ſans préjudice d'icelles.

ils font non-recevables dans toute action en garantie contre les tireurs & endosseurs.

A défaut d'acceptation ou de payement des lettres de Change, les tireurs & les endosseurs font tenus de prouver que ceux fur qui elles étoient tirées leur étoient redevables ou avoient provision au tems qu'elles ont du être protestées, finon ils doivent les garantir.

Si depuis le tems réglé pour le protêt les tireurs ou endosseurs ont reçu la valeur en argent ou marchandises, par compte, compensation ou autrement, ils font aussi tenus de la garantie.

Au bout de trois ans les cautions font déchargées lorsqu'il n'y a point de pourfuites.

Les lettres ou billets de Change font réputés acquittés après cinq ans de cessation de demande & pourfuite, à compter du lendemain de l'échéance ou du protêt, ou dernière pourfuite, en affirmant néanmoins par ceux que l'on prétend en être débiteurs, qu'ils ne font plus redevables.

Les deux fins de non-recevoir dont on vient de parler ont lieu même contre les mineurs & les abfens.

CINQUIÈME PARTIE.

Des dommages & intérêts réfultans du défaut de payement d'une lettre de Change. Par le contrat de Change le tireur contracte l'obligation de payer des dommages & intérêts à celui qui a donné la valeur de la lettre de Change, s'il arrive que cette lettre ne foit pas acquittée à l'échéance. Mais ces dommages & intérêts ne doivent point être portés au-delà de ce qu'a réglé l'ordonnance du commerce.

Suivant cette loi, le tireur qui a fourni la lettre de Change non acquittée, doit premièrement rembourser la somme principale portée par la lettre de Change, ainsi que ce qu'il a pu recevoir pour droit de Change.

2°. Il est tenu des intérêts de ces deux sommes, à compter du jour du protêt.

3°. Il est pareillement tenu des frais occasionnés par le défaut de payement de la lettre de Change.

4°. Il doit aussi payer les frais du voyage que le propriétaire de la lettre fournie a fait au lieu où elle devoit être acquittée. Mais suivant l'article 4 du titre 6, ces frais ne sont exigibles qu'après que le propriétaire de la lettre a affirmé en justice qu'il a fait le voyage pour recevoir son payement, & qu'il ne l'eût pas fait s'il eût su que la lettre ne dut pas être payée.

Et suivant l'article 7 du même titre, les intérêts des frais de poursuite & de voyage ne sont dus que du jour de la demande.

5°. Le tireur de la lettre doit quelquefois rembourser le rechange à celui qui a donné la valeur.

Pour entendre ce que c'est que ce rechange, il faut savoir que le porteur de la lettre peut en cas de non payement, & après avoir fait son protêt prendre d'un banquier de la ville une somme d'argent pareille à celle qui devoit lui être payée, & donner en conséquence à ce banquier une lettre de Change de cette somme tirée à vue soit sur le premier tireur ou sur quelqu'autre personne.

Si pour avoir cet argent en échange de la lettre donnée au banquier, le porteur de la lettre

lettre proteſtée lui a payé un droit de Change, parce que l'argent gagnoit alors ſur les lettres, ce droit de Change eſt ce qu'on appelle *le rechange.*

Mais pour être rembourſé de ce rechange, le propriétaire de la lettre proteſtée eſt tenu de juſtifier par des pièces valables qu'il a pris de l'argent dans le lieu où cette lettre devoit être payée. C'eſt ce qui réſulte de l'article 4 du titre 6. Il en eſt des intérêts du rechange comme de ceux des frais de pourſuite & de voyage, ils ne ſont dus que du jour de la demande.

Il faut obſerver que la lettre de Change donnée au banquier doit être tirée ſur le lieu où s'eſt faite la remiſe de la lettre proteſtée : ſi le porteur de celle-ci tiroit l'autre ſur un lieu plus éloigné, & qu'en conſéquence il payât un rechange plus conſidérable que n'eût été celui qu'on auroit demandé ſi la lettre eût été tirée ſur le lieu où s'eſt faite la remiſe de la lettre proteſtée, il ne pourroit répéter au tireur de celle-ci le rembourſement de ce rechange que juſqu'à concurrence de ce qu'il auroit couté ſi la lettre eut été tirée ſur le lieu où s'eſt faite la remiſe de la lettre proteſtée. C'eſt ce qui réſulte de l'article 5.

Il ſuit de cette déciſion, que ſi une lettre de Change revenue à protêt a été négociée dans pluſieurs villes du royaume & même hors du royaume; qu'ayant, par exemple, été tirée de Paris ſur Bordeaux, elle ait été négociée à Marſeille, à Rouen, à Londres; &c. le tireur ne ſera néanmoins tenu de payer que le rechange de Bordeaux à Paris. Quant aux Changes & rechanges dus pour les négociations faites dans les autres villes, ils ſeront ſuivant le même article 5, à la charge des donneurs d'ordres, chacun en droit foi pour les ordres qu'ils ont donnés. C'eſt pourquoi ſi la lettre tirée de Paris ſur Bordeaux a été négociée, par exemple, de Paris à Marſeille, enſuite de Marſeille à Cadix, & enfin de Cadix à Bordeaux, le porteur de la lettre payable à Bordeaux n'aura ſon recours après le protêt, tant pour le payement de la lettre que pour le rechange, que contre le négociant de Cadix qui a paſſé l'ordre à ſon profit ; ce négociant de Cadix aura ſon recours contre le négociant de Marſeille, & ainſi des autres.

Remarquez cependant que ſi le tireur avoit donné pouvoir de négocier la lettre de Change pour d'autres villes que celle ou elle doit être acquittée, il feroit tenu de payer les frais de rechange relativement aux négociations qu'il auroit autoriſées. (*) C'eſt ce qui réſulte de l'article 6. Ainſi en ſuppoſant que dans une lettre de Change tirée de Paris ſur Marſeille, le tireur ait donné pouvoir d'en diſpoſer pour Londres, il ſera tenu ſi cette lettre revient à protêt, de payer le rechange de Marſeille à Londres, & celui de Londres à Paris. Il en eſt de même du cas où le pouvoir de négocier la lettre eſt indéfini : le tireur doit alors autant de rechanges qu'il y a de lieux différens ſur leſquels la lettre proteſtée a été négociée.

SIXIÈME PARTIE.

Du mot CHANGE, *conſidéré dans l'acception où il ſignifie le lieu où doivent être portées les monnoies tant étrangères que décriées, & les matières d'or & d'argent pour en recevoir le prix.* Suivant

_____

(*) Le pouvoir de négocier une lettre de Change pour différens lieux peut être donné par la lettre même ou par un écrit particulier.

CHANGE.

l'arrêt du confeil du 26 décembre 1771, enregiftré cour des monnoies le 22 janvier fuivant, on doit rece & payer dans tous les bureaux de Change du royaum matières & les efpèces vieilles ou étrangères d'or & gent que les particuliers peuvent y porter.

Les payemens de ces matières ou efpèces doivent faits en conformité du tarif arrêté au confeil le 15 mai 177

(*) *Ce tarif étant d'un ufage journalier eft important à conno ainfi naus allons le rapporter.*

Extrait des regiftres du confeil d'état du 15 mai 1773.

Évaluation & tarif du prix que doivent être payées aux hôtel monnoies & bureaux du Change, les efpèces de France vieilles & de cours, les efpèces étrangères, & les autres matières d'or & d'ar on exécution de l'arrêt du confeil du 15 feptembre 1771, fauf la rete quant à celles d'or au-deffous du titre de 21 karats 22 trente-deuxie & quant à celles d'argent au-deffous du titre de 10 deniers 21 gr des frais d'affinage, conformément audit arrêt du confeil, & des attribués aux changeurs par autre arrêt du confeil du 26 décembre 1

O R.

LE MARC & fes divifions.	Sequins de Venife & Sequins Fourdoukli de Turquie.			Sequins de Gênes.			Sequins de Florence aux Lys.			Sequins de Floren à l'Effigi		
	à 23k 29|32 e			à 23k 28|32 cs			à 23k 27|32.c.			à 23k 25|3		
1 Marc.	781 l	10 f	8 c	780 l	10 f	3 d	779 l	9 f	9 d	777 l	8 f	
4 Onces.	390	15	4	390	5	1	389	14	10	388	14	
2 Onces.	195	7	8	195	2	6	194	17	5	194	7	
1 Once.	97	13	10	97	11	3	97	8	8	97	3	
4 Gros.	48	16	11	48	15	7	48	14	4	48	11	
2 Gros.	24	8	5	24	7	9	24	7	2	24	5	
1 Gros.	12	4	2	12	3	10	12	3	7	12	2	
1 Denier.	4	1	4	4	1	3	4	1	2	4	"	
12 Grains.	2	"	8	2	"	7	2	"	7	2	"	
6 Grains.	1	"	4	1	"	3	1	"	3	1	"	
1 Grain.	"	3	4	"	3	4	"	3	4	"		3

1 faut obferver que fi les matières d'or étoient au...

OR.

Dénominations & Prix.

	Sequins de Piémont à l'Annonciade.	Franc à pied & à cheval, & Agnelets de France.	Ducats ad legem Imperii d'Allemagne & d'Hollande, & Ducats de Pruſſe.	Ducats à l'Aigle déployé de Ruſſie.
	à 23k 21|32es.	à 23k 18|32es	à 23k 15|32es.	à 23k 11|32es
rc.	773 7 2	770 ? 11	767 4 7	763 2 10
cés.	386. 13. 7.	385. 2. 11.	383. 12. 3.	381. 11. 5.
ces.	193. 6. 9.	192. 11. 5.	191. 16. 1.	190. 15. 8.
ce.	96. 13. 4.	96. 5. 8	95. 18. //	95. 7. 10.
os.	48. 6. 8	48. 2. 5.	47. 19. //	47. 13. 11.
os.	24. 3. 4.	24. 1. 8.	23. 19. 6.	23. 16. 11.
os.	12. 1. 8.	12. // 8.	11. 19. 9.	11. 18. 5.
nier.	4. // 6.	4. // 2.	3. 19. 11.	3. 19. 5.
ains.	2. // 3.	2. // 1.	1. 19. 11.	1. 19. 8.
ains.	1. // 1.	1. // //	// 19. 11.	// 19. 10.
ain.	// 3. 4.	// 3. 4.	// 3. 3.	// 3. 3

	Ducats d'Autriche, Hongrie & Bohême.	Ducats de l'Empereur, de Hambourg, de Francfort, & Ducats fins de Danemarck	Sequins de Malte, Ducats de Pologne & de Suède.	Ducats de Heſſe, d'Armſlad, & à la Croix de Saint-André de Ruſſie.
	à 23k 20|32es	à 23k 17|32es	à 23k 13|32es.	à 23k 5|32es
rc.	772 6 9	769 5 6	765 3 9	757 // 3
	386. 3. 4.	384. 12. 9.	382. 11. 10.	378. 10. 1.
	193. 1. 8.	192. 6. 4.	191. 5. 11.	189. 5. //
	96. 10. 10.	96. 3. 2.	95. 12. 11.	94. 12. 6.
	48. 5. 5.	48. 1. 7.	47. 16. 5.	47. 6. 3.
	24. 2. 8.	24. // 9.	23. 18. 2.	23. 13. 1.
	12. 1. 4.	12. // 4.	11. 19. 1.	11. 16. 6.
	4. // 5.	4. // 1.	3. 19. 8.	3. 18. 10.
	2. // 2.	2. // //	1. 19. 10.	1. 19. 5.
	1. // 1.	1. // //	// 19. 11.	// 19. 8
			//	//

RC	Sequins de Rome.	Souverains de Flandre & Pays-Bas Autrichiens, & Impériales de Russie.	Pistoles de Genéve, de Florenee, & Rider de Hollande.	Louis de France avant 1709, de 36 ¼ au marc, Pistoles du Mexique, & Roupies d'or du Mogol.
ns.	à 22k 21|32es	à 21k 31|32es	à 21k 29|32es	à 21k 25|32es.
rc.	740^l 13^f 4^d	718^l 3^f 10^c	716^l 3^f //^{d}	712^l 1^l 3^c
ces.	370. 6. 8.	359. 1. 11.	358. 1. 6.	356. // 7.
ces.	185. 3. 4.	179. 10. 11.	179. // 9.	178. // 3.
ce.	92. 11. 8.	89. 15. 5.	89. 10. 4.	89. // 1.
os.	46. 5. 10.	44. 17. 8.	44. 15. 2.	44. 10. //
s.	23. 2. 11.	22. 8. 10.	22. 7. 7.	22. 5. //
s.	11. 11. 5.	11. 4. 5.	11. 3. 9.	11. 2. 6.
ier.	3. 17. 1.	3. 14. 9.	3. 14. 7.	3. 14. 2.
ins.	1. 18. 6.	1. 17. 4.	1. 17. 3.	1. 17. 1.
ins.	// 19. 3.	// 18. 8.	// 18. 7.	// 18. 6.
in.	// 3. 2.	// 3. 1.	// 3. 1.	// 3. 1.

	Écus d'or de France.	Guinées d'Angleterre, Portugaises & Millerets de Portugal.	Pistoles d'Espagne, au Balancier aux Armes & à l'Effigie.	Louis de France de 1716, de 20 au marc, & de 1718, de 25 au marc.
	à 22k 16|32es	à 21k 30|32es.	à 21k 26|32es.	à 21k 22|32es.
rc.	735^l 11^l 2^d	717^l 3^f 5^d	713^l 1^f 8^d	709^l //^{l} //^{d}
ces.	367. 15. 7.	358. 11. 8.	356. 10. 10.	354. 10. //
es.	183. 17. 9.	179. 5. 10.	178. 5. 5.	177. 5. //
ce.	91. 18. 10.	89. 12. 11.	89. 2. 8.	88. 12. 6.
s.	45. 19. 5.	44. 16. 5.	44. 11. 4.	44. 6. 3.
os.	22. 19. 8.	22. 8. 2.	22. 5. 8.	22. 3. 1.
c.	11. 9. 10.	11. 4. 1.	11. 2. 10.	11. 1. 6.
ier.	3. 16. 7.	3. 14. 8.	3. 14. 3.	3. 13. 10.
ins.	1. 18. 3.	1. 17. 4.	1. 17. 1	1. 16. 11
ins.	// 19. 1.	// 18. 8.	// 18. 6.	// 18. 5.
in.	// 3. 2.	// 3. 1.	// 3. 1.	// 3. //

uxièmes, & celles d'argent au-deſſous du titre de di

OR.

Dénominations & Prix.

E MARC & ſes iviſions.	Louis de France de 1709 à 1715, de 30 au marc, & Piſtole d'or de Piémont depuis 1755.	Louis de France de 1723, de 37½ au marc, & nouvelles Piſtoles d'Eſpagne, de la fabrication comm. en 1772.	Piſtoles du Pérou.	Albertus & Écus d'or de Flandre & des Pays-Bas Autrichiens.
	à 21k 21|32es	à 21k 19|32es	à 21k 17|32es	à 21k 9|32es
Marc.	707ˡ 19ˢ 6ᵈ	705ˡ 18ˢ 8ᵈ	703ˡ 17ˢ 10ᵈ	695ˡ 14ˢ 4ᵈ
Onces.	353. 19. 9.	352. 19. 4.	351. 18. 11.	347. 17. 2
Onces.	176. 19. 10.	176. 9. 8.	175. 19. 5	173. 18. 7
Once.	88. 9. 11.	88. 4. 10.	87. 19. 8.	86. 19. 3
Gros.	44. 4. 11.	44. 2. 5.	43. 19. 10.	43. 9. 7.
Gros.	22. 2. 5.	22. 1. 2.	21. 19. 11.	21. 14. 9.
Gros.	11. 1. 2.	11. // 7.	10. 19. 11.	10. 17. 4.
Denier.	3. 13. 8.	3. 13. 6.	3. 13. 3.	3. 12. 5
Grains.	1. 16. 10.	1. 16. 9.	1. 16. 7.	1. 16. 2.
Grains.	// 18. 5.	// 18. 4.	// 18. 3.	// 18. 1.
Grain.	// 3. //	// 3. //	// 3. //	// 3. //

	Florins de Brunſwick.	Piſtoles du Palatinat.	Pièces à la Roſe de Florence, & vieil les Piſtoles de Piémont.	Ducats courans de Danemark, Onces de Naples, & Sequins de Tunis.
	à 21k 20|32es	à 21k 18|32es	à 21k 13|32es	à 20k 29|32es
Marc.	706ˡ 19ˢ 1ᵈ	704ˡ 18ˢ 3ᵈ	699ˡ 16ˢ 1ᵈ	683ˡ 9ˢ 9ᵈ
Onces.	353. 9. 6.	352. 9. 1.	349. 18. //	341. 14. 7.
Onces.	176. 14. 9.	176. 4. 6.	174. 19. //	170. 17. 3.
Once.	88. 7. 4.	88. 2. 3.	87. 9. 6.	85. 8. 7.
Gros.	44. 3. 8.	44. 1. 1.	43. 14. 9.	42. 14. 3.
Gros.	22. 1. 10.	22. // 6.	21. 17. 4.	21. 7. 1.
Gros.	11. // 11.	11. // 3.	10. 18. 8.	10. 13. 6.
Denier.	3. 13. 7.	3. 13. 5.	3. 12. 10.	3. 11. 2.
Grains.	1. 16. 9.	1. 16. 8.	1. 16. 5.	1. 15. 7.
Grains.	// 18. 4.	// 18. 4	// 18. 2.	// 17. 9.

LE MARC & ses divisions.	Onces de Sicile.			Pagodes d'or au Croissant des Indes.			Florins d'Hanovre.			Florins du Palatin de Bavièr & d'Anspa		
	à 20k 5|32es.			à 19k 13|32es.			à 18k 21'32es.			à 18k 13|32		
1 Marc.	658^l	18^f	9^d	634^l	8^f	5^d	609^l	18^f	//	601^l	14^f	
4 Onces.	329.	9.	4.	317.	4.	2.	304.	19.	//	300.	17.	
2 Onces.	164.	14.	8.	158.	12.	1.	152.	9.	6.	150.	3.	
1 Once.	82.	7.	4.	79.	6.	//	76.	4.	9.	75.	4.	
4 Gros.	41.	3.	8.	39.	13.	//	38.	2.	4.	37.	12.	
2 Gros.	20.	11.	10.	19.	16.	6.	19.	1.	2.	18.	16.	
1 Gros.	10.	5.	11.	9.	18.	3.	9.	10.	7.	9.	8.	
1 Denier.	3.	8.	7.	3.	6.	1.	3.	3.	6.	3.	2.	
12 Grains.	1.	14.	3.	1.	13.	//	1.	11.	9.	1.	11.	
6 Grains.	//	17.	1.	//	16.	6.	//	15.	10.	//	15.	
1 Grain.	//	2.	10.	//	2.	9.	//	2.	7.	//	2.	

LE MARC & ses divisions.	Zeramabouck de Turquie.			Pagodes d'or à l'Étoile des Indes.			Florins du Rhin & de Hesse-d'Armstad.			Florins de Bade Dourlach		
	à 19k 21|32es.			à 19k 5|32es.			à 18k 17|32es.			à 18k 5|32		
1 Marc.	642^l	11^f	10^d	626^l	4^l	11^d	605^l	16^f	4^d	593^l	11^f	
4 Onces.	321.	5.	11.	313.	2.	5.	302.	18.	2.	296.	15.	
2 Onces.	160.	12.	11.	156.	11.	2.	151.	9.	1.	148.	7.	
1 Once.	80.	6.	5.	78.	5.	7.	75.	14.	6.	74.	3.	
4 Gros.	40.	3.	2.	39.	2.	9.	37.	17.	3.	37.	1.	
2 Gros.	20.	1.	7.	19.	11.	4.	18.	18.	7.	18.	10.	
1 Gros.	10.	//	9.	9.	15.	8.	9.	9.	3.	9.	5.	
1 Denier.	3.	6.	11.	3.	5.	2.	3.	3.	1.	3.	1.	
12 Grains.	1.	13.	5.	1.	12.	7.	1.	11.	6.	1.	10.	
6 Grains.	//	16.	8.	//	16.	3.	//	15.	9.	//	15.	
1 Grain.	//	2.	9.	//	2.	8.	//	2.	7.	//	2.	

ces titres, seroient à la charge des propriétaires de

------

payées, à proportion de leur titre, suivant l'évaluation ci-a

V A L U A T I O N   É V A L U A T I

des *Karats d'or fin.*   des *Trénte-deuxièmes d'or*

Sur le pied de 784ˡ 11ᶠ 11ᵈ   Sur le pied de 784ˡ 11ᶠ ı
598|694ᵉˢ le marc.   598|694ᵉˢ le marc.

	liv.	fous.	den.			liv.	fous.	den.	
vaut.	32.	13.	9.	690|694ᵉˢ.	1 vaut.	1.	»	5.	130|6
· · · ·	65.	7.	7.	686.	2 · · ·	2.	»	10.	260.
· · · ·	98.	1.	5.	682.	3 · · ·	3.	1.	3.	390.
· · · ·	130.	15.	3.	678.	4 · · ·	4.	1.	8.	520.
· · ·	163.	9.	1.	674.	5 · · ·	5.	2.	1.	650.
5 · · ·	196.	2.	11.	670.	6 · · ·	6.	2.	7.	86.
· · · ·	228.	16.	9.	666.	7 · · ·	7.	3.	»	216.
· · · ·	261.	10.	7.	662.	8 · · ·	8.	3.	5.	346.
· · · ·	294.	4.	5.	658.	9 · · ·	9.	3.	10.	476.
· · · ·	326.	18.	3.	654.	10 · · ·	10.	4.	3.	606.
1 · · ·	359.	12.	1.	650.	11 · · ·	11.	4.	9.	42.
· · · ·	392.	5.	11.	646.	12 · · ·	12.	5.	2.	172.
3 · · ·	424.	19.	9.	642.	13 · · ·	13.	5.	7.	302.
4 · · ·	457.	13.	7.	638.	14 · · ·	14.	6.	»	432.
5 · · ·	490.	7.	5.	634.	15 · · ·	15.	6.	5.	562.
6 · · ·	523.	1.	3.	630.	16 · · ·	16.	6.	10.	692.
7 · · ·	555.	15.	1.	626.	17 · · ·	17.	7.	4.	128.
8 · · ·	588.	8.	11.	622.	18 · · ·	18.	7.	9.	258.
9 · · ·	621.	2.	9.	618.	19 · · ·	19.	8.	2.	388.
0 · · ·	653.	16.	7.	614.	20 · · ·	20.	8.	7.	518.
1 · · ·	686.	10.	5.	610.	21 · · ·	21.	9.	»	648.
2 · · ·	719.	4.	3.	606.	22 · · ·	22.	9.	6.	84.
3 · · ·	751.	18.	1.	602.	23 · · ·	23.	9.	11.	214.
4 · · ·	784.	11.	11.	598.	24 · · ·	24.	10.	4.	344.
					25 · · ·	25.	10.	9.	474.
					26 · · ·	26.	11.	2.	604.
					27 · · ·	27.	11.	8.	40.
					28 · · ·	28.	12.	1.	170.
					29 · · ·	29.	12.	6.	300.
					30 · · ·	30.	12.	11.	430.
					31 · · ·	31.	13.	4.	560.
					32 · · ·	32.	13.	9.	690.

s. Ceux-ci en cas pareil doivent convenir de ces

ARGENT.

Dénominations & Prix.

	Gros Écus du Palatinat.	Jettons de France, & Roupies de Pondichéry.	Vaisselle plate soudée de Paris, & Roupies de Madras.	Vaisselle montée de Paris, & Phillippe de Milan.
	à 11d 15gr.	à 11d 10gr.	à 11d 8gr.	à 11d 6gr.
c.	52l 10f 8d	50l 17f 3d	50l 9f 10d	50l 2f 4d
es.	26. 5. 4.	25. 8. 7.	25. 4. 11.	25. 1. 2.
ces.	13. 2. 8.	12. 14. 3.	12. 12. 5.	12. 10.
e.	6. 11. 4.	6. 7. 1.	6. 6. 2.	6. 5. 3.
s.	3. 5. 8.	3. 3. 6.	3. 3. 1.	3. 2. 7¼
s.	1. 12. 10.	1. 11. 9.	1. 11. 6.	1. 11. 3.
s.	// 16. 5.	// 15. 10.	// 15. 9.	// 15. 7.
ier.	// 5. 5.	// 5. 3.	// 5. 3.	// 5. 2.
ins	// 2. 8.	// 2. 7.	// 2. 7.	// 2. .
ins.	// 1. 4.	// 1. 3.	// 1. 3.	// 1. 3.
in.	// // 2.	// // 2.	// // 2.	// // 2.

	Gros Écus de Nassau-Weilbourg.	Vaisselle plate de Paris, & Roupies du Mogol.	Roupies d'Arcate des Indes.	Vaisselle plate de Province.
	à 11d 17gr.	à 11d 9gr.	à 11d 7gr.	à 11d 5gr.
c.	52l 3f 3d	50l 13f 6d	50l 6f 1d	49i 18f 8d
es.	26. 1. 7.	25. 6. 9.	25. 3. //	24. 19. 4.
ces.	13. // 9.	12. 13. 4.	12. 11. 6.	12. 9. 8.
e.	6. 10. 4.	6. 6. 8.	6. 5. 9.	6. 4. 10
s.	3. 5. 2.	3. 3. 4.	3. 2. 10.	3. 2. 5.
s.	1. 12. 7.	1. 11. 8.	1. 11. 5.	1. 11. 2.
s.	// 16. 3.	// 15. 10.	// 15. 8.	// 15. 7.
ier.	// 5. 5.	// 5. 3.	// 5. 2.	// 5. 2.
ins.	// 2. 8.	// 2. 7.	// 2. 7.	// 2. 7.
ins.	// 1. 4.	// 1. 3.	// 1. 3.	// 1. 3.
in.	// // 2.	// // 2.	// // 2.	// // 2.

Dénominations & Prix.

	Vaisselle plate soudée, & Vaisselle montée de Province.	Ducatons de Liége.	Écus de banque de Gênes.	Piastres aux deux Globes, Mexico & Sévillanes, Écus de Rome, & Pièces de huit de Florence.
	à 11d 3gr.	à 11d.	à 10d 12gr.	à 10d 21gr.
c.	49l 11f 3c	49l 11f 1d	48l 12f 8d	48l 9f 11d
es.	24. 15. 7.	24. 10. "	24. 6. 4.	24. 4. 6.
es.	12. 7. 9.	12. 5. "	12. 3. 2.	12. 2. 3.
e.	6. 3. 10.	6. 2. 6.	6. 1. 7.	6. 1. 1.
s.	3. 1. 11.	3. 1. 3.	3. " 9.	3. " 6.
s.	1. 10. 11.	1. 10. 7.	1. 10. 4.	1. 10. 3.
s.	" 15. 5	" 15. 3.	" 15. 2.	" 15. 1.
ier.	" 5. 1.	" 5. 1.	" 5. "	" 5. "
ins	" 2. 6.	" 2. 6.	" 2. 6.	" 2. 6.
ins.	" 1. 3.	" 1. 3.	" 1. 3.	" 1. 3.
in.	" " 2.	" " 2.	" " 2.	" " 2.

	Couronnes & Shellings d'Angleterre.	Vieux Écus de France, de 8, 9, 10 & 10¾ au marc.	Écus de France demi-Écus, Cinquièmes, Dixièmes & Vingtièmes de la fabrication actuelle, hors de cours par l'effacement des empreintes.	Écus de Piémont.
	à 11d 1gr.	à 10d 23gr.	à 10d 21gr. ½	à 10d 20gr.
c.	49l 3f 10c	48l 16f 5d	48l 10f 10d	48l 5f 2d
es	24. 11. 11.	24. 8. 2.	12. 5. 5.	24. 2. 7.
es.	12. 5. 11.	12. 4. 1.	12. 2. 8.	12. 1. 3.
e.	6. 2. 11.	6. 2. "	6. 1. 4.	6. " 7.
s.	3. 1. 5	3. 1. "	3. " 8.	3. " 3.
s.	?. 10. 8.	1. 10. 6.	1. 10. 4.	1. 10. 1.
s.	" 15. 4	" 15. 3.	" 15. 2.	" 15. "
ier.	" 5. 1.	" 5. 1.	" 5. "	" 5. "
ins	" 2. 6.	" 2. 6.	" 2. 6.	" 2. 6.
	" 1. 3.	" 1. 3.	" 1. 3.	" 1. 3.

r pour ces frais au-delà des prix accordés par marc

ARGENT.

Dénominations & Prix.

	Ducats de Naples & Écus de Suède.	Piastres à l'Effigie, de la fabrication commencée en 1772.	Écus de Hanovre & de Hambourg.	Double Écu de Danemarck.
	à 10d 15gr.	à 10d 17gr.	à 10d 12gr.	à 10d 8gr.
c.	48l 1s 6d	47l 14s 1d	46l 15s 7d	46l //s 8d
	24. // 9.	23. 17. //.	23. 7. 9.	23. // 4.
	12. // 4.	11. 18. 6.	11. 13. 10.	11. 10. 2.
e.	6. // 2.	5. 19. 3	5. 16. 11.	5. 15. 1.
s.	3. // 1.	2. 19. 7.	2. 18. 5.	2. 17. 6.
s.	1. 10. //	1. 9. 9.	1. 9. 2.	1. 8. 9.
s.	// 15. //	// 14. 10.	// 14. 7.	// 14. 4.
ier.	// 5. //	// 4. 11.	// 4. 10.	// 4. 9.
	// 2. 6.	// 2. 5.	// 2. 5.	// 2. 4.
	// 1. 3.	// 1. 2.	// 1. 2.	// 1. 2.
in.	// // 2.	// // 2.	// // 2.	// // 2.

	Creusades de Portugal.	Pièces de douze Carlins d'Italie.	Florins d'Autriche.	Ducatons & Écus de Flandre & des Pays bas Autrichiens, Rixdalles de Hollande & Georgiennes de Gênes.
	à 10d 18gr.	à 10d 14gr.	à 10d 11gr.	à 10d 7gr.
	47l 17s 10d	47l 3s //d	46l 11s 10d	45l 17s //d
	23. 18. 11.	23. 11. 6.	23. 5. 11.	22. 18. 6.
	11. 19. 5.	11. 15. 9.	11. 12. 11.	11. 9. 3.
	5. 19. 8.	5. 17. 10.	5. 16. 5.	5. 14. 7.
	2. 19. 10.	2. 18. 11.	2. 18. 2.	2. 17. 3.
	1. 9. 11.	1. 9. 5.	1. 9. 1.	1. 8. 7.
	// 14. 11.	// 14. 8.	// 14. 6.	// 14. 3.
	// 4. 11.	// 4. 10.	// 4. 10.	// 4. 9.
	// 2. 5.	// 2. 5.	// 2. 5.	// 2. 4.
	// 1. 2.	// 1. 2.	// 1. 2.	// 1. 2.

de fin réſultant d'affinage , aux offices d'affineurs é

ARGENT.

Dénominations & Pr.

Le Marc & ſes diviſions.	Patagons de Genéve.	Écus de Brunſwick, de Ratiſbonne, & Madouines de Génes.	Écus ou Rixdalles d'Anſpack & de Bavière.	
	à 10d 2gr.	à 9d 22gr.	à 9d 20gr.	à 9d
1 Marc.	44l 18s 5d	44l 3s 7d	43l 16s 1d	1 —l
4 Onces.	22. 9. 2.	22. 1. 9.	21. 18. »	21.
2 Onces.	11. 4. 7.	11. » 10.	10. 19. »	10. 1
1 Once.	5. 12. 3.	5. 10. 5.	5. 9. 6.	5.
4 Gros.	2. 16. 1.	2. 15. 2.	2. 14. 9.	2. 1
2 Gros.	1. 8- »	1. 7. 7.	1. 7. 4.	1.
1 Gros.	» 14. »	» 13. 9.	» 13. 8.	» 1
1 Denier.	» 4. 8.	» 4. 7.	» 4. 6.	»
12 Grains.	» 2. 4.	» 2. 3.	» 2. 3.	»
6 Grains.	» 1. 2.	» 1. 1.	» 1. 1.	»
1 Grain.	» » 2.	» » 2.	» » 2.	»

Le Marc & ſes diviſions.	Écus de Malte.	Anciennes pièces de France , dites le 20 ſous 10 ſous & 4 ſous ; Rixdalles & Couronnes de Danemarck , & Pièces de douze Tarens de Sicile.	Ducats de Venise.	Pl.
	à 9d 23gr.	à 9d 21gr.	à 9d 18gr.	
1 Marc.	44l 7s 3d	43l 19s 10d	43l 8s 9d	
4 Onces.	22. 3. 7.	21. 19. 11.	21. 14. 4.	
2 Onces.	11. 1. 9.	10. 19. 11.	10. 17. 2.	
1 Once.	5. 10. 10.	5. 9. 11.	5. 8. 7.	
4 Gros.	2. 15. 5.	2. 14. 11.	2. 14. 3.	
2 Gros.	1. 7. 8.	1. 7. 5.	1. 7. 1.	
1 Gros.	» 13. 10.	» 13. 8.	» 13. 6.	
1 Denier.	» 4. 7.	» 4. 6.	» 4. 6.	
12 Grains.	» 2. 3.	» 2. 3.	» 2. 3.	
6 Grains.	« 1. 1.	» 1. 1.	» 1. 1.	

Dénominations & Prix

LE MARC & ſes diviſions.	Florins de Bade-Dourlach.			Écus de Bareith.			Piaſtres de Tunis.		
	à 8d 21gr.			à 8d 18gr.			à 6d 8gr.		
1 Marc.	39ˡ	10ſ	9ᵈ	38ˡ	19ſ	7ᵈ	28ˡ	4ſ	3ᵈ
4 Onces.	19.	15.	4.	19.	9.	9.	14.	2.	1.
2 Onces.	9.	17.	8.	9.	14.	10.	7.	1.	»
1 Once.	4.	18.	10.	4.	17.	5.	3.	10.	6.
4 Gros.	2.	9.	5.	2.	8.	8.	1.	15.	3.
2 Gros.	1.	4.	8.	1.	4.	4.	»	17.	7.
1 Gros.	»	12.	4.	»	12.	2.	»	8.	9.
1 Denier.	»	4.	1.	»	4.	»	»	2.	11.
12 Grains.	»	2.	»	»	2.	»	»	1.	5.
6 Grains.	»	1.	»	»	1.	»	»	»	8.
1 Grain.	»	»	2.	»	»	2.	»	»	1.

LE MARC & ſes diviſions.	Écus de Lubeck, & Koptuck de Heſſe-d'Armſtad & de Cologne.			Florins de Mékelbourg.		
	à 8d 17gr.			à 7d 7gr.		
1 Marc.	39ˡ	3ſ	4ᶜ	32ˡ	9ſ	8ᵈ
4 Onces.	19.	11.	8.	16.	4.	10.
2 Onces.	9.	15.	10.	8.	2.	5.
1 Once.	4.	17.	11.	4.	1.	2.
4 Gros.	2.	8.	11.	2.	»	7.
2 Gros.	1.	4.	5.	1.	»	3.
1 Gros.	»	12.	2.	»	10.	1.
1 Denier.	»	4.	»	»	3.	4.
12 Grains.	»	2.	»	»	1.	8.
6 Grains.	»	1.	»	»	»	10.
1 Grain.	»	»	2	»	»	1.

e donner aux propriétaires des matières fufceptibles
age un reçu motivé des fommes qu'ils ont reten
aifon de cette opération. Telles font les difpofition
arrêt du confeil & des lettres-patentes du 15 fep
re 1771, enregiftrés à la cour des monnoies le 2
ême mois.

---

payées, à proportion de leur titre, fuivant l'évaluation ci a

VALUATION

des Deniers de fin d'argent.

r le pied de 531 9f 2d 234|261 es le marc.

	liv.	fous.	den.	
1 vaut.	4.	9.	1.	63|261es.
...	8.	18.	2.	126.
3 ...	13.	7.	3.	189.
4 ...	17.	16.	4.	252.
5 ...	22.	5.	6.	54.
6 ...	26.	14.	7.	117.
7 ...	31.	3.	8.	180.
8 ...	35.	12.	9.	243.
...	40.	1.	11.	45.
0 ...	44.	11.	»	108.
1 ...	49.	»	1.	171.
2 ...	53.	9.	2.	234.

ÉVALUATI

des Grains de fin d'arge

Sur le pied de 531 9f 2d 234|261es l

	liv.	fous.	den.	
1 vaut.	»	3.	8.	144|
2 ...	»	7.	5.	27.
3 ...	»	11.	1.	171.
4 ...	»	14.	10.	54.
5 ...	»	18.	6.	198.
6 ...	1.	2.	3.	81.
7 ...	1.	5.	11.	225.
8 ...	1.	9.	8.	108.
9 ...	1.	13.	4.	252.
10 ...	1.	17.	1.	135.
11 ...	2.	»	10.	18.
12 ...	2.	4.	6.	162.
13 ...	2.	8.	3.	45.
14 ...	2.	11.	11.	189.
15 ...	2.	15.	8.	72.
16 ...	2.	19.	4.	216.
17 ...	3.	3.	1.	99.
18 ...	3.	6.	9.	243.
19 ...	3.	10.	6.	126.
20 ...	3.	14.	2.	9.
21 ...	3.	17.	11.	153.
22 ...	4.	1.	8.	36.
23 ...	4.	5.	4.	180.
24 ...	4.	9.	1.	63.

Fait & arrêté au confeil d'état du roi, fa majefté y étant, t
erfailles le quinzième jour de mai mil fept cent foixante-treize.

Les changeurs font d'ailleurs autorisés à se faire payer pour droits de Change, les salaires fixés par l'article 2 de l'arrêt du conseil du 26 décembre 1771, & qui se trouvent rapportés à l'article CHANGEURS.

Lorsqu'il se trouve sous les scellés ou parmi des meubles & effets saisis, ou dans des démolitions de maison & de quelqu'autre manière que ce soit, quelques vieilles monnoies de France, l'article 4 de la déclaration du 7 octobre 1755, veut que sous peine de confiscation, elles soient portées au plus tard dans la quinzaine du jour où elles auront été trouvées, aux hôtels des monnoies ou aux Changes les plus prochains, & la valeur des mêmes espèces doit y être payée sans difficulté aux porteurs, qui sont tenus de tirer certificat des changeurs ou receveurs au Change des monnoies auxquels les espèces ont été remises.

Ces dispositions ont été confirmées par l'arrêt du conseil du 26 décembre 1771, qui a enjoint aux changeurs de veiller, chacun dans leur ressort, à ce qu'il ne fût fait aucune vente à l'encan des vaisselles & argenteries ni distraction des espèces vieilles trouvées après décès ou dans les saisies, & à ce qu'elles fussent apportées dans leurs bureaux ou aux hôtels des monnoies : suivant le même arrêt, les changeurs doivent en cas de contravention à ce qu'il prescrit en donner avis au procureur général de la cour des monnoies.

Voyez *Darius*, *combinaison générale des Changes* ; *Dernis*, *traité des Changes étrangers* ; *l'art des lettres de Change par Dupuy de la Serra* ; *l'histoire universelle de Villani* ; *le recueil des or-*

donnances du Louvre ; l'histoire de la ville de
Lyon par Rubys ; le traité général du commerce &
des Changes ; les réflexions politiques de M. Dutot ;
l'essai politique sur le commerce, par M. Melon ; le
traité des Changes & des arbitrages, par Senebier ;
Scachia , de commerciis cambiorum ; l'ordonnance du mois de mars 1673 ; le parfait négociant
& les parères de Savary ; les commentaires sur l'ordonnance du commerce ; le traité du contrat de
Change par Pothier ; la déclaration du 10 mai
1686 ; l'arrêt de règlement du 30 août 1714 ; l'édit
du mois de décembre 1665 ; les œuvres de Henrys ;
le journal de audiences ; les déclarations des 14 décembre 1689 & 7 octobre 1755 ; les arrêts du conseil & les lettres-patentes des 15 septembre & 26
décembre 1771 ; le traité des monnoies , par Abot
de Bazinghen , &c. Voyez aussi les articles Acceptation, Billet , Endossement, Protêt , Contrainte par corps , Tireur ,
Usance, Foires, Jours de grâce, Commerce, Garantie, Prescription, Ordre,
Aval, Monnoie, &c.

CHANGEURS. Ce sont des officiers établis
par le Roi ou autorisés par la cour des monnoies , pour recevoir dans les différentes villes
du royaume les espèces anciennes, défectueu-
ses , étrangères, hors de cours, ainsi que toutes
sortes de matières d'or & d'argent , & donner
en échange à ceux qui les leur portent, une
valeur prescrite en espèces courantes.

Comme l'état de Changeur demande une certaine connoissance des monnoies ; il falloit anciennement avant d'obtenir ce titre , qu'on eût
fait un apprentissage chez ceux qui exerçoient
cette profession à Paris sur le pont qu'on a depuis

puis appelé *Pont-au-Change*. Pour donner à cet état plus de consistance, & pour la sûreté publique, Charles VI commit par des lettres-patentes du 14 novembre 1421, les généraux-maîtres des monnoies à l'effet de recevoir Changeurs dans la ville de Paris, tous ceux qui se trouveroient avoir été apprentis au Pont-au-Change, pendant trois ans. Cette autorité des généraux des monnoies sur les Changeurs, se trouve établie par nombre d'autres monumens qu'il seroit trop long de détailler, mais dont on peut voir l'énumération dans le traité des monnoies de M. Abot de Bazinghen. Ils ont une pleine & entière juridiction sur eux ; les gardes des monnoies prononcent à leur sujet en première instance, & les généraux-maîtres en dernier ressort. Un édit du mois de janvier 1551, rendu après l'érection de la chambre des monnoies en cour souveraine, confirme cette juridiction des généraux des monnoies sur les Changeurs.

Les Changeurs furent érigés en titre d'office héréditaire par un édit du mois d'août 1555 ; mais cet édit n'ayant point eu d'exécution, Charles IX ordonna par une déclaration du 10 juillet 1571, qu'il seroit incessamment exécuté. Vint ensuite Henri III, qui par un nouvel édit du mois de mars 1580, confirma la création des offices de Changeur, & en détermina le nombre dans chaque ville de son royaume.

Ces officiers furent déclarés par des lettres-patentes du 29 décembre 1581, exempts de toute commission royale, de la collecte des tailles, de la fonction de marguilliers, trésoriers,

&c. du guet, de la garde, du logement des gens de guerre, des corvées, &c.

Henri IV fupprima par un édit du mois de décembre 160:, les Changeurs établis dans les villes où il y avoit monnoie ; & il incorpora à perpétuité le Change aux fermes & maîtrifes particulières de fes monnoies ; mais cette loi fut révoquée par un autre édit du mois d'avril 160., qui rétablit les changeurs dans leur premier état, avec les mêmes privilèges & les mêmes immunités ; & en reftreignit toutefois le nombre à moitié dans chaque ville. Il fut ordonné en même-temps à ces Changeurs de tenir un journal-fidele de tout ce qu'ils changeroient, & de cifailler fur l'heure les pièces décriées. Il fut défendu aux maîtres des monnoies de faire le change ailleurs que dans leur comptoir établi aux hôtels des monnoies. Le change fut interdit à tout autre particulier, à peine de deux cens écus d'amende pour la première fois, & de punition corporelle en cas de récidive ; il fut même défendu de vendre à d'autres qu'aux fermiers des monnoies, les matières d'or & d'argent, à peine de la vie.

Indépendamment de ces Changeurs en titre d'office héréditaire, dont le rétabliffement avoit été confirmé par un arrêt du confeil du 23 juin 1617, les généraux des monnoies n'en ont pas moins confervé le droit d'en établir par commiffion dans les lieux où ces offices n'avoient point été levés, & dans ceux encore où il étoit néceffaire d'en établir. Il y en avoit déja beaucoup d'établis lorfque Louis XIV, par un édit du mois de juin 1696, jugea à propos de révoquer toutes les commiffions de Changeurs &

de créer trois cens Changeurs en titre d'office héréditaire. Il fut porté par cet édit que les Changeurs tiendroient des regiftres en bonne forme de toutes les anciennes efpèces à réformer ainfi que des matières d'or, d'argent & de billon à convertir qui tomberoient dans leurs changes ; ils furent en même-tems affujettis à les porter ou envoyer aux hôtels des monnoies les plus proches de leur réfidence, où la valeur devoit en être payée fur le pied porté par le tarif de la cour des monnoies, fans pouvoir les divertir, commercer ni remettre dans le public à peine d'être punis comme billonneurs. Il fut dit auffi qu'il y auroit pour ces Changeurs une attribution de cinquante livres pour trois quartiers de foixante-fix livres treize fous, quatre deniers de gages ; qu'ils jouiroient de plus des droits de change portés par les tarifs & par les règlemens de la cour des monnoies, ainfi que de l'exemption du logement des gens de guerre, de tutelles, curatelles & autres charges publiques.

De ces trois cens offices de Changeurs, il n'en fut levé que cent foixante-feize : ceux qui reftoient à lever, furent fupprimés par un édit du mois de feptembre 1705, au moyen de quoi la cour des monnoies fut autorifée comme auparavant à donner des commiffions dans les lieux où il n'y avoit point de Changeurs en titre ; & comme il exiftoit beaucoup d'édits, de déclarations, d'arrêts du confeil fur le fait des Changeurs dont le fouvenir s'effaçoit aifément, cette cour crut devoir faire un relevé de ces réglemens, & les renouveler en fubftance par un arrêt du 7 janvier 1716, dont voici l'analyfe.

ARTICLE I. Les Changeurs en titre ou commis aux changes établis dans les villes du royaume, doivent avoir leurs bureaux dans des lieux apparens fur la rue, & les tenir ouverts tous les jours non fériés, en été depuis 6 heures du matin jufqu'à huit du foir; & en hiver, depuis fept jufqu'à 6.

ARTICLE II. Ils doivent avoir fur leurs bureaux des balances juftes avec le poids de marc & les diminutions étalonnées fur le poids original de France qui eft à la cour des monnoies: ils doivent auffi avoir le tarif portant évaluation des efpèces, des vaiffelles & des matières d'or & d'argent, avec les inftrumens néceffaires pour cifailler les pièces qui font dans le cas de l'être.

ARTICLE III. Ils font tenus de recevoir toutes les efpèces & matières d'or ou d'argent, tant les pièces décriées, légères, fauffes & défectneufes, que les pièces anciennes non réformées, & d'en payer comptant la valeur & le prix fuivant le tarif, à la déduction de leurs falaires.

ARTICLE IV. Ils doivent cifailler toutes les efpèces décriées, légères, défectueufes & fauffes, & difformer les ouvrages d'or & d'argent en préfence de ceux qui les leur apportent, à peine de confifcation fur eux des efpèces & des matières non cifaillées ni difformées & d'amende arbitraire.

ARTICLE V. Ils font obligés de tenir un re-regiftre cotté & paraphé par le premier des préfidens ou des confeillers de la cour trouvé fur les lieux, ou par un des juges gardes des monnoies, & en leur abfence par le plus prochain juge royal des lieux, & cela fans tirer à conféquence & fans frais, & d'écrire dans ce regiftre la qualité, la quantité & le poids des efpèces & des matières qui leur fent apportées, ainfi que le nom, le furnom & la demeure de ceux qui les apportent & le prix qu'ils en ont payé.

ARTICLE VI. Il faut qu'ils envoyent de mois en mois, & même plutôt s'il fe peut & s'ils en font requis, les efpèces & les matières aux bureaux des changes des plus prochaines monnoies ouvertes, où la valeur leur en doit être rendue comptant.

ARTICLE VII. Il leur eft défendu de divertir les monnoies & de les vendre à des orfèvres, joailliers, affineurs, batteurs & tireurs d'or & d'argent, à des banquiers, ni à d'autres perfonnes qui ont des charges de finance; il ne leur eft même pas permis d'avoir avec eux ou avec gens qui travaillent en or & argent, aucune fociété.

ARTICLE VIII. Ils ne peuvent avoir dans leurs maifons ni ailleurs, aucun fourneau propre à fondre & à faire des effais; fauf à ceux qui ont des matières dont le titre n'eft pas connu, à fe retirer aux hôtels des plus prochaines monnoies ouvertes pour en faire la fonte & l'effai.

ARTICLE IX. Par la même raifon il eft défendu aux orfévres, joailliers, affineurs, batteurs & tireurs d'or & d'argent de fe mêler du fait de change de quelqce manière que ce foit, & à toute autre perfonne de le faire fans lettres de fa majefté dûment vérifiées en la cour, & fans au préalable y avoir prêté le ferment, à peine d'être punis comme billonneurs fuivant la rigueur des ordonnances.

ARTICLE X. A l'égard du ferment on peut le

prêter devant un des officiers de la cour trouvé fur les lieux ou devant un des juges-gardes des monnoies, ou en leur abſence devant le plus prochain juge royal des lieux, à la charge d'envoyer au greffe de la cour une expédition de cette preſtation de ſerment.

ARTICLE XI. Finalement il eſt dit que les Changeurs ou commis jouiront des priviléges & des exemptions portées par les ordonnances, édits & déclarations rendus à ce ſujet.

Un arrêt du conſeil du 26 décembre 1771, qui forme le dernier état relativement aux droits & ſalaires des Changeurs, a autoriſé ces officiers, ſoit qu'ils ſoient en titre ou par commiſſion, à ſe faire payer par les porteurs ou propriétaires des matières ou eſpèces vieilles ou étrangères d'or & d'argent, ſavoir un denier par livre de la valeur des mêmes matières, lorſque ces Changeurs ſont établis dans les villes où il y a hôtel des monnoies; trois deniers lorſqu'ils ſont établis ailleurs, juſqu'à la diſtance de dix lieues; quatre deniers pour ceux qui ſont établis plus loin, juſqu'à vingt-cinq lieues; cinq deniers, lorſque la diſtance eſt au-deſſus de vingt-cinq lieues, juſqu'à quarante lieues, & ſix deniers lorſque la diſtance eſt de plus de quarante lieues. Ces différences dans les droits des Changeurs ſont relatives aux frais du tranſport des matières aux hôtels des monnoies. Le même arrêt fait défenſe aux Changeurs d'exiger d'autres droits que ceux qu'on vient de ſpécifier, à peine de deſtitution & même de plus grande peine ſuivant l'exigence des cas. Et afin que ces droits ſoient connus du public, il eſt ordonné à chaque Changeur d'afficher dans le lieu le plus apparent de son bureau un exemplaire de l'arrêt cité au pied duquel doit être énoncé le droit qu'il est autorisé à percevoir relativement à la distance qu'il y a de son domicile à l'hôtel de la monnoie le plus prochain. Voyez au surplus l'article CHANGE, où sont rapportés les autres droits & obligations des Changeurs.

Comme il n'est pas permis aux Changeurs en titre ou par commission de se mêler du commerce de l'orfévrerie ni de la mercerie, de crainte qu'ils n'abusent de la réunion de ces deux états, que néanmoins en 1758 il se trouvoit beaucoup de ces Changeurs qui frondoient les dispositions des ordonnances sur cet article, la cour des monnoies pour remédier à cet abus, rendit un arrêt le 2 septembre de la même année, par lequel elle réitéra les défenses faites aux Changeurs établis dans les différentes provinces de son ressort, tant en titre que par commission, de faire aucun commerce des matières & ouvrages d'orfévrerie ; elle ordonna une visite pour faire saisir & apporter aux hôtels des monnoies, tous ceux qu'on trouveroit chez eux, & pour faire condamner ces Changeurs à telles peines qu'il appartiendroit, même pour les poursuivre comme billonneurs.

Voyez *les lettres-patentes du 14 novembre 1421; les édits de janvier 1551, d'août 1555; la déclaration du 10 juillet 1571; l'édit de mai 1580; la déclaration du 17 octobre 1581; les lettres-patentes du 29 décembre de la même année; un édit du mois de décembre 1601; un édit du mois d'avril 1607; un arrêt du conseil du 23 juin 1617; un édit de juin 1696; un arrêt de règlement de la cour des monnoies du 7 janvier 1716; un arrêt du conseil* du 22 octobre 1729 , un arrêt en règlement de la cour des monnoies du 2 septembre 1758 ; un arrêt du conseil du 26 décembre 1771 ; le nouveau traité des monnoies , &c. Voyez aussi les articles MONNOIES , CHANGE , DÉCRI , &c. (*Article de M. DAREAU , Avocat* , &c.)

CHANOINES. On appelle Chanoines les ecclésiastiques , qui dans les églises cathédrales ou collégiales , sont pourvus de bénéfices que l'on nomme canonicats ou prébendes , & qui forment le corps ou le chapitre de ces églises.

Le nom de Chanoines vient d'un mot grec qui signifie *règle , pension* ou *portion , & catalogue :* il peut dans ces trois significations également convenir aux Chanoines , puisqu'ils sont inscrits sur le catalogue de l'église à laquelle ils sont attachés , qu'ils en reçoivent une pension ou portion annuelle en vertu de leur titre , & qu'ils y ont des règles à suivre & des devoirs à remplir.

On peut considérer les Chanoines relativement à leur origine , à leur état actuel , à l'âge requis pour être pourvu d'un canonicat , aux usages & formalités à suivre pour en prendre possession & entrer en jouissance , aux droits qui en naissent , aux obligations qui en résultent , & aux privilèges en vertu desquels certains Chanoines sont dispensés en partie ou d'une partie de leurs obligations.

1. *De l'origine des Chanoines.* L'établissement des Chanoines ne remonte guères qu'au huitième siècle. Voici comment s'explique sur ce sujet le célèbre M. Talon avocat général au parlement de Paris , portant la parole dans une cause fameuse entre M. l'Archevêque de Sens & son chapitre en 1677,

» Dans les premiers siècles , les prêtres, les
» diacres & les autres clers vivoient en commun
» avec l'évêque dont ils étoient comme les con-
» feillers & les conducteurs (ou pour parler
» plus exactement les cooperateurs) dans la
» charge des ames , & le gouvernement de fon
» diocèfe.

» De ce clergé appelé par les pères *prefbite-*
» *rium* , une partie demeuroit auprès de l'évêque
» pour le foulager dans fes fonctions, & l'autre
» étoit envoyée dans les églifes de la campagne
» pour adminiftrer les facremens.

» En ce temps le nombre des chrétiens étoit
» petit : en chaque ville il y avoit une églife
» principale , où demeuroit l'évêque avec fon
» clergé & fes prêtres, lefquels felon la commodi-
» té des peuples, il envoyoit aux églifes particu-
» l eres, où ayant rendu le fervice, ils revenoient
» à l'églife épifcopale. Toutes les oblations qui
» étoient faites à ces églifes appartenoient à
» l'évêque, pour les difpenfer aux ufages defti-
» nés par les canons , de quoi nous avons encore
» des marques dans le concile d'Agde de l'an 506,
» & dans celui d'Auvergne de 535. *Si quis ex*
» *præfbyteris & diaconis qui neque in civitate, neque*
» *in parochiis Canonicus effe dignofcitur* (*) , *fed*
» *in villulis habitans , in oratoriis officio divino*
» *deferviens celebret divina officia feftivitates prin-*
» *cipales nullatenus alibi nifi cum epifcopo fuo in*
» *civitate teneat.* La même obligation étoit pour
» les habitans même de la campagne, *quicumque*
» *étiam funt cives natu majores , in urbibus ad*

_____

(*) Le mot *Canonicus* ne fignifie point ici Chanoine,
mais un clerc infcrit fur le catalogue d'une églife.

» *pontifices ſuos in prædiƈtis feſtivitatibus veniant*

» Depuis, le nombre des chrétiens s'étant
» accru & celui des égliſes augmenté , les prê-
» tres furent attachés aux égliſes , & leur mi-
» niſtère rendu fixe pour adminiſtrer les ſacre-
» mens aux paroiſſiens ; ce qui a vraiſemblable-
» ment commencé par celles de la campagne à
» cauſe de leur éloignement, & a été enſuite in-
» troduit dans les villes.

Tandis qu'une partie du clergé étoit ainſi attachée aux égliſes paroiſſiales des villes & des campagnes, l'autre partie demeura auprès des évêques pour le ſervice de l'égliſe principale où
les évêques continuoient de remplir toutes les
fonƈtions de vrais paſteurs des ames.

La diviſion des biens eccléſiaſtiques s'étoit
faite à peu près vers le même temps , & l'on
avoit aſſigné des portions aux prêtres, diacres
& autres clercs qui rempliſſoient leur miniſtere
auprès des évêques auſſi bien qu'à ceux qui ſe
trouvoient attachés aux égliſes paroiſſiales.

» Depuis, reprend M. Talon, les mœurs de
» ces prêtres & des autres eccléſiaſtiques s'étant
» relachées, & la diſcipline s'étant corrompue
» par l'ignorance, par la débauche , & par la dé-
» ſobéiſſance des clercs qui abandonnoient leurs
» égliſes, on a cru qu'on ne pouvoit lui rendre
» ſa première vigueur qu'en rétabliſſant cette
» communauté régulière, qui autrefois étoit entre
» les miniſtres de l'égliſe. Pour cet effet les rois
» & les évêques ordonnerent qu'on bâtiroit des
» cloîtres dans chaque ville auprès de l'égliſe
» & de la maiſon épiſcopale , où les clercs de-
» meureroient & vivroient en commun afin que
» leur faiſant embraſſer une vie en quelque façon

» cénobitique & religieuse, & les dirigeant sous
» une règle uniforme, ils puffent conferver l'u-
» nion entre eux & l'obéiffance à leur évêque.

» Nous voyons cet établiffement dès le temps
» de Charlemagne *in concilio Vernenfi* de l'an
» 755, au canon 11, où ce prince veut que tous
» les eccléfiaftiques (autres fans doute que ceux
» qui défervoient les cures & paroiffes), foient
» réduits fous deux ordres les uns en une com-
» munauté monaftique, & fous la direction des
» abbés, les autres en un corps canonique fous
» la fupériorité des évêques : *aut in monafterio*
» *fint fub ordine regulari, aut in manu epifcopi fub*
» *ordine Canonico.* Dans le concile tenu à Aix-la-
» Chapelle en 789, chapitre 73, il dit la même
» chofe, & veut que ceux qui ont embraffé la
» cléricature vivent en commun : *qui ad clerica-*
» *tum accedunt, quod nos nominamus Canonicam*
» *vitam, volumus ut illi Canonicè vivant, &*
» *epifcopus eorum regat vitam ficut abbas mona-*
» *chorum.* Il confond les clercs & les Chanoines,
» la cléricature & la vie canoniale n'étant qu'une
» même chofe.

En l'an 818 le concile de Tours enjoignit
aux évêques de mettre les clercs dans leurs
maifons épifcopales & de les enfermer fous un
même cloître, un même refectoire, un même
dortoir. » *Canonici & clerici civitatum*, porte le
» canon 23, *qui in epifcopiis verfantur, confide-*
» *ravimus ut in clauftris habitantes fimul omnes in*
» *communi dormitorio dormiant & uno reficiantur*
» *refectorio.* Dans ce canon le mot *epifcopium*
» fignifie la maifon épifcopale, pour montrer l'o-
» bligation des évêques d'avoir le foin & la con-
» duite des Chanoines, & d'autre côté, la fou-
» miffion des Chanoines envers les évêques.

» Louis-le-Débonnaire acheva ce qui avoit été
» si heureusement commencé, & dans le concile
» d’Aix-la-Chapelle assemblé en 816 il fit com-
» piler une règle tirée des livres des peres pour
» corriger la vie des ecclésiastiques. Cette règle
» n’est pas seulement une instruction pour de
» jeunes clercs qui étoient élevés dans ces cloî-
» tres comme en un séminaire, mais pour les
» prêtres & ceux qui étoient dans le ministère
» actuel de l’église. Car nous voyons que tous
» les premiers articles de cette compilation regar-
» dent les prêtres, les diacres, les soudiacres &
» ceux qui étoient dans les quatre-mineurs.

» Charles-le-Chauve a tellement fait exécuter
» ces constitutions si saintes & si nécessaires au
» rétablissement de la discipline, qu’il veut dans
» le concile de Meaux au canon 53, que si les
» bâtimens qui sont voisins de la maison épis-
» copale, appartiennent à l’église, & sont occu-
» pés par des tiers détenteurs ils soient retirés,
» pour y construire des cloîtres, & que s’ils sont
» du domaine du prince, ils leur soient donnés
» gratuitement : & *in concilio Pontigonensi* de
» l’an 876, *episcopi in civitatibus suis proximum*
» *ecclesiæ claustrum instituant, in quo ipsi cum*
» *clero secundum Canonicam regulam Deo militent.*

« Depuis ce temps nous voyons que la plu-
» part des cloîtres ont été construits, & les
» Chanoines institués suivant l’établissement
» prescrit par les canons. Il est vraisemblable,
» que cette réformation des clercs, & ce genre
» de vie régulière ont commencé d’introduire
» dans l’église le nom de Chanoines, lequel a
» continué jusqu’à présent.

Voilà suivant le grand magistrat que l’on a

cité, & d'après les faits & les monumens hifto-
riques où il avoit puifé fes idées & fes réflexions à cet égard, qu'elles furent vers la fin du
huitième fiécle, & le commencement du neuvième, l'origine, la formation & l'inftitution de
ces communautés de clercs que l'on défigna &
que l'on a continué de défigner fous le nom de
Chanoines. On y vit refleurir cette union des
efprits & des cœurs, cette unité de propriétés
& de poffeffions, qui avoient rendu fi refpec-
tables les premiers fidèles de Jérufalem, & dont
le clergé avoit foutenu l'éxemple durant les
quatre premiers fiécles de l'églife.

Il eft aifé de fentir, comme le remarque
Van-Efpen, combien les Chanoines raffemblés
fous les yeux de leur évêque dans une même
maifon, nourris à une même table & des mêmes mets, habillés des mêmes étoffes & de la
même manière, prenant leur repos & leur
fommeil dans un même dortoir, trouvoient
dans cette vie commune & régulière des remèdes & des fecours contre l'efprit de luxe, de
fomptuofité, d'avarice ou de pareffe, qui n'eft
que trop à craindre pour les riches bénéficiers;
combien ils y trouvoient de moyens pour fe
foutenir & s'avancer dans l'état de perfection
que leur nom feul annonçoit.

On ne peut donc trop s'étonner de l'efpèce
de ridicule que les auteurs du dictionnaire de
Trevoux ont effayé de jeter fur cette vie canoniale, en reprochant aux Chanoines de s'ê-
tre alors livrés à un efprit de monachifme &
d'avoir fait leur principal & prefque leur unique
objet du chant.

Le chant des offices & la célébration du fer-

vice-divin font bien dignes fans doute d'occuper utilement & noblement des miniſtres de
l'égliſe ; il a toujours paru convenable d'en appliquer une partie à la ſolemnité du culte public , & cette application n'a point empêché
ceux qui en faiſoient leur objet principal de
rendre encore d'autres ſervices à l'égliſe. Perſonne n'ignore combien elle eſt redevable aux
grands ordres religieux , qui malgré la pſal-
modie preſque continuelle dont leurs membres
étoient occupés, n'ont pas laiſſé de fournir des
docteurs profonds , de judicieux critiques , des
ſavans & des écrivains célèbres dans tous les
genres.

D'ailleurs les Chanoines , tout appliqués
qu'ils étoient au chant & aux cérémonies de
l'égliſe, n'y bornoient pas leurs ſoins : ils étoient
les coopérateurs des évêques dans la prédication de la parole ſainte , dans l'adminiſtration
des ſacremens & comme ſes conſeils dans le
gouvernement des diocèſes ; & la vie canoniale
ou la vie régulière, car c'étoit alors la même
choſe , ne faiſoit que rendre les Chanoines plus
propres à ces importantes fonctions.

Auſſi cet établiſſement des Chanoines jeta-
t-il d'abord le plus grand éclat , & fut-il d'une
utilité générale. L'avantage qu'on en retiroit
porta même bientôt l'égliſe à en établir de nouvelles communautés indépendamment de celles
qui s'étoient formées dans les égliſes cathédrales auprès des évêques : c'eſt de-là que les égliſes collégiales tirent leur origine : elles furent
d'abord établies dans les villes & les bourgs où
il n'y avoit point de réſidence épiſcopale , &
enſuite dans les villes mêmes où les évêques

avoient leur fiège, lorfque le clergé s'y trouvoit trop nombreux pour ne former qu'une feule communauté.

Une régularité fi frappante & fi édifiante ne dura malheureufement pas toujours. Le relâchement ne tarda pas à s'introduire dans ces communautés d'abord fi ferventes ; peu à peu on s'y éloigna de la vie commune & régulière. Dès le dixième fiècle l'abbé Tritheme gémiffoit de l'avoir vue abandonnée d'abord par les Chanoines de l'églife de Trèves, & enfuite à leur exemple par ceux de Mayence, de Worms, de Spire & de plufieurs autres églifes. Dans d'autres églifes cette vie commune fe maintint un peu plus long-temps : on en voit des preuves à Liege jufques vers la fin du douzième fiècle ; mais Yves de Chartres fe plaint de ce que de fon temps il n'en reftoit prefque plus aucun veftige.

Ala ceffation de la vie commune & régulière parmi les Chanoines, il fe paffa quelque chofe de femblable à ce qui s'étoit pratiqué lors de la divifion générale des biens de l'églife. Les biens qui avoient formé le patrimoine des communautés des Chanoines ou des chapitres, comme on avoit commencé de les nommer depuis quelque temps, furent partagés & diftribués en différentes manières & en portions diverfes ; il y en eut d'affectées aux dignités, d'autres aux fimples Chanoines, d'autres à l'entretien de l'églife, d'autres pour les miniftres inférieurs, enfans de chœur & ferviteurs des églifes. Dans quelques chapitres, les portions deftinées à chaque Chanoine furent divifées réellement pour être adminiftrées par celui à qui le droit en ap-

partiendroit. Dans d'autres églifes, les biens
qui devoient fournir ces portions reftèrent communs & durent être régis en commun, pour en
être enfuite les revenus annuels, tant ordinaires
qu'extrordinaires, repartis entre les Chanoines
avec la faculté à chacun de difpofer, comme il
jugeroit à propos, de ce qui lui feroit échu. Ces
portions ainfi divifées ou à prendre fur la maffe
commune, formèrent ce qu'on appela des *prebendes*, & devinrent autant de titres particuliers. Les Chanoines devinrent auffi, & par la
même raifon, de vrais titulaires particuliers,
en continuant néanmoins de ne faire qu'un feul
& même corps avec ceux qui avoient partagé
avec eux ces biens, & d'acquitter & de remplir
les offices & fervices divins qui fe faifoient dans
leurs églifes.

Cette célébration des offices & fervices en
commun fut la feule des obligations communes
qui fe maintint dans ces communautés, & le
principal lieu fpirituel qui déformais en réunit
les membres. Ces membres n'en confervèrent
pas moins le nom de Chanoines quoiqu'ils ne
retinffent & n'obfervaffent plus aucune des
pratiques & des règles qui le leur avoient fait
donner.

II. *De l'état actuel des Chanoines.* Les communautés & chapitres de Chanoines ne font plus
comme autrefois des communautés de clercs
vivant dans un même enceinte, fous une même règle, & n'ayant rien chacun en propre que
le droit d'être logés, vêtus, nourris & entrete-
nus fur les biens communs : ce font des corps
d'eccléfiaftiques dont chacun a droit à une certaine portion des revenus, jadis communs,

pour

pour en difpofer à fou gré, à la charge d'affifter aux offices & fervices divins.

Il y a ordinairement dans les églifes cathédrales ou collégiales trois rangs ou trois claffes de places & de titres : la première claffe comprend les dignités ; la feconde, les prebendes ou canonicats ; la troifième, des titres inférieurs fous le nom de chapelles ou autres.

Les dignités donnent à ceux qui en font revêtus quelque juridiction ou prééminence dans le chœur : ceux qui font pourvus des bénéfices inférieurs dans ces églifes font prefque toujours chargés de quelque fervice, miniftère ou fonction particulière ; les prebendes tiennent comme le milieu entre ces deux rangs ; elles ne donnent ni prééminence ni juridiction & n'impofent point de charge particulière. Ce font ceux qui en font pourvus qu'on nomme Chanoines ; ce font eux & eux feuls qui forment & compofent ce qu'on appelle le chapitre des églifes, où les dignitaires fi ce n'eft le doyen, n'ont point entrée s'ils ne font en même-temps Chanoines, & dont les bénéficiers inférieurs font également & à plus forte raifon exclus à moins que quelques titres particuliers ne les y faffent admettre.

Il n'y a rien de particulier à dire fur les bénéfices inférieurs qui exiftent dans la plupart des chapitres : ce qui concerne les dignités, foit en général, foit en particulier, fera traité tant au mot DIGNITÉS que fous les noms de chaque dignité particulière : ainfi on ne s'occupera uniquement ici que de ce qui ragarde les Chanoines feulement & fimplement comme Chanoines.

Les Chanoines, commç on vient de le voir,

M

font ceux qui font pourvus de prebendes dans les églifes cathédrales ou collégiales, & la principale obligation des Chanoines eft d'affifter au chœur.

Quoique bien moins parfait qu'il ne l'étoit dans fon établiffement, l'état actuel des Chanoines ne laiffe pas de leur attirer & de mériter par lui-même une jufte confidération. Rien de plus noble que la célébration des offices & fevices divins à laquelle les Chanoines font fpécialement dévoués & obligés étroitement : cette célébration fait une partie confidérable du culte public & folemnel fi convenable à la majefté, fi néceffaire au maintien de la religion. Rien de plus édifiant que la manière dont ces offices & fervices font célébrés dans la plupart des églifes cathédrales & collégiales ; & le bon ufage qu'un grand nombre de Chanoines font du temps qui leur refte après la célébration des offices, ajoûte encore à la dignité de leur état. Pour en foutenir & en augmenter la confidération, il feroit bien à defirer, que ceux qui nomment ou préfentent aux prébendes, & ceux qui en font pourvus, n'oubliaffent jamais quelle doit être la vie d'un Chanoine pour répondre à la dignité de fon état, à la fainteté de fes fonctions, aux règles & aux vœux de l'églife.

III. *De l'âge requis pour être Chanoine.* Par rapport à l'âge requis pour être pourvu des Prébendes, on ne trouve rien de fixé par nos loix , & la jurifprudence des tribunaux du royaume n'eft point du tout conforme aux difpofitions des dernières loix canoniques. On y fuit affez genéralement la dix-feptième des rè-

gles (*) de chancellerie du pape Innocent VIII,
qui avoit ſtatué qu'il falloit avoir quatorze ans
accomplis pour être pourvu des canonicats dans
les égliſes cathédrales, & dix ans paſſés pour
être pourvus des prébendes dans les égliſes collégiales.

Cette règle n'a plus été miſe dans les règles
de chancellerie de Pie V, de Gregoire XIII &
des autres papes depuis le concile de Trente,
parce que dans le chap. 11 de réform. ſeſſ. 24,
ce concile avoit ordonné qu'on eût au moins
l'âge requis pour le ſoudiaconat, pour pouvoir
être Chanoines dans les égliſes cathédrales (**).

Pluſieurs conciles provinciaux en France, tels
que celui de Rouen en 1581 *tit. de epiſcopis &*
capitulis §. 20, celui de Rheims en 1583 même

(*) Reg. 17. *Item Quòd proviſiones aut conceſſiones,*
vel mandata de providendo de cathedralium eccleſiarum
canonicatibus & præbendis, quæ pro quibusvis perſonis,
ſi decimum quartum ætatis ſuæ annum non compleverint,
quomodo libet emanaverint, niſi eis quod eos in minori
ætate recipere poſſint, per apoſtolicam ſedem ſpecialiter
conceſſum fuerit, & quicumque impetrationes de canonica-
tibus & habendis in collegiatis eccleſiis, ſe impetrantes,
majores decem annis non fuerint & de hoc in impetratio-
nibus hujuſmodi expreſſa mentio non fiat, nullius ſint ro-
boris vel momenti, & habeantur pro infectis.

(**) Conc. Trid. ſeſſ. 24. c. 12. de reformat. *In omnibus*
eccleſiis cathedralibus, omnes Canonicatus ac portiones ha-
beant annexum ordinem præsbyterii, diaconatûs vel ſubdia-
conatûs ; epiſcopus autem cum conſilio capituli deſignet ac
diſtribuat, prout viderit expedire, quibus quiſque ordo ex
ſacris annexus eſſe in poſterum eſſe debeat, ita tamen ut
dimidia ſaltem pars præsbyteri ſint, cæteri verò diaconi aut
ſubdiaconi, ubi verò conſuetudo laudablior habet ut plu-
res vel omnes ſint præsbyteri, omninò obſervetur.

titre, celui de Bordeaux même année, *tit. 17 de capitulis & Canonicis*, celui de Tours même année & même titre, & celui de Bourges en l'année fuivante ; dont les décrets font rapportés aux mémoires du clergé tom. 2 pag. 934 & fuivantes, avoient adopté les difpofitions du concile de Trente à cet égard. Mais ces difpofitions n'ayant jamais reçu la fanction de l'autorité royale font, toujours demeurés fans exécution. Les tribunaux ont continué de fuivre dans leurs jugemens l'ufage introduit parla dix-feptième règle de chancellerie.

Ce fut conformément à cet ufage que par arrêt du 19 mai 1616 rendu au parlement de Paris fur les conclufions de M. Servin, il fut dit qu'il avoit été nullement & abufivement ordonné par le chapitre du Mans, dans le refus qu'il avoit fait au fieur Drugeon de le recevoir & admettre en qualité de Chanoine de ce chapitre, à caufe qu'il n'avoit pas vingt-deux ans fuivant le décret du concile de la province de Tours, cité ci-deffus, & le fieur Drugeon fut maintenu dans fon titre.

On avoit même voulu adoucir encore les difpofitions de la dix-feptième règle de chancellerie au fujet des canonicats des églifes collégiales, & prétendre qu'on pouvoit être pourvu de ces prebendes dès l'âge de fept ans. Cela donna lieu à une conteftation célèbre décidée par arrêt rendu le 29 mars 1589 au parlement de Paris, & rapporté par M. Louet en fon recueil d'arrêts lettre P chap. 11. Il s'agiffoit du poffeffoire d'une prébende de l'églife collégiale de Champeaux diocèfe de Paris, & il étoit queftion de favoir fi à huit ou neuf ans on pouvoit être pourvu d'une semblable prébende.

La question fut proposée aux chambres, & par l'arrêt susdaté, la prébende fut adjugée au dévolutaire sur le pourvu avant l'âge de dix ans.

La disposition de la dix-septième règle de chancellerie peut donc être regardée, non par elle-même, mais d'après l'usage établi & suivi constamment, comme la jurisprudence commune & universelle du royaume, suivant laquelle il est nécessaire & il suffit d'avoir quatorze ans accomplis pour être pourvu des canonicats dans les églises cathédrales & dix ans pour les prebendes des églises collégiales.

M^e. d'Hericourt remarque même qu'au grand conseil, il suffit d'avoir dix ans pour être réputé capable de posséder une prebende dans une église cathédrale ; & il observe que la dix-septième règle de chancellerie n'ayant point force de loi en France, chaque tribunal y peut suivre son usage, qui tient lieu de règle à cet égard.

Quant aux prebendes vacantes en régale, dont la collation appartient au roi, plusieurs auteurs avoient écrit qu'on pouvoit en être pourvu avant l'âge de quatorze ans dans les cathédrales, & ils se fondoient sur l'autorité d'un arrêt du premier avril 1388 rapporté par Rufé dans son traité de la régale, & par lequel il étoit, suivant cet auteur, décidé que le roi avoit le droit de conférer ces prebendes à ceux qui avoient l'âge de sept ans. M^e. Heraut a prouvé au contraire par les termes mêmes de l'arrêt, que la collation faite en régale d'une prebende de l'église de Sens à Guy Coquelin

mineur de quatorze ans avoit été jugeé nulle,
& la nouvelle collation de la même prébende
faite à Jean de Coiffy jugée bonne & valable à
caufe feulement du défaut d'âge du premier
pourvu, ce qui fait tomber le préjugé & laiffe
la queftion indécife.

Il eft inconteftable que le roi ne peut être lié
par la difpofition de la dix-feptième règle de la
chancellerie Romaine ; mais à moins qu'il ne déclare manifeftement le contraire, on doit préfumer qu'il n'a point entendu s'écarter des ufages
reçus & fuivis dans fon royaume, & regarder
comme obreptices ou fubreptices, les brevets
que des follicitations importunes peuvent en
faire obtenir, lorfque ces brevets font oppofés
à ces ufages & à ces maximes.

Tel fut vraifemblablement le motif qui, lors
de l'arrêt dont on vient de rendre compte, fit
déclarer nulle la collation & nomination royale
d'une prébende de l'églife de Sens obtenue en
faveur d'un clerc âgé de moins de quatorze ans.
La furprife faite au fouverain à ce fujet étoit ici
préfumée avec d'autant plus de raifon, que le
fouverain lui-même fembloit l'avoir reconnue,
en accordant une autre collation du même bénéfice à un autre fujet, & faifoit affez connoître
par là que fon intention n'étoit pas de conférer
les canonicats des cathédrales à des clercs au-
deffous de l'âge de quatorze ans.

La jurifprudence admife à ce fujet dans les
différens tribunaux du royaume pourroit bien
tirer fon origine du premier état où l'on a ci-
deffus obfervé que s'étoient trouvé les communautés de Chanoines lorfque la difcipline canonique y fut rétablie dans les feptième & huitième
fiècles ; mais l'on ne peut guères s'empêcher de

ſentir que les règlemens faits par le concile de
Trente ſeroient bien plus conformes & bien plus
favorables à l'état où ſont aujourd'hui les chapitres.

Tandis en effet que les commuuautés de Chanoines ſe maintinrent dans la régularité qu'elles
avoient embraſſée, tandis que la vie commune
y fut en vigueur & que perſonne n'y poſſédoit
rien en propre, bien loin qu'il y eût de l'inconvénient d'y admettre de jeunes clercs, ces jeunes clercs y trouvoient au contraire tous les ſecours dont ils avoient beſoin pour ſe former aux
ſciences & aux vertus eccléſiaſtiques, c'étoit là
pour eux comme autant d'écoles & de ſéminai-
res. Comme ils n'y entroient en vertu d'aucun
titre, & qu'y étant aggrégés ils n'acquéroient
que le droit d'être logés, nourris & vêtus en
commun, nul autre motif ne les y pouvoit retenir que le deſir d'y ſuivre la vie régulière que
tout leur retraçoit : leur grande jeuneſſe au lieu
de former un obſtacle à leur admiſſion ne pouvoit que la rendre plus avantageuſe pour eux-
mêmes & pour les chapitres.

Mais à préſent que les chapitres ſont ſur un
pied différent, & que la qualité de Chanoine
ſans aſſujettir ceux qui en ſont revêtus, à une vie
plus canonique & plus régulière que celle du
reſte du clergé, leur donne un rang diſtingué,
la qualité de conſeil des évêques & d'ad-
miniſtrateurs nés des diocèſes dans les égliſes
cathédrales, & ſouvent des revenus conſidérables ; avant de conférer ces bénéfices importans
à tant d'égards, ne ſeroit-il pas plus à propos,
comme l'a voulu le concile de Trente par ſon
règlement, d'attendre que l'âge de ceux que

l'on veut en gratifier pût mettre les collateurs ou patrons en état de juger au moins de leurs difpofitions pour la cléricature & des fervices que l'églife pourroit s'en promettre par la fuite? N'eft-il pas contraire aux règles & à l'efprit de l'églife d'enrichir de fes revenus des enfans qui n'ont encore rien fait, & qui peut-être ne feront jamais rien pour elle? Ne doit-il pas paroître fingulier de voir placés dans les fénats des diocèfes, de jeunes gens qui ont encore un fi grand befoin, & qui fouvent font fi peu fufceptibles d'être conduits?

On ne manquera pas de répondre que ces canonicats & prébendes conférés à de jeunes clercs font pour eux une reffource & les mettent à portée de fe difpofer par de bonnes & folides études, à rendre un jour à l'églife des fervices importans, & que l'efpérance de ces fervices à venir fuffit pour juftifier l'indulgence actuelle dont on ufe à leur égard.

C'eft là fans doute le feul point de vue favorable fous lequel on puiffe envifager l'ufage qui permet en France de pourvoir les jeunes clercs de canonicats & prébendes, même des cathédrales, & d'autres bénéfices. Cependant il arrive fouvent que les jeunes clercs qui font gratifiés de ces collations ne font pas ceux qui donnent le plus d'efpérances, & qui auroient le plus befoin d'être foutenus.

Il feroit donc bien à defirer qu'il plût au fouverain d'ériger en loi ce qu'un concile général a réglé, & ce qu'ont demandé tant de conciles provinciaux en France.

Le vœu que l'on forme ici, & qui ne fauroit paroître déplacé dans un recueil où en même

tems que l'on expose l'état actuel de la jurisprudence on doit chercher à inspirer l'amour des
règles & du meilleur ordre, ce vœu a déjà été
rempli dans la fondation de la sainte-chapelle de
Vincennes : aux termes de cette fondation faite
par le roi Charles V en 1379, les trésoriers,
chantres, Chanoines & vicaires doivent être
prêtres lors de leur réception, ou se faire promouvoir à la prêtrise dans l'année de leur réception (*). Quelques autres églises ont de semblables réglemens, comme le remarque l'auteur
des mémoires du clergé, tom. 2. pag. 937.

Ce même vœu a présidé à la formation du
chapitre de la Rochelle, & à la rédaction des
lettres-patentes données le 20 mai 1664, pour
la translation de l'évêché de Maillezais à la Rochelle, & la sécularisation & érection du chapitre
dans la même ville. Voici le dispositif de ces lettres-patentes.

» Nous ayant égard au besoin que ladite église,
» ville & pays circonvoisins ont de personnes
» de mérite, expérience & capacité pour l'ac-
» croissement de la foi & religion catholique,
» afin que les siéges de l'église ne soient pas
» remplis d'enfans à l'âge de quatorze ans,
» au scandale & préjudice du bien qui en doit
» dériver sur toute la province, au lieu de sages
» & vénérables personnes par leur âge & leur
» doctrine, voulons & ordonnons aucun ne
» puisse être pourvu d'une desdi... dignités,
» qu'il n'ait atteint l'âge de vingt-cinq ans com-

(*) *Cum ipsos in dictâ capellâ sive ecclesia pacificè re-
cipi contigerit, vel infra annum a die suæ acceptionis.*

» mencés, & pour les fimples prébendes l'âge
» de vingt-deux ans auffi commencés, & que
» les pourvus d'icelles chacun à leur égard foient
» tenus de recevoir, favoir, les titulaires des
» dignités, l'ordre de prêtrife, & les pourvus des
» prébendes, l'ordre de foudiaconat, dans l'an
» de leur prife de poffeffion ».

Rien de plus conforme à l'efprit de piété qui
a toujours animé nos fouverains, que les motifs
expofés dans ces lettres-patentes : ils ne font
pas auffi preffans pour toutes les provinces eccléfiaftiques du royaume ; mais il n'en eft aucune
qui ne put les réclamer avec fondement ; il n'en
eft aucune ; ou fi ce n'eft pas un fcandale, ce ne
foit au moins un préjudice pour le bien de la
religion, que les fiéges des églifes foient remplis d'enfans de quatorze ans au lieu de perfonnes de mérite, d'expérience, de capacité, vénérables par leur âge & par leur doctrine.

Ces lettres-patentes furent enregiftrées au
parlement de Paris le 4 mai 1665, fans aucune
modification fur cet article.

D'où l'on peut conclure que les collations de
prébendes faites à des clercs de quatorze ans
dans les cathédrales & de dix ans dans les collégiales, peu favorables en elles-mêmes, & peu
avantageufes aux diocèfes, ne font foutenues que
par l'ufage & la jurifprudence, ufage & jurifprudence qu'on doit refpecter tant qu'ils fubfiftent,
mais dont il eft bien permis de defirer le changement.

IV. *Des formalités prefcrites pour prendre poffeffion & entrer en jouiffance des canonicats.* Les
eccléfiaftiques pourvus de prébendes & canonicats doivent pour en prendre poffeffion & en-

trer en jouiffance, fe conformer aux ufages légitimes & remplir les formalités ufitées & prefcrites.

On ne parlera point ici des formalités communes à toutes les prifes de poffeffion de bénéfices, elles regardent les pourvus de canonicats,
auffi bien que tous les autres pourvus ; il en fera
traité en général au mot PRISE DE POSSESSION.

Il faut feulement obferver ici qu'à l'égard des
prébendes & canonicats, de même que pour les
dignités & encore pour les autres bénéfices fondés & deffervis dans les églifes cathédrales &
collégiales, les actes de prife de poffeffion en
font valablement dreffés par les fecrétaires des
chapitres de ces églifes, fans le miniftère des
notaires apoftoliques, auxquels on n'a recours à
cet égard, qu'en cas de refus de la part des chapitres.

Mais indépendamment de ces formalités générales & communes, il y en a de particulières à
remplir pour les pourvus des canonicats & prébendes.

1°. Dans les chapitres qui demandent la qualité de noble, il faut que les pourvus adminif-
trent les preuves de leur nobleffe ; il faut de
même qu'ils établiffent leur légitimité dans les
chapitres dont les ftatuts excluent les enfans
illégitimes.

Lorfque ces ftatuts font autorifés & revêtus,
des formalités prefcrites dans le royaume, le
Pape ne peut donner difpenfe de légitimité, &
les provifions obtenues fur ces difpenfes font
nulles & abufives.

C'eft ce qui a été jugé folemnellement au parlement de Rouen par arrêt du 22 mars 1708,

en faveur de l'églife de Bayeux & du fujet qu'elle avoit pourvu.

Malgré les ftatuts obfervés & gardés de tout temps dans cette églife, qui ne permettent pas d'y admettre des bâtards, le fieur Philippe Laffont, clerc infecté de ce défaut de naiffance, avoit impétré en cour de Rome une prébende de cette églife avec difpenfe de l'illégitimité. Le chapitre de Bayeux & le pourvu par le collateur ordinaire, auxquels M. l'évêque de Bayeux fe joignit, appelèrent comme d'abus des provifions fur réfignation & de la difpenfe obtenues en cour de Rome par le fieur Laffont. La caufe fut plaidée avec le plus grand appareil, & enfin par l'arrêt ci-deffus daté il fut dit qu'*il y avoit abus dans l'obtention des provifions de cour de Rome, difpenfe d'icelles, & vifa accordé par le métropolitain fur le refus de l'ordinaire.*

Le chapitre de Bayeux ne rapportoit point le ftatut ou le privilège originaire, mais il y fuppléoit par une foule d'autres titres qu'il produifoit, entre autres par une bulle du pape Nicolas IV, de l'année 1290.

Cet ufage de l'églife de Bayeux de ne recevoir aucun chanoine qui foit de naiffance illégitime, eft fuivi dans plufieurs autres églifes, où les chanoines font tenus lors de leur réception, de jurer qu'ils font nés en légitime mariage : c'eft la pratique de l'églife de faint-Hilaire de Poitiers. Le fieur Thiébault ayant été pourvu fur réfignation en cour de Rome, d'un canonicat de cette églife, le chapitre fit refus de le recevoir à raifon de fon illégitimité, quoiqu'il en eût été canoniquement difpenfé pour être promu aux ordres & pourvu de bénéfices, & que fon

défaut de naiffance fût exprimé dans fes provifions : le chapitre interjeta appel comme d'abus
de l'obtention des provifions, & le fieur Corbin
ayant impétré le même canonicat par dévolut,
il y fut maintenu par arrêt du 9 juillet 1693.

Les difpenfes obtenues en cour de Rome par
des illégitimes pour les rendre capables de pofféder des canonicats & même des dignités dans
des églifes cathédrales font cependant reçues en
France dans les cas ordinaires, & un fimple ftatut qui ne feroit qu'une délibération capitulaire,
ne feroit pas un moyen fuffifant pour exclure
un bâtard pourvu d'une prébende, dont il auroit
été rendu capable par une difpenfe canonique.
L'exclufion doit être portée par la fondation ou
par un ftatut approuvé de l'églife & confirmé par
des lettres-patentes enregiftrées. Plufieurs chapitres ont pris le parti de faire de femblables ftatuts approuvés par le faint fiége.

Chopin *de fac. polit. lib. 1. tit. 8. §. 1.* cite
plufieurs anciens arrêts contre les chapitres
qui avoïent fait refus de recevoir des illégitimes canoniquement difpenfés pour pofféder
des prébendes dans des cathédrales. Vraifemblablement ces chapitres n'avoient point de
ftatuts à cet égard, ou ces ftatuts n'avoient point
été revêtus des formes légales.

2°. Les pourvus de canonicats ou prébendes
doivent ainfi que les autres bénéficiers, deux
mois au plus tard après leur prife de poffeffion,
faire leur profeffion de foi entre les mains de
l'évêque, ou de fes grands vicaires ou officiaux,
& en outre dans le chapitre avant d'être reçus.

Ainfi l'avoit ordonné le concile de Trente,
feff. 24. cap. 12. *de reform.* Conformément à ce

décret, & pour son exécution, le pape Pie IV fit publier le 13 novembre 1664, une bulle dans laquelle il prescrivit la formule qui seroit suivie dans les professions de foi. Elle est rapportée dans la première partie des mémoires du clergé, tit. 3 des conciles, chap. 1. des conciles généraux, page 764.

Les conciles provinciaux tenus en France depuis le concile de Trente ont ordonné l'exécution de ce décret & de la bulle de Pie IV, & ont suivi la formule de profession de foi contenue dans cette bulle. Tels sont le concile de Rouen en 1581, tit. 1. *de fide & religione*, §. 2, & tit. *de episcopis & capitulis*, §. 16, où il prescrit les précautions à prendre & la conduite à tenir à l'égard de ceux qui seroient fortement soupçonnés sur ce point important : le concile de Rheims en 1583. tit. *de fide*, & tit. *de capitulis & canonicis :* le concile de Bordeaux en la même année tit. *de professione fidei*, & le concile de Tours, aussi de la même année tit. 3, *de professionis fidei tuendæ curâ.*

Enfin il y en a une disposition expresse dans l'article 10 de l'ordonnance de Blois, qui n'est que la traduction littérale du décret du concile de Trente, en voici les termes :

» Ceux qui seront dorénavant pourvus de » quelques bénéfices ecclésiastiques, de quelque » qualité qu'ils soient, seront tenus, avant de » pouvoir en prendre possession s'ils sont pré- » sens, sinon deux mois après ladite prise de » possession, de faire profession de foi entre les » mains de l'évêque ou de son vicaire général, » ou en cas de son absence, de son official, dont » sera fait registre & outre, si c'est dignité, per-

» fonnat, office ou prébende d'églife cathédrale
» ou collégiale, fera tenu le pourvu faire fem-
» blable profeffion de foi au chapitre de ladite
» églife avant d'être reçu, & ce à peine de
» perte des fruits defdits bénéfices, après ledit
» temps paffé. Laquelle profeffion de foi fe fera
» & continuera auffi aux conciles fynodaux &
» provinciaux par tous ceux qui de droit ou de
» coutume y ont entrée ou affiftance, autrement
» en feront les refufans exclus, & fera procédé
» contre eux par les peines portées par les faints
» décrets, & femblable profeffion de foi feront
» tenus faire tous ceux qui voudront fe faire
» promouvoir aux faints ordres.

3°. Dans la plupart des chapitres il y a certains droits d'entrée établis auxquels les nouveaux Chanoines font obligés de fe foumettre &
de fatisfaire.

Ces droits ont été autrefois plus étendus encore & bien moins réguliers. Les nouveaux Chanoines devoient abandonner une portion ou
même la totalité des revenus de leur première
année au chapitre, ou lui faire un préfent en argent; & le montant de ce don ou de cet aban-
don fe diftribuoit entre les anciens Chanoines.

Dès la fin du dix-huitième fiècle, Urbain IV,
donna une bulle inférée aux extravag. comm.
lib. 5. tit. 1. *de fimonia*, s'éleva avec force
contre ces exactions odieufes & les profcrivit
fous les plus rigoureufes peines.

Ces défenfes furent renouvelées par les conciles généraux de Conftance & de Bafle. Le décret que ce dernier concile en avoit fait a été
confervé dans la pragmatique fanction dreffée
par l'églife de France affemblée à Bourges fous

le roi Charles VII. On fait combien cette loi
fut chère à la France, & qu'elle n'a rien perdu
de fa force fur tous les points auxquels il n'a
point été dérogé par le concordat ou par des
ordonnances poftérieures.

On trouve encore de femblables défenfes
dans le concile de Trente feff. 24. chap. 14. *de
reform.* dans une bulle de Pie V du premier juin
1570, donnée pour l'explication & l'exécution
du décret du concile ; & dans des décrets des
conciles provinciaux de Rheims en 1583, & de
Bordeaux en 1584.

Mais ces deux derniers conciles, à l'exemple
du pape Pie V, diftinguent avec foin des odieufes exactions qu'ils réprouvent, ce qu'une louable coutume auroit établi de faire donner par
les nouveaux Chanoines, en faveur des fabriques, pour les ornemens & la décoration des
églifes & ils permettent de conferver & de retenir ces ufages.

L'auteur du commentaire fur la pragmatique
citée ci deffus, au mot *confuetudinis*, expliquant
l'ufage de fon temps, exige trois conditions pour
approuver la coutume où font les chapitres de
recevoir des droits d'entrée. 1°. Que le préfent
foit volontaire & qu'il ne foit pas exigé. 2°. Qu'il
foit pour le fervice divin & non pour les particuliers, 3°. qu'il foit pris fur la prébende & non
fur le prébendé.

Quant à la première condition que demande
cet auteur, il paroît porter la rigueur plus loin
que les conciles provinciaux de Reims & de
Bourges, & que les termes ne femblent le fouffrir ; on fait que les coutumes paffent en efpèce
de loix, & il n'y a point d'inconvénient à leur

en

en laisser acquérir la force, lorsque ces coutumes n'ont rien que de louable, comme ces conciles & le pape Pie V l'ont dit de celles-ci. Les droits d'entrée peuvent donc être exigés, pourvu que les deux dernieres conditions, dont parle cet auteur, s'y rencontrent.

C'est d'après ces principes qu'un arrêt rendu au conseil privé le 26 janvier 1644 entre M. l'Evêque de Langres & son chapitre, & rapporté dans les mémoires du clergé, tome 2, page 1610 & suivantes, a, non pas défendu d'exiger suivant l'usage du chapitre, trois cens livres de chacun des Chanoines qui tenoient des maisons dans le cloître, mais ordonné qu'il en feroit tenu compte pour en fournir des obits, & que les deniers d'entrée feroient employés en ornemens.

Ainsi le nouveau Chanoine ne feroit point fondé à se refuser au payement de ces droits, à moins que les deniers n'en dussent être distribués ou tourner au profit des membres du chapitre, puisque c'est seulement contre l'exaction de ces sortes de droits que les conciles se sont élevés.

4°. Dans plusieurs chapitres, tant d'églises cathédrales que d'églises collégiales, les nouveaux Chanoines avant de pouvoir gagner les fruits & jouir des honneurs & droits de leurs prébendes font tenus de faire ce qu'on appelle le stage ou la rigoureuse : on entend par là une résidence & une assistance exacte & continuelle que les nouveaux Chanoines sont obligés de faire, pendant le temps fixé par les statuts des chapitres. Ce temps ne passe guères le terme de six mois, dans les chapitres où le stage est le

plus long ; il eſt plus court dans beaucoup d'autres : il s'exige auſſi & il ſe règle avec plus de
rigueur dans les uns que dans les autres ; chacun
doit ſe conformer aux uſages qu'il trouve établis
dans les divers chapitres.

Pluſieurs croient que le ſtage ou la rigou-
reuſe tirent leur origine de l'ancien état de régularité des Chanoines, & qu'ils repréſentent
l'eſpèce de noviciat auquel on aſſujettiſſoit les
nouveaux Chanoines, dans le temps que les
Chanoines vivoient en commun & ſous une
diſcipline régulière.

Différentes cauſes peuvent diſpenſer des Chanoines de l'obligation du ſtage ou de la rigou-
reuſe. On les expliquera dans le dernier para-
graphe où il ſera queſtion des chanoines privilégiés.

5°. Il peut y avoir dans quelques chapitres
d'autres formalités ou conditions particulières à
remplir dont le détail ſeroit ici ſuperflu. Les
nouveaux pourvus doivent éviter avec ſoin d'é-
lever à cet égard des conteſtations toujours peu
favorables : mais les chapitres ne doivent pas
être moins attentifs à ne point impoſer de nouvelles obligations aux pourvus ſans cauſe très-
légitime & ſans s'y être fait autoriſer ; autrement
leurs actes capitulaires pourroient être attaqués
& le ſeroient avec ſuccès par la voie de l'appel
comme d'abus.

Le chapitre de Noyon ayant fait refus de recevoir des Chanoines pourvus de prébende autrement que ſous la condition qu'ils feroient une
retraite au féminaire ; & ne voulant point comprendre le temps de la retraite dans celui du
ſtage de rigueur qui eſt d'uſage dans ſon égliſe,

il fut dit par arrêt du parlement de Paris du 23 mars 1695, qu'il y avoit abus dans ces actes.

V. *Des droits des Chanoines.* Il ne s'agira point ici des droits qui appartiennent aux Chanoines confidérés en corps & comme formant le chapitre, on en traitera plus convenablement au mot chapitre, puifque c'eft aux corps des chapitres que ces droits font accordés. On ne parlera que des droits que les Chanoines peuvent réclamer comme membres particuliers des chapitres, relativement à ces chapitres ou à leurs collègues.

1°. Les Chanoines doivent avoir un rang dans le chœur de leur églife. Ce rang ne fe règle point d'après la prife de poffeffion de la prébende reçue par un notaire, il ne fe prend que du jour où le Chanoine a été réellement & perfonnellement inftallé au chœur par le chapitre. Cette queftion a été agitée & jugée au Parlement d'Aix le 14 Décembre 1671 entre deux Chanoines de l'églife cathédrale de Fréjus : l'un avoit pris poffeffion de fa prébende avant l'autre, mais celui-ci s'étoit fait inftaller au chœur avant celui-là, en conféquence il prétendit qu'il devoit le précéder dans le chœur ; & la cour prononça en fa faveur.

La différence des ordres facrés dont peuvent être pourvus les Chanoines, met à cette règle une exception bien légitime. Dans le chœur, les fonctions des Chanoines font des fonctions publiques & toutes eccléfiaftiques : ce feroit donc une forte d'indécence, d'y voir un fous-diacre ou un diacre avoir la préféance fur un prêtre, fous prétexe qu'ils auroient été reçus, & inftallés avant le prêtre. On ne peut dans ce cas alléguer aucun ufage, aucune prefcription contraires, parce que jamais on ne peut prefcrire contre l'honneur & la révérence qui font dus dans l'églife à l'ordre & au caractère facerdotal. Lors donc que l'on dit que le rang des Chanoines dans le chœur doit fe régler à compter du jour de leur inftallation, cela fe doit entendre des Chanoines égaux en ordres, autrement les prêtres ont le rang & le pas fur les diacres, & les diacres fur les fous-diacres.

Mais cette diftinction & cette préférence que la dignité du facerdoce fait accorder avec raifon dans le chœur aux Chanoines qui font prêtres fur les Chanoines qui ne feroient que diacres, quoique plus anciennement inftallés, ceffent & n'ont plus lieu dans le chapitre : la raifon en eft que les affemblées capitulaires ne font que des affemblées particulières, dont les délibérations ne concernent que les droits uti'es des canonicats & des prébendes affectés aux Chanoines fuivant l'ordre de l'inftallation, & non fuivant la dignité des ordres facrés, tels que font l'option des maifons canoniales, le tour dans la collation des bénéfices, & ce n'eft donc plus à la qualité de la perfonne qu'il faut avoir égard, mais à l'ancienneté de l'inftallation.

Ce fut fur ces obfervations & fur ces réflexions, que M. de Lamoignon portant la parole, en qualité d'avocat-général, dans une caufe élevée au fujet de la préféance entre les Chanoines de la collégiale de Clermont en Beauvoifis, appuya les conclufions qu'il crut devoir prendre, & qui furent adoptées par l'arrêt rendu en la grand'-chambre du parlement de Paris le 24 janvier

1696, & rapporté dans les mémoires du clergé tome 2, page 1423 & fuivantes.

On vient de voir que la maxime de régler le rang des Chanoines au chœur d'après les dates de leur inftallation, fouffroit une exception lorfque le dernier inftallé fe trouvoit dans l'ordre de prêtrife, tandis que le premier inftallé n'étoit conftitué que dans un ordre inférieur, & qu'alors la dignité du facerdoce l'emportoit fur l'ancienneté de l'inftallation; mais cette préféance fi juftement accordée aux prêtres entre des Chanoines de même rang a-t-elle également lieu lorfque dans un chapitre il y a différens ordres de Chanoines, & que les uns ne font que femi-prébendés pendant que les autres jouiffent de prébendes pleines ? Le Chanoine femi-prébendé prêtre doit-il avoir rang fur le Chanoine pléni-prébendé qui n'eft que diacre ?

La maxime n'eft plus fi généralement reçue, ni l'ufage auffi conftant. Il y a plufieurs chapitres où l'on conferve le rang dû à la dignité du facerdoce fans avoir égard aux prébendes pleines, ni aux femi-prébendes; mais il y en a d'autres où l'on obferve cette diftinction, & dans lefquels les Chanoines femi-prébendés quoique promus à la prêtrife n'ont rang qu'après les Chanoines à pleines prébendes quoique feulement diacres, fous-diacres & même fimples clercs.

Tel eft l'ufage de l'églife collégiale de Saint-Severin-les-Bordeaux. Envain les Chanoines femi-prébendés & prêtres de cette églife entreprirent dans le fiècle dernier de s'élever contre cet ufage & de le faire réformer : par arrêt contradictoire rendu au parlement de Bordeaux, le 4 avril 1671 rapporté au journal du palais, il fut ordonné que conformément à l'ufage de cette églife, les *Chanoines prébendés non promus aux ordres facrés précéderoient les Chanoines femi-prébendés ès-proceſſions qui fe font tant dedans que dehors l'églife, avec inhibitions & défenfes aux Chanoines femi-prébendés d'y apporter aucun trouble ni empéchement.* Les Chanoines femi-prébendés ayant depuis refufé d'affifter aux proceffions, le même parlement par un autre arrêt du 12 du même mois d'avril, fur la requête du fyndic du chapitre, ordonna que celui du 4 avril feroit exécuté, & en conféquence enjoignit aux Chanoines femi-prébendés de Saint-Severin, quoique prêtres, *de céder le pas aux Chanoines de la même églife non promus aux ordres facrés, ès-proceſſions qui fe font dedans & dehors icelle, auxquelles ils feroient tenus d'affifter, même à la communion du jeudi faint, à l'adoration de la croix du vendredi faint & à l'offrande, leur faifant inhibi tion & défenfe d'y contrevenir fous les peines de droit.*

Il y a d'autres églifes où l'on règle toujours la préféance des Chanoines fuivant le grade des ordres facrés, même à l'égard des dignités & des perfonnats. Le parlement de Paris par arrêt du 20 décembre 1683, ordonna que dans l'églife cathédrale d'Orléans, le fieur de Menon Chanoine fous-chantre, mais feulement fous-diacre, prieroit l'un des Chanoines de cette églife de fairé fes fonctions de fous-chantre jufqu'à ce qu'il fût diacre, & qu'il ne pourroit prendre fa féance au chœur & au chapitre ni fon rang aux proceffions, ſtations, & fur les tables de la même églife qu'après les diacres. Cet arrêt eſt rapporté au journal des audiences.

A l'égard du rang & de la féance des Chanoines qui n'étoient que simples clercs tonsurés, lors de leur prise de possession & installation, & qui depuis ont été promus aux ordres sacrés, il y a trois usages à distinguer. Dans plusieurs églises ils ne reprennent point le rang de leur réception, les autres Chanoines conservent toujours leur préséance selon le rang de leur ordre. C'est l'usage de l'église de Paris & de presque tous les chapitres du diocèse. Dans d'autres églises les Chanoines-clercs étant promus aux ordres sacrés, prennent séance dans le chapitre du jour de leur réception, mais on en use autrement dans le chœur, & ils n'y ont rang qu'après ceux qui se trouvoient avant eux élevés aux mêmes ordres. Enfin dans d'autres églises, l'usage est établi de donner la préséance au chœur & dans les assemblées capitulaires aux Chanoines mineurs après leur promotion aux ordres sacrés ; ils reprennent leur séance du jour de leur installation selon le rang de leur ordre. Plusieurs arrêts confirment cette discipline, entr'autres un arrêt du parlement de Paris du mois de mars 1695, confirmatif d'une sentence du bailli de Loudun, dans la cause d'un Chanoine de l'église collégiale de sainte-Croix de Loudun. Ces trois sortes d'usages n'ont rien de contraire aux saints décrets & les chapitres y ont toujours été maintenus, lorsque leur possession s'est trouvée bien établie.

2°. Le rang & séance que les Chanoines doivent avoir au chapitre aussi bien qu'au chœur, ne font point un rang oisif & une présence ou séance stérile. Les Chanoines ne s'assemblent que pour traiter des affaires ou intérêts du corps Ces affaires concernent tous & chacun d

N iv

membres, tous & chacun ont droit d'en être inftruits, d'y prendre part, de concourir aux réfolutions qui s'y forment, aux délibérations qui s'y prennent. Le droit de féance au chapitre emporte donc avec foi le droit de voix délibérative. Chacun des Chanoines ayant ce droit, tous doivent être appellés aux affemblées capitulaires; & s'il s'en tenoit quelqu'une fans être formée & convoquée en la manière accoutumée & ordinaire, un feul abfent pourroit avec raifon s'oppofer à tout ce qui auroit été fait réglé & arrêté en fon abfence & la délibération ainfi prife feroit nulle & de nul effet par ce feul défaut. En effet, fuivant un axiome de droit affez connu, l'abfence d'un feul qui auroit du être appelé, & qui ne l'a pas été, nuit bien plus que n'auroit pu le faire l'oppofition de ce membre s'il eut été préfent, & même bien plus que ne pourroit le faire l'oppofition de plufieurs; & la raifon en eft bien fimple : on ne peut guères fe flatter, & l'on fait combien il eft rare de réunir tous les avis; il étoit donc indifpenfable pour l'expédition des affaires de régler que dans les affemblées le plus grand nombre des fuffrages l'emporteroit & concluroit les déterminations; ainfi l'oppofition d'un ou de plufieurs membres ne peut ni ne doit arrêter les conclufions, quand il fe trouve pour ces conclufions le nombre de fuffrages prefcrit par l'ufage ou par la loi. Mais les loix défendant & l'ufage ne pouvant permettre de priver perfonne de fon droit, fi ce n'eft dans les cas prévus par les lois elles-mêmes, on fent qu'il n'eft pas poffible de faire une délibération valable fans y appeler ceux qui ont droit d'y affifter & d'y délibérer. Ils peuvent quand ils font duement convoqués , négliger de fe rendre à l'affemblée , fans nuire à la force de ce qui pourra y être arrêté ; mais on ne peut fans expofer les délibérations négliger de les y appeller en la forme ordinaire.

Les Chanoines qui ne font point dans les ordres facrés n'ont ni entrée ni féance , & encore moins de voix en chapitre. C'eft l'expreffe difpofition du concile général de Vienne (*) , qui a depuis été renouvelée par le concile de Trente : la jurifprudence des arrêts y eft conforme. Par arrêt du parlement de Paris du 6 juin 1554 rapporté par Tournet , il fut dit entre autre chofes que *défenfes étoient faites à tous les Chanoines de l'églife de Loches qui ne font en ordres facrés d'entrer & avoir voix délibérative en chapitre , & s'affeoir & fe mettre aux hautes chaires , & ordonné qu'ils fe mettroient & affeoiroient ès-baffes chaires avec les chapelains & enfans de chœur de la dernière églife jufqu'à ce qu'ils foient promus aux ordres facrés.* Un arrêt plus récent du 4 octobre 1727 , entre M. l'évêque de Saint-Malo & fon chapitre , porte que les Chanoines-clercs fimples , n'auront ni entrée ni voix dans les affemblée capitulaires , fous peine de nullité des délibérations prifes en leur préfence & dans lefquelles ils auront opiné , qu'ils n'auront point de rang dans les chapitres généraux , & qu'ils fe retireront après les avis qu'on leur aura donnés. Cet arrêt fe trouve dans les rapports d'agence du clergé , *rapport de 1739.*

_____

(*) *Statuimus ne nullus de cætero in hujufmodi ecclefiis vocem in capitulo habeat , etiamfi hoc fibi ab aliis liberè concedatur nifi faltem in fubdiaconatús ordine fuerit inftitutus.*

On s'eft fans doute propofé par là d'engager les jeunes Chanoines à fe mettre en état d'être plus édifians & plus utiles en fe préparant à la réception des faints ordres pour en remplir enfuite dignement les fonctions.

3°. Le même motif & la même raifon qui demandent la préfence & le concours de tous les Chanoines capitulaires aux affemblées capitulaires, parce que dans ces affemblées il s'agit des intérêts du corps, exigent auffi que tous ces capitulans participent également aux droits & aux fruits qui peuvent appartenir en commun au corps : on place dans ce rang les bénéfices qui font à la collation ou à la préfentation des chapitres ; tous les Chanoines capitulaires doivent donc avoir part & concourir aux collations ou préfentations que le chapitre peut & doit en faire. Le principe eft certain, & le droit inconteftable : la manière d'ufer de ce droit eft différente fuivant les divers ufages des chapitres à cet égard.

Dans plufieurs chapitres l'ufage s'eft maintenu de nommer ou de préfenter conjointement & en corps aux bénéfices dépendans de ces chapitres : la nomination & la préfentation s'y font dans des affemblées capitulaires, ordinaires ou extraordinaires, & s'y concluent comme les autres affaires à la pluralité des fuffrages, requife par l'ufage ou par les ftatuts pour former une conclufion & délibération capitulaire. Ce que l'on a dit ci-devant du droit qu'avoit chaque Chanoine en particulier d'être convoqué, d'affifter & d'opiner à toutes les affemblées capitulaires, pour rendre la délibération valable, reçoit ici une entière application, & doit être abfolument obfervé.

Dans d'autres chapitres, & c'eſt le plus grand nombre, pour prévenir les brigues, les cabales, les manœuvres que n'y occaſionnoient que trop ſouvent les vacances des bénéfices dépendans des chapitres, ·on a réglé qu'aux bénéfices de cette nature qui viendroient à vaquer en chaque ſemaine, il ſeroit par le Chanoine qui ſeroit en ſemaine nommé ou préſenté au chapitre un clerc capable de les remplir, & qu'à ce clerc ou eccléſiaſtique dans les ordres, ſi le genre du bénéfice le requéroit, ainſi nommé ou préſenté par le Chanoine ſemainier ou tournaire ou intabulé, car on déſigne par ces trois noms les Chanoines qui ſe trouvent en .tour, le chapitre donneroit ſes lettres de collation ou de préſentation.

Enfin dans d'autres chapitres on a partagé les bénéfices, non par le temps des vacances, mais en eux-mêmes, en les affeɛtant nommément & en particulier à chacune des prébendes dont les titulaires nomment ou préſentent à ces bénéfices en quelque temps qu'ils viennent à vaquer.

Il y a même des chapitres où ſe rencontre cette double répartition de bénéfices, en ſorte qu'il y en a d'attachés à chaque prébende, & d'autres qui reſtent à la diſpoſition du corps du chapitre, & qui ſont conférés ou préſentés par les Chanoines en tour.

On conſidère ſouvent les Chanoines comme des patrons à l'égard des bénéfices auxquels ils nomment ainſi, ſoit en vertu d'une affeɛtation ſpéciale à leur prébende, ſoit en qualité de ſemainiers ou de tournaires; il paroîtroit cependant que dans les vraies maximes du droit, on devroit les regarder ſeulement, & ſurtout les femainiers ou tournaires, comme les députés, les repréfentans, les vicaires fi l'on veut des chapitres pour le choix à faire des fujets à pourvoir, mais vicaires & repréfentans non-révocables d'après les anciens ufages ou ftatuts. En effet, non-feulement on ne découvre aucune voie canonique & légale par laquelle ces chapitres aient fait paffer aux Chanoines en particulier le droit de collation ou de préfentation qui n'appartenoit d'abord qu'au corps du chapitre en général ; mais de plus on voit que ces chapitres continuent d'exercer eux-mêmes & en corps ces droits de collation ou de préfentation par les lettres qu'ils en font expédier fur les nominations qui leur font faites par leurs Chanoines.

Quoi qu'il en foit de cette obfervation, lorfque ces partitions des nominations aux bénéfices dépendans des chapitres font trop anciennes pour en laiffer appercevoir l'origine, on les conferve en fuppofant qu'elles tiennent en quelque forte à la conftitution des chapitres : on y a beaucoup moins d'égard lorfqu'elles font d'une date plus récente.

Les Chanoines de l'églife cathédrale du Mans firent en 1617 une ordonnance capitulaire par laquelle ils partagèrent & divifèrent entr'eux tous les bénéfices étant à la difpofition du chapitre, & les affignèrent à chacun d'eux pour y nommer feuls & féparément. Peu d'années après & dans le mois de juillet 1622, il vint à vaquer une chanoinie, qui en vertu du partage étoit le feul bénéfice à la nomination du fieur Cohon, alors Chanoine du Mans, & depuis évêque de Nîmes : celui-ci nomma au bénéfice vacant, mais ce bénéfice fut en même-temps requis par un docteur en théologie gradué nommé de l'université de Paris sur l'église du Mans. Le Chanoine lui fit refus sous prétexte qu'il avoit déja pourvu au bénéfice ; de son côté le gradué se pourvut aussi & la complainte s'engagea aux requêtes du palais.

Le seul moyen que l'on opposoit au gradué étoit que la partition de 1607 n'étoit ni nouvelle ni établie de nouveau, mais simplement déclarative d'une bien plus ancienne faite en 1236, à quoi l'on ajoutoit que le sieur Cohon n'ayant à sa nomination en vertu de ce partage ancien que la seule chanoinie contentieuse, il ne pouvoit comme collateur être soumis à l'expectative des gradués, d'après les dispositions du concordat.

L'université de Paris intervint dans la cause pour son nommé ; elle interjeta appel comme d'abus du partage de 1617, & même en tant que besoin du prétendu partage de 1236, comme contraire à la pragmatique sanction & au concordat : l'un & l'autre partage y étoient également contraires il est vrai, mais pouvoit on faire également le reproche à l'un.& à l'autre ? N'étoit-il pas singulier de proposer comme un moyen d'abus contre le partage prétendu de 1236, son opposition à la pragmatique sanction & au concordat qui n'avoient été promulgués que plus de deux siècles après?

Aussi M. Talon, qui porta la parole en cette cause en qualité d'avocat général, sans s'arrêter à ce moyen d'abus en tira un bien plus puissant contre ce partage, de ce que par là les Chanoines, sans y être autorisés par le souverain, protecteur des fondations & des églises de son royaume, avoient contrevenu à la fondation & changé l'état de leur église.

Sur ces conclusions le partage fut déclaré nul & abusif par arrêt du parlement de Paris du 7 août 1625.

Le même parlement dès le siècle précédent, par arrêt du 18 avril 1662, sur un appel comme d'abus interjeté par le procureur général de la reine Catherine de Médicis, avoit déclaré nul & de nul effet & valeur quoiqu'homologué en cour de Rome, un statut ou règlement arrêté par les Chanoines de l'église de Clermont en Auvergne, par lequel ces Chanoines avoient accordé & résolu que les prébendes & bénéfices étant à leur collation, ne seroient plus lorsqu'ils viendroient à vaquer, conférés conjointement par tout le corps, ainsi qu'ils l'avoient été précédemment; mais que chacun des Chanoines pourroit à son tour & en sa semaine les conférer à ceux qui se présenteroient.

D'où l'on doit inférer que les chapitres voudroient inutilement aujourd'hui entreprendre d'établir de tels partages & que ces partages demeureroient sans force & sans effet, si les chapitres n'avoient soin d'obtenir & de faire enregistrer des lettres-patentes nécessaires à cet effet.

Pour jouir par les Chanoines du droit qu'ils peuvent avoir de nommer aux bénéfices à leur tour de semaine, & d'être pour cet effet intabulés sur la table ou liste qui doit en être dressée, il faut d'une part que les Chanoines soient résidens au lieu où le chapitre est établi. Il a été jugé par arrêt rendu au parlement de Paris, le

18 février 1724 fur les conclufions de M. Gilbert avocat général, dans une caufe entre le chapitre de Péronne intervenant, les fieurs Lagneau, Perdreau, l'Ecuyer, &c. qu'après que la table *ad nominandum ad beneficia*, qu'on a coutume d'arrêter dans un chapitre général pour y comprendre les Chanoines prêtres ou dans les ordres facrés & réfidens, a été arrêtée par le chapitre, cette table eft invariable, & qu'après que fur la nomination faite à un bénéfice par le Chanoine, qui fuivant la table, étoit en tour de femaine lors de la vacance de ce bénéfice, le chapitre a préfenté à l'évêque, ou a conféré le bénéfice, un Chanoine député à Paris pour les affaires du chapitre, n'eft pas recevable à fe rendre appelant comme d'abus de cette table, ni à fe plaindre de n'avoir pas été compris fur cette table, où il fe feroit trouvé la femaine de la vacance du bénéfice, ni à demander d'être maintenu dans le droit de nomination au bénéfice qui a vaqué dans cette femaine.

Il faut d'une autre part que ces Chanoines foient au moins conftitués dans l'ordre du fous-diaconat ; les Chanoines fimples clercs ou feulement dans les ordres mineurs, & qui comme on l'a vu n'ont ni voix, ni féance, ni rang au chapitre, ne font pas plus réputés capables de nommer aux bénéfices dépendans des chapitres. L'ufage contraire de quelques églifes a toujours été déclaré abufif par les tribunaux lorfqu'il leur a été dénoncé.

La queftion fe préfenta au parlement de Rouen le 21 juin 1673 dans cette efpèce. La cure de Saint-Nicolas qui eft à la collation du chapitre avoit été réfignée au fieur Quefnel, mais le ti-

tulaire étant mort avant l'admiſſion de la réſignation en cour de Rome , un Chanoine clerc
en tour de nommer préſenta le ſieur Michel au
chapitre , & le chapitre lui donna ſa collation.
De là complainte entre les deux pourvus. Celui
de Rome ſoutenoit que les proviſions de ſon
adverſaire étoient nulles comme données par le
chapitre de Coutances ſur la préſentation d'un
Chanoine qui n'étoit pas dans les ordres ſacrés ,
& qui par cette raiſon étoit incapable & ſans
droit de préſenter aux bénéfices dépendans du
chapitre , quoique le ſtatut du chapitre de Coutances l'y autoriſât.

Ce ſtatut pourſuivoit le pourvu de cour de
Rome , eſt viſiblement abuſif, 1°. parce qu'il
réſiſte à la diſcipline de l'égliſe univerſelle,
2°. parce qu'il eſt contraire à la diſpoſition du
concile de Vienne adoptée & renouvelée par le
concile de Trente , 3°. parce qu'il n'a pu être
fait ſans l'exprès conſentement du roi, l'égliſe
de Coutances étant de fondation royale , ce
qu'il prouvoit par pluſieurs arrêts.

M. de Guerchois avocat général qui porta la
parole inſiſta ſur ces mêmes moyens & les for-
tifia par de nouvelles réflexions, obſervant que
ſi l'amour de la paix engageoit à tolérer la partition des nominations , quoique peu régulièrement introduite dans le chapitre de Coutances,
l'amour des règles & du bon ordre ne permettoit
pas de ſouffrir que ce chapitre ni d'autres ad-
miſſent des Chanoines non promus aux ordres
aux tours des nominations aux bénéfices dépendans des chapitres.

La cour adopta les concluſions de ce magiſtrat.
L'arrêt prononça qu'il avoit été mal, nullement

&

& abusivement statué par le chapitre, en tant qu'il avoit conféré le bénéfice vacant sur la présentation d'un Chanoine clerc, en conséquence déclara les présentation & collation abusives, maintint le pourvu de Rome en possession du bénéfice ; & faisant droit sur les plus amples conclusions du procureur général, fit défenses aux chapitres du ressort de la cour de conférer aucun bénéfice sur présentations de Chanoines à moins qu'ils ne fussent promus aux ordres sacrés.

Cet arrêt, ainsi que les moyens des parties & le plaidoyer de M. l'avocat-général, sont rapportés au journal du palais ; on les trouve aussi dans les mémoires du clergé. Le rédacteur de ces mémoires ajoute en note, que le sieur Michel qui avoit été pourvu par le chapitre sur la présentation du Chanoine clerc, voulut se pourvoir au conseil en cassation de cet arrêt, comme contraire à un statut observé depuis plus de trois cents ans dans le chapitre de Coutances ; mais que sa requête fut rejetée & que l'arrêt a eu son exécution.

Me Piales dans son traité des collations sur vacance par mort, observe que suivant la rigueur des principes suivis en matière de prévention, il semble que le bénéfice contentieux dans cette espèce auroit dû être déclaré vacant, parce qu'il est de maxime qu'une collation nulle, mais qui ne l'est pas radicalement, empêche la prévention du pape : or quelque défectueuse que fût la collation faite en ce cas par le chapitre de Coutances, il seroit difficile de soutenir qu'elle étoit radicalement nulle, & ne pouvoit former au moins un titre coloré. Mais il faut considérer, ajoute Me Piales, que le pourvu de cour de Rome étoit un réfignataire toujours plus favorable qu'un fimple préventionnaire, quoique la provifion ne fût valable que *per obitum*.

Me Piales remarque au même endroit qu'il eft important d'obferver que le règlement porté par l'arrêt du parlement de Rouen dont on vient de rendre compte, non plus que les maximes &, les moyens fur lefquels il eft fondé, n'ont point d'application au cas où un Chanoine non promu aux ordres facrés préfente ou confère un bénéfice qui dépend de fa prébende, parce qu'alors rien ne fe paffe dans le chapitre, & par conféquent il n'eft pas néceffaire d'avoir voix en chapitre pour conférer ou préfenter valablement.

Ne faudroit-il pas encore diftinguer ici fi les bénéfices dépendent de la prébende à raifon de la fondation de la prébende ou des bénéfices, ou en vertu de l'union qui auroit été faite à la prébende en particulier de quelque bénéfice dont auroient dépendu ceux qui dépendent actuellement de la prébende elle-même, ou fi ces bénéfices en dépendent en vertu de quelque partage fait entre les Chanoines pour la nomination des bénéfices dépéndans du chapitre? Et ne faudroit-il pas encore borner la diftinction fi fagement propofée par Me Piales & la limitation qui en réfulte à la première efpèce, pour s'en tenir fur la feconde au règlement fait par le parlement de Rouen & à la jurifprudence établie dans le royaume, d'après les difpofitions des conciles de Vienne & de Trente.

On fent bien en effet que fi les bénéfices dépendent de la prébende à un titre particulier &

indépendamment de tout arrangement ou partition faits par le chapitre, ce n'eſt point le cas d'appliquer au titulaire de la prébende qui ne feroit que ſimple clerc, les diſpoſitions des conciles, de la juriſprudence & de l'arrêt de règlement dont on a parlé : ce titulaire doit jouir à l'égard de ces bénéfices du même droit & de la même liberté que ceux dont jouiſſent tous les autres patrons eccléſiaſtiques ou collateurs auxquels on n'a jamais impoſé l'obligation de ſe faire promouvoir-aux ordres ſacrés pour pouvoir exercer valablement leur droit de collation ou de patronage.

Mais ſi les bénéfices dépendent des prébendes en vertu de concordats, d'arrangemens & de partages faits par les Chanoines pour la diſpoſition des bénéfices dépendans du corps du chapitre, il feroit difficile de ne pas reconnoître dans les titulaires de ces prébendes, pour pouvoir exercer valablement les droits de collation ou de préſentation attachés à leurs prébendes, la même obligation de ſe mettre en état & de ne point négliger de ſe faire promouvoir aux ordres ſacrés, que celle qui eſt impoſée aux titulaires des prébendes dans les chapitres où le partage des nominations s'eſt fait par tour de ſemaines, pour pouvoir entrer en tour de ſemaines, & être intabulés à l'effet des collations ou préſentations à faire des bénéfices. Il s'agit effectivement d'un côté comme de l'autre de bénéfices qui ont été autrefois à la diſpoſition des chapitres en corps ; d'un côté comme de l'autre, c'eſt par des partages que l'exercice du droit de collation a paſſé du corps en général aux membres en particulier, ou que les particuliers ont été chargés de repréſenter le corps dans l'exercice de ce droit ; il n'y a de différence que dans la manière dont les particuliers ont été ſubrogés au-droit, ou plutôt à l'exercice du droit des corps ; mais cette diverſité dans l'uſage à faire du même droit ne doit point donner d'atteinte aux règles générales qui doivent préſider à cet uſage. Et enfin, puiſqu'en refuſant la voix & l'entrée au chapitre & la participation à la nomination des bénéfices aux Chanoines qui ne ſont pas dans les ordres ſacrés, le but des conciles & l'objet des tribunaux a été d'engager les Chanoines à ſe préparer & à ſe préſenter à la réception des ſaints ordres, peut-on douter que les conciles & les tribunaux n'aient voulu procurer le même avantage à tous les chapitres, ſoit que les nominations euſſent été attachées aux prébendes en particulier par les partages faits, ſoit que les nominations y fuſſent diviſées par tour de ſemaines ? Et n'en faut-il pas conclure que l'incapacité de participer à cette nomination des bénéfices prononcée par les conciles & les tribunaux contre les Chanoines non promus aux ordres ſacrés, ne regarde pas moins les Chanoines pourvus de prébendes dans des chapitres où les prébendes ont des droits de collation ou de préſentation en vertu de partages, que les Chanoines prébendés dans les chapitres où les nominations ſe diviſent par tour de ſemaines ?

Il faut remarquer encore que dans les chapitres dont les ſtatuts n'ont à cet égard rien de particulier, les chanoines ſemainiers tournaires ou intabulés ne perdent point leur droit à l'expiration de la ſemaine dans laquelle ils étoient en tour par rapport aux bénéfices qui auroient

vaqué pendant cette femaine ; qu'ils conservent
après cette femaine tout le droit qu'ils avoient
de préfenter ou de conférer ces bénéfices, &
qu'ils ont pour exercer utilement ce droit tout le
tems que le droit accorde aux collateurs & aux
patrons ordinaires avant l'expiration de ce tems.
Aucun fupérieur, fi ce n'eft le pape, au moyen
de la prévention, ne peut conférer valablement
ces bénéfices.

C'eft ce qui a été jugé par un arrêt rendu au
parlement de Metz le 31 mai 1601, conformément aux conclufions de M. de Corberon, avocat-général. Entre plufieurs queftions que pré-
fentoit la caufe décidée par cet arrêt, il s'agiffoit
de fçavoir fi le Chanoine tournaire avoit pu
conférer après fa femaine expirée un bénéfice
qui avoit vaqué par réfignation entre fes mains
pendant fa femaine. M. l'avocat-général ayant
expofé qu'après avoir beaucoup infifté en première inftance fur ce moyen contre le pourvu
par ce Chanoine tournaire, on fembloit l'avoir
en quelque manière abandonné dans la pourfuite
de l'appel, obferva qu'il fe contenteroit de dire
à ce fujet « que les Chanoines tournaires qui
» font aux droits des chapitres pour conférer
» doivent être regardés comme les collateurs
» ordinaires, lefquels ont fix mois pour remplir
» les bénéfices qui font vacans à leur collation ».

En conféquence, le pourvu par le Chanoine
tournaire, quoiqu'après l'expiration de la femaine de ce Chanoine, fut maintenu dans la
poffeffion de la prébende contentieufe. Cet arrêt
eft rapporté au journal des audiences.

Cette jurifprudence a été de nouveau confacrée par un arrêt rendu en la grand'chambre du parlement de Paris le 27 février 1744, lequel a maintenu dans la possession d'un canonicat de saint Sernin de Toulouse celui qui en avoit été pourvu par le Chanoine en tour lors de la vacance de la prébende, mais après la semaine expirée, contre celui qui avoit été pourvu par le Chanoine dont la semaine avoit suivi celle de la vacance du bénéfice.

Le tems que le droit canonique & la jurisprudence des arrêts accordent aux collateurs & aux patrons pour user de leur droit, & dont la même jurisprudence a étendu, ainsi qu'on vient de le voir, la faveur aux Chanoines tournaires ou semainiers, peut cependant être restreint & limité par les statuts des chapitres ; & comme en cela ces statuts n'ont rien que de conforme aux vraies maximes du droit & au desir de l'église, qui par ses règlemens sur ce point a voulu prévenir & empêcher la trop longue vacance des bénéfices, les dispositions de ces statuts ne peuvent être que favorablement accueillies dans les tribunaux.

C'est sur ce motif qu'est fondée, selon Me Piales, la disposition d'un arrêt rendu au Parlement de Paris le 13 août 1691 : en voici l'espèce.

Le 25 Décembre 1685, un bénéfice dépendant de l'église collégiale de saint Georges de Pluviers ayant vaqué par la mort du titulaire, le sieur Malidor, Chanoine, qui étoit en tour en ce mois de décembre, le laissa écouler sans faire usage de son droit de nomination. Le sieur Sinada, autre Chanoine de la même église, qui ſe trouvoit en tour au mois ſuivant, c'eſt-à-dire au mois de janvier 1686, trouvant ce bénéfice vacant, y nomma ſon neveu, qui obtint des proviſions du chapitre. De ſon côté, le ſieur Malidor s'aviſa de nommer le 6 du même mois au même bénéfice le ſieur Maſſon, ſon neveu, qui ſur le refus du chapitre, s'adreſſa à l'ordinaire & en obtint des proviſions. Le ſieur Maſſon étant mort dans un mois où le ſieur Malidor ſe trouvoit de nouveau en tour de nommer, il préſenta le ſieur Joion au même bénéfice comme vacant par la mort de ſon neveu. Le chapitre qui avoit refuſé des proviſions au neveu du ſieur Malidor, en refuſa pareillement au ſucceſſeur que le ſieur Malidor lui vouloit donner. Le ſieur Joion, à l'exemple de ſon prédéceſſeur, s'adreſſa encore à M. l'évêque d'Orléans, & d'après les proviſions qu'il s'en fit expédier, il ſuivit la complainte; mais il fut débouté par l'arrêt cité qu'on trouve au journal des audiences.

La diſpoſition de cet arrêt paroît d'abord eniièrement contraire à celles des arrêts des 31 mai 1691, & 27 février 1744 qu'on vient de rapporter, & le rédacteur du journal des audiences en fait la remarque en tête du premier de ces deux arrêts : mais cette difficulté s'explique ou plutôt s'évanouit par l'obſervation que fait Me Piales : c'eſt que les ſtatuts particuliers de l'égliſe de Pluviers, en même temps qu'ils donnent à chaque Chanoine alternativement un mois pour conférer par tour les bénéfices dépendans de la collation du chapitre, portent que ſi celui qui eſt en tour néglige de nommer dans ſon mois, la nomination paſſera & appartiendra au Chanoine qui se trouvera en tour le mois suivant.

Ainsi quelque difficulté & quelque opposition qu'il paroisse y avoir entre le prononcé des arrêts du 31 mai 1691 & 27 février 1744, & le prononcé de l'arrêt du 13 août 1691, il n'y a pour cela nulle variation dans la jurisprudence. Les deux premiers ont maintenu des pourvus sur la nomination faite par des Chanoines tournaires, après leur semaine expirée, parce que ces Chanoines ne se trouvant liés par aucun statut particulier contraire, jouissoient & devoient jouir de tout le tems & de toute la liberté que le droit commun laisse aux collateurs & aux patrons. Le dernier arrêt au contraire n'a point eu d'égard à la nomination faite par un autre Chanoine tournaire après l'expiration de son mois, parce qu'à l'égard de celui-ci la disposition des loix générales étoit restreinte & resserrée par la force d'un statut particulier, dont l'objet n'étoit d'ailleurs que de mieux assurer l'exécution, & d'entrer mieux dans l'esprit des règlemens généraux. La loi reste par conséquent sans atteinte, & l'exception ne peut que la confirmer.

Enfin une dernière observation à faire sur ce sujet, c'est que dans le cas où le Chanoine semainier, tournaire ou intabulé viendroit à décéder dans le cours & avant l'expiration de la semaine ou du mois que les statuts lui avoient assigné, ce droit de nomination ne passeroit point au Chanoine qui le suit pour le tour des semaines ou des mois. Ce Chanoine suivant & survivant ne peut en effet être considéré comme le successeur, le représentant, l'ayant cause de son collegue défunt, & la mort de celui-ci ne peut faire ouvrir un nouveau droit en faveur de celui-là ; il n'en doit pas moins attendre l'inſtant fixé pour l'exercice de ſon droit : c'eſt pourquoi la nomination dont le Chanoine auroit pu & dû jouir pour le reſtant de la ſemaine ou du mois dans leſquels il décède, retourne au chapitre dont elle eſt émanée & dont le Chanoine n'étoit lui-même à cet égard que l'ayant cauſe & le repréſentant.

5°. Il eſt un autre droit dont les Chanoines ont coutume de jouir dans pluſieurs chapitres, lorſque les prébendes ſont inégales & qu'il y a des maiſons ou des logemens deſtinés pour les Chanoines. Lorſque ces prébendes ou ces maiſons viennent à vaquer, l'option en eſt déférée aux plus anciens Chanoines, qui en abandonnant les prébendes dont ils étoient pourvus, & les maiſons ou logemens dont ils jouiſſoient, peuvent prendre les prébendes, maiſons ou logemens vacans.

Cet uſage commun dans pluſieurs égliſes cathédrales ou collégiales du royaume, n'eſt point particulier à la France ; il eſt même autoriſé par une décrétale de Boniface VIII, rapportée dans le texte, titre *de conſuetud. ch. 4* ; décrétale à la vérité ſans force en France, s'il s'agiſſoit d'établir un droit ; mais qui ſert pour conſtater un fait & qu'on cite ici non comme loi, mais comme ſimple témoignage hiſtorique.

Suivant le rédaɔteur des mémoires du clergé, tome 2, page 1436, pluſieurs auteurs regardent l'uſage de l'option des prébendes vacantes comme peu favorable en ſoi & peu conforme à l'eſprit de l'égliſe, à cauſe de l'eſpece de variation &

d'inſtabilité qu'il met dans les titres des égliſes
où il eſt introduit, titres qui ne font que flotter
pour ainſi dire ſur les têtes des Chanoines, ſans
être fixés ſur aucune, & par la négligence des
entretiens & réparations de leurs maiſons ou logemens qu'inſpire aux jeunes Chanoines l'eſpérance d'obtenir bientôt une meilleure prébende
& des maiſons en meilleur état. Probus, dans
ſes queſtions de régale, ſoutient que cet uſage
ne doit ſon origine qu'a l'avarice des anciens
Chanoines.

On voit ici comme ailleurs que le pour & le
contre ſe rencontrent preſque par-tout, & que
la même choſe ſous divers points de vue peut
paroître tantôt avantageuſe, tantôt défavorable.
Ne ſembleroit-il pas en effet, d'un autre côté,
que la raiſon, l'équité, la juſtice, demandent
que dans la diſtribution des biens & revenus
eccléſiaſtiques entre perſonnes du même rang &
chargées des mêmes obligations, on ait des
égards, on prépare des reſſources, on ménage
des ſoulagemens pour ceux que de plus longs
ſervices en rendent plus dignes, & à qui les infirmités, triſtes compagnes de la vieilleſſe, les
rendent plus néceſſaires? Ce motif d'humanité
& de piété même n'auroit-il pas autant & mieux
que l'avarice des anciens Chanoines, pu concourir à l'introduction de l'uſage de l'option des
prébendes? Le paſſage des Chanoines d'une prébende à l'autre eſt-il auſſi vicieux en ſoi qu'on
le préſente dans les ſentimens de ces auteurs, y
retrouve-t-on tous les caractères qui ont fait
regarder les tranſlations comme ſi odieuſes? Les
prébendes ſont, il eſt vrai, actuellement autant de
bénéfices particuliers auxquels ſont attachés les

titulaires qui en font pourvus; mais ces titulaires deviennent par-là membres & parties d'un corps, d'une communauté, voilà leur principal lien : tant qu'ils reſtent dans le corps & membres du corps, on ne peut point les taxer de variation, d'inſtabilité, quoiqu'ils changent le titre en vertu duquel ils avoient droit de prendre telle portion dans les revenus du chapitre, pour être pourvus d'un autre titre qui leur donne droit à cette autre portion des revenus de la même égliſe; ils reſtent toujours membres du même corps, toujours attachés à la même égliſe, aux mêmes fonctions, il n'y a de changement à leur égard que celui du titre de la prébende, & ce changement n'a rien de répréhenſible quand un uſage légitime l'autoriſe. Enfin ſi les jeunes Chanoines négligent de faire les réparations néceſſaires aux maiſons & logemens qu'ils tiennent du chapitre; le chapitre a le droit de les y obliger & des moyens pour les y contraindre.

Les inconvéniens qu'il peut y avoir dans l'uſage de l'option des prébendes en faveur des anciens ne font donc pas ſi grands, il n'eſt pas ſi difficile d'y remédier, & ces inconvéniens font balancés par des avantages bien faits pour entrer en conſidération, & pour faire conſerver cet uſage dans les égliſes où il eſt depuis long-tems établi.

Par la raiſon que dans les aſſemblées capitulaires le rang ſe règle ſur l'ancienneté de la réception & non d'après la ſupériorité des ordres que les capitulans peuvent avoir les uns ſur les autres, parce que dans les aſſemblées capitulaires il n'eſt pour l'ordinaire queſtion que des droits, & intérêts temporels des chapitres;

de même, pour l'option on s'en tient presque dans tous les chapitres à la même ancienneté de réception, parce qu'il ne s'agit ici comme là que d'un bien & d'un avantage temporel par rapport auquel les ordres sacrés ne peuvent par eux-mêmes donner à ceux qui y sont promus aucun titre de préférence.

Il a cependant été jugé par arrêt rendu au parlement de Paris le premier jour d'août 1643, rapporté tome 2 des mémoires du clergé, page 1414, qu'en l'église de saint Just de Lyon l'ordre & le rang des Chanoines, tant pour la présence au chœur du chapitre, que pour le choix & option des maisons & gros fruits, se prendroit par la promotion aux ordres sacrés. Quelque usage ou statut particulier du chapitre de saint Just aura vraisemblablement été le fondement de la décision sur-tout à l'égard du second chef.

L'option des prébendes n'a lieu que dans les cas de vacance par mort ou par résignation entre les mains du chapitre ou du collateur ordinaire, & non pas dans le cas des résignations faites entre les mains du pape ou du vice-légat malgré les statuts contraires des chapitres.

Il y a sur ce point deux arrêts du parlement de Provence recueillis dans ceux de Boniface au sujet de l'option des prébendes, & rapportés dans les mémoires du clergé, tome 2, page 1429 & suivantes.

Le premier de ces arrêts en datte du 15 Novembre 1646, en ordonnant que les parties seroient plus amplement ouies, adjuge cependant à un résignataire en la vice-légation d'Avignon la recréance d'une prébende de l'église de Vence à lui résignée, contre l'ancien Chanoine demandeur en option, & qui se fondoit sur un statut de l'église de Vence l'an 1200 ou environ, suivant lequel vacance avenant de quelque prébende, il étoit permis aux Chanoines plus anciens de l'opter s'ils le jugeoient à propos (*).

Par le second arrêt, le même parlement, le 7 septembre 1661, sans s'arrêter aux requêtes de plusieurs Chanoines de l'église cathédrale de Forcalquier dont les statuts sont encore plus favorables à l'option que celui de l'église de Vence, a déclaré qu'il n'y avoit point lieu d'opter les prébendes vacantes dans le même chapitre de Forcalquier, si ce n'étoit en cas de mort ou de résignation entre les mains du chapitre, & en conséquence a maintenu le résignataire en la vice-légation d'Avignon dans la possession & jouissance de la prébende a lui résignée.

On n'a donc pas regardé les résignations en faveur comme formant un genre de vacance; & en effet, il n'y a pas un instant où la prébende puisse être réputée vacante, puisqu'au moment où, soit le pape, soit son légat, admettent la démission du résignant, ils sont obligés de conférer le bénéfice au résignataire, qui sur le champ remplace le titulaire démis.

Dès le temps que l'auteur de la glose sur la pragmatique écrivoit, l'option n'avoit pas lieu à l'égard des prébendes données en permutation, comme cet auteur en fait la remarque sur le titre *de annatis, par. voluit tamen.*

Probus prouve que dans les vacances en régale on n'a point d'égard, même dans les vacances

---

(*) *Quando contigerit vacare præbendam licitum erit antiquioribus Canonicis eam optare si voluerint.*

par mort, aux ſtatuts des chapitres qui ont établi l'uſage d'opter les prébendes vacantes. Perard Caſtel fait la même obſervation dans ſes notes ſur les définitions canoniques, n°. 5, ſous le titre des *Chanoines & chanoinies.*

Relativement au droit d'opter & au rang dans le chapitre, qui, comme on l'a dit, ſe règlent preſque partout ſelon l'ordre de l'ancienneté de la réception ou inſtallation, il peut ſe préſenter une difficulté ſur laquelle on ne trouve point ou que très-peu d'éclairciſſement dans les auteurs. Il arrive quelquefois qu'un Chanoine pourvu d'une prébende dont il a pris poſſeſſion & qu'il a rempli pendant quelques années, eſt enſuite pourvu dans la même égliſe d'une autre prébende qu'il prend en quittant la première : de quel temps dans cette eſpèce faudra-t-il partir pour régler ſon ancienneté & fixer ſon rang au chapitre, & ſon droit d'opter ? Devra-t-on compter du jour de ſa première inſtallation, ou s'en tenir à la ſeconde ; & dans ce ſecond cas, donner la préféance au chapitre & la préférence dans l'option à un Chanoine qui auroit été inſtallé dans l'intervalle écoulé entre la première & la ſeconde inſtallation de l'autre Chanoine ?

On ne connoît qu'un jugement dans cette eſpece. Il a été rendu le 29 janvier 1715, aux requêtes du palais en faveur du ſieur Courcier, Chanoine & Théologal de Paris : il avoit été pourvu ſucceſſivement & avoit pris poſſeſſion de deux prébendes dans l'égliſe de Paris ; entre ces deux priſes de poſſeſſions, d'autres Chanoines avoient été reçus & inſtallés, & ceux-ci prétendoient avoir rang & ſéance avant le ſieur

Courcier, par la raison que ce dernier ne pouvoit , disoient ses parties adverses, réclamer aucun droit qu'en vertu de sa prise de possession de sa seconde prébende , & que la premiere prise de possession ne pouvoit plus produire aucun effet en sa faveur, ce titre étant éteint par la renonciation qu'il avoit faite à la premiere prébende en acceptant la seconde. On n'eut aucun égard à ce moyen ; par le jugement cité , dont il n'y a point eu d'appel , le sieur Courcier fut maintenu dans le rang & séance qu'il avoit en vertu de sa premiere installation.

Ce jugement n'est pas moins conforme à la raison qu'aux usages pratiqués dans presque tous les corps. Un Chanoine qui accepte une seconde prébende dans l'église où il en avoit déja une, en quittant celle-ci pour celle-là , ne cesse pas un instant pour cela d'être Chanoine & membre de la même église ; il doit donc malgré le changement de prébende, conserver les droits attachés à la qualité de plus ancien Chanoine ; & n'y auroit-il pas une sorte d'indécence à vouloir lui faire céder le pas à celui qu'il auroit si long-temps précédé , & qui n'auroit acquis aucun titre sur lui ? Aussi voit-on que dans les assemblées du clergé , le rang entre les évêques se règle non par le jour où chacun a pris possession de l'évêché dont il jouit actuellement, mais par le jour de leur sacre qui les a rendus membres du corps épiscopal. De même dans les cours de parlement, qu'un conseiller d'abord pourvu d'un office de conseiller laïc, en obtienne ensuite un de conseiller clerc, ou de l'office de conseiller clerc, passe à celui de conseiller laïc, son rang

& fa féance n'en courent pas moins toujours du jour de fa première inftallation.

VI. *Des obligations des Chanoines*. Quoiqu'on ne fe propofe pas d'entrer ici dans le détail des obligations de la vie privée des Chanoines, on a cru cependant pouvoir & devoir donner une idée de ces obligations particulières, avant d'expliquer celles qu'impofent aux Chanoines la célébration de l'office divin dont ils font publiquement chargés.

Si, dit à ce fujet le célébre Vau-Efpen dont on ne fera que traduire ici les paroles, *juris ecclefiaft. univ. part. 1. tit. 7, de Canonicis, cap. 4*, fi l'églife a toléré enfin le changement de la difcipline extérieure par rapport aux Chanoines, elle n'a jamais entendu leur permettre de fe relâcher en rien de la fainteté de vie qu'elle exige d'eux, & de l'obligation où ils font de régler leur conduite fur les canons & les règles eccléfiaftiques : elle n'a jamais ceffé de les leur rappeler, de les leur recommander. Que l'on ne s'imagine donc pas que les Chanoines font moins obligés aujourd'hui à garder la modération, la tempérance & la frugalité dans leurs repas, qu'ils ne l'étoient lorfqu'ils mangeoient tous à un même réfectoire où toutes les portions étoient réglées ; qu'ils foient aujourd'hui moins obligés de vivre éloignés de l'efprit & des occupations, des amufemens du fiècle, d'éviter les compagnies & les familiarités fufpectes, qu'ils ne l'étoient lorfque vivant tous dans un même cloître, ils n'avoient aucun commerce avec le monde. Qu'on ne s'imagine pas parce qu'ils ont aujourd'hui leurs revenus en particulier & la libre adminiftration de ces revenus, qu'il leur foit plus permis

de

de prendre au-delà de leur néceſſaire ſur ces revenus, de les employer à enrichir leurs parens, à contenter leur avarice, à ſatisfaire leur luxe, leur vanité, qu'ils ne pouvoient le faire lorſque tous les biens étant en commun chacun ne recevoit ſur la maſſe commune que ce dont il avoit beſoin ; qu'on ne s'imagine pas qu'il y ait aujourd'hui pour les Chanoines moins d'obligation de prier, d'être exacts, aſſidus, édifians à la célébration de l'office divin, qu'il n'y en avoit tant qu'ils ont eu le bonheur de conſerver la vie commune ; & qu'enfin les Chanoines ne ſont plus aujourd'hui comme autrefois, dans l'heureuſe néceſſité de ſe conſacrer tout entiers au ſervice de Dieu & de l'égliſe dans l'exercice continuel & le parfait accompliſſement de tout ce que demande d'eux le ſaint miniſtère.

Qu'on parcoure en effet, continue le même Auteur, qu'on liſe, qu'on peſe les canons dreſſés depuis la ceſſation de la vie commune & canonicale dans les chapitres, on n'y trouvera pas moins les mêmes devoirs preſcrits, les mêmes obligations impoſées, les mêmes règles renouvelées pour les Chanoines ; en un mot, la ceſſation de la vie commune n'a fait que rendre pour eux la vie régulière plus difficile, mais non moins néceſſaire.

Outre ces obligations privées & particulières, à l'égard deſquelles les Chanoines n'ont à répondre qu'à eux-mêmes & n'ont que leur propre conſcience à redouter pour ainſi dire, il eſt pour eux des obligations extérieures & publiques, auxquelles ils ſont également tenus par état & dont les ſupérieurs eccléſiaſtiques & même les tribunaux féculiers font en droit d'exiger d'eux l'accompliffement & de punir la violation.

1°. Les Chanoines font obligés à la réfidence. Ce devoir autrefois impofé à tous les bénéficiers qui ne jouiffoient des bénéfices, qu'à raifon des offices qui s'y trouvoient attachés, & à la charge de s'en acquitter, a depuis été négligé & n'eft plus regardé comme une obligation relativement à un très-grand nombre de bénéfices que l'on appelle pour cela bénéfices fimples, parce qu'ils n'impofent & n'emportent point l'obligation fpéciale d'aucune fonction ou fervice que l'on ait à remplir dans un endroit plutôt que dans l'autre, ou du moins que l'on ne puiffe acquitter ou faire acquitter par une autre perfonne. Mais jamais on n'a mis les canonicats au nombre de ces bénéfices, jamais on n'a penfé que les Chanoines puffent fe fubroger d'autres perfonnes dans la célébration du fervice divin & fe décharger fur des vicaires de l'obligation de l'office. S'il leur a été permis de prendre des vicaires, ce n'a été que pour leur prêter une affiftance convenable, & non pour favorifer en eux une intolérable négligence.

Plufieurs Chanoines s'y livroient néanmoins depuis quelque temps, & jouiffoient tranquillement des revenus de leurs prébendes, fans trop fe mettre en peine d'en remplir les devoirs, & un ufage trop commun fembloit leur tenir lieu d'une légitime difpenfe, lorfque l'églife s'affembla dans la ville de Trente. Un tel abus n'échappa point aux péres du concile. Si des maux plus preffans attirèrent leurs premiers foins, ils ne perdirent pas celui-ci de vue. Et enfin dans *le douzième chap. de réforme, feff.* 24, ils renouvelèrent à cet égard les loix, & proscrivirent tout usage, coutume, statut qui auroient pu permettre aux Chanoines des églises, soit cathédrales, soit collégiales, de s'absenter de ces églises pendant plus de trois mois chaque année, sans prétendre par-là toucher aux constitutions des églises qui demandoient un service plus long. Ils voulurent que ceux qui seroient plus long-temps absens, fussent pour la première année privés de la moitié des fruits de la prébende; qu'ils fussent privés du tout si la négligence devenoit plus longue; & enfin si elle s'opiniâtroit, qu'ils fussent poursuivis par les voies & peines canoniques. (*).

Ces décrets du concile de Trente furent adoptés par les conciles provinciaux qui se tinrent peu de temps après dans le Royaume. On peut voir celui de Rouen de l'année 1581, celui de Reims en 1583, celui de Bordeaux en 1584. On en trouve des extraits tom. 2. des Mém. du clergé, pag. 949.

Nos souverains & leurs tribunaux n'ont pas été moins zélés pour le rétablissement & l'ob-

---

. (*) *Obtinentibus in iisdem cathedralibus, aut collegiatis dignitates, canonicatus, præbendas, aut portiones, non liceat vigore cujuslibet statuti vel consuetudinis ultrà trés menses ab iisdem ecclesiis quolibet anno abesse: salvis nihilominus earum ecclesiarum consuetudinibus quæ longiùs servitii tempus requirunt, alioquin privetur primo anno unusquisque dimidia parte fructuum, quos etiam ratione præbendæ fecit suos. Quod si iterum eadem fuit usus negligentiâ, privetur omnibus fructibus quos eodem anno lucratus fuerit; crescente verò contumaciâ, contra eos juxta sacrorum canonum constitutiones procedatur.* Conc. Trid. sess. 24. cap. 12. de ref.

fervation de la difcipline fur ce point. Quoique
les ordonnances générales fur la réfidence ,
comme celle de Châteaubriant en 1551, celle
de Villers-Cotteretz en 1557, celle d'Orléans
en 1560, celle de Blois, article 14, & l'article
23 de l'édit de 1695, ne parlent expreffément
que des évêques, des curés & autres bénéficiers ayant charge d'ames, ce n'a jamais été
l'intention des légiflateurs que les Chanoines
puffent en inférer qu'ils étoient, eux, difpenfés
de la réfidence, parce qu'ils n'avoient point
cette charge. L'édit de 1580, connu fous le
nom d'édit de Melun, pour avoir été dreffé fur
les remontrances de l'affemblée générale du
clergé de France convoquée en cette ville, fuffiroit bien pour confondre une femblable prétention. Voici comment s'explique l'article 7
de cet édit : « Les chantres de notre chapelle,
» après qu'ils feront hors de quartier, feront
» tenus d'aller deffervir en perfonne les pré-
» bendes & autres benéfices fujets à réfidence
» dont ils auront été pourvus; autrement, & à
» faute de ce faire, feront privés des fruits def-
» dites prébendes & autres bénéfices fujets à
» réfidence ».

Voilà, comme on le voit, les prébendes &
canonicats compris bien formellement au nombre des bénefices où la réfidence eft requife :
l'obligation de cette réfidence bien clairement
impofée à ceux qui en font pourvus, dès que
les raifons de difpenfe ceffent pour eux, & la
peine établie difertement contre ceux qui manqueroient à ce devoir.

Auffi toutes les fois que la queftion s'en eft
préfentée dans les différens parlemens du royau-

me, ces tribunaux invariablement attachés au maintien des règles, ont toujours exigé des Chanoines pour gagner les gros fruits de leurs prébendes, une résidence au moins de neuf mois par an, & quelquefois plus longue lorsque les fondations ou statuts l'exigeoient, & ils ont toujours déclaré nuls & abusifs les statuts & réglemens des chapitres qui ne prescrivoient aux Chanoines qu'une résidence moins longue. Ce font entr'autres les dispositions d'un arrêt du parlement de Bordeaux du 24 février 1604, pour réformer un abus du chapitre de Xaintes, qui accordoit les gros fruits à la résidence d'un seul jour & à l'assistance à un seul office; d'un arrêt du parlement de Paris du 7 septembre 1607 pour l'église d'Orléans; d'un autre du même parlement du 20 mai 1669, pour les Chanoines semi-prebendés de l'église de Sens; & d'un arrêt du conseil privé du 10 février 1698, concernant l'église de Châlons. Tous ces arrêts font rapportés tom. 2 des mémoires du clergé, page 1191, 1177, 951 & 1367.

Les lois du royaume exigent donc la résidence des Chanoines aussi-bien que les lois de l'église, & la jurisprudence des tribunaux ne permet pas aux Chanoines d'être absens plus de trois mois, sans s'exposer à perdre les fruits de leurs bénéfices, conformément aux dispositions du concile de Trente & de nos conciles provinciaux.

Mais il faut bien observer ici, comme le remarque Rousseau de Lacombe, d'après Van-Espen qui cite lui-même Fagnan, & comme la seule raison l'indique indépendamment de toute autorité des auteurs, que le concile de Trente, les conciles provinciaux & les Tribunaux du royaume en foumettant à la privation des fruits de leurs bénéfices les Chanoines qui feroient abfens plus de trois mois, n'ont pas entendu par-là juftifier & autorifer toute abfence qui feroit moins longue ; ils ont feulement exempté de peine l'abfence qui n'iroit pas à trois mois, fans prétendre la légitimer, à moins qu'il y en eût des caufes légitimes dont ils ont laiffé le jugement à la connoiffance des Chanoines. En un mot, on n'a jamais abfolument permis aux Chanoines de s'abfenter fans caufe pendant trois mois, mais on leur a défendu de s'abfenter plus long-temps, à peine de privation de partie ou de la totalité des fruits de leurs bénéfices.

2°. Les Chanoines font obligés d'affifter aux offices, & l'on fent bien que c'eft à raifon de cette obligation à l'affiftance au chœur, que la réfidence leur a été fi rigoureufement prefcrite. Ces lois générales, toutes claires, toutes preffantes qu'elles étoient, ne fuffirent cependant pas ; après avoir fi pofitivement, fi ftrictement enjoint la réfidence aux Chanoines, les conciles furent encore obligés de leur prefcrire auffi févérement l'affiftance aux offices divins ; & pour rendre ces lois plus efficaces, d'ordonner qu'une partie & au moins le tiers des fruits & revenus des prébendes feroit converti en diftributions quotidiennes affectées à chaque heure & partie de l'office divin, qui feroient gagnées par ceux qui auroient affifté aux offices & dont les abfens feroient privés.

On a fur ce fujet les décrets du concile de Bâle, feffion 21, chapitre 3 & 4, acceptés par l'églife de France & tranfcrits dans la pragma-

tique fanction , les decrets des conciles provinciaux de Bourges & de Sens en 1528 , ceux du
concile de Trente & de tous les conciles provinciaux tenus depuis dans le royaume ; ils font
rapportés tome 2 des mémoires du clergé de
France depuis la page 1139, jufqu'à la pa⁊. 1163.

Les tribunaux du royaume ont toujours maintenu avec vigueur l'exécution de ces décrets &
ordonnances ; ils ont déclaré abufifs , caffé &
révoqué les ftatuts de plufieurs chapitres qui y
étoient contraires. Ce font les difpofitions d'un
arrêt rendu au parlement de Paris le 5 août
1535 , portant règlement pour l'églife d'Orléans ; d'un arrêt rendu aux grands jours de
Troyes le 12 octobre de la même année pour
l'églife de faint Etienne de Troyes ; & d'un autre
arrêt du même parlement de Paris du 11 juillet
1672 , pour l'églife de faint Pierre de Mâcon.
Voyez *les mémoires du clergé , tome , pages 1163
& fuivantes.*

La jurifprudence des cours féculières à cet
égard a même porté la févérité plus loin que la
difcipline eccléfiaftique : celle-ci , comme on l'a
vu , demande feulement que le tiers des fruits
des prébendes foit mis en diftributions quotidiennes ; notre jurifprudence veut qu'il y en ait
la moitié. C'eft ce qui a été jugé par arrêt du
parlement de Paris du 10 juillet 1546 pour l'é-
glife d'Orléans ; par l'arrêt des grands jours de
Troyes ci-deffus cité pour l'églife de faint
Etienne de Troyes ; par arrêt des grands jours
de Clermont du 20 octobre 1665 , & par l'arrêt
pour faint Pierre de Mâcon auffi cité ci-devant.
Voyez les mémoires du clergé à l'endroit indiqué.

Il s'étoit gliffé dans plufieurs chapitres deux

abus confidérables : le premier adjugeoit toutes
les diftributions du jour au Chanoine qui avoit
affifté à l'une des trois grandes heures ou offices
du jour ; l'autre en gratifioit les doyen & autres
dignitaires fans aucune affiftance de leur part.
Ces abus réprouvés par les conciles de Bâle, de
Sens & de Bordeaux , ont été formellement
profcrits par plufieurs arrêts, & notamment par
celui que rendit le parlement de Paris le 6 feptembre 1607 pour l'églife d'Orléans.

Les tribunaux ont été plus favorables à l'ufage
établi dans plufieurs chapitres , d'accorder les
diftributions quotidiennes, tant ordinaires qu'extraordinaires certaines, aux Chanoines abfens
pendant le temps où les ftatuts & coutumes des
chapitres leur permettent, ou pour mieux dire
ne leur défendent pas de s'abfenter ; il y a fur
cela plufieurs arrêts ; on en cite entr'autres un
rendu le 30 mai 1672 au parlement de Paris
pour l'églife de Laon : l'article 57 des règlemens
qu'il contient, porte que dans toutes les diftributions , revenus & émolumens des dignités &
des prébendes , nul ne gagnera franc en cas d'abfence, hors les temps accordés felon l'ufage du
chapitre.

Cet ufage n'a rien que de conforme aux règles
& aux principes, lorfque les Chanoines ne s'ab-
fentent que pour des caufes légitimes : car l'é-
glife n'ayant ordonné la converfion d'un tiers
des fruits & revenus des prébendes en diftributions, qu'afin d'engager les Chanoines à une
affiftance plus exacte à l'office, & n'ayant voulu
punir par la privation de ces diftributions que
ceux qui manqueroient à l'office par négligence
& non pas ceux à qui des empêchemens ou des

excufes légitimes ne permettroient pas de s'y
trouver, il ne feroit pas jufte de faire fupporter
cette privation à ceux que l'églife fuppofe être
legitimement empêchés, puifqu'elle ne leur défend pas de s'abfenter. Mais comme on l'a déja
obfervé, c'eft aux Chanoines à fe juger eux-
mêmes & à ne point abufer de la loi qui s'en eft
repofée fur eux.

A l'égard des autres queftions qui peuvent fe
préfenter fur la nature des diftributions, leurs
différentes efpeces, la manière de les établir,
de les répartir, les conditions requifes pour les
gagner, l'emploi à faire de celles que perdent
les abfens, voyez au mot DISTRIBUTIONS : on
n'en a parlé ici que relativement à l'obligation
impofée aux Chanoines d'affifter aux offices, &
ce point doit paroître affez établi & fuffifamment
éclairci.

3°. Ils font pareillement obligés d'affifter aux
chapitres ou affemblées de leurs corps. Ce devoir leur eft prefcrit par les règlemens de plufieurs conciles, par les ftatuts des chapitres
eux-mêmes, & il réfulte de la nature même
& de l'objet des affemblées capitulaires. Il y
en a de deux fortes quant à l'objet : les unes
regardent le maintien des regles, des ftatuts,
de la difcipline, la confervation des mœurs, la
correction des fautes ; les autres concernent
l'adminiftration & la conduite des affaires temporelles & des intérêts civils des chapitres. Les
plus juftes motifs & les raifons les plus preffantes doivent donc engager les Chanoines à fe
rendre exactement aux uns & aux autres. Dans
quelques églifes il y a une efpèce de diftribution
affectée à cette affiftance, & une punition infligée aux délinquans.

Telles font à-peu-près les obligations particulières des Chanoines comme Chanoines dont on avoit à traiter ici : ils en ont de communes avec les autres bénéficiers : ils en ont de particulières relativement à leurs chapitres. Voyez au mot CHAPITRE ce qui regarde les objets de juridiction, d'infpection & de correction que ces corps ont fur leurs membres. Voyez auffi au mot MAISONS CANONIALES, ce qui eft ordonné aux Chanoines relativement aux maifons qu'ils poffédent à ce titre.

VII. *Priviléges ou caufes qui difpenfent les Chanoines de ces obligations.*

Il n'eft ici queftion que de l'obligation de réfider & d'affifter. On appelle *Chanoines privilégiés* ceux qui fans affifter & même fans réfider jouiffent de tout ou du moins des gros fruits de leurs prébendes.

Le concile de Trente, feffion 23, cap. 1. de reform. rapporte à quatre chefs les principales caufes pour lefquelles les titulaires de bénéfices qui demandent réfidence peuvent en être difpenfés : ces chefs font, la charité chrétienne, l'urgente néceffité, l'obéiffance due, l'évidente néceffité de l'églife ou de l'état. Mais le concile n'a point déterminé les cas auxquels cette fage règle pouvoit & devoit être appliquée. On réduit ces quatre chefs à deux caufes générales de difpenfe : 1°. l'impuiffance à l'égard de ceux qui feroient empêchés ou par une injufte détention ou par des infirmités confidérables connues & atteftées ; 2°. l'utilité publique à l'égard de ceux dont les emplois font eftimés plus importans pour le fervice de l'églife ou de l'état, que ne pourroit l'être la réfidence d'un Chanoine & fon affiftance à l'office. La premiere efpèce de caufe répond aux deux premiers chefs défignés par le concile de Trente ; on fent bien que les perfonnes détenues injuftement ou griévement malades, font dans la trifte néceffité d'être abfentes de l'office & fouvent loin du lieu où le chapitre eft établi, mais que la charité chrétienne ne permet pas qu'on leur impute une telle abfence, encore moins qu'on les en puniffe par une privation de fruits qui leur font alors plus que jamais néceffaires pour adoucir les rigueurs de leur fituation. La feconde efpèce de caufe comprend également les deux derniers chefs de difpenfe propofés par les conciles : lorfque l'obéiffance légitime ou l'utilité publique appellent un Chanoine loin de fa réfidence ou le détournent du chœur, il eft jufte qu'il continue pourtant à jouir des fruits de fon bénéfice, puifqu'il n'eft point à l'égard de fon bénéfice dans le cas de la négligence & de la mauvaife volonté que les canons & les ordonnances ont voulu punir par la privation des fruits, & que les fervices qu'il rend lui donnent d'ailleurs un nouveau titre aux bienfaits de l'églife.

L'état d'infirmité, s'il n'eft affez notoire par lui-même & que le chapitre l'exige, doit être conftaté par des atteftations de médecins : trop de févérité de la part des chapitres à cet égard paroîtroit rigueur & feroit réprimé par les tribunaux. Un arrêt du parlement de Provence du 14 mai 1668 rapporté tome 2 des mémoires du clergé, page 1199, a jugé que le chapitre de Tarafcon n'avoit pu révoquer la délibération capitulaire par laquelle il avoit exempté de la pointe un Chanoine âgé de soixante & dix ans, & qui en avoit cinquante-quatre de service. Il y a cependant en quelques chapitres des règlemens sur ce sujet qui pourroient paroître d'une rigueur excessive, mais que la force des raisons qui les ont dictés rend trop respectables pour laisser à ceux qui voudroient s'en plaindre, l'espérance d'aucun succès : tel est le règlement de l'église de Paris qui n'admet aucune excuse de maladie pour le défaut d'assistance aux matines : c'étoit peut-être le seul moyen de maintenir dans cette célèbre église l'usage pieux que seule des chapitres séculiers du royaume elle a conservé, de célébrer cet office la nuit selon le rit de l'antiquité.

A l'égard des emplois, la règle la plus sûre pour juger si telle est leur importance qu'elle doive l'emporter sur l'obligation de la résidence & de l'assistance imposée aux Chanoines par leur état, c'est de s'en rapporter & de s'en tenir à ce que l'usage a sagement établi, en observant néanmoins que ceux qui veulent profiter de la faveur de cet usage & jouir des priviléges que leur donnent les états & emplois dont ils sont revêtus, doivent entrer dans les motifs & remplir les vues qui ont fait accorder ces faveurs & ces privilèges à ces états, autrement ils se rendroient indignes de l'indulgence de l'église & de la faveur des lois, qui n'ont voulu que récompenser des services.

Il faut observer encore que les Chanoines privilégiés pour réclamer l'effet de leur privilège, & avant de pouvoir en conséquence demander d'être tenus présens, doivent avoir pris posses-

tion perfonnelle de leurs prébendes : la prife de
poffeffion par procureur ne leur fuffiroit pas ,
ainfi qu'il a été jugé par deux arrêts du parlement de Paris , le premier du 25 juin 1595 dans
la caufe d'un Chanoine de l'églife de Sens , con-
feiller-clerc au parlement de Rouen ; le fecond
du 4 mars 1614 dans la caufe d'un Chanoine de
l'églife de faint-Cerneuf de Bellon en Auvergne ,
abfent pour fes études. *Mémoires du clergé* ,
tome 2 , page 1084 , & 1127.

D'après ces obfervations on va fuivre les différens états, emplois & genres d'occupations
qui felon nos ufages donnent aux Chanoines qui
les rempliffent, le privilége de toucher les fruits
ou du moins le gros de leurs prébendes, malgré
la non-réfidence & non-affiftance.

1°. *Évéques Chanoines.* Dans beaucoup de diocèfes les évêques en cette qualité font Chanoines dans leurs églifes, & ont des prébendes attachées & unies à leur menfe épifcopale. On a vu
de grands prélats fe faire un plaifir & un devoir
de remplir celui de Chanoine, lorfque les autres
foins de leur charge paftorale le leur permettoient, & c'étoit de leur part un exemple bien
édifiant pour le public & pour les chapitres, où
la préfence de l'évêque pouvoit contribuer beaucoup à maintenir la régularité. Mais rarement
les fonctions de l'épifcopat peuvent s'accorder
avec l'affiftance au chœur, & toujours elles méritent la préférence ; rien de plus jufte alors que
de tenir l'évêque comme préfent, & de le laiffer
jouir de tous les fruits de fa prébende ; il paroît
même étonnant que des chapitres aient entrepris de contefter ce privilège & ce droit à leurs
évêques, car les chapitres n'étant prefque tous

dotés que des biens communs du diocèse, qui mieux a droit d'y participer que le chef & le pasteur commun du diocèse ? Aussi les prélats ont toujours été conservés dans ce droit. On cite un arrêt rendu au parlement de Toulouse le 18 juillet 1602, rapporté tom. 2 des mémoires du clergé page 953 & suivantes, par lequel M. d'Elbene évêque d'Alby fut maintenu en possession de jouir de tous les fruits, profits & émolumens appartenans à la chanoinie qu'il possédoit en l'église d'Alby comme évêque, & ce tant qu'il feroit sa résidence actuelle dans la ville d'Alby ou autre lieu de son diocèse, ou qu'il en seroit absent pour cause légitime sans qu'il pût être sujet à la pointe, ni autrement privé de ces fruits.

C'est dans les mêmes principes que le 4 Octobre 1727 on a jugé au conseil d'état en faveur de M. l'évêque de S. Malo, que ce prélat jouiroit de tous les fruits, revenus & distributions de la prébende attachée à sa dignité sans que le chapitre pût l'en priver ni retrancher partie, ni prétendre l'assujettir à la pointe. *Rapport de 1730, pag. 185.*

2°. *Chanoines commensaux, officiers, & à la suite des évêques.* Les mêmes motifs qui ont si justement fait accorder aux évêques-Chanoines tous les fruits & revenus des prébendes attachées à leurs évêchés, sans aucune assistance de leur part & même dans le temps qu'ils sont absens de leurs diocèses, pourvû que leur absence ait des causes légitimes ; ces mêmes raisons ont fait étendre la même faveur à ceux des Chanoines que les évêques jugent à propos d'employer pour les soulager dans l'administration & gouvernement du diocèse.

Le droit autorife d'abord un évêque à prendre
des Chanoines pour s'en aider perpétuellement,
les avoir toujours auprès d'eux, en faire fes commenfaux. Les Chanoines que l'évêque choifit
ainfi & auxquels il donne des lettres qu'on appelle
de comitatu font difpenfés de l'affiftance & même
de la réfidence, & n'en jouiffent pas moins des
fruits de leurs prébendes pendant tout le tems
qu'ils font dans leurs emplois. C'eft la difpofition
précife du droit canonique (*) qui n'excepte des
fruits à percevoir que ceux qui confiftent en
vivres, *victuales*. Les conciles provinciaux de
Rouen en 1581, & d'Aix en 1585 ont adopté
ces difpofitions. Les tribunaux les ont confacrées
par leur jurifprudence ; l'attachement & le fervice des Chanoines commenfaux leur a même
paru fi digne de faveur qu'ils les ont autorifés à
percevoir les fruits de leurs prébendes même
avant d'avoir fait leur ftage dans les chapitres
qui en demandent, & ont dans la fuite ôté jufqu'à la réferve ou l'exception que le droit canonique avoit faite pour ce qui fe diftribue en
vivres. Ici les arrêts font prefque fans nombre.
Chopin lib. 2 *rerum monafticarum* tit. 3 §. 15
en rapporte un rendu au parlement de Paris le

(*) Cap. de cætero 7. de Cler. non refid. *Statuimus ne
Canonicis donec in fervitio tuo fuerint, quicquam fubtrahi
debent vel auferri, quod de communitatis fibi beneficio de-
betur, nifi forte fint victualia quæ non confueverunt abfen-
tibus exhiberi.*

Cap 15. *Ad audientiam ibid. decernimus ut duo ex
Canonicis ecclefiæ memoratæ in tuo fervitio exiftentes, fua-
rum fructus integre percipiant præbendarum, cum abfentes
dici non debeant qui tecum pro tuo & ipfius ecclefiæ fervitio commorantur.*

18 juin 1587, par lequel Adrien d'Amboife Chanoine de Noyon, étant *de comitatu* de fon évêque a été maintenu par cette raifon en la jouiffance des fruits de fa prébende, quoiqu'il n'eût pas fait de ftage : autre arrêt du même parlement du 6 février 1606 par lequel il a été jugé que les deux Chanoines de Meaux étant à la fuite de leur évêque jouiroient des fruits de leurs prébendes de même que les autres Chanoines privilégiés ; autre arrêt du même parlement du 19 mars 1612 portant qu'un Chanoine de Noyon qui étoit à la fuite de fon évêque feroit payé de tous les fruits de fa prébende, excepté les diftributions manuelles & le bois qui fe diftribue aux Chanoines ; autre arrêt de la même cour du 20 février 1628 en faveur d'un Chanoine d'Auch qui étoit à la fuite de fon archevêque ; autre arrêt de la même cour du 28 mai 1650 qui adjuge à un Chanoine de Coutances toutes les diftributions de cette églife pour le temps qu'il étoit à la fuite de fon évêque, excepté les diftributions manuelles ; autre arrêt du 16 juillet même année en faveur de deux Chanoines de Reims ; autre arrêt du confeil d'état du 6 août 1677 qui ordonne que les deux Chanoines choifis par l'évêque de Lifieux pour être à fa fuite feront tenus préfents & gagneront toutes les diftributions tant groffes que manuelles, en la même manière que les députés pour les affaires du chapitre ; enfin plufieurs autres arrêts contenans de femblables difpofitions, *tome 2 des mémoires du clergé, depuis la page 974 jufqu'à la page 985.*

Par rapport au nombre de Chanoines commenfaux que les évêques peuvent choifir & retenir auprès d'eux, il ne fe trouve fixé par aucune loi,

loi : la deuxième décrétale citée & les arrêts rapportés ne parlent que de deux.

Les évêques peuvent prendre à leur suite les théologaux & les autres dignitaires de leurs églises aussi bien que les simples Chanoines. Les conciles de Rouen & d'Aix ci-dessus cités en contiennent une disposition expresse : on peut appliquer ici l'évidente nécessité de l'église annoncée par le concile de Trente pour l'un des quatre chefs des causes légitimes d'absence : c'est ce qui a été jugé par le parlement de Toulouse en faveur de M. l'archevêque d'Auch qui avoit pris à sa suite le théologal de son église auquel le chapitre refusoit de le tenir présent ; cet arrêt est rapporté par Albert en son recueil d'arrêts livre V, n. 8 : cet arrêtiste ajoute que la même chose avoit été déja jugée en 1634 en faveur de l'évêque de Castres.

Si le bien & l'avantage de l'église autorisent en effet les évêques à prendre parmi les Chanoines ceux qu'ils jugent devoir leur être utiles pour l'administration de leur diocèse, ils doivent avoir le droit de choisir entre eux ceux qu'ils croient devoir leur être le plus utiles. Il y auroit cependant une exception à faire pour les dignités chargées de quelques devoirs particuliers. Ainsi par l'arrêt ci-devant cité du 6 février 1606 en faveur des commensaux de M. l'évêque de Meaux, le parlement en adjugeant aux deux commensaux tous les fruits de leurs prébendes, adjugea au chapitre les fruits de la chancellerie dont l'un des deux étoit pourvu ; le chapitre avoit exposé & prouvé que son chancelier étoit en cette qualité tenu d'enseigner ou faire enseigner le chant aux jeunes clercs du chapitre. Les lettres de *comi-*

tatu pouvoient bien le difpenfer comme Chanoine de l'affiftance au chœur, mais elles ne pouvoient pas le décharger de l'obligation attachée
à fa dignité.

Les grands-vicaires, officiaux & promoteurs
des évêques ont obtenu fur les mêmes motifs
le même privilége, au confeil du roi : il y a été
rendu dans ce fiecle plufieurs arrêts en faveur de
ces officiers. M. l'archevêque de Reims en obtint
un contre fon chapitre le 11 avril 1723 par lequel
il fut ordonné, que les deux Chanoines que
M. l'archevêque de Reims avoit droit d'avoir
à fa fuite, les vicaires-genéraux au nombre de
deux feulement, les officiaux métropolitain &
diocèfain & le promoteur du diocèfe lorfqu'ils
feroient employés dans leurs fonctions, feroient
tenus préfents en l'églife de Reims & jouiroient
tant des gros fruits de leurs canonicats que de
toutes les diftributions manuelles & quotidiennes de quelque nature qu'elles fuffent comme
s'ils fervoient actuellement au chœur, en faifant
apparoir au chapitre capitulairement affemblé de
leurs titres & qualités. *Rapport* de 1740, page 140.

En 1725 le 29 feptembre M. l'évêque d'Orléans obtint contre fon chapitre un arrêt portant
à peu près les mêmes difpofitions, mais il y étoit
ajouté que les Chanoines ainfi employés pour
jouir des droits de préfence, feroient tenus d'a-
vertir le chapitre capitulairement affemblé, ou
le ponctuateur. Le chapitre d'Orléans ayant
voulu faire l'application de cette claufe aux deux
Chanoines *de comitatu*, M. l'évêque d'Orléans
obtint le 18 janvier 1727 un nouvel arrêt par
lequel en interprétant le précédent fa majefté
déclara que fon intention n'avoit pas été d'affu-

jettir les deux Chanoines *de comitatu*, à l'obligation impofée aux autres eccléfiaſtiques d'avertir le chapitre de leur abfence. Enfin le même chapitre ayant encore par des concluſions des 27 juin, 8 juillet 1733 & 26 novembre 1735 arrêté que les deux Chanoines *de comitatu* gagneroient les gros fruits & diſtributions, *lors feulement qu'ils feroient à la fuite de M. l'évêque ou employés aux affaires du diocèfe, & non autrement.* Sur une nouvelle requête du prélat, intervint un dernier arrêt le 27 mars 1736 qui caffe les concluſions, ordonne qu'elles feront rayées, & porte que les deux Chanoines qui avoient des lettres *de comitatu*, continueroient d'être tenus préfents au chœur pour le gain des gros fruits & des diſtributions tant quotidiennes que manuelles de quelque nature qu'elles foient, fans être tenus d'avertir le chapitre ni le ponctuateur de leurs abfences, ni de juftifier des caufes d'icelles même lorfqu'ils s'abfenteront hors du diocèfe. *Même rapport pag. 138.*

Dès le 4 octobre 1727 dans le célèbre arrêt du confeil d'état entre M. l'évêque de S. Malo & fon chapitre, il avoit entr'autres règlemens été ordonné que conformément aux règlemens généraux du clergé de France des années 1606, 1625, 1635, 1645 & 1650, & aux arrêts du confeil du roi de 1636 & 1677, les Chanoines commenfaux, grands vicaires & autres officiers du feigneur évêque feroient tenus préfens & gagnant toutes les diſtributions de quelque nature qu'elles fuffent tant groffes que manuelles, même celles des obits, anniverfaires & fondations, ainfi que l'avoient été les députés du chapitre pour les affaires du chapitre. *Rapport de 1730, page 183.*

Le chapitre de Rieux pour l'exécution d'une fondation qu'il avoit faite pour la fête de Noël & celle de la Nativité, ayant arrêté & délibéré que pour être tenus préfens, les malades & ceux qui feroient employés pour le fervice fpirituel & temporel de l'églife feroient tenus de fe faire excufer nommement ; un Chanoine grand-vicaire & d'autres en appelèrent comme d'abus : M. l'évêque de Rieux adhéra à l'appel fur ce fondement que le chapitre en exigeant que ceux qui fe trouveroient occupés pour le fervice de l'églife feroient tenus de fe faire nommément excufer, s'érigeoit en juge des raifons que pourroient avoir les Chanoines *de comitatu*, les grands-vicaires & les officiers de l'évêque. Le parlement de Touloufe jugea le 8 juillet 1733 en faveur du chapitre ; mais M. l'évêque s'étant pourvu au confeil, il fut ordonné par arrêt du 26 feptembre 1726 que la claufe de la délibération du chapitre portant que les Chanóines qui n'affifteroient pas feroient tenus de fe faire excufer nommément, feroit entendue de manière que ceux qui feroient occupés aux affaires fpirituelles ou temporelles de l'églife ou du diocèfe, feroient feulement avertir le pointeur lorfqu'ils s'abfenteroient, fans que le pointeur ni d'autres puffent entrer en aucune connoiffance ni examen des caufes d'abfence. *Rapport de 1740, page 24.*

Le fieur Roffignol aumônier de M. l'archevêque d'Alby ayant été pourvu d'un canonicat de la cathédrale, le chapitre par délibération du 11 juin 1745 s'en remit au prélat pour décider fi le fieur Roffignol feroit tenu préfent ; M. l'archevêque décida pour fon aumônier ; cinq Chanoines s'y oppofèrent. Le fieur Roffignol fe pourvut au conseil & allégua l'usage du chapitre & la circonstance qu'il étoit le seul chanoine à la suite de l'archevêque ; par arrêt du 27 novembre 1745 il fut ordonné que le sieur Rossignol seroit tenu & réputé présent & jouiroit de toutes les rétributions de son canonicat tant qu'il feroit les fonctions d'aumônier auprés du sieur archevêque. *Rapport de 1750, page 96.*

Il faut observer cependant qu'il y a une différence essentielle à faire entre les Chanoines choisis par l'évêque pour l'aider dans le gouvernement du diocése, qu'on appelle *de comitatu*, ainsi que les grands-vicaires, officiaux, promoteurs, & les simples officiers commensaux tels que sont les aumôniers & secrétaires : les premiers sont privilégiés de droit & doivent être tenus présens ; les seconds ne sont pas privilégiés de droit, mais seulement lorsque l'usage en est établi, & cet usage est plus favorablement reçu lorsque, comme dans l'espèce de l'arrêt qu'on vient de rapporter, l'évêque n'a pas consommé le droit qu'il a d'avoir deux Chanoines à sa suite.

La raison de cette différence est sensible ; tous ne sont pas propres au gouvernement & à concourir à l'administration d'un diocèse ; lorsqu'un évêque rencontre des personnes qui réunissent les qualités & les talens nécessaires pour ces fonctions relevées, il doit lui être permis de se les attacher, & le bien qui en résulte pour l'église est une raison suffisante pour accorder à ceux qu'il choisit ainsi la dispense d'assister & même de résider : mais les fonctions d'aumônier & de secrétaire des évêques ne demandant ni les mêmes talens ni les mêmes qualités, & ces fonctions n'étant pas aussi relatives au bien général, il n'est pas fi convenable de donner des difpenfes à ceux qui les rempliffent.

On a douté fi dans le cas où les évêques prendroient des Chanoines d'églifes collégiales pour être *de comitatu*, ou pour en faire leurs grands-vicaires, officiaux, ou promoteurs, ces Chanoines devoient jouir du privilége d'être réputés préfens. Dumoulin dans fes notes fur le chapitre *ad audientiam* ci-deffus cité, eft pour la négative. Du Pineau dans fes remarques fur les notes de Dumoulin, Fevret liv. 3, de l'abus, & d'autres ont adopté ce fentiment. De Selve dans fon traité *de benef.* 4 part. *quæft.* 66, & plufieurs canoniftes ont embraffé le fentiment contraire : le chapitre *de cætero* eft favorable à ce fentiment par les termes généraux dans lefquels il eft conçu, & la règle commune n'eft pas moins propre à l'établir : fi le bien de l'églife a paru exiger qu'on tint pour préfens les Chanoines abfens pour l'utilité du diocèfe, ils doivent également jouir de ce privilège foit qu'ils foient Chanoines dans la cathédrale, foit qu'ils le foient dans des collégiales du diocèfe. C'eft ce qui a été jugé par arrêt du confeil du 21 décembre 1648 en faveur d'un Chanoine de l'églife collégiale de S. Pierre de Soiffons pour le temps qu'il feroit à la fuite de fon évêque, & le 11 mai 1656 en faveur d'un Chanoine de la collégiale de S. Vaft même diocèfe : ces deux Chanoines étoient en même-temps Chanoines de la cathédrale de Soiffons, ce qui ne rendoit pas leur caufe plus favorable.

La queftion s'eft encore préfentée depuis & a été jugée de même par arrêt du parlement de Paris du 31 décembre 1725, en faveur du fieur

Barlot Chanoine de la collégiale d'Aire en Artois fecrétaire de M. l'évêque de S. Omer, & auquel ce prélat avoit donné des lettres *de comitatu*. L'affaire fut inftruite contradictoirement & avec grand appareil ; on trouve les pièces & les moyens des parties dans le *rapport de 1730, page 23 & fuivantes.*

3°. *Chanoines-miffionnaires, archidiacres, agens-généraux, &c.* On compte avec raifon au nombre des Chanoines privilégiés ceux qui font occupés à la prédication & aux miffions dans le diocèfe par l'ordre des évêques : on y joint comme on vient de le voir les grands-vicaires, les officiaux, les promoteurs faifant les vifites des diocèfes ou autres fonctions de leurs charges dedans ou dehors ; on y ajoute encore les archidiacres pendant le cours de leurs vifites, les agens-généraux du clergé pendant le temps de leurs agences, les députés aux conciles & aux affemblées générales ou provinciales du clergé pendant le temps de leur députation, y compris le temps donné pour aller & revenir, les commiffaires députés aux chambres eccléfiaftiques, les fyndics des diocèfes, les députés des chapitres ; toutes ces perfonnes font difpenfées de la réfidence & perçoivent les fruits de leurs prébendes.

C'eft ainfi que l'ont réglé plufieurs délibérations des affemblées générales du clergé en 1579, 1602, 1605, 1614, 1619, 1625, 1635, 1645, 1650, & que l'ont décidé plufieurs arrêts du confeil de 1636, 1638, 1640, 1645, 1670, &c. voyez *tom. 2 des mémoires du clergé, page 990 & fuivantes.*

4°. *Chanoines officiers de la chapelle du roi, de la reine, des princes du fang, &c.* On cite pour

l'établissement du privilége si favorable accordé
à ces officiers, différentes bulles des papes Alexandre IV, Grégoire X, Martin IV, Jean XXII:
celle de Clément VI du 20 avril 1351 est plus
connue : bien des auteurs prétendent que ce privilége est plus ancien que ces bulles.

Il est confirmé par des lettres-patentes de
1551, 1554, 1567, 1581, 1606, 1612, &
1666. Dans celles-ci Louis XIV confirme &
approuve tous & chacun des priviléges accordés
aux officiers de la chapelle & oratoire & autres
ecclésiastiques employés dans les états des maisons royales, par les bulles des papes & les rois
ses prédécesseurs, & ordonne qu'ils soient tenus
présens en toutes les églises du royaume pour
tous les bénéfices, offices & dignités durant tout
le temps de leur service, savoir, les ordinaires
pendant toute l'année, ceux de semestre pendant
six mois, & ceux de quartier pendant trois mois,
avec deux mois à chacun d'eux pour aller &
venir ; qu'ils jouissent de tous les fruits de leurs
bénéfices, des droits de nomination aux bénéfices & autres droits généralement quelconques,
à la réserve seulement des distributions manuelles.
Cette loi a été vérifiée au grand-conseil.

En conséquence ce tribunal par arrêt du 17
juillet 1725 rendu en faveur du sieur Delaitre
aumonier de la maison du roi & Chanoine de
saint Jacques de la Boucherie, a ordonné que
les tables de la pointe de cette église pour les
années 1723, 1724 & les six premiers mois
1725 seroient réformées ; que le sieur Delaitre
jouiroit de ses trois mois de vacances ordinaires, des six sous par jour d'augmentation & des
bougies qui se distribuent manuellement à cha-

que Chanoine à matines & généralement de toüs les fruits quelconques. *Rapport de 1730, page 37 & fuivantes.*

La bulle de Clément VI ne parloit que des officiers de la chapelle du roi & de celle de la reine, & il y eut arrêt conforme au confeil du roi le 19 juin 1685.

·Mais les privilèges des commenfaux de la maifon du roi ayant été étendus aux officiers des princes du fang, les Chanoines qui étoient leurs aumôniers prétendirent qu'ils devoient être tenus préfens pendant leur fervice : & c'eft ce qui a été jugé par deux arrêts du parlement de Paris, le premier du 20 février 1635 en faveur d'un Chanoine de faint Honoré, & le fecond du 31 janvier 1638 en faveur d'un Chanoine de faint Etienne de Bourges, tous deux aumôniers du prince de condé.

Il a été jugé par arrêt du confeil du 13 feptembre 1677 qu'un précepteur des pages de la grande écurie, Chanoine de faint Quentin, feroit difpenfé de la réfidence & percevroit les fruits de fa prébende.

Mais un aumônier du régiment des gardes, Chanoine de Crepy, qui avoit prétendu le mème privilège, en fut débouté par arrêt du 6 mars 1658.

Les dignitaires peuvent comme les autres Chanoines jouir de ce privilége ; ils font également compris dans la bulle de Clément VI & défignés dans la déclaration de 1666.

Ce privilège ne s'étend pas néanmoins à tous les bénéfices des cathédrales & des collégiales. Par arrêt du parlement de Paris du 27 juillet 1571 il fut jugé qu'un Chanoine hebdomadier de l'églife de Clermont ne pouvoit reclamer ce privilége. L'arrêt paroit avoir été fondé fur ce que le titulaire ne pouvant faire deffervir fon bénéfice *per vicarium*, le fervice auroit manqué. Ce motif peut s'appliquer à d'autres bénéfices de même qualité.

Des bénéficiers inférieurs des églifes d'Aix & de Rennes ayant prétendu comme chapelains de la fainte Chapelle de Paris jouir quoiqu'abfens des fruits de leurs bénéfices, les deux chapitres en adreffèrent leurs plaintes au clergé : l'affaire fut portée au confeil du roi qui pour terminer toute conteftation à cet égard donna une déclaration le 2 avril 1727. Elle veut que conformément aux privilèges exprimés dans les bulles des papes & la déclaration de mars 1666, les officiers de la chapelle & oratoire du roi & ceux de la fainte Chapelle de Paris foient réputés préfens en toutes les églifes du royaume pour tous les bénéfices, offices & dignités dont ils font & feront pourvus avec faculté de jouir des revenus y attachés quand même ils n'auroient pas fait le ftage prefcrit par les ftatuts, à la charge néanmoins de prendre poffeffion perfonnelle fi les ftatuts l'exigent, & de faire le ftage après le temps de leur fervice auprès du roi.

Mais à l'égard des bénéfices des églifes cathédrales & collégiales (autres que les dignités & prébendes) chargés par l'ufage des chapitres d'un fervice perfonnel & conditionnel, le roi veut qu'ils foient à l'avenir cenfés incompatibles avec les charges de fa chapelle & oratoire & avec le fervice de fa fainte-Chapelle de Paris ; & que ceux qui en feront pourvus foient tenus d'opter felon les règles de droit & dans le temps y porté, paffé lequel fa majefté les déclare vacans & impétrables, dérogeant à cet. égard en tant que de befoin à la déclaration de 1666. Cette déclaration a été enregiftrée au grand-confeil le 5 mai 1727.

Dans l'établiffement du privilège, les privilégiés étoient privés de toutes les diftributions même quotidiennes quoique prifes fur les gros fruits; c'étoit la difpofition précife de la bulle de Clément VI; mais la déclaration de 1666 & la jurifprudence des arrêts ont étendu la faveur du privilége à toutes les diftributions quotidiennes & autres, à la réferve feulement de celles qui de tout temps fe font faites à la main au chœur & pendant le fervice divin en argent fec & monnoyé.

Les Chanoines privilégiés n'ont pas befoin, comme il eft porté par la déclaration de 1727, d'avoir fait leur ftage pour jouir de leur privilège; mais ils doivent rapporter à leurs chapitres des certificats de leur fervice donnés par le grand-aumônier ou tel autre qu'il appartient. Le parlement de Paris l'avoit ainfi ordonné par l'arrêt du 25 janvier 1582 pour l'enregiftrement des lettres-patentes obtenues par les chantres & chapelains du roi en 1581 : cette même condition a encore été prefcrite par un arrêt du confeil du 19 juin 1585.

· Les bulles des papes n'avoient rien réglé fur le nombre de Chanoines privilégiés qui pouvoient être en. chaque églife. Pour éviter que les églifes ne fuffent fur chargées par des privilégiés non réfidens, Henri II, par un édit de 1554, ordonna que dans les églifes cathédrales ou collégiales où il n'y a pas plus de quarente Chanoines, il n'y auroit au plus que quatre privilégiés des chapelles royales, & que dans les églises où le nombre est de plus de quarante, il pourroit y en avoir jusqu'à six. L'exécution de cet édit a été ordonnée par l'arrêt du conseil-privé du 19 juin 1585, rendu en forme de règlement pour l'église de Meaux dans la cause du sieur Leschevel, Chanoine de cette église & chantre de la chapelle du roi.

5°. *Chanoines-conseillers-clercs.* Plusieurs auteurs & les anciens arrêts tirent l'origine du privilège dont jouissent les Chanoines-conseillers-clercs dans les cours souveraines, d'être tenus présens & de gagner les fruits de leurs prébendes pendant leur service dans ces tribunaux, d'une extension donnée à une clause des bulles par lesquelles les papes accordoient aux officiers de la chapelle & oratoire du roi & de la reine, la dispense de résider & par conséquent d'assister. Cette clause est celle par laquelle les souverains pontifes désignoient les clercs qu'ils entendoient gratifier : elle étoit conçue en ces termes, *les chapelains & clercs qui sont à votre service* (*); termes dans lesquels on a compris, comme on le devoit, les clercs-officiers dans les cours souveraines, & qui sont d'une manière si distinguée & si utile au service des rois.

Cette origine du privilège n'auroit sans doute rien que d'honorable. Mais étoit-il besoin pour l'établir ce privilège, de recourir à une dispense du pape, & de s'appuyer sur l'extension d'une faveur dont les magistrats-clercs n'auroient pas

_____

(*) *Capellani & clerici vestris obsequiis insistentes.*

été les premiers objets, & dans laquelle ils ne
se trouveroient compris que par une sorte d'interprétation ? La noblesse & l'importance des
fonctions de la magistrature n'offroient-elles pas
pour le privilège dont il s'agit, un titre aussi
respectable & plus solide même qu'une dispense ?
Ce titre est puisé dans les plus certaines maximes du droit ; c'est d'après ces maximes, que
le concile de Trente a placé au nombre des
quatre chefs principaux, d'où se doivent prendre les causes qui dispensent de résider, l'utilité de la religion & celle de l'état ; cette double
utilité se trouve dans le service que les conseillers-clercs rendent dans les cours souveraines. Ils y concourent avec tous les membres
de ces augustes corps au bien public de l'état,
& au maintien de nos libertés. L'église gallicane
a bien senti cet avantage, & a toujours regardé
comme l'un de ceux qu'elle tenoit de la bonté
de nos rois, les réglemens en vertu desquels il
y a dans les cours souveraines un nombre fixe
de places qui ne doivent être remplies que par
des clercs. Le service qu'ils y rendent, & à
l'église & à l'état, forme donc le vrai & le
plus beau titre, le plus assuré fondement de
leur privilège.

M. Dolive, conseiller au parlement de Toulouse, dans son recueil de questions notables, chapitre 11, aux notes, après avoir exposé le sentiment commun dont on a d'abord parlé ci-dessus,
sur l'origine du privilège dont il s'agit, rapporte,
comme des lettres-patentes d'un roi Charles,
un acte portant commandement au chapitre
de Clermont, de délivrer à un conseiller-clerc
de la cour, les fruits de sa prébende. Mais

suivant Chopin, *de sacra politica*, & Tournet dans ses arrêts, cet acte n'étoit pas des lettres-patentes. (*) expédiées en la grande chancellerie; c'étoit simplement un certificat de service, donné au conseiller qui étoit Chanoine, avec un ordre du parlement au chapitre où il possédoit sa prébende, de lui en faire délivrer les fruits.

Les chapitres ne manquoient guères de déférer à ces certificats & à ces ordres; si quelques-uns entreprirent de tems en tems de s'y soustraire, leurs tentatives à ce sujet furent toujours promptement réprimées par des arrêts qui ont affermi & fixé la jurisprudence sur ce point.

Il y en a un rendu au parlement de Paris le 13 décembre 1550, qui a condamné le chapitre du Mans à fournir à M. Couvrot, conseiller en la

---

(*) Ces auteurs rapportent ainsi cet acte : *Carolus....* *dilectis nostris decano, Canonicis & capitulo.... salutem.* *Cum à sede apostolicâ nobis sit inductum, ut clerici, & omnes personæ ecclesiasticæ nostris insistentes obsequiis, fructus redditus & proventus suorum beneficiorum eâ integritate percipiant, quâ ipsos perciperent, si in ecclesiis in quibus ea obtinent personaliter residerent, significamus vobis quod dilectus noster in nostrâ parlamenti curiâ consiliarius N. præbendatus vestræ ecclesiæ nostris obsequiis ab anno incessanter institit & insistit, suum officium in dictâ curiâ exercendo. Unde vos rogamus, nihilominus mandantes, quatenus eidem consiliario nostro, aut ejus procuratori, de fructibus, proventibus & emolumentis ad dictum Canonicatum & præbendam spectantibus, quotidianis distributionibus duntaxat exceptis, ab iis quorum interest faciatis integrè responderi, taliter acturi quod nobis & dicto consiliario nostro debeat esse gratum. Datum Parisiis in parlamento nostro, &c.*

cour, & Chanoine prébendé en l'église du Mans, les gros fruits & autres revenus de sa prébende, excepté les distributions quotidiennes, depuis qu'il étoit possesseur de sa prébende, quoiqu'il n'eût point fait la première résidence requise par les statuts de cette église.

Un autre arrêt du conseil-privé, en date du 19 mai 1585, a condamné le chapitre de Meaux à payer à M. Coquelai, conseiller en la cour, la moitié des gros fruits & autres revenus de sa prébende, excepté les distributions manuelles qui ont de tout tems *accoutumé d'être distribuées en argent, aux présens & assistans au service de ladite église, tant & si long-tems qu'il seroit conseiller en ladite cour, & Chanoine en ladite église de Meaux.* On ne doit pas s'étonner, & les chapitres ne doivent pas se prévaloir de ce que le chapitre de Meaux n'est condamné à payer que la moitié des gros fruits & autres revenus de sa prébende, à M. Coquelai. Ce conseiller-clerc, par un abus encore alors assez commun, étoit titulaire de deux prébendes, l'une à Paris, l'autre à Meaux. On lui adjugeoit donc autant que la totalité des revenus d'une prébende entière, en le faisant jouir de la moitié de l'une & de l'autre. L'arrêt ajoute, *à la charge toutes-fois que le sieur Coquelai sera tenu durant le tems accordé pour les vacations de ladite cour, résider une partie dudit tems en ladite église de Meaux, & assister au service divin qui se fait en icelle, pourvu qu'il ne soit retenu pour servir en la chambre ordonnée, en tems de vacation.*

Un autre arrêt du parlement de Paris du 25 juin 1595, a de-même condamné le chapitre de Sens, à payer à M. de Moussy, conseiller au parlement de Rouen, *les fruits & revenus de la prébende dont il étoit pourvu en cette église, tels que les autres Chanoines résidens, ont accoutumé prendre & percevoir, fors & excepté les distributions manuelles, depuis le jour qu'il a été reçu en personne.*

Deux arrêts du parlement de Toulouse des 18 juillet 1658, & 14 mars 1689 ont adjugé à des conseillers - clercs tous les fruits généralement de leurs prébendes, à l'exception des distributions manuelles que les assistans reçoivent à l'issue du chœur, & cela pour tout le tems de la tenue du parlement, hors duquel & dans le tems des vacations, les conseillers-clercs qui ne font pas de service alors, font sujets à l'obligation d'assister aux offices sous les peines ordinaires ; & ont déchargé néanmoins MM. les conseillers-clercs de servir leurs bénéfices, les jours fériés de la tenue du parlement.

M. Maynard, dans ses questions notables, rapporte un arrêt bien plus ancien de la même cour, qui, le 7 septembre 1486, condamna le chapitre d'Agde à payer à M. Lullier, conseiller, & servant continuellement au parlement, tous les fruits & émolumens de sa prébende.

On peut voir d'autres arrêts sur le même sujet, rapportés, ainsi que ceux qu'on vient d'extraire, dans le tome 2 des mémoires du clergé, pages 1083, & suivantes.

Il en résulte premièrement, que la jurisprudence s'est adoucie sur les distributions : suivant l'ancienne formule & les premiers arrêts, on exceptoit des fruits, que les conseillers-clercs
devoient

devoient percevoir, toutes les diftributions quotidiennes ; on n'excepte plus aujourd'hui que les
manuelles & avec raifon, comme on l'a déjà
fait obferver : la privation des diftributions ordinaires eft une punition infligée à la négligence ;
or il n'y a point de négligence à imputer à ceux
qu'une caufe légirime difpenfe de réfider & d'affifter ; on ne doit pas même fuivant les règles
du droit, regarder comme abfens, ceux qui ne
le font que pour le fervice de la république ;
& c'eft l'état des confeillers-clercs. Il réfulte
fecondement de ces arrêts, que les confeillers-
clercs font difpenfés du ftage dans les églifes où il
eft requis par les ftatuts : Troifièmement, qu'ils
doivent pourtant avoir pris poffeffion perfonnelle, parce que fuivant l'avis de M. Loüet, on
ne doit pas admettre fiction fur fiction : Quatriè-
mement, que ce privilége n'a d'effet que pour
le tems où les confeillers-clercs font occupés
aux cours de parlement, & non en tems de
vacation : Cinquièmement, que ce privilège
n'a pas moins lieu, quoique les prébendes dont
ils font pourvus ne foient pas dans l'étendue du
reffort de la cour fouveraine où ils fervent.
C'eft l'efpèce de l'arrêt rendu en faveur de
M. de Mouffy.

Le rédacteur des mémoires du clergé, tome
2, page 1000, remarque il eft vrai, que fuivant l'avis de plufieurs, cet arrêt pourroit avoir
été rendu en des circonftances particulières,
& que dans la thefe générale, la chofe pourroit fouffrir difficulté ; qu'on prétend même
qu'il y a des arrêts contraires. Albert dans fon
recueil du parlement de Touloufe, livre 1,
article 7, écrit que la préfence ayant été re-

fufée par le chapitre d'Auch, à l'un de fes Chanoines, conseiller au parlement de Rouen, le parlement de Touloufe confirma ce refus par arrêt du 16 mai 1628, & que le conseiller s'étant pourvu au conseil, fa requête fut rejetée le 22 février 1629.

Ce feroit bien plutôt ici, ce femble, qu'il faudroit recourir à des circonftances particulières pour expliquer cette décifion : car dans la thèfe générale, quels motifs pourroit-on alléguer pour reftreindre au reffort des cours fouveraines où fervent les confeillers-clercs le privilége que ce fervice leur donne d'être tenus préfens aux prébendes dont ils peuvent être pourvus ? Si ce privilège vient, comme on le penfe communément, de ce qu'ils font cenfés compris dans les difpenfes accordées par les papes, aux clercs attachés au fervice du roi, pourquoi ce privilège auroit-il moins d'étendue en faveur des confeillers-clercs, qu'en faveur des officiers de la chapelle ? Or en vertu de ce privilège, ceux-ci font réputés préfens dans toutes les églifes du royaume, n'importe en quelle province ces églifes foient fituées. Si l'on fonde le privilège des confeillers fur l'importance des fervices qu'ils rendent à l'églife & à l'état en cette qualité, ce titre ne rend-il pas ce privilège également favorable dans toutes les parties de la France ? Ne font-elles pas à cet égard en quelque forte toutes folidaires les unes pour les autres.

Mais ce privilège doit-il s'étendre aux Chanoines confeillers-clercs aux préfidiaux & aux bailliages ? C'eft une queftion difputée entre les auteurs, & la jurifprudence des arrêts

n'y paroît pas favorable. Henrys dans ſes arrêts, tome 1, livre 2, queſtion 17, la traite
amplement, & apporte pluſieurs raiſons pour
prouver que ces Chanoines pendant leur ſervice dans ces tribunaux, ſont diſpenſés de réſider
à leurs bénéfices, & doivent en percevoir les
fruits : mais il avoue que trois fameux avocats,
conſultés ſur cette queſtion, l'ont jugée dou-
teuſe & ſe ſont décidés pour la négative. M.
d'Olive écrit que ce privilège a particulièrement été accordé aux conſeillers des parlemens,
& qu'on ne l'étend point aux autres compagnies
de juſtice. Il rapporte pour préjugé, un arrêt
du parlement de Toulouſe du 20 juin 1627,
qui a refuſé la jouiſſance de ce privilège à un
Chanoine de Caſtelnaudary, conſeiller en la
chambre eccléſiaſtique ; arrêt contraire aux
maximes & à l'uſage dont on a donné ci-deſſus
les preuves. Les conſeillers aux chambres eccléſiaſtiques ont même une raiſon particulière
pour être tenus préſens à leurs bénéfices pendant leur ſervice dans ces chambres. Albert à
l'endroit cité, rapporte un autre arrêt du même
parlement qui eſt plus dans l'eſpèce ; le ſieur
de Caſtera, Chanoine d'Auch, & conſeiller à
la ſénéchauſſée, ayant obtenu en 1640, un arrêt qui ordonnoit au chapitre de le tenir préſent, à la charge qu'il aſſiſteroit aux offices les
jours de fêtes, & pendant les vacations, le
ſieur Croiſſant, auſſi Chanoine & conſeiller,
prétendit devoir jouir du même privilège ; mais
le ſyndic du chapitre s'étant pourvu contre cet
arrêt obtenu ſur requête, & ayant ſoutenu que
le privilège n'avoit été accordé qu'aux conſeillers du parlement la cour par arrêt du 22

mars 1644, déclara n'empêcher que le chapitre pointât Croiſſant en cas d'abſence.

Ces doutes & ces préjugés doivent faire ſentir que ſi les privilèges accordés par les papes aux clercs de la chapelle & oratoire du roi ont été l'occaſion de celui qui s'eſt établi en faveur des conſeillers-clercs, ils n'en ont été d'ailleurs ni la forme, ni la régle, ni la meſure. Autrement comme le privilège des clercs de la chapelle ne s'applique pas moins aux derniers chapelains qu'aux aumôniers du premier ordre, il auroit auſſi fallu étendre le privilége des conſeillers-clercs aux conſeillers des préſidiaux, & des bailliages, où ils ſont tous en effet quoique dans un dégré inférieur, officiers & conſeillers du roi. Nouvelle preuve que c'eſt à l'importance & à l'éminence des fonctions des magiſtrats dans les cours ſouveraines, qu'il faut attribuer les privilèges dont les conſeillers-clercs y jouiſſent, bien plus qu'au ſimple titre d'officiers du roi ; titre honorable ſans-doute, mais auquel ne ſont pas toujours attachés certains privilèges.

6°. *Chanoines profeſſeurs.* La faveur des études & l'avantage univerſel qui en réſulte, ont depuis long-tems fait accorder aux régens & aux écoliers des univerſités, la diſpenſe de réſider & d'aſſiſter. Le privilège dont ils jouiſſent à cet égard, eſt établi ſur les decrets des conciles, les bulles des papes, les ordonnances de nos rois & les arrêts des cours. Voyez *le tome 2 des mémoires du clergé, page 1002.*

Les conciles & les bulles des papes n'accordent ce privilège que pour un tems limité pour l'ordinaire à cinq ans. Des conciles provinciaux du royaume & quelques anciens arrêts ont adopté cet usage, qui continue d'être suivi en Italie.

Une ordonnance de Louis XII du mois d'août 1498, article 17, règle diversement le tems qu'elle donne aux étudians dans les universités, pour y jouir de leur privilége de scholarité : elle l'accorde aux artiens pour quatre ans, aux légistes pour sept, aux médecins pour huit, aux théologiens pour quatorze.

Mais ce n'est ni sur les decrets des conciles, ni sur cette ordonnance, que l'on se règle en France pour fixer le tems pendant lequel les jeunes Chanoines peuvent jouir du privilège qui leur est accordé en faveur des études ; il n'y a mêmeme rien de déterminé à cet égard ; ce privilège n'a d'autres bornes suivant nos usages, que celui du cours des études des jeunes Chanoines. Cet usage de la France, si différent de celui de l'Italie & des autres pays qui suivent la discipline du concile de Trente, vient de ce que d'après les décrets de ce concile on ne peut être pourvu de prébende dans les églises cathédrales, qu'à l'âge de vingt-deux ans commencés, aulieu qu'en France on peut en être pourvu à quatorze ans, & même à dix ans dans les collégiales : or on sent bien que pour l'ordinaire, cinq ans suffisent à un ecclésiastique âgé de vingt-deux ans, pour achever le cours de ses études, aulieu que ce seroit trop peu de cinq ans pour un jeune homme de dix ou de quatorze ans.

Le concile de trente ne dispense en termes formels de la résidence, en faveur des études, que les écoliers en théologie. La congrégation pour l'interprétation du concile, & l'usage de plusieurs églises y ont ajouté les étudians en droit canonique : mais en France, d'après les bulles des papes Jean XXII, Clément VI & Grégoire X, & conformément aux lettres-patentes de Charles V, du 18 mars 1266, confirmatives des priviléges de l'université, & d'autres lettres-patentes du mois de septembre 1651, pour la même université, la dispense en faveur des études, s'étend à l'étude de la philosophie & même aux humanités. L'usage d'admettre aux prébendes, des enfans de dix & de quatorze ans, dont on parloit tout à l'heure, a pu contribuer aussi beaucoup à cette extension de la dispense ; on ne pouvoit pas exiger en effet, qu'à cet âge ces enfans fussent propres aux études de la théologie & de la philosophie, & l'on n'a pas cru devoir leur refuser pour cela le secours que leurs prébendes pouvoient leur fournir pour des étudęs inférieures.

Rebuffe *in praxi*, tit. *dispensatio de non residendo*, atteste que ce n'est pas la coutume en France, que les jeunes Chanoines qui veulent étudier, demandent la permission du chapitre pour s'absenter à cet effet, & jouir cependant de leurs bénéfices. Brodeau sur Louet, & après lui Despeisses, citent un ancien arrêt rendu au parlement de Paris le 6 mai 1575, qui l'a jugé ainsi contre le chapitre de Nevers, au profit du sieur Albin, Chanoine de cette église. On peut donner pour motif de cet arrêt, que le droit accordant cette dispense en faveur des études, la permission des supérieurs n'est pas nécessaire. Mais le bon ordre & la subordination qui seule peut le maintenir, exigent au

moins que les jeunes Chanoines qui veulent s'absenter pour cause d'études en informent les chapitres ; & puisque les chapitres sont en droit
d'exiger des Chanoines conseillers-clercs, aumôniers ou chapelains du roi, des certificats
de service pour les laisser jouir des fruits de
leurs bénéfices, ils doivent à plus forte raison
être autorisés à demander des certificats d'é-
tudes aux Chanoines absens pour étudier.

On cite un arrêt rendu au conseil privé le
3 juillet 1740, contre le sieur Lanes, Chanoine de Leictoure, qui après s'être absenté pour
cause d'étude sans avoir demandé la permission
du chapitre, & sans y avoir reparu pendant les
vacances de l'université, demandoit néanmoins
ses présences. L'arrêt a ordonné qu'il en demeureroit privé tant qu'il resteroit absent, & a fait
défenses à tout bénéficier de l'église de Leictoure de s'absenter pour cause d'études sans
avoir obtenu du chapitre une permission, &
l'agrément de l'évêque, à peine de perte des
fruits.

Mais on le voit, cet arrêt ne prive l'absent
que de ses présences, c'est-à-dire, des distributions quotidiennes ; ce qui peut même n'être
pas regardé comme une peine, ces distributions
n'étant pas toujours, ou plutôt n'étant presque
jamais accordées aux étudians. Quant au règlement porté par le dernier chef, il ne doit être
considéré que comme un règlement particulier
pour l'église de Leictoure. Il est trop peu conforme à nos usages pour être étendu à tous les
chapitres. En général il doit suffire de demander l'agrément du chapitre, & s'il le refuse,
son refus étant évidemment injuste, le jeune

Chanoine peut alors paſſer outre, & les tribunaux lui feront favorables.

A l'égard de l'âge juſqu'auquel un Chanoine
peut demander à jouir du privilège des étudians,
pluſieurs conciles ont réglé qu'ils ne pourroient
plus y prétendre après avoir atteint l'âge de
trente ans; d'autres ont ſeulement réglé que
ceux qui auroient cet âge ne ſeroient point admis à commencer un nouveau cours d'études :
il ne s'agit dans ces conciles que d'étude de
théologie ou de droit canonique. Un concile
de Tours de 1590, veut qu'ils ſoient au-deſſus
de vingt-cinq lorſqu'ils commencent leur cours.
Un ſtatut de l'égliſe collégiale de Vendôme du
26 janvier 1576, confirmé par arrêt du parlement de Paris du 2 février ſuivant, ne leur accorde la diſpenſe que juſqu'à vingt-quatre ans :
différens ſtatuts pour la réformation de l'univerſité de Paris en 1598, & en 1675, ont fixé
diverſement les âges pour le commencement des
études : tant que ces ſtatuts ont été en vigueur,
ils pouvoient en quelque ſorte ſervir de règle
pour déterminer juſqu'à quel âge les Chanoines
pouvoient prétendre au privilège des études.
Mais depuis long-tems on ne ſuit plus ces règlemens à la lettre, & il n'y en a aucun que
l'on puiſſe prendre pour principe de déciſion.
Comme lorſqu'il fut queſtion autrefois de dreſſer
ces règlemens, on ne manqua pas de ſe conformer à ce qui étoit communément d'uſage,
on ne ſuivroit pas vraiſemblablement d'autre
méthode aujourd'hui, s'il venoit à s'élever à ce
ſujet quelque conteſtation : c'eſt-à-dire que depuis l'âge de vingt ans juſqu'à celui de vingt-
quatre ans environ, les jeunes Chanoines ſe-

roient autorifés à commencer & achever leurs cours de théologie, ou même de philofophie; mais qu'on n'accorderoit guères au-deffus de cet âge la permiffion de s'abfenter pour commencer ces études : on ne pourroit guères pourtant à ce que l'on croit jufqu'à l'âge de quarante ans, refufer à un Chanoine qui voudroit completter le cours de fes études théologiques par les exercices de la licence, ou prendre des degrés en droit, de le difpenfer pendant ce tems de la réfidence ; parce que l'on voit fouvent des eclefiaftiques auffi & plus âgés entreprendre ces exercices ou ces études, & les faire avec fuccès.

Ce n'eft plus une queftion aujourd'hui de favoir fi les Chanoines fans avoir fait le ftage dans les églifes où il eft établi, peuvent néanmoins jouir du privilège des étudians; M. Louet, rapporte que par arrêt du 21 mai 1583, le parlement de Paris a dé cidé l'affirmative contre le chapitre de faint-Pierre de Laon. Mais ce magiftrat obferve avec raifon, que dans les chapitres où la rigoureufe réfidence du ftage eft requife par un ftatut particulier, l'obligation n'en eft pas éteinte, mais feulement différée pour les Chanoines étudians, qui doivent y fatisfaire après leur cours d'études.

Mais il eft indifpenfable pour ces Chanoines d'avoir pris poffeffion perfonnelle de leurs prébendes: on a déja vu que cette oligation étoit de même impofée aux autres privilégiés. Brodeau dit que cela a été ainfi réglé par un arrêt du parlement de Paris du 14 mars 1614, pour l'églife de faint-Cerneuf de Billon.

Févret livre 3, de l'abus chapitre 1 §. 22, écrit que le nombre des chanoines qui peuvent en même tems jouir de ce privilège dans une églife, a diverfement été rég'é par les arrêts à déux, trois ou quatre, fuivant le nombre des Chanoines de chaque églife : felon Brodeau, l'arrêt du 14 mars 1614, pour l'églife de Billon, a décidé qu'il ne pourroit y avoir que quatre Chanoines de cette églife qui jouiffent à la fois du privilège pour les études.

Sur ce point comme fur beaucoup d'autres, nous n'avons point de règlement général. Une règle bien fûre en elle-même, mais auffi peu certaine dans l'application, c'eft qu'il doit toujours refter un nombre fuffifant de Chanoines pour célébrer l'office divin avec la décence convenable au lieu & à l'état des églifes.

Il y a des églifes dont la fondation ne permet pas de difpenfer les Chanoines de la réfidence pour caufe d'études. Les fondateurs font cenfés avoir voulu que les prébendes n'en fuffent conférées qu'à des eccléfiaftiques qui auroient lors de la collation, la fcience & la capacité requifes. Févret, livre 3, de l'abus, chapitre 1, §. 13, rapporte un arrêt rendu au parlement de Paris le 2 juillet 1566, qui fur les conclufions de M. le procureur-général, a déclaré nulle & abufive la difpenfe de réfider, qu'un particulier avoit obtenue par la confidération qu'il étoit *in familiâ & confortio papæ.* L'arrêt, ajoute Févret, étoit fondé fur ce que la réfidence en ce bénéfice étoit requife & prefcrite *ex fondatione.* L'arrêt auroit également pu être fondé fur ce que la familiarité & le fervice du pape ne fauroit dispenser un françois de résider dans un bénéfice, demandant par sa nature résidence en France, sans l'agrément & la permission expresse du roi. Brodeau sur M. Louet, lettre L, chapitre 6, cite un arrêt rendu au même parlement le 11 mars 1570, contre le trésorier de la sainte-Chapelle de Vincennes. Il avoit obtenu des lettres-royaux portant dispense de résider & de faire l'office de trésorier pendant le tems qu'il étudieroit ; les Chanoines & chapitre se pourvurent contre ces lettres comme surprises, attendu que par la fondation de cette chapelle le trésorier est obligé de résider en personne, sans pouvoir y commettre ; le parlement après s'être fait représenter l'acte de fondation rendit l'arrêt cité.

Ce que les Chanoines étudians ont droit de percevoir sur leurs prébendes en vertu de leurs priviléges, n'est fixé par aucune loi précise du royaume : les décrets des conciles & les bulles des papes leur accordent les gros fruits.

. C'est ce qui se pratique dans plusieurs églises, où selon le desir des mêmes conciles on a mis le tiers des revenus en distributions quotidiennes : on ne retranche aux étudians que ces distributions.

Dans plusieurs autres églises, les chapitres sont en possession de ne donner que des pensions, qui tiennent aux étudians lieu des gros fruits. Plusieurs arrêts ont confirmé ces usages, lorsque les pensions étoient proportionnées aux fruits des prébendes & jugées suffisantes pour la subsistance des étudians, quoique les revenus des prébendes fussent beaucoup plus considérables. La raison de cette jurisprudence peu conforme à celle que l'on suit à l'égard des officiers de la chapelle du roi, & des conseillers-clercs, vient de ce que ceux-ci à raison des services qu'ils rendent d'ailleurs à l'église & à l'état, ont droit d'être réputés présents à leurs bénéfices, au lieu que les Chanoines étudiants n'ont point de services actuels à faire parler en leur faveur : la dispense qu'on leur accorde n'est fondée que sur une pieuse considération, & sur l'espérance des services qu'ils se mettront en état par-là de rendre un jour à l'église. C'est donc assez qu'ils en tirent des secours proportionnés à leurs besoins actuels.

Dans quelques-uns de ces chapitres les pensions données aux étudians font différentes selon la diversité des lieux où ils étudient : cet usage n'a rien que de raisonnable : on pourroit encore sur les mêmes raisons graduer les pensions suivant l'ordre des études auxquelles les Chanoines font appliqués. Un Chanoine qui prend des degrés dans les facultés supérieures à besoin de plus de secours que s'il étudioit dans les humanités.

Dans plusieurs chapitres où l'on distribuoit une certaine quantité de pain par jour ou par semaine aux Chanoines résidens, on a établi pour leur plus grande commodité de leur distribuer tous les ans une quantité de blé plus ou moins grande à proportion de leur résidence. Le chapitre de Poitiers a adopté ce changement. Deux Chanoines de cette église étudians & jouissant du gros de leurs prébendes prétendirent en outre avoir part à ces distributions de blé; mais suivant ce qu'en rapporte Brodeau, ils en furent déboutés par arrêt du parlement de Paris du 21 mars 1623, & avec raison: ces deux Cha-

noines auroient été fans droit pour réclamer le
pain qui fe diftribuoit aux préfens, ils ne pouvoient pas plus demander le blé qui fe donne à
la place de ce pain.

Il y a, des chapitres où tous les fruits des
prébendes ont été convertis en diftributions qui
fe font lors de chaque office. Des Chanoines étudians ont prétendu avoir droit à toutes ces diftributions, foutenant qu'ils ne devoient en être
privés que lorfqu'il y avoit de gros fruits attachés à leurs prébendes. Rebuffe dans fon traité
de privilegiis fcholaft. priv. 31. n. 12. Favorife
leur opinion, fur ce motif que ces converfions
de la totalité des fruits en diftributions ont été
faites *in fraude privilegii.* On ne connoît pas d'arrêt qui ait prononcé fur cette prétention, &
l'on à peine à croire qu'elle fût adoptée par les
tribunaux. Les chapitres ne peuvent, il eft vrai
par leurs ftatuts, déroger aux privilèges des
étudians, il y auroit abus : mais les ftatuts dont
il s'agit ici n'ayant rien que de favorable, tout
ce que les étudians feroient en droit de demander, ce feroit qu'on leur adjugeât fur ces diftributions, ce qui feroit refté en gros fruits, fi l'on
n'eût mis en diftribution que le tiers des fruits,
felon les décrets des conciles, ou même la moitié
fuivant la jurifprudence des tribunaux du royaume. C'eft ce qui fe pratique dans plufieurs églifes
où tous les fruits font en diftibutions ; & où l'on
n'eft pas en poffeffion de donner des penfions
aux étudians, on leur retranche une troifième
partie : on pourroit même felon la jurifprudence
dont on vient de parler leur retrancher la moitié
des diftributions.

Mais fi un jeune Chanoine après avoir pendant quelque années en vertu du privilège dont
il s'agit, perçu le gros de fa prébende ou tou-
ché une penfion pour fes études, vient enfuite
à quitter l'état eccléfiaftique, le chapitre où il
étoit prébendé, fera il en droit de lui faire reftituer les fruits qu'il aura perçus en qualité de
Chanoine étudiant? C'eft une grande queftion
dit le rédacteur des mémoires du clergé, tom 2
page 1130, & les eglifes du royaume ont à cet
égard des ufages différens. Quelques unes obli-
gent ces ex-Chanoines à reftituer ces fruits ; des
arrêts ont confirmé cette difcipline. On en cite
un rendu au parlement de Touloufe le 19 juillet
1597.

Un autre arrêt du même parlement du 8 octobre 1618 a même ordonné qu'un Chanoine
étudiant donneroit pour jouir du privilège bonne
& fuffifante caution de reftituer les fruits par
lui perçus le cas y échéant ; le même caution-
nement a pareillement été ordonné par un arrêt
du confeil du 21 mars 1619. On rapporte auffi
quelques décrets de conciles provinciaux qui
paroiffent favorables à cetufage, & on les appuye
de quelques raifonnemens.

Cet ufage comme l'obferve le rédacteur des
mémoires du clergé eft abfolument particulier
à quelques églifes du royaume. Suivant la difcipline ordinaire de l'églife de France, les Chanoines qui font rentrés dans le fiècle ne font
point recherchés pour la reftitution des fruits
qu'ils ont pu percevoir pendant leurs études.

Pour peu que l'on y réflechiffe, on fentira
facilement combien cette difcipline eft plus favorable en elle même que l'autre, & même plus

conforme aux vraies maximes. Vouloir obliger
ces jeunes gens ou leurs parens à rendre les
fruits qu'ils ont touchés, n'eſt ce pas engager les
parens à forcer leurs enfans à demeurer dans un
état auquel il ne ſe ſentent pas appelés plutôt
que de s'expoſer à un rembourſement ſouvent
très-genant pour eux ? en exiger une caution
pour ce rembourſement n'eſt ce pas ſouvent leur
impoſer une condition impoſſible ; & les priver
ainſi ſans raiſon d'une reſſource que les lois leur
accordent ; d'ailleurs ſur quels principes voudroit-
on les obliger à rendre ces fruits qu'ils auroient
perçus ? En les percevant, ils n'ont fait qu'uſer
d'un privilège dont ils pouvoient legitimement
jouir : ils étoient alors véritablement Chanoines, & legalement titulaires de leur prébendes.
C'eſt à ce titre que l'égliſe leur a voulu permettre de percevoir pour les aider dans leurs études,
une partie des fruits de leurs prébendes, & jamais l'égliſe en leur accordant cette permiſſion,
n'y a ajouté la condition qu'ils perſevereroient
dans l'état eccléſiaſtique ; elle la bien eſpéré,
mais elle ne l'a pas preſcrit. Pourquoi voudroit
on aller plus loin que cette pieuſe mere, autant
indulgente que ſage ?

Le privilège accordé aux profeſſeurs ne s'eſt
pas conſervé comme celui des écoliers : ce n'eſt
pas qu'il ne fût autant & même plus favorable :
mais l'état des profeſſeurs a bien changé depuis
la conceſſion de ces privilèges, & leur ſituation
ne demande plus les ſecours qu'elle exigeoit
alors. En effet il n'y avoit point de fondation
pour ces profeſſeurs, leurs places ne formoient
pas une état fixe, l'obligation de profeſſer étoit
une des conditions & l'un des exercices néceſ-

faires pour parvenir à la licence & au doctorat:
chacun des aspirants devoit les remplir pendant
le temps requis, & après ce temps il s'empressoit
de les abandonner. Il auroit sans doute été bien
dur de refuser à ces professeurs pour le temps
de ces exercices la dispense que l'on accordoit
à leurs écoliers. Tel fut le motif de ce privilège ; & l'on voit qu'il n'étoit accordé que pour
cinq ans, ce qui renfermoit l'espace pendant
lequel ils devoient professer. Mais depuis ce
temps toutes les chaires de professeurs dans toutes les facultés ont été bien fondées & font devenues permanentes, & autant avantageuses
qu'elles étoient onéreuses auparavant. Le motif
de la concession du privilège cessoit des lors ;
plusieurs même des fondateurs voulurent par
des clauses expresses que les chaires par eux
fondées fussent réputées vacantes après que ceux
qui les rempliroient auroient accepté des bénéfices qui requerroient une résidence personnelle :
ces clauses particulières à quelques fondations
font devenues depuis une règle générale pour
toutes les chaires, en vertu de l'arrêt de réglement du parlement de Paris rendu sur les
remontrances & conclusions de M. le procureur
général : l'article VI de ce règlement porte
» qu'aux charges de supérieurs, sénieurs, maî-
» trises, principautés & sous maîtrises ne pourront
» être élus ni institués gens pourvus de bénéfi-
» ces qui ont charge d'ames & qui requierent ré-
» sidence ; & si après qu'ils auront été élus &
» pourvus desdites charges, ils étoient pourvus
» de bénéfices de la qualité que dessus, déclare
» ladite cour lesdites charges vacantes. Cet article est repeté dans l'article 77 de l'ordonnance
de

de Blois. Aussi depuis ce temps les professeurs
de philosophie, du droit, de la médecine, & les
regens dans les humanités n'ont ils point récla-
mé & n'auroient pas été bien reçus à demander
la jouissance du privilège accordé aux professeurs, quoique dans les bulles & ordonnances
pour l'université de Paris, ce privilège leur fût
aussi bien accordé qu'aux professeurs en théologie : si quelques uns de ces derniers l'ont
demandé & y ont été admis comme le fut par
arrêt du grand conseil, le sieur Boust profes-
seur de Sorbonne contre le chapitre de Chartres, des circonstances particulières ont pu déterminer ces jugemens, mais ils ne peuvent établir une règle générale. Cette règle seroit trop
opposée à une autre d'un ordre bien supérieur
suivant laquelle il n'y a de dispenses valables
& légitimes, que celles dont une juste nécessité ou une utilité louable font le principe. C'est
ce que ne doivent jamais perdre de vue tous les
privilégiés dont on a parlé jusqu'à présent & ceux
dont il reste à parler.

7°. *Chanoines théologaux.* Le concile de Basle
sess. 21. & la pragmatique *tit. de collatione benefic.*
Ordonnent que le théologal quand il remplit ses
fonctions soit tenu présent à l'office divin : les
ordonnances d'Orléans art. 8, & de Blois art.
33 & 34 y sont conformes. Quelques chapitres
ayant fait des statuts contraires à ce privilège
des théologaux, il ont été déclarés abusifs par les
tribunaux. Rebuffe cite un arrêt du parlement
de Paris contre le chapitre de Rheims du 4 janvier 1523, & un autre du 20 janvier 1544 contre le chapitre de Chartres ; on en trouve aussi
dans Papon & dans Tournet.

Mais les saints décrets & les ordonnances n'ayant accordé ce privilège aux théologaux qu'en considération de l'obligation où ils sont de prêcher & surtout d'enseigner, ce privilège n'a point lieu dans les églises où ils n'ont point ces obligations à remplir.

8°. *Chanoines plaidant contre leur chapitre.* Bouchel cite un arrêt du 24 mars 1505 contre le syndic du chapitre d'Auch, par lequel il a été jugé que des Chanoines absens pour la poursuite d'un procès contre le chapitre seroient tenus présens & jouiroient des fruits de leurs prébendes. La même chose fut jugée au parlement de Paris le 20 mai 1669 dans la cause des Chanoines dit à l'autel de Notre-Dame de l'église de Sens contre les Chanoines pleni-prébendés de la même église ; on peut voir deux arrêts de la même cour l'un du 11 juillet 1672 pour l'église de saint Pierre des Maçons, l'autre du 5 aoûti 1705 pour l'église de Meaux, lesquels ont pareillement ordonné que les Chanoines, & autres bénéficiers absens pour cause de procès contre leurs chapitres seroient réputés présens. Nombre d'autres arrêts contiennent de semblables dispositions : enfin l'arrêt rendu au conseil d'état le 4 octobre 1727, qui règle plusieurs points contestés entre M. l'évêque de saint Malo & son chapitre, porte expressément, que les *Chanoines ayant procès contre le corps du chapitre, seront dispensés de la résidente pendant qu'ils seront à la suite desdits procès de la même manière que le font les députés du chapitre.*

9°. *Chanoines administrateurs d'hopitaux.* Il a été jugé par arrêt contradictoire du parlement de Touloufe du 3 décembre 1575, qu'un Châ-

noine de Tuels qui étoit auſſi tréſorier ou adminiſtrateur de la maiſon Dieu de Touloufe jouiroit pendant l'année de ſon adminiſtration de
tous les fruits de ſa prébende, comme s'il étoit
préſent. Cet arrêt ne doit pourtant pas être
tiré à conſéquence : quelque louable que ſoit
le ſoin pris pour l'adminiſtration du bien des
hôpitaux, les décrets des conciles ni les ordonnances n'en ont jamais fait une cauſe de diſpenſe
de réſider pour les Chanoines ; il n'y auroit au
plus que le cas où un chapitre ſeroit chargé du
ſoin d'un hopital & y prépoſeroit quelques Chanoines, qui pourroient motiver pour ces Chanoines une diſpenſe d'aſſiſter dans le tems où ils ſeroient occupés des affaires de l'hôpital, parce
qu'ils ſeroient alors cenſés occupés pour les
affaires mêmes du chapitre.

Les papes ont autrefois accordé aux Chanoines
de pluſieurs égliſes de France, entre autres à
ceux de la ſainte Chapelle de Paris, le privilège
de poſſéder en même-temps des canonicats en
différentes égliſes & d'y être tenus préſens ſans
réſider. Mais ce relâchement de la diſcipline à
depuis long-temps été reformé en France : les
Chanoines des égliſes qui avoient obtenu ces priviléges abuſifs ne ſeroient pas reçus à en reclamer l'exécution.

Outre les décrets des conciles, les ordonnances
édits & déclarations cités dans cet article, ainſi
que les arrêts, voyez Rebuffe, *in praxi* ; Chopin,
de polit. ſac. Fevret, *traité de l'abus livre 3 ; mé-*
moires du clergé, tome 2, 3, 6, 7 ; recueil de ju-
riſprudence canonique ; lois eccléſ. 2 parties, Van-
Eſpen juriſ. eccleſ. univ. partie premiere, tit. 7. Voyez
auſſi les articles BÉNÉFICE , CHAPITRE , DI-

GNITÉS, MAISONS CANONIALES, PRIVILÈGE,
PRÉSÉANCE, RÉPARATIONS, RÉSIDENCE, &c.
(*Cet article est de M. l'abbé* REMY *, avocat au parlement*).

CHANOINES RÉGULIERS. Ce font des religieux qui forment des chapitres à peu près comme les Chanoines féculiers, avec cette différence qu'ils vivent en commun & fous l'obfervance d'une règle particulière.

Saint Auguftin eft regardé comme le père & le fondateur de la plupart des Chanoines réguliers. Lorfque ce faint docteur fut fait évêque, il fit de fa maifon épifcopale une communauté de clercs qui deffervoient fon églife. Il leur fit obferver la vie commune que les premiers chrétiens avoient pratiquée : aucun d'eux ne pouvoit avoir rien en propre. Dans la fuite la plupart des évêques firent auffi vivre leurs clercs en commun, dans l'exacte obfervance des canons ; & c'eft délà que ces clercs tirent leur nom de *Chanoines*, nom que les grecs donnoient indifféremment alors aux eccléfiaftiques, aux moines, aux religieux & même aux vierges confacrées à Dieu. Car fous le nom de *Chanoines* ou de *chanoineffes*, ils entendoient des perfonnes infcrites dans le canon ou dans le catalogue de la communauté (*).

_____

(*) Nous croyons fort inutile de mettre en queftion fi les Chanoines réguliers doivent être compris fous le nom de *moines* dans le fens que ce mot eft aujourd'hui reçu : une femblable queftion agitée du tems du père Mabillon entre les Chanoines réguliers & les bénédictins de la province de Bourgogne, lors de l'affemblée des états, parut une controverfe auffi ridicule que déplacée. Les génovéfins qui compofent la congrégation dite de France, fe croient feuls les vrais fucceffeurs de ces premiers clercs qui

Ce fut vers le douzième siècle que ces Chanoines furent appelés *Chanoines de faint Augustin*, pour les diftinguer de ceux du temps de Louis le débonnaire, pour lesquels ce prince pieux avoit fait compofer par le diacre Amalarius, une règle qui fut approuvée l'an 816, au concile d'Aix la Chapelle. Mais dans la fuite furtout dans l'occident, ces Chanoines fe relâcherent à un point étonnant; faint Pierre d'Amiens pour rémedier aux défordres auxquels ils s'étoient livrés, implora l'autorité du pape Nicolas II. Ce pontife affembla à Rome l'an 1059, un concile de 113 évêques, où après avoir condamné la fimonie & le concubinage, il ordonna que les clercs logeroient & vivroient enfemble, & qu'ils mettroient en commun ce qu'ils recevroient de l'églife pour mieux imiter la vie commune des apôtres qui n'avoient rien en propre.

La même chofe fut ordonnée dans un autre

---

menerent la vie commune du tems de faint Auguftin, & feuls dignes du titre de Chanoines réguliers; en conféquence le père de Hautecourt écrivant fui cette queftion contre les bénédictins, s'exprimoit en ces termes : *il s'agit de favoir qui doit avoir la préférence ou de la cathédrale d'Hyppone ou de l'abbaye du Mont-Caffin, ou le furplis ou le froc, ou le bonnet quarré ou le capuchon, &c.* Mais le père Mabillon fi connu par fes favans écrits, lui fit voir que le droit d'aîneffe étoit pour les bénédictins; que le froc & le capuchon étoient fans contredit plus anciens que la chape & le furplis dont on n'avoit point oui parler avant le dixieme fiecle, &c. Tout ce que nous pouvons obferver à ce fujet, c'eft que les Chanoines réguliers étant quelquefois appeles à des fonctions qui appartiennent au gouvernement des ames, peuvent mériter à cet égard une certaine diftinction fur les autres religieux dont le vœu principal eft la folitude & l'oraifon.

concile tenu par Alexandre II en 1063. Il fallut
pour recommander cette vie commune remonter à l'inftitution de faint Auguftin ; mais ce
que l'on en difoit n'étoit pas regardé comme
une vérité par tous les Chanoines. Il y en eut
un grand nombre qui ne voulurent point accéder
à cette vie commune ; c'eft ce qui fit que
quelques Chanoines de l'églife d'Avignon qui
vouloient abfolument l'embraffer , formerent
dans ce temps-là la congrégation de faint Ruf.

Les Chanoines réguliers ne commencerent à
faire des vœux folemnels que dans le douzième fiècle. La règle de faint Auguftin fut celle
qu'ils adoptèrent. Elle fe communiqua peu à peu
à différentes maifons de l'ordre jufqu'à Innocent II qui dans le concile de Latran tenu l'an
1139 ordonna que tous les Chanoines réguliers
fe foumettroient à cette règle.

Voici une notice des principales congrégations de Chanoines réguliers qui font connues
en France.

Congrégation de faint Jean de Latran.

Le pape Eugene IV , mécontent des mœurs
des Chanoines féculiers qui occupoient à Rome
la bafilique de faint Jean de Latran fa première
églife , puifqu'elle étoit dans ce temps-là l'églife
cathédrale , chercha en 1442 à leur fubftituer
des Chanoines réguliers qu'il tira de la congrégation de fainte Marie de Frifonaire. Une cabale
formée par la maifon des Colonnes s'oppofa d'a-
bord à l'exécution de ce deffein ; mais les efprits
s'étant pacifiés , le pape fit venir un certain
nombre de ces Chanoines qu'il logea dans le
palais contigu à cette églife. Les Chanoines

féculiers qui la deffervoient voyant quel étoit le projet du pape, profitèrent de la folemnité d'un jour de la fête du faint Sacrement pour déconcerter fon entreprife; ils ameutèrent la populace contre les Chanoines réguliers, les allèrent furprendre chez eux, & leur firent toutes fortes d'outrages.

Le pape fit venir d'autres religieux de la même congrégation ; mais les Chanoines féculiers de leur côté continuèrent à cabaler ; ils firent entendre au peuple qu'on vouloit mettre à leur place des étrangers qui n'avoient d'autre deffein que d'emporter les têtes des faints apôtres que l'on conferve dans cette églife.

La crainte des fuites d'une émotion populaire fit prendre au pape toutes les précautions que les circonftances pouvoient exiger. Il y eut un confiftoire de cardinaux : deux de ces prélats furent nommés pour vérifier la néceffité du changement, & cette vérification ne fut nullement à l'avantage de Chanoines féculiers, qui cenvaincus de leurs défordres donnèrent eux mêmes volontairement la démiffion de leurs bénéfices. En conféquence le pape leur fubftitua les Chanoines réguliers en 1445, & voulut que les autres membres de la congrégation de fainte Marie de Frifonnaire portaffent tous le titre de Chanoines de faint Jean de Latran.

Après la mort du pape, les Chanoines féculiers regrettant leurs bénéfices, cherchèrent à les reprendre par voie de fait. Nicolas V fe vit comme forcé de les remettre en poffeffion de leur églife : cependant il ne le fit qu'à condition qu'ils ne fe mêleroient point des affaires des réguliers & n'affifteroient point au chœur avec eux. La bonne intelligence ne put point s'établir entre ces deux espèces de Chanoines ; & le pape fut obligé de donner d'autres bénéfices aux féculiers.

Quand Nicolas fut mort, fon fuccesseur Calixte III voulant s'attirer l'amitié des romains, renvoya les réguliers dans leurs monastères & rétablit les Chanoines féculiers. Après tant de révolutions, les réguliers ne devoient plus penfer à rentrer en possession de l'église de faint Jean de Latran. Cependant lorsque Paul II qui avoit été l'un des deux cardinaux chargés de vérifier les imputations que l'on faisoit aux Chanoines féculiers, fut fur la chaire de faint Pierre, il fe rappela tous les défordres dont ces Chanoines étoient coupables ; & ne voulant pas les tolérer dans fon église il y introduifit de nouveaux Chanoines réguliers, de la même congrégation ; mais à peine ce fouverain pontife fut-il décédé, que les Chanoines féculiers entrerent par force chez les réguliers avec un grand nombre de gens armés ; pillèrent leurs meubles, leurs papiers, & les chassèrent pour la dernière fois.

Sixte IV fuccesseur de Paul n'ofa point rétablir ces réguliers dans fon église, mais il leur conferva par une bulle le titre de Chanoines, & leur fit bâtir au milieu de Rome une autre église fous le nom de *Notre Dame de la Paix* (*).

_____

(*) Cette église est préfentement un titre de cardinal. Alexandre VII l'ayant fait réparer fous fon pontificat, fit mettre fon portrait fur un des côtés de la façade avec ce verfet du pfeaume 71 : *Orietur in diebus ejus justitia & abundantia pacis* : mais comme ce pape ne manquoit pas

Les Chanoines féculiers ont toujours été depuis ce temps-là paifibles poffefleurs de la bafilique de faint Jean de Latran. Elle eft depuis plufieurs fiècles fous la protection des rois de France. Henri IV donna aux Chanoines de cette églife l'abbaye de Clerac en Languedoc ; auffi en reconnoiffance de ce bienfait, ils lui ont érigé une magnifique ftatue de bronze fous le portique de cette églife ; & tous les ans le 13 décembre, ils font chanter une meffe en grande mufique pour le roi & le royaume de France, à laquelle font invités l'ambaffadeur , les cardinaux & les prélats.

Les religieux de faint Jean de Latran font vœu de ne recevoir aucun bénéfice fans la permiffion du chapitre général. Leur habillement dans la maifon confifte en une foutane de ferge blanche avec un rochet pardeffus fort pliffé & un bonnet carré. Ils ajoutent un furplis au rochet fans aumuffe lorfqu'il vont au chœur ; & quand ils fortent , ils mettent un manteau noir comme les eccléfiaftiques.

Congrégation de faint Ruf.

Les Chanoines de l'églife d'Avignon ne voulant point , comme nous l'avons dit , embraffer d'un commun accord la vie régulière qu'on leur propofoit , quelques - uns d'entr'eux fe retirèrent dans une petite églife dédiée à faint Ruf. Leur vie exemplaire leur attira un grand nombre de compagnons ; & leur demeure de

---

d'ennemis, on fit parler Pafquin , & en changeant deux lettres, on lifoit : *Morietur in diebus ejus juftitia & abundantia panis.*

petite qu'elle étoit, devint en peu de temps un monaſtère conſidérable. Les Albigeois dans leurs incurſions contre les catholiques en 1210, ayant détruit ce monaſtère, les religieux ſe retirèrent à Valence en Dauphiné & y formerent un nouvel établiſſement dans l'Iſle d'Eparvière qui en eſt voiſine. Cet établiſſement fut ruiné en 1560 par les guerres civiles, ce qui obligea les religieux de tranſporter le chef lieu de leur ordre dans un prieuré qu'ils avoient dans l'enceinte de la ville de Valence, & Henri IV approuva cette tranſlation.

Leur congrégation prit beaucoup d'accroiſſement en France; elle s'étendit dans l'Eſpagne & l'Italie. Ces Chanoines ſont vêtus de ſerge blanche avec une ceinture noire & une bande de linge en écharpe. Lorſqu'ils ſortent ils ont un manteau noir comme les eccléſiaſtiques ſéculiers.

Congrégation du Mont ſaint-Eloi d'Arras, & de ſaint Aubert de Cambrai.

Le Mont Saint-Eloi eſt une fameuſe abbaye ſituée près d'Arras. Elle doit ſon origine à un oratoire dédié dans cet endroit à ſaint Eloi; dix à douze perſonnes y faiſoient leur ſéjour comme des hermites. Fulbert évêque de Cambrai y fit bâtir une nouvelle égliſe à l'honneur de ſaint Pierre & de ſaint Paul, & mit à la place des hermites huit Chanoines ſéculiers qui demeurerent dans cette égliſe juſqu'en 1066 ou environ, que ſaint Lietbert ſon ſucceſſeur voyant qu'ils s'acquittoient mal de leur devoir les fit ſortir, & leur ſubſtitua des Chanoines qui vivoient en commun. Il donna à ces Chanoines un certain,

Jean pour premier abbé : cet abbé gouverna l'abbaye pendant 40 ans. Richard de Safly l'un de ses successeurs fit construire en 1219 l'église dans l'état qu'on la voit présentement.

Les constitutions de ces Chanoines furent adoptées par plusieurs autres communautés de Chanoines réguliers des pays-bas ; & en France par ceux de saint Jean-des-jumeaux Ces religieux sont habillés de violet avec un rochet par dessus.

Saint Lietbert mit aussi des Chanoines vivant en commun dans l'abbaye de saint Aubert à Cambrai, & leur donna Bernard pour premier abbé. Il fut arrêté dans ce temps-là que les successeurs de cet abbé seroient tirés du corps du chapitre. Il y a apparence que ces Chanoines eurent les mêmes constitutions que ceux de saint Eloi, puisqu'ils eurent le même fondateur, & qu'ils furent pareillement habillés de violet.

Congrégation de saint Maurice d'Agaune.

Agaune est le nom d'un bourg du Vallais, diocèse de Sion en Suisse, où est une celebre abbaye fondée ou du moins réparée par Sigismond roi de Bourgogne. C'est dans cette abbaye que repose le corps de saint Maurice & ceux de ses compagnons.

Le premier abbé de ce monastère fut Himnemond que Sigismond fit venir du monastère de Grave. Ce prince voulut que les religieux de cette abbaye chantassent nuit & jour les louanges du seigneur. Ils étoient divisés en neuf bandes pour se succéder les uns aux autres : c'est ce qu'on a appellé en latin *laus perennis*. Plusieurs autres monastères d'hommes &

de filles cherchèrent à imiter celui d'Agaune :
tels furent parmi les monaſtères des hommes
ceux de ſaint Bénigne de Dijon, de ſaint Denis
en France, de ſaint Martin de Tours, de ſaint
Riquier de Luxeuil & quelques autres ; &
parmi ceux des filles, les monaſtères de Remiremont & de ſaint Jean de Laon.

L'abbaye d'Agaune qui avoit une règle particulière, embraſſa dans la ſuite celle de ſaint
Benoît. Mais les religieux qui la compoſoient
ayant été chaſſés de ce monaſtère en 824 par
Louis le débonnaire, on leur ſubſtitua des Chanoines ſéculiers. Le déſordre fut une ſuite de ce
changement. L'office divin ne ſe fit plus comme
dans les premiers temps. On fut obligé d'y
mettre des Chanoines réguliers. Ces Chanoines
ſe firent une telle réputation qu'on en deſira
par-tout ; au moyen de quoi ils parvinrent à
former une congrégation dont l'abbaye de ſaint
Maurice fut le chef-lieu. Ils portoient un camail
rouge ſur le rochet : Guillaume comte de Pon-
thieu, leur aſſigna en 1210 treize livres par an
ſut la halle d'Abbeville pour leur acheter vingt
aunes d'écarlate.

Saint Louis ayant deſiré d'établir de ces
Chanoines dans différens endroits de ſon royaume, demanda des reliques de ſaint Maurice &
des martirs de ſa légion ; il les fit porter dans
la ville de Senlis pour les dépoſer dans l'égliſe
ou la chapelle qu'il vouloit fonder proche de
ſon château ; & de crainte qu'il ne ſurvînt quelque different entre lui & l'évêque de Senlis,
touchant l'inſtitution des Chanoines qu'il avoit
en vue, il fut convenu que ces Chanoines ob-
ſerveroient l'uſage & les cérémonies de l'égliſe

de Paris ; que ces Chanoines pourroient du
confentement du roi , recevoir des fujets fans
en demander la permiffion à l'évêque ; qu'après
la mort de leur prieur , ils en pourroient élire
un autre de leur maifon ou d'une autre maifon
de leur ordre ; que l'évêque de Senlis & fes
fucceffeurs y pourroient prêcher, confirmer,
donner les ordres & y faire l'office divin, en
affurant le prieur par un acte, de n'entendre
donner aucune atteinte aux privilèges de cette
églife ; que l'évêque n'y pourroit faire la vifite
qu'une fois l'an du confentement du roi ; que
s'il y avoit quelque chofe à corriger , il en aver-
tiroit le prieur ; & que fi la correction regardoit
celui-ci l'abbé en feroit prévenu.

Saint Louis fit bâtir en 1264 à Senlis, l'églife
& le monaftère de faint Maurice & y mit treize
Chanoines. Le prieuré de Sémur en Bourgogne,
fous le titre de faint Jean l'évangélifte, étoit de
l'ordre de faint Maurice.

Congrégation de Saint - Jean - des - Vignes , à Soiffons.

L'abbaye de Saint-Jean-des-Vignes à Soiffons,
fut fondée en 1076 par Hugues de Château-
Thierry. Ce feigneur voulant reftituer à l'églife
beaucoup de biens qu'il avoit ufurpés , alla
trouver Thibaud évêque de Soiffons pour les
lui remettre, mais ce ne fut qu'à condition que
l'églife de Saint-Jean, qu'on appeloit pour lors
du Mont, & qui étoit dans la ville de Soiffons,
feroit deffervie par des Chanoines vivant en
commun, & que les autres églifes avec les
biens qui en dépendoient & dont il avoit eu la
jouiffance, y feroient unis : le roi approuva ces

conditions. Quelque temps après Hugues croyant n'avoir pas aſſez ſatisfait ſa conſcience , fit don au monaſtere de Saint-Jean , de trente arpens de vignes qui étoient aux environs ; d'où eſt venu le nom de *Saint-Jean-des-Vignes* que ce monaſtère a porté juſqu'à préſent.

L'établiſſement de ces Chanoines fut agréable à Henri évêque de Soiſſons ; & pour leur témoigner ſa ſatisfaction , il leur donna une prébende dans ſon égliſe cathédrale. Odon fut leur premier abbé. Son ſucceſſeur nommé Roger obtint du pape Urbain II un bref par lequel ſa ſainteté déclara qu'elle le prenoit & ſes Chanoines ſous ſa protection. Les conſtitutions de l'abbaye furent en même-temps confirmées , ainſi que pluſieurs donations qui lui avoient été faites. Hugues , ſeigneur de la Ferté-Milon , donna à ces Chanoines la chapelle de Saint-Vulgis dans ſon château , à condition qu'il y auroit toujours au moins trois Chanoines pour la deſſervir. Thibaut , comte de Champagne , leur donna auſſi le prieuré d'Ouchi , après en avoir expulſé les Chanoines ſéculiers qui le poſſédoient. Buchard , évêque de Meaux , fit auſſi ſortir d'autres Chanoines ſéculiers du prieuré de la Ferté-Gaucher , pour le donner à l'abbaye de Saint-Jean-des-Vignes. Cette même abbaye poſſéde deux autres prieurés , qui ſont Montmirel & la Ferté-ſous-Jouare , & plus de trente paroiſſes.

Le pape Lucius III permit par un bref à l'abbé , de mettre trois ou quatre Chanoines pour le moins dans chacune de ces paroiſſes. L'abbé ſe croyant en droit de les rappeler au cloître quand il jugeroit à propos, en fit revenir qnelques-uns. L'évêque de Soiffons prétendant que ces religieux étoient refponfables envers lui de la conduite des ames dont il les avoit chargés, trouva mauvais que ce rappel fe fît fans fon confentement. L'évêque & l'abbé firent tous deux le voyage de Rome : Urbain III leur nomma des commiffaires qui décidèrent en faveur de l'abbé. Les Chanoines qui de leur côté n'étoient pas contens de cette décifion, en appelèrent directement au pape, & le dernier jugement fut qu'on ne pourroit faire fortir les Chanoines de leurs bénéfices ni les rappeler dans le cloître que pour de grands crimes (*). Ce qu'il y a de remarquable dans cette congrégation, c'eft que les bénéficiers affiftent à l'élection du grand-prieur de l'abbaye qui eft aujourd'hui en commende, & qu'ils peuvent être élus ; mais leur fupériorité ne dure que trois ans, après lefquels ils retournent à leurs bénéfices.

Les Chanoines dont il s'agit ici avoient autrefois la direction d'un collége à Soiffons, qui avoit été fondé par Aubert doyen de la cathédrale ; mais cette maifon fut cédée aux minimes en 1585. Le collége de Beauvais à Paris, a été fondé par le cardinal Jean de Dormans, à condition que l'abbé de Saint-Jean-des-Vignes auroit foin de ce collége & auroit droit d'y nommer des bourfiers au nombre de vingt-quatre, parmi lefquels il pourroit y avoir un Chanoine ; qu'il lui feroit libre d'ôter à ces

_____

(*) Mais voyez une déclaration du 22 août 1770 qui a introduit un changement à cet égard. Suivant cette loi le fupérieur général peut rappeler au cloître le Chanoine bénéficier, pourvu toutefois que l'évêque diocefain y confente.

bourſiers leur place s'il en étoit mécontent ; en un mot qu'il veilleroit à ce que la fondation fût bien exécutée.

Le premier abbé commendataire de l'abbaye de Saint-Jean-des-Vignes, fut le cardinal Charles de Bourbon nommé par le roi : depuis ce temps-là il n'y a point eu d'abbé régulier. La menſe abbatiale fut ſéparée de la conventuelle en 1566. L'abbé eſt le premier Chanoine de l'égliſe cathédrale de Saint-Gervais de Soiſſons, dont l'évêque a toujours été regardé par les membres de l'abbaye comme leur ſupérieur.

Cette congrégation n'a point ſouffert de réforme étrangère. Le conſeil de la maiſon eſt compoſé de quatre anciens, autrement nommés *ſénieurs*, qui ſont élus dans les chapitres généraux. On les prend ſoit parmi les bénéficiers, ſoit parmi ceux qui compoſent la communauté. Tous les ans à la ſaint Martin d'hiver, ils ſe trouvent à Saint-Jean-des-Vignes pour y recevoir les comptes du procureur, & dans cette aſſemblée ils remédient aux abus qui peuvent s'être gliſſés dans les obſervances de la règle.

Le chapitre général ſe tient tous les trois ans vers la fête de la Pentecôte. Quand le temps approche, le grand-prieur envoie un mandement à tous les bénéficiers & vicaires de la campagne pour ſe trouver au chapitre le jour indiqué. A l'ouverture de ce chapitre, le grand-prieur commence par propoſer les différens ſujets de délibérations ; après quoi l'on procéde à l'élection d'un nouveau prieur. La nomination de ce prieur étant faite, on le conduit au palais épiſcopal pour avoir la confirmation de l'évêque de Soiſſons. Ce prieur eſt triennal & fait régu-

liérement

liérement la visite pendant ses trois ans, de tous les bénéfices réguliers qui dépendent de l'abbaye. Il y en a trente-trois dans l'évêché de Soissons, & deux dans celui de Meaux, qui ne peuvent être possédés que par des Chanoines réguliers profès de l'abbaye, & qui ne sont point sujets aux indults & aux grades, suivant que l'a jugé un arrêt du grand conseil du 31 décembre 1683.

L'habillement des Chanoines dont nous venons de parler est blanc & ne différe presque point d'ailleurs de celui des prêtres séculiers, si ce n'est par le rochet que les Chanoines passent sur leur soutane.

Congrégations de Marbach & d'Arouaise.

On se rappelle le schisme qu'occasionnèrent les différends de l'empereur Henri IV avec le pape Grégoire VII. La religion étoit presque éteinte dans l'Alsace, lorsqu'un homme pieux nommé Manegolde de Lutembach, réunit un certain nombre de prêtres qui s'étoient réfugiés dans les bois, & leur fit construire un monastère à Marbach une des villes d'Alsace. Ces prêtres embrassèrent la vie commune des Chanoines réguliers, & Marbach devint le chef-lieu d'une congrégation considérable, mais il ne reste aucun souvenir des monastères qui en dépendoient. Cette congrégation est présentement sur le pied de celle de Saint-Victor de Paris & de quelques autres qui sont désunies & dont il ne subsiste plus que l'abbaye chef-lieu où se soient conservées les anciennes observances de l'ordre, & quelques prieurés qui ne sont plus que de simples cures. L'abbaye de Marbach est dans la même pofition, il lui refte quelques prieurés, & elle eft en poffeffion conjointement avec les Chanoines réguliers de la congrégation de Lorraine, de la cure de Saint-Louis à Strasbourg.

Les religieux de cette abbaye font habillés de noir avec une banderole de lin lorfqu'ils font hors de l'abbaye, mais dans l'abbaye ils ont une foutane blanche avec un rochet par-deffus. Ils portent au chœur une aumuffe noire fur les épaules, attachée par-devant avec un ruban bleu.

Arouaife étoit un lieu proche Bapaume en Artois, où il fe forma en 1097 une abbaye d'où dépendoient vingt-huit monaftères. Du nombre de ces monaftères étoient celui de Hennein-Leitard, à trois lieues de Douai ; celui de Saint-Nicolas, à Tournai ; de Choques & de Mareles, en Artois ; de Saint-Jean, à Valenciennes ; de Saint-Crépin & de Saint-Léger, à Soiffons. Il y a long-temps que cette congrégation ne fubfifte plus.

Congrégatiou de Saint-Antoine de Viennois.

Nous avons parlé de cette congrégation à l'article ANTONINS.

Congrégation du Saint-Sépulchre.

Après que Godefroi de Bouillon fut proclamé roi de Jérufalem en 1099, il mit des Chanoines dans l'églife patriarchale du Saint-Sépulchre & leur affigna des revenus. Baudouin, fucceffeur de Godefroi, leur fit embraffer la vie commune fous la règle de Saint-Auguftin. Ces Chanoines fe multiplièrent beaucoup à la faveur des donations qu'on leur faifoit. Mais quand les Sarrazins fe furent encore rendus maîtres de la Terre Sainte fous le règne de Gui de Lufignan, ces mêmes Chanoines fe virent contraints d'abandonner leurs monaftères pour fe réfugier en Europe. Plufieurs Princes qui avoient été dans la Paleftine en amenèrent avec eux ; Louis-le-Jeune roi de France, à fon retour, en mit dans l'églife de Saint-Samfon d'Orléans. Les comtes de Flandres en firent de même. Jaxa, gentilhomme Polonnois, leur fonda un monaftère à Miekou, à huit lieues de Cracovie. Ce monaftère eft devenu le chef d'une congrégation qui comprend une vingtaine de maifons : elle a un fupérieur qui fe dit général de tout l'ordre du Saint-Sépulchre. Ces Chanoines portent une foutane noire, un rochet & la croix patriarchale du côté gauche.

Quand ces Chanoines eurent quitté la Terre Sainte, les chevaliers du Saint-Sépulchre leur fuccédèrent dans ce pays là.

Congrégation de Saint-Victor.

Comme ce que nous avons à dire de cette congrégation mérite une certaine étendue, nous en parlerons à l'article VICTORIN.

Congrégation des Prémontrés.

Nous remettons pareillement à parler de cette congrégation à l'article PRÉMONTRÉ.

Congrégation de Ronceveaux & de Pampelune.

L'hôpital de Ronceveaux, fitué dans la Navarre près des monts Pirénées, a pour fondateur l'empereur Charlemagne. Ce prince y mit des Chanoines pour en avoir foin ; il voulut qu'il y eût une maison pour loger un Chanoine de la cathédrale de Pampelune auquel on donneroit l'administration de cet hôpital, & qu'après la mort de ce Chanoine, on en tirât toujours un autre de la même cathédrale pour le remplacer en qualité de prieur des Chanoines hospitaliers.

Cet établissement a pour objet principal de recevoir les pélerins qui vont de France, d'Allemagne & d'Italie à Saint-Jacques, & de recevoir aussi ceux de l'Espagne qui vont à Rome ou dans la Terre Sainte.

Le Prince Dom François de Navarre, qui fut nommé prieur de cet hôpital en 1531, en divisa les revenus en trois portions, du consentement des Chanoines : l'une de ces portions fut pour l'hôpital & pour les réparations, la seconde pour le prieur, & la troisième pour les Chanoines.

Les Chanoines de Pampelune sont réguliers comme ceux de Ronceveaux, tous habillés de la même façon, avec cette différence simplement que ceux-ci portent au côté gauche une F d'étoffe verte que n'ont pas ceux de la cathédrale.

Congrégation de l'ordre du Saint-Esprit de Montpellier.

Cet ordre qui a pour fondateur Guy, fils de Guillaume, seigneur de Montpellier, a commencé par un magnifique hôpital que ce seigneur fit bâtir dans cette ville & auquel il donna le nom du *Saint-Esprit.* Plusieurs personnages également distingués par leur piété & par leur naissance, s'empressèrent de seconder les vues de l'inftituteur en fe confacrant au fervice des pauvres : ils formèrent entr'eux un ordre d'hofpitaliers qu'Innocent III approuva. Ce pape fit venir Guy à Rome pour lui donner la direction de l'hôpital de Sainte-Marie *in Saxia*. Dans la fuite les chefs de ces deux hôpitaux fervis par des nobles & par des chevaliers, fe difputèrent l'honneur de la grande maîtrife : le pape pour terminer leur différend, partagea la fupériorité de cet ordre. Les laïques & même les gens mariés fe crurent en droit de prétendre aux commanderies affectées à cet ordre qui tomboit en décadence : il y a eu à ce fujet plufieurs conteftations & une infinité d'arrêts du confeil. Il a été relevé dans ces derniers temps. Il eft à préfent compofé de Chanoines réguliers de Saint-Auguftin, auxquels les bénéfices & les commanderies de l'ordre font fpécialement attribués.

Il y avoit encore des Chanoines réguliers fous le nom d'affociés de l'ordre du Saint-Efprit ; mais on ne fait ni l'année, ni le lieu de leur établiffement, ni ce qu'ils font devenus.

Congrégation de l'ordre de Sainte-Croix.

L'ordre des religieux de Sainte-Croix, autrement dits *croifiers* ou *porte-croix*, doit fon inftitution à Théodore de Celles, iffu des anciens ducs de Bretagne. Ce feigneur fuivit l'empereur Fréderic Barberouffe dans la Terre Sainte ; à fon retour il fut fait Chanoine de l'églife de Liège : il engagea l'évêque à réformer les Chanoines de cette cathédrale & même de toutes les autres églifes du diocèfe. Cette réforme s'effectua, mais elle ne dura pas long-temps. Théodore ne se rebuta point ; il porta quatre de ses confrères à continuer avec lui la vie commune. Peu de temps après il fut engagé en qualité de missionnaire dans une croisade contre les Albigeois , & à son retour il retrouva ses compagnons persévérant dans le dessein d'abandonner le monde. Il en parla à l'évêque de Liége , qui pour favoriser leur intention, leur donna l'église de Saint-Thibaud située sur une colline , appelée Clair - Lieu , proche la ville d'Hui.

C'est-là qu'ils jetèrent les fondemens de l'ordre de Sainte-Croix dont Théodore avoit pris connoissance dans son voyage de la Terre Sainte. Il obtint du pape Honorius III la confirmation de son institut qui a fait beaucoup de progrès en France & dans les Pays-Bas. Saint-Louis fit venir de ces religieux à Paris , & leur fit bâtir dans sa haute - justice , rue de la Bretonnerie , une église & un couvent à l'honneur de l'Exaltation de la Sainte-Croix.

Le pape Jean XXII reçut cet ordre sous la protection du saint siége en 1318 , défendant expressément aux ordinaires de prendre connoissance des affaires qui le concernoient. Il y eut dans la suite des commissaires nommés par Léon X & par Clément VIII , pour travailler à la réforme du couvent de Sainte-Croix de la Bretonnerie. Ce fut à cette époque que le général de l'ordre qui s'étend beaucoup dans l'Italie , accorda aux religieux François un provincial de leur nation. Ce général fait ordinairement sa résidence à Clair-Lieu : il se sert d'ornemens pontificaux & porte une croix d'or comme le général des trinitaires. Il peut donner à ses religieux les quatre ordres mineurs.

Ces religieux portoient dans le commencement une foutane noire, avec un fcapulaire gris, & par deffus une grande chape noire avec un grand capuchon. Leur habillement eft aujourd'hui d'une foutane blanche, & d'un fcapulaire noir, chargé fur la poitrine d'une croix rouge & blanche. Ils qualifient leur ordre de *canonial, militaire & hofpitalier*. Ils ont des maifons de leur congrégation à Namur, Venlo, Tournai, Bruges, Maftrik, Bois-le-Duc & dans plufieurs autres endroits des pays-bas ; ils en ont en France, outre celle de Paris, à Touloufe, à Caen, au Verger en Anjou, à Bufançois, à Varenne en Bourbonnois, à Charny en Picardie, &c.

Congrégation de faint-Côme-lez-Tours.

Les Chanoines réguliers de cet endroit font du nombre de ceux, qui ayant trouvé la règle de faint-Benoît trop auftère, l'ont abdiquée pour fuivre celle de faint-Auguftin. Quoique ces Chanoines dépendent de ceux de faint-Martin de Tours qui fe font fécularifés, ils ne laiffent pas d'être réguliers : ils doivent leur inftitution à Hervé, tréforier du chapitre de Tours. Ce religieux voulant mener une vie folitaire, fe retira au commencement du onzième fiécle, dans une ifle de la Loire proche de Tours, & y bâtit une petite églife (*) fous le nom de faint Côme, avec un petit monaftère.

(*) On prétend que le fameux Bérenger, fi connu par fes erreurs fur le dogme catholique, y fut enterré. Ronfard, le prince des poetes du feizième fiécle, fut prieur commandataire de faint Côme, & fes cendres y repofent dans un magnifique tombeau.

Les Chanoines de Tours l'ayant obligé de rentrer chez eux, il les pria de donner cette ifle avec le monaftère qu'il y avoit bâti, aux moines de Marmoutiers ; ce que les Chanoines firent, à condition qu'il y auroit habituellement douze religieux pour faire l'office. Ces religieux quittèrent la règle de faint-Benoît, & s'érigèrent en Chanoines réguliers. Mais ils ont toujours dépendu de ceux de Tours, quoique ces derniers foient aujourd'hui féculiers. Anciennement ils n'étoient point foumis non plus que ceux-ci, à la juridiction de l'archevêque de Tours ; mais ce prélat a droit de vifite à préfent chez les uns comme chez les autres.

Les Chanoines de faint-Côme font habillés comme les eccléfiaftiques féculiers ; ils ne diffèrent d'eux à cet égard, que par une bande de toile blanche de quatre doigts qu'ils mettent fur leurs manches.

Congrégation des hofpitaliers de faint-Jacques du haut-pas, & des pontifs autrement dits faifeurs de ponts.

On ne fait pas trop quelle eft l'origine de ces religieux. Ce qu'il y a de certain, c'eft qu'il y a eu un ordre de faint-Jacques du Haut-pas, dont une paroiffe de Paris a retenu le nom. Cet ordre avoit un hôpital au fauxbourg faint-Jacques. L'évêque de Paris, du confentement du commandeur de cet hôpital, érigea en 1566, la chapelle qui en dépendoit, en églife fuccurfale pour les paroiffes de faint-Benoît, de faint-Hypolite & de faint-Médard. En 1572 les Bénédictins de faint-Magloire furent transférés dans cet hôpital. Ces religieux étant incommodés d'a·

voir une paroiſſe dans leur égliſe, les habitans
en firent bâtir une à côté de ce même hôpital, laquelle a retenu le nom du *Haut-pas*; &
l'hôpital qui portoit ce nom, prit celui de ſaint-
Magloire dont les reliques furent transférées
avec les Bénédictins auxquels les prêtres de l'O-
ratoire ont ſuccédé.

L'hôpital portoit le nom du Haut-pas, non
à cauſe de la ſituation du lieu, mais parce qu'il
dépendoit du grand hôpital de ſaint-Jacques du
Haut-pas de Luques en Italie, aux dépens duquel on entretenoit un paſſage ſur la rivière
d'Arno, dans l'état de Florence, pour les pélerins qui alloient à Rome.

On conjecture que les hoſpitaliers dont nous
parlons, étoient dans l'origine des frères lais
qui travailloient à fabriquer ou entretenir des
bacs ſur les rivières, pour faciliter le paſſage
des pélerins: ils devinrent dans la ſuite des religieux. Il reſte des tombes dans l'égliſe de ſaint-
Magloire, où l'on voit encore de ces hoſpitaliers portant ſur leur habillement des marteaux,
dont les uns ſont en forme de maillet de ton-
nelier, & d'autres en forme de hache avec le
manche pointu.

Cet ordre fut ſupprimé en 1459, par le pape
Pie II, mais ſa bulle n'eut point d'exécution en
France; il y avoit encore quelques-uns de ces
religieux à l'hôpital de ſaint-Magloire lorſque
les Bénédictins y furent transférés. Louis XIV,
en 1672, voulant réunir à l'ordre de ſaint-
Lazare les biens de pluſieurs ordres militaires
& hoſpitaliers, il y comprit ceux de ſaint-Jacques du Haut-pas.

On prétend que les religieux qu'on appeloit

pontifs ou *faiſeurs de ponts*, étoient du même ordre que les hoſpitaliers dont nous venons de parler. Ces *pontifs*, qui ont eu ſain-Benezet pour un de leurs chefs, furent les auteurs de la conſtruction des fameux ponts d'Avignon, & du ſaint - Eſprit. L'eſtime qu'on avoit pour eux leur procura de grandes richeſſes, & ſur-tout un célèbre hôpital près du pont ſaint-eſprit.

Ces richeſſes leur firent perdre de vue leur premier inſtitut. Nicolas IV, à la prière de Charles VII & de l'évêque d'Avignon, confirma à ces religieux toutes les grâces, tous les biens & tous les privilèges dont ils étoient en poſſeſſion ; il leur donna l'habit blanc pour les diſtinguer des autres religieux. Ils paſſèrent enſuite à l'état ſéculier, mais ils retinrent leur habit bblanc ; auſſi les appelle - t - on *les prêtres blancs*. Ils forment une eſpèce de collé-giale ſous la juridiction du prélat diocéſain, qui eſt l'évêque d'Uſez. Voilà tout ce qui reſte de l'inſtitut des *pontifs* ou des *faiſeurs de ponts*.

Congrégation des Mathurins.

Comme cette congration mérite des détails particuliers, nous en parlerons à l'article Ma-THURIN.

Congrégation de Vindeſeim.

Cette congrégation a pris naiſſance au dio-cèſe d'Utrech. Comme elle n'eſt point connue en France, nous n'en parlons que pour dire qu'elle a eu pour membre ou ſuppôt, le cé-

lèbre Thomas-à-Kempis, mort en 1471, que
plusieurs prétendent être auteur du livre de
l'imitation de JESUS-CHRIST, quoique selon
d'autres, il n'ait fait que le traduire. Cependant
cette congrégation a donné commencement à
une autre qui a fleuri en France pendant quelques années, sous le nom de saint Séverin de
Château-Landon. Jacques d'Aubusson de la feuil-
lade ayant été nommé premier abbé commendataire de cette abbaye, située dans le Gâti-
nois, fit rétablir ce monastère & y plaça six Chanoines qu'il fit venir de Vindeseim. Ces Chanoines se firent une si bonne réputation que plusieurs
autres monastères se joignirent à celui de saint-
Séverin ; tels furent ceux de saint-Victor de
Paris, de saint-Calixte de Cissoing, de Notre-Dame de Livry, de Chaage, d'Epernai,
de la Victoire & de saint-Maurice de Senlis,
de saint-Sauveur de Melun, de saint-Achéal d'A-
miens, de saint-Samson d'Orléans, de saint-
Martin de Nevers, &c. L'abbaye de Château
Landon fut réunie en 1517, à celle de saint-Victor
qui fut jugée plus propre que la première pour
la tenue des chapitres ; mais cette réunion ne
subsista que jusqu'en 1624. La réforme de la
congrégation de France fut introduite dans l'abbaye de Château-Landon, aujourd'hui soumise
à cette congrégation. Mais Prégence de Mons-
tier, fils du gouverneur du château, étant devenu abbé commendataire de saint-Séverin, em-
brassa l'hérésie de Calvin, & permit à ses sec-
taires de tenir leurs assemblées dans cette abbaye qui fut ruinée en 1567 ; Les successeurs
de cet abbé apostat la réparèrent dans la
suite.

Congrégation de France , dite de sainte-Géneviève.

Comme cette congrégation mérite d'être particulièrement connue , nous en parlerons à l'article GÉNOVÉFINS , où nous aurons occasion de parler en même tems de plusieurs anciennes congrations qui y ont été unies.

Congrégation de Chancelade.

Nous avons parlé de cette congrégation à l'article CHANCELADIN.

Congrégation de Notre-Sauveur en Lorraine.

Le zèle que le cardinal de la Rochefoucaud avoit témoigné pour la réforme des Chanoines réguliers en France , excita en 1595 celui du cardinal de Lorraine , légat *à latere* dans le duché de ce nom. Ce prince écrivit à tous les supérieurs de ces religieux pour leur faire part de ses intentions ; mais ses lettres ne produisirent point l'effet qu'il en espéroit. Après sa mort , arrivée en 1621 , on songea encore à cette même réforme ; il y eut un bref de Grégoire XV , pour l'autoriser. Jean de Maillane des Porcelets , évêque de Toul , employa tous ses soins à la faire réussir. Il fut merveilleusement secondé dans cette entreprise par le père Pierre Fourier , Chanoine régulier & curé de Matincourt. Ce religieux parvint à obtenir l'abbaye de saint-Remi de Luneville pour y commencer la réforme , & en attendant qu'elle fût propre à y recevoir de nouveaux religieux, ceux qui se destinoient à l'embrasser , se retirèrent dans celle de sainte-Marie-Majeure de Pont-à-Mousson de l'ordre de Prémontré , comme dans un lieu d'emprunt, & y prirent l'habit de la réforme le 2 février 1623 (*).

Ils allèrent enfuite à Lunéville faire leur noviciat. Le père Fourier travailla pendant ce tems-là à leur donner des conftitutions, leur propofa l'inftruction gratuite de la jeuneffe & voulut qu'ils priffent le titre, non *de Saint-Sauveur*, mais de *Notre-Sauveur*, pour montrer que JESUS-CHRIST eft tout à nous. Ils entrèrent peu de tems après à faint - Pierre-Mont, à Domèvre, à faint-Nicolas près Verdun, à Belchamp, à faint - Léon de Toul, à faint-Nicolas de Pont-à-Mouffon, & au prieuré de Vivier; de-forte qu'en quatre années la réforme fut introduite dans huit maifons. Urbain VIII permit que de la réunion de ces maifons, il fe formât une nouvelle congrégation, & qu'elle eût un général. Le père Guinet fut le premier nommé à cette place, qui paffa enfuite au père Fourier, malgré toutes les réfiftances de ce dernier à l'accepter. La mémoire du père Fourier eft en grande vénération à Matincourt, & les habitans en confervent les reliques.

Congrégation de Bourgachard, en Normandie.

Bourgachard eft le nom d'un fameux prieuré clauftral de faint-Lo, où il s'eft introduit des Chanoines réguliers, fans que les hiftoriens ayent pu favoir quelles font & l'origine & les obfervances de ces religieux, qui ont toujours

_____

(*) Cet habit fut une foutane noire chargée d'une banderole de lin de la largeur d'environ cinq doigts dont les extrémités fe joignent du côté gauche en forme d'écharpe.

affecté de conserver là-dessus le plus grand secret. On sait seulement par des *factums* publiés en 1712, dans un procès intenté par le prieur commendataire de Notre-Dame de Beaulieu, contre le père Jean Moulin, Prieur de saint-Cyr de Friardel, diocèse de Lisieux, que ce religieux voulant établir une réforme dans son prieuré, y introduisit des sujets à son choix ; que quelque tems après ces mêmes religieux, connus sous le nom de Chanoines, furent appelés dans l'abbaye d'Yvernaux, proche Brie-Comte-Robert, diocèse de Paris, abbaye qui étoit autrefois une dépendance de l'ancienne congrégation de saint-Victor ; qu'il y eut le 22 septembre 1685 un concordat entre ce père Moulin & le prieur commendataire de saint-Lo de Bourgachard, par lequel il fut exposé que le père Moulin avoit déja donné des marques de sa capacité, par le rétablissement des deux communautés de Friardel & d'Yvernaux, & convenu qu'il entreroit dans le prieuré de Bourgachard à perpétuité pour y foire revivre les exercices réguliers & y composer une communauté de Chanoines.

Il paroît qu'effectivement ce concordat eut son exécution, & que la réforme pénétra dans l'abbaye de Notre-Dame du Vœu près de Cherbourg, dans les prieurés de Sausseuse, de saint-Laurent de Lyon, & dans quelques autres Monastères. Mais en 1699, l'abbé de sainte-Géneviève informé que le père Moulin, s'érigeant en réformateur, s'étoit emparé de plusieurs maisons dont il avoit changé la pratique, les constitutions & l'habit, qu'il étoit encore sur le point de s'introduire dans l'abbaye de Vaest, diocèse du Mans, pour laquelle il avoit traité avec l'abbé commendataire, fit assigner au conseil ce père Moulin, pour rapporter ce traité, & les autres titres en vertu desquels il se prétendoit supérieur d'une congrégation particulière, ainsi que ceux à la faveur desquels il avoit uni les prieurés & les abbayes dont nous venons de parler à sa prétendue congrégation. Cette assignation arrêta les démarches que faisoit le père Moulin pour s'introduire dans l'abbaye de Vaest ; mais il se tourna du côté du prieuré de Beaulieu, & fit si bien, qu'avec le consentement de M. Colbert, archevêque de Rouen, & un arrêt du parlement de Normandie du 14 décembre 1699, il mit ses Chanoines en possession de ce prieuré ; mais en 1712, le prieur commendataire mécontent d'eux, les en fit sortir sous prétexte qu'ils y étoient entrés sans lettres-patentes du roi. L'évêque d'Evreux les fit sortir du prieuré de Liéra, sous le même prétexte.

Voyez *la vie de saint-Augustin, le dixième volume de ses œuvres, données par les pères Bénédictins ; les mémoires de Tillemont ; le livre latin des opuscules de Pierre Damien ; la discipline ecclésiastique du père Thomassin ; l'histoire des Chanoines réguliers, par Penot ; les antiquités de Beauvais, par Louvet ; le bullaire romain ; l'histoire de toutes les religions, par Morigia ; le catalogue de tous les ordres religieux, par Bonanni ; le gallia christiana, par sainte-Marthe ; la monarchie sainte de Dominique de Jésus ; l'histoire ecclésiastique de Fléury ; l'histoire ecclésiastique des pays-bas, par Gazet ; l'histoire d'Occident, par le cardinal de Vitriac ; l'histoire des ordres religieux, par Scoonebek, par Hermant, par le père*

Héliot ; la relation des voyages de Villamont ; les annales de l'ordre de saint-Benoît, par Jean Mabillon ; l'histoire du même ordre, par Bulteau ; les antiquités de Paris, par Dubreuil & Malingre ; le traité latin des droits des religieux & des monastères, par Chopin ; le monasticon Augustinianum ; *le chandelier d'or d'Athanase de sainte-Agnès ; le livre latin des œuvres de Théophile Raynaud ; l'histoire des religieux pontifs, par Mange Agricol ; l'histoire de France, par Mezerai ; l'histoire de l'université de Paris, par Duboulay ;* &c. Voyez aussi les articles BÉNÉFICE, RELIGIEUX, &c. (*Article de M. DAREAU, avocat, &c.*)

CHANOINESSES RÉGULIÈRES. Ce sont des religieuses qui font profession de la règle de saint-Augustin, & qui portent à peu près le même habillement que les Chanoines de cet ordre.

On ne sait trop si lon peut dire que saint-Augustin ait été l'instituteur des Chanoinesses, comme on croit qu'il l'a été des Chanoines réguliers. Le père le Large de la congrégation de France, avoue que le nom de *Chanoine* & de *Chanoisse* dans les premiers tems de l'église, se donnoit indifféremment aux ecclésiastiques, aux moines, aux religieuses, aux vierges & à tous ceux qui étoient inscrits dans le canon, c'est-à-dire dans la matricule de la communauté ou de l'assemblée ; mais il soutient que depuis le sixiéme siécle il y a eu en Occident des Chanoinesses différentes des autres personnes du sexe qui embrassoient la vie religieuse. Les preuves qu'il donne de cette assertion ne sont pas convaincantes, il se fonde sur le témoignage d'un moine de l'île de Seking sur le Rhin, qui écrivoit dans le dixième siècle,

&

& qui ne parloit que par tradition, tandis qu'on fait que les Chanoinesses n'étoient pas connues au commencement du huitième siècle ; car au concile d'Allemagne tenu en 742, il est parlé des religieux & des religieuses, & nullement des Chanoinesses. Il n'en est pas parlé non plus dans le capitulaire que fit Charlemagne a Héristal en 779, où il fut pareillement question de la vie ecclésiastique & religieuse. On voit seulement qu'au commencement du neuvième siècle, l'état religieux avoit beaucoup degénéré, que plusieurs moines avoient abandonné la règle de saint-Benoît, & que nombre de religieuses en avoient fait autant ; qu'en conséquence, le concile de Châlons sur Saône, tenu l'an 813, se crut obligé de prescrire des règlemens à ces filles qui se disoient Chanoinesses : *iis sanctimonialibus quæ se canonicas vocant.* Ce qui fait penser que le concile en se servant de ces termes, regardoit cette dénomination comme une nouveauté. Au concile de Mayence qui se tint peu de tems après, il fut parlé de ces Chanoinesses d'une manière indirecte : il fut dit que les religieuses qui suivoient la règle de saint-Benoit, vivroient régulièrement ; & que celles qui n'en faisoient pas profession, vivroient canoniquement (*).

Mais quels étoient les chanoines qui dans ce temps-là fussent assez instruits pour leur enseigner la vie canonique ? Les hommes & les filles avoient également besoin de leçons : c'est

---

(*) *Quæ verò professionem sanctæ regulæ Benedicti fecerunt, regulariter vivant; sin autem, canonicè vivant plentter.* Can. 13.

ce qui fit que l'empereur Louis-le-Débonnaire fit dreffer des règles pour les uns & pour les autres afin d'empêcher qu'ils ne s'écartaffent totalement de la vie religieufe. On leur permit de garder leur bien en propriété, à la charge de le faire adminiftrer par procuration. On leur permit en même temps d'avoir des fervantes; ce qui jufqu'alors n'avoit été accordé à aucune religieufe. Mais il faut avouer que ce nouveau genre de vie ne s'introduifit que dans quelques cantons de l'Allemagne.

Penot dans fon hiftoire des chanoines réguliers, prétend faire remonter l'origine des Chanoineffes au temps de faint-Auguftin, à raifon des habits blancs qu'elles portent; & de ce qu'il eft dit dans la règle qu'il donna aux religieufes d'Hyppone, qu'elles laveroient elles-mêmes leurs habits, ou qu'elles les feroient laver par des foulons; mais comme l'obferve très-bien le père Héliot, l'habit blanc ne fait point la diftinction particulière des Chanoineffes d'avec les autres religieufes; car celles qu'on appeloit *Chanoineffes* du temps du concile d'Aix-la-Chapelle tenu en 816, étoient vétues de différentes couleurs, & plus communément de noir, ainfi qu'on le remarque par le canon 10 de ce concile. D'ailleurs les Bénédictines de faint Pierre de Rheims, de Montmarte près Paris, de Saintes, de la Trinité de Caën & d'autres endroits, ont porté des habits blancs avec des furplis, jufqu'au commencement du fiécle dernier époque de leur réforme. Les religieufes de Fontevrault qui ne font point Chanoineffes, font encore habillées de blanc; ainfi cette couleur ne décide rien fur l'origine des Chanoiñeffes ; il paroît au contraire que ce ne fut que vers le milieu du douzième fiècle que les Chanoineffes furent foumifes à la règle de faint Auguftin. Cependant elles ne laifferent pas de vivre féparément les unes des autres, jufqu'à la tenue du concile de Rheims de l'an 1148, que le pape Eugène III obligea celles qui vivoient fous la règle de faint Auguftin de renoncer à toute propriété & d'embraffer la vie commune : c'eft à cette époque que ces religieufes devinrent des Chanoineffes régulières.

Comme dans le même temps il fe forma des congrégations de chanoines réguliers qui pour fe maintenir dans l'obfervace fe donnèrent des règlemens, il y a apparence que quelques Chanoineffes les imitèrent en fe foumettant à ces mêmes réglemens : telles furent les Chanoineffes de Latran ; celles de Vindefeim dans la Flandre, & nombre d'autres.

Il y a en France des Chanoineffes qui ne font d'aucune congrégation. De ce nombre font celles de faint Etienne de Rheims.; de Notre-Dame de la Victoire à Picpus près Paris ; de fainte Périne de la Vilette, & d'autres endroits ; elles font habillées de blanc. Il y en a dans le Languedoc & dans la Guienne, pui font en noir avec une bande ou banderole de toile blanche de quatre doigts de large, qu'elles mettent en écharpe où pour mieux dire en bondouillère. Il y a même quelques unes de ces religieufes, qui portent le furplis avec l'aumuffe. Les religieufes de l'ordre de Prémontré portent cette aumuffe dans quelques provinces. Les Chanoineffes de Chaillot près Paris, la portent auffi, mais noire, mouchetée de blanc, à la différence des Prémontrées qui la portent blanche, mouchetée de noir.

Voici une notice des principales congrégations des Chanoinesses regulières connues en France.

Chanoinesses de l'ordre du Saint-Sépulchre.

Ces religieuses ne sont en France que depuis 1620, que la comtesse de Chaligny, fille du marquis de Mouy, veuve d'un prince de Lorraine, les fit venir du pays de Liège pour les établir à Charleville. Après que les lieux réguliers y furent établis, elle fit profession dans cet ordre & y mourut peu de temps après.

En 1635 il fut question d'établir une communauté de ces religieuses à Paris; on en fit venir de Charleville & on les mit au fauxbourg Saint-Germain au Pré-aux-Clercs, lieu plus particulièrement connu sous le nom de *Belle-Chasse*. C'est de cette communauté que sortirent celles qui firent l'établissement de la maison de Luynes. Il en vint d'autres quelque temps après de la Flandres, qui firent un quatrième établissement en France à Vierzon dans le Berri.

Les constitutions de ces Chanoinesses furent approuvées en 1631 par le Pape Urbain VIII. Une attention particulière de ces dames est de garder par-tout l'uniformité dans les couvens de l'ordre. Un nouveau monastère fondé, est soumis à la juridiction de la prieure de celui dont il a tiré son existence. Elle y peut changer les religieuses quand bon lui semble, jusqu'à ce qu'il y ait douze religieuses professes du nouveau monastère; & tous entretiennent l'union & la correspondance entr'eux par lettres, en se donnant réciproquement avis de tout ce qui peut se passer.

Leurs conſtitutions leur permettent de recevoir des dames ſous le titre de *Données*, mais ces dames doivent avoir un logement ſéparé des religieuſes. Les prieures de l'ordre ſont perpétuelles, & les autres officières changent tous les cinq ans ; mais dans le monaſtère de Belle-Chaſſe à Paris, la ſupérieure n'eſt que triennale.

Les cérémonies qui s'obſervent à la vêture & à la profeſſion de ces religieuſes en France, ne ſont pas les mêmes que celles qui s'obſervent en Allemagne. En France la poſtulante magnifiquement parée, ſort ſeule du cloître pour aller entendre un ſermon : elle eſt enſuite conduite par le célébrant & ſes aſſiſtans aux portes du monaſtère où elle eſt reçue par les religieuſes. Lors de la profeſſion elle ne ſort point du cloitre, mais elle prononce ſes vœux à la grille, les mains liées avec une ſerviette préparée pour cet effet ſur un carreau.

Leur habillement conſiſte en une robe noire & un ſurplis de toile ſans manches. Sur le côté gauche elles portent une croix double de tafetas cramoiſi. Elles ont une ceinture de cuir pendante ſur le devant avec cinq clous de cuivre, en mémoire des cinq plaies de Notre-Seigneur. Au chœur & dans les cérémonies, elles mettent un grand màuteau noir auquel, outre la croix double, ſont attachés par-devant deux cordons cramoiſis de laine, qui traînent à terre avec cinq nœuds & deux houpes aux extrémités. Elles portent uncore au quatrième doigt un anneau d'or où eſt gravé le nom de Jeſus avec la croix double. Les ſœurs converſes n'ont que des ſurplis de toile noire avec des manches un peu

longues & larges &-un voile blanc ; elles n'ont
ni manteau ni anneau. Les tourrières du dehors
doivent auffi porter la croix, mais elles ne font
que des vœux fimples.

Voyez la vie de la marquife de Moui dans les
éloges des dames illuftres par Hilarion de Cofte,
& les conftitutions des religieufes du Saint-Sépulchre, imprimées à Charleville en 1637.
Voyez encore ce qui a été dit de la congrégation du Saint-Sépulchre à l'article CHANOINE
RÉGULIER.

Chanoineffes Prémontrées.

Il y avoit autrefois beaucoup de ces religieufes en France, mais il n'y en a plus actuellement. Le dernier de leurs monaftères a été
celui de Sainte-Marguerite de la Rochelle qui
eft maintenant occupé par des prêtres de l'oratoire ; c'eft ce qui fait que nous nous croyons
difpenfés d'en parler.

Chanoineffes hofpitalières.

Le père Moulinet en parlant des religieufes
de l'Hôtel-Dieu à Paris, a cru que ces religieufes & nombre d'autres qui fervent dans les
hôpitaux, étoient des Chanoineffes, mais il fe
trompe. Il fera parlé de ces religieufes à l'article
HOSPITALIÈRES.

Chanoineffes de Notre-Dame.

Cette congrégation eft d'une inftitution affez
moderne. Elle a pris naiffance en Lorraine par
les foins du père Fourier, fondateur des Chanoines réguliers de Lorraine dont il a été parlé
à l'article CHANOINE RÉGULIER.

Une dame nommée Alix le Clerc, fit part un jour au père Fourier de l'envie qu'elle avoit de former quelque inftitut nouveau. Ce deffein ayant percé dans le public, trois filles vinrent fe joindre a elle pour feconder fa réfolution. Le père Fourier commença par les faire habiter enfemble & leur prefcrivit un certain genre de vie. Les parens de la dame Alix n'approuvoient point, à beaucoup près, ces idées de nouvel établiffement. Pour la détourner de fes projets, ils la firent conduire dans un couvent de fœurs grifes du tiers ordre de faint François ; mais elle employa le crédit qu'elle avoit auprès de quelques Chanoineffes de Pouffey à qui elle avoit communiqué fon deffein : ces dames prièrent fes parens de la leur accorder, ce qu'elles obtinrent. En conféquence Alix le Clerc & fes compagnes allèrent à Pouffey ; & ce fut dans cet endroit qu'elles jetèrent l'an 1597, les fondemens de leur congrégation.

Elles ne reftèrent auprès des Chanoineffes qu'un an. La dame d'Afpremont, l'une de ces Chanoineffes, leur acheta une maifon à Mataincourt & fe déclara leur protectrice. Mais elles ne reftèrent pas long-temps dans cet endroit : leur logement étant trop petit fans que les habitans dont elles enfeignoient gratuitement la jeuneffe vouluffent contribuer à l'agrandir, la dame d'Afpremont les envoya à Saint-Mihiel dans une belle & vafte maifon qu'elle leur donna. Elles en prirent poffeffion le 7 mars 1601.

Les réglemens provifionnels que le père Fourier leur avoit donnés, furent approuvés du cardinal de Lorraine légat du pape. Leur congrégation fut érigée fous le titre de *Notre-Dame*, & elles obtinrent des bulles de cette érection en 1603.

Quand l'établiſſement à Saint-Mihiel fut aſſuré, l'une des compagnes de la ſœur Alix fut appelée à Nancy pour en former un ſemblable : il s'en forma d'autres ſucceſſivement à Verdun, à Pont-à-Mouſſon, à Châlons, &c.

Juſques-là on n'avoit point eu encore la permiſſion.de faire des vœux ſolemnels, à cauſe de la difficulté de concilier l'inſtruction des petites filles externes avec la clôture religieuſe ; mais le cardinal de Lenonçourt primat de Nancy, s'intéreſſa pour elles & leur obtint deux bulles de Paul V ; l'une du premier février 1615 pour les trois vœux en religion ; & l'autre du 6 octobre 1616, pour leur permettre l'inſtruction des petites filles externes. Leur premier monaſtère de clôture fut celui de Nancy.

Le père Fourier ſongea alors à leur donner des conſtitutions telles qu'il les falloit à de vraies religieuſes. On préſenta ces conſtitutions à l'évêque de Toul qui avoit pouvoir du pape pour les confirmer, & le prélat y donna ſon approbation le 9 mars 1617. En conſéquence la mère Alix & ſes compagnes firent leurs vœux entre les mains du père Fourier le 2 décembre 1618.

Les monaſtères de cet ordre ſe ſont depuis beaucoup multipliés en France, en Allemagne & en Savoie. Quelques-uns de ces monaſtères reçurent de nouvelles conſtitutions en 1641 ; les autres demeurèrent dans l'obſervance de celles du père Fourier. L'archevêque de Sens obligea les monaſtères de Provins, de Joigny, d'Etampes & de Nemours dans son diocèse, de recevoir les nouvelles constitutions ; mais cette différence n'a pas empêché que toutes les maisons ne soient demeurées dans une parfaite union.

L'habillement de ces religieuses est noir. Elles prennent à Paris & dans quelques autres endroits, le titre de *Chanoinesses*, & cela sans doute parce qu'elles tiennent leurs réglemens du père Fourier qui étoit un chanoine de la congrégation de Lorraine. Elles suivent la règle de saint Augustin.

Voyez *le catalogue des ordres religieux par Hermant*, & *l'histoire de ces mêmes ordres par Schombert & par le père Héliot*, &c. Voyez aussi ce qui a été dit des Chanoinesses séculières. (*Article de M. DAREAU, avocat, &c.*)

CHANOINESSES SÉCULIÈRES. Les Chanoinesses séculières sont parmi nous des demoiselles de qualité qui, au moyen de certaines preuves de noblesse, entrent dans un chapitre & en deviennent membres sans faire vœu perpétuel de pauvreté, d'obéissance ni de chasteté, & sans aucun autre engagement que celui d'observer les statuts du corps où elles sont reçues. Devenues Chanoinesses, ces demoiselles conservent la liberté de se retirer quand elles le jugent à propos, & même de se marier si elles préfèrent le mariage au célibat.

Dans ces sortes de chapitres on distingue ordinairement trois ordres de personnes ; 1°. l'abbesse & les dignitaires, ou les supérieures & les officières qui dans la plupart de ces établissemens, font vœu de chasteté perpétuelle ; 2°. les Chanoinesses prébendées qui avec l'abbeſſe & les dignitaires, compoſent le corps du chapitre ; 3° les Chanoineſſes non prébendées, mais ſimplement reçues, que l'on nomme coadjutrices ou nièces, & qui jouiſſent en cette qualité des honneurs & prérogatives du corps.

Les devoirs des Chanoineſſes ſe réduiſent à chanter l'office de la Vierge à l'inſtar des chanoines ; occupation qui n'a rien de pénible que ſa trop grande uniformité.

Le père Mabillon en pluſieurs endroits de ſes ouvrages, & notamment dans ſa préface ſur le ſecond ſiecle des Bénédictins, aſſure & prouve que la plupart de nos chapitres de Chanoineſſes étoient originairement des monaſteres de ſimples Bénédictines ; que vers le neuvieme ſiècle, époque mémorable de ténebres & de licence, ces religieuſes rompirent les liens de la monaſticité & paſſèrent d'abord à l'état de Chanoineſſes régulières, enſuite à l'état de Chanoineſſes ſéculières. On trouve effectivement ce nom employé pour la première fois dans le chapitre 52 d'un concile tenu à Châlon en 813.

Par la regle faite pour elles, quelques années après, dans un concile d'Aix-la-Chapelle, il paroît que les Chanoineſſes étoient encore régulières, & même que pluſieurs d'entre elles n'étoient point nobles. Cette règle recommande le vœu de continence auquel elles ſont ſuppoſées aſſujeties ; la même regle leur preſcrit d'avoir un dortoir & un réfectoire communs, & défend aux Chanoineſſes qui ſont nobles de s'en prévaloir envers celles qui ne le ſont point.

La régularité & la vie commune ceſſèrent parmi elles en même-temps & de la même manière qu'elles avoient ceſſé parmi les chanoines. Le cardinal de Vitry, témoin oculaire de ces révolutions, en parle avec douleur dans son histoire d'occident, chapitre 5. L'église n'influa point dans ces innovations ; elles se firent les unes à son insçu, les autres malgré elle. Les souverains pontifes, au milieu de la barbarie universelle, ne pouvoient s'opposer au torrent des abus qui ravagèrent pour ainsi dire le monde chrétien depuis le neuvième jusqu'au quinzième siècle. Le pape Boniface VIII, en comprenant les chapitres des Chanoinesses dans les règlemens relatifs aux élections, déclare en termes formels qu'il n'entend point par sa constitution, *approuver l'état, l'ordre & la règle des Chanoinesses*. Clause que la plupart de ses successeurs ont renouvelée dans les bulles où il a été question de Chanoinesses.

Malgré les plaintes & les désaveux, le temps a changé les opinions sur ce point comme sur une infinité d'autres ; ces espèces de chapitres subsistent, & sont regardés aujourd'hui comme des établissemens plus utiles & mieux raisonnés que la plupart des autres institutions religieuses. Ce sont des asiles où l'indigente noblesse peut se réfugier, où elle peut exercer toutes les vertus sociales, & d'où elle peut sortir pour rentrer dans le monde lorsqu'elle est intéressée à le faire.

L'état des Chanoinesses séculières diffère peu de l'état des ecclésiastiques simplement tonsurés qui peuvent comme elles abandonner leurs bénéfices, retourner au monde & se marier quand ils le jugent à propos.

Si l'on voit sans scandale les chevaliers de saint Lazare pourvus de bénéfice, quoique laics

& mariés, fi l'on a juftement applaudi aux établiffemens faits pour l'éducation des jeunes demoifelles de faint Cyr, à l'aide des biens purement eccléfiaftiques ; à quel titre pourroit-on défapprouver les chapitres de Chanoineffes ? peut-être feroit-il à defirer qu'on féculariſât de même la plupart des communautés religieuſes ? ce feroit un moyen de remédier aux abus, en rendant les monaſtères auffi utiles à la fociété qu'ils ont pu l'être à la religion.

Les chapitres de Chanoineffes, quoique compoſés de perſonnes laïques qui ne renoncent point au fiècle ; font cependant confidérés comme des corps eccléfiaftiques ; ils font partie de l'ordre du clergé ; ils jouiffent des mêmes privilèges ; ils ont les mêmes droits tant pour leurs biens que pour leurs perſonnes. On voit dans un fynode de Cambrai de 1575, que les abbeffes de ces chapitres étoient convoquées aux affemblées générales ; trois procureurs de trois abbeffes fouſcrivirent dans le fynode de Cambrai au nom de ces abbeffes.

Quoique les Chanoineffes féculières fe difent indépendantes de toute juridiction épiſcopale, & qu'elles fe regardent comme immédiatement foumiſes au faint fiége, cette prétention ne les mettroit cependant pas à l'abri des entrepriſes d'un évêque ambitieux ; car le concile de Trente, feffion 22, chapitre 8, donne aux évêques le droit de faire des vifites dans les chapitres de Chanoineffes, malgré l'exemption dont elles jouiffent : mais fi quelque chapitre fe trouvoit dans ce cas, il pourroit réclamer l'autorité de Van-Efpen, qui dans fa juriſprudence eccléfiaftique, obſerve que les Chanoineffes étant fous la protection immédiate des souverains, les évêques doivent être munis d'une permission particulière pour y faire des visites.

Il seroit trop long d'entrer dans le détail des lois constitutives des différens chapitres de Chanoinesses qui sont en France. Celles de Franche-Comté diffèrent des Chanoinesses de Flandres; celles-ci se croient au-dessus des chapitres qui se trouvent dans le Hainault, dans l'Alsace & dans le Brabant; les quatre chapitres de Lorraine se prétendent égaux entr'eux, & fort supérieurs à tous les autres: les Chanoinesses des Trois-Evêchés & de la Champagne ont de même leur gloire ou leur vanité. Comme leurs constitutions intéressent sur-tout la haute noblesse du royaume, nous allons rendre compte de ce qui concerne le chapitre de Remiremont, l'un des plus considérables de tous ceux qui dans l'opinion publique jouissent de la prééminence.

Ce chapitre est composé d'une abbesse, de plusieurs dignitaires & de simples Chanoinesses, qui sont ou *prébendées*, ou *nièces*. Les premières possedent une ou plusieurs prébendes, avec une ou plusieurs maisons canoniales; & les secondes, qui n'ont ni maisons, ni prébendes, participent seulement aux distributions qui se font chaque jour au chœur.

Chaque Chanoinesse peut sans permission ni de l'abbesse, ni du chapitre, quitter son état pour en embrasser tel autre qui lui plait. Il suffit que les dames nièces remercient leurs tantes par une simple lettre que celles-ci communiquent au chapitre; à l'égard des dames prébendées, elles observent la même formalité envers l'abbesse & le chapitre.

Pour être Chanoineſſe de Remiremont, il faut des preuves de nobleſſe militaire du côté paternel & du côté maternel ; preuves qui doivent être en nombre égal de part & d'autre, c'eſt-à-dire quatre lignes dans la branche des pères & quatre dans la branche des mères : les lignes doivent contenir deux cents ans de filiation, & pour preuves de ces lignes, on préſente des teſtamens, des contrats de mariage, des actes de foi & hommage ou autres équivalents tirés des lieux mêmes où ſe font les lignes. Le chapitre ne reçoit que les actes originaux, ou des copies collationnées & légaliſées par les juges des lieux ; & dans le cas où ces copies lui paroîtroient ſuſpectes, on feroit obligé de repréſenter les originaux.

Le jour où l'arbre généalogique eſt préſenté, le chapitre adreſſe des lettres circulaires à l'abbeſſe & aux Chanoineſſes qui ſe trouvent abſentes ; ces lettres contiennent le nom de la récipiendaire, ſon pays & le blaſon des huit lignes. Si les lignes paroiſſent régulières, on les reçoit, non en détail, mais toutes enſemble, & ſeulement après un délai de quatre mois du jour où elles ont été préſentées. Lorſqu'il y a conteſtation ſur les lignes ou ſur les titres juſtificatifs, ſoit que la conteſtation vienne du chapitre ou d'une ſeule Chanoineſſe, alors les oppoſantes choiſiſſent chacune un gentilhomme juré à Remiremont. Ils ne doivent ni porter le nom de la récipiendaire, ni en être parent juſqu'au dégré iſſu de germain. Ces gentilshommes jugent la conteſtation en premier & dernier reſſort. S'ils ne peuvent s'accorder, ils prennent un arbitre également gentilhomme, qui termine la conteftation fous la foi du ferment. La décifion eft rapportée au chapitre, qui en ordonne l'enregiftrement, après quoi l'abbeffe, ou la doyenne, ou la plus ancienne Chanoineffe en l'abfence de ces premieres, eft obligée de faire l'apprébendement ou réception de la demoifelle. Les dames oppofantes ont trois mois pour nommer des arbitres, & neuf mois pour en obtenir le jugement.

Outre les gentilshommes dont nous avons parlé & qu'on ne réclame que dans les cas extraordinaires, il eft de règle de choifir trois chevaliers pour examiner les preuves de chaque récipiendaire; cet examen doit fe faire pendant l'année de la préfentation, & les chevaliers *jurent les preuves* fur le livre de l'évangile dans le chœur de l'églife de Remiremont. Dès que les lignes font jurées, la dame tante nomme fa nièce au chapitre; mais elle ne peut l'apprébender que fix mois après cette nomination, à moins qu'elle ne foit dangereufement malade. Toute Chanoineffe prébendée qui fe trouve en danger de mort, peut nommer une nièce pour fuccéder à fes prébendes. Elle doit faire cette nomination pardevant un notaire; elle en remet l'acte entre les mains de telle dame qu'il lui plaît de choifir; celle-ci requiert la doyenne ou fa lieutenante d'affembler le chapitre, ce qu'on eft tenu de faire à l'inftant. Là on préfente l'acte de nomination, & tout fe fait comme fi la dame tante étoit préfente. Il faut cependant que la dame tante foit à Remiremont, & que les lignes de la demoifelle foient jurées; qu'enfin l'apprébendement fe faffe du vivant ou dans les vingt-quatre heures après la mort de la tante.

C'eft l'époque de l'apprébendement qui règle.
pour toujours le rang des Chanoineſſes dans l'é=
glife, dans les proceffions & dans les autres cé=
rémonies publiques.

Ce que nous venons de dire touchant les
preuves de nobleſſe a reçu une modification en
1761, de la part de Staniſlas, alors duc de Lorraine. Ce prince rendit une déclaration pour les
quatre chapitres de Chanoineſſes qui ſont dans
cette province. Il y parle ainſi : « Voulant por-
» ter nos attentions encore plus loin que nos
» prédéceſſeurs, en confirmant les prééminen-
» ces, libertés, prérogatives, exemptions, &
» généralement tous les droits dont nos quatre
» chapitres ſont en poſſeſſion, nous avons jugé
» pour la plus grande illuſtration devoir encore
» faire remonter les preuves du côté paternel
» au-delà de celles qu'exigent les ſtatuts; *& par*
» *compenſation, diminuer leur rigueur du côté ma-*
» *ternel;* ce qui préſente pour la nobleſſe la plus
» diſtinguée, des avantages ſenſibles auxquels il
» eſt juſte de ne laiſſer participer que nos pro-
» propres ſujets & ceux du roi très-chrétien.
» A ces cauſes, ordonnons qu'à l'avenir dans
» les quatre chapitres de Remiremont, Bouxie-
» res, Epinal & Pouffey, les preuves de no-
» bleſſe pour y avoir entrée feront *faites de*
» *huit degrés du* côté paternel, au lieu de qua-
» tre, reſtreignant celles du côté maternel aux
» mêmes huit dégrés pour la dernière mère ſeu-
» lement ».

Cette déclaration fut enregiſtrée en la cour
ſouveraine de Nancy dès la même année & la
même loi reçut une nouvelle authenticité le 23
avril 1765, par un arrêt du conſeil qui enjoignit

à

à l'abbeffe de Bouxiere de s'y conformer. Il s'agiffoit des preuves de mademoifelle de la Tour en Voivre ; fon apprébendement avoit été fufpendu parce qu'on les exigeoit fuivant l'ancien ufage. On obligea le chapitre de les recevoir conformément à la nouvelle déclaration : depuis ce temps, les chapitres de Bouxiere, d'Epinal & de Pouffey ont obéi fans proteftations ni réferves. Le feul chapitre de Remiremont s'eft oppofé par un acte capitulaire à cette innovation ; & quoique fon acte capitulaire ait été biffé de fes regiftres en vertu d'une lettre de cachet, on n'en a pas moins fuivi l'ancien ufage, c'eft-à-dire qu'on fait d'abord les preuves fuivant la déclaration de Janvier 1761 ; & enfuite on ajoute, comme par furabondance, les lignes du côté maternel dont la déclaration difpenfe. Cette preuve furabondante annonce la réfolution où eft ce chapitre de folliciter le rétabliffement de l'ancien état des chofes en ce qui le concerne. S'il réuffit, & que la déclaration n'ait plus lieu que pour les trois autres chapitres de Lorraine, alors la ligne de féparation entr'eux & celui de Remiremont fera tracée d'une manière ineffaçable ; & la prééminence de ce dernier fera fondée en titre. Au furplus, cette prééminence eft déja en partie décidée par le fait : car dans toutes les occafions où les quatre chapitres fe font trouvés en concurrence, non-feulement celui de Remiremont a obtenu la préféance ; mais les fimples Chanoineffes de ce chapitre ont eu le pas fur les dignitaires, & même fur les abbeffes de Pouffey, de Bouxiere & d'Epinal, lorfqu'elles ont été députées de l'églife de Remiremont. Le cas s'eft présenté dans ces derniers temps sous Staniflas, duc de Lorraine. Les députés des quatre chapitres s'étant rencontrés en même temps à la cour de Luneville, madame de Grammont, simple Chanoinesse, qui représentoit le chapitre de Remiremont, eut le pas sur l'abbesse d'Epinal & sur les dignitaires des deux autres chapitres. Les richesses du chapitre de Remiremont contribuent peut-être autant que son ancienneté à lui conserver une prérogative si flatteuse : il réunit toutes les espèces de droits féodaux; sa juridiction s'étend sur plusieurs villes, sur une multitude de villages, sur un quinzième du territoire de la province; ses revenus forment un capital de plus de cent mille écus. L'abesse a pour sa mense trente-six prébendes; soixantedix-neuf autres sont partagées en vingt & une *compagnies ;* sçavoir, cinq de cinq prébendes, huit de quatre, six de trois & deux de deux. La dame qui a cinq prébendes a le droit d'apprébender trois nieces; les deux premières ont chacune deux prébendes. La dame qui a quatre prébendes ne peut avoir que deux nieces, qui partagent par portion égale les revenus de leur tante. La dame qui a trois prébendes peut aussi apprébender deux nieces, dont la première a deux prébendes. La dame qui en a deux ne peut apprébender qu'une niece. Enfin la dame qui n'a qu'une prébende est privée du droit d'apprébendement.

Lorsqu'une Chanoinesse meurt sans avoir aucune nièce, ses prébendes tombent dans la mense de l'abbesse; mais alors l'abbesse est obligée de présenter au chapitre, de six mois en six mois, une demoiselle qui hérite d'une partie des pré-

bendes de la défunte. Ces préfentations fe fuc-
cèdent jufqu'à ce que les prébendes dont l'abbeffe a hérité foient forties de fa menfe.

Immédiatement après fon apprébendement, la
dame niece eft obligée de faire une année de
ftage ou réfidence. Si ce temps eft interrompu
par quelqu'abfence, elle doit recommencer l'an,
née entière.

Après l'année de ftage, les dames nieces ne
font tenues à réfider que le tiers du temps de
leurs abfences, c'eft-à-dire trois mois de réfidence pour neuf mois d'abfence, fix mois pour
dix-huit; mais ce droit a des bornes; il ne peut
s'étendre au-delà de cinq ans d'abfence : pendant
le cours de la fixième année, le chapitre fait à
la Chanoineffe abfente une fommation qu'on affi-
che aux maifons de la dame-tante ; & après l'année révolue, la dame-nièce perd fon titre de
Chanoineffe. Si elle reparoît pendant le cours
de cette année, elle eft condamnée à un an de
réfidence continue ; fi elle s'abfente de nouveau,
pendant cet intervalle, elle encourt les mêmes
peines, non plus à la fixième année d'abfence,
mais dès la quatrième.

La réfidence des Chanoineffes prébendées eft
plus longue que celle des dames-nièces. Lorfqu'elles jouiffent de plus d'une prébende, il leur
faut fept mois de réfidence pour une abfence de
cinq mois ; il leur en faut quatorze pour dix,
vingt-un pour quinze, &c. L'inverfe de cette
règle s'obferve en faveur des dames qui n'ont
qu'une prébende. Lorfqu'une Chanoineffe prébendée s'abfente pendant trois années confécutives, au commencement de la quatrième on
lui fait une fommation de réfider ; on renou-

velle cette fommation tous les quatre mois de
cette même année, fommation qu'il fuffit d'afficher à fa maifon canoniale ; ce tems écoulé, la
dame abfente eft déchue de plein droit de fes
prébendes & de fon titre de Chanoineffe ; mais
fi elle revient pendant la quatrième année, elle
eft tenue, pour recouvrer fes revenus, de faire
une réfidence de deux années confécutives :
faute par elle de remplir cette obligation, fes
revenus font faifis du jour de fon abfence ; &
dans ce fecond cas elle n'a plus le droit de s'abfenter que trois années ; pendant la dernière on
renouvelle les fommations de réfider, après
quoi la perte de fes prébendes & de fon titre de
chanoineffe eft encourue, *ipfo facto*.

La réfidence pour les dames doyenne & fecrette, eft encore plus rigoureufe ; elle eft de huit
mois par année ; elle n'eft que de fept pour les
autres dignitaires : quant à l'abbeffe elle ne
connoît d'autres lois que les faints canons, relatifs à la réfidence des prélats & autres bénéficiers ; c'eft à-dire qu'elle fait à cet égard ce que
bon lui femble ; le Chapitre n'ayant fur elle que
les voies de droit ordinaires. Les revenus faifis
pour caufe d'abfence, fe diftribent aux Chanoineffes qui affiftent chaque jour aux offices de
l'églife.

La dame Doyenne, ou en fon abfence, fa
lieutenante ont le droit d'affembler les chapitres tant extraordinaires qu'ordinaires, & en cas
d'abfence ou de refus de leur part, ce droit appartient à la dame fecrette, enfuite à la plus ancienne
Chanoineffe felon l'ordre du tableau. La dame
abbeffe eft convoquée à tous les chapitres, excepté dans le cas où il s'agit de déliberer fur des

procès ou d'autres affaires du chapitre contre
elle. Lorsqu'elle est absente de Remiremont
ou quelle est malade & qu'il s'agit d'affaires
de conséquence, on l'attend pendant quinze
jours seulement. Toute Chanoinesse a le droit
de faire tenir chapitre ; il suffit qu'elle en requiert la doyenne ou sa lieutenante en leur
expliquant sommairement ses motifs.

Outre ce que nous venons de rapporter touchant l'intérieur du chapitre de Remiremont,
il est encore essentiel d'ajouter un mot sur les
chanoines de cette église. Ils font au nombre de
dix, & n'ont d'autres fonctions que celles des
chapelains ordinaires ; cependant ils ont prétendu faire corps avec les Chanoinesses & former une partie constituante du chapitre. Cette
question fut agitée au commencement de ce
siécle. Les chanoines citoient en leur faveur des
textes tirés des lettres de Léon X, de Clement
VIII, de Sixte V, de Paul V ; en 1727 Armand
Gaston cardinal de Rohan fut délegué par le
saint siége pour terminer ce différent & pour
travailler à d'autres objets de reforme dans ce
chapitre.

Le cardinal de Rohan débouta les chanoines
de leurs prétentions & decida que *ce melange
d'hommes & de femmes choqueroit la décence ;* que
les droits seigneuriaux de l'église de Remiremont
appartenoient exclusivement à l'abbesse & aux
Chanoinesses : tout ce que les chanoines purent
obtenir en cette circonstance, fut qu'ils seroient
appelés au chapitre lorsqu'il s'agiroit d'affaires
auxquelles ils pourroient avoir quelqu'intérêt.
Du reste ils font soumis a l'autorité de l'abbesse
& du chapitre. Dans les infractions aux statuts

tout chanoine est justiciable du chapitre. Après les monitions préliminaires, dont l'abbesse seule est chargée, si le coupable persevère, on lui inflige des peines pécuniaires, applicables aux pauvres. Si le cas étoit fort grave, alors les chanoines seroient appelés en chapitre, & d'après leurs avis, on auroit recours à Rome pour demander un commissaire apostolique qui pût procéder contre l'accusé par la voie des censures, par la privation de ses prébendes, & autres peines canoniques ; mais pendant qu'on procéderoit à ces formalités, le chapitre pourroit rendre une espece de jugement provisoire ; ce seroit de lui interdire toute fonction ecclésiastique, dans son église seulement, & d'obliger les autres chanoines à les remplir, en leur assignant, toute fois, un honoraire sur les revenus de l'accusé.

On n'employe pas autant de formalités à l'égard des Chanoinesses qui se trouvent dans le même cas. Celle qui seroit convaincue *d'un attachement ou engagement suspect*, seroit d'abord déchue de sa voix active & passive au chapitre ; ensuite mise en pension chez une vieille Chanoinesse ; si elle *avoit péché contre la pudeur*, elle seroit decoîffée en plein chœur, & ses nièces succéderoient à l'instant à ses prébendes ; ou si elle n'étoit que nièce, la dame sa tante pourroit en appréhender un autre. Ces divers jugemens se prononcent par l'abbesse d'après l'avis des douze plus anciennes du chapitre, parmi lesquelles doivent se trouver la doyenne & la secrette, lorsquelles *n'ont aucun intérêt à l'affaire*.

On demande si le droit de joyeux avènement peut avoir lieu à l'égard des chanoines de Remiremont ? Si l'on ne considère que le nom-

bre des prébendes , il eſt inconteſtable qu'un
brevet de joyeux avènement eſt valable pour
Remiremont comme pour la primatiale de Nancy,
ou pour la collégiale de faint Diez ; car il y a
onze prébendes & demie attachées aux canonicats de Remiremont , & l'on fait que le droit de
joyeux avènement a lieu *lorſqu'il y a plus de dix*
prébendes.

Cependant , ſi l'on examine les choſes de plus
près , il ſemble que le prétendu chapitre de cette
égliſe n'eſt pas dans le cas du joyeux avènement.

1°. Parce qu'à Remiremont il n'y a point de
chapitres d'hommes. En effet , des eccléſiaſtiques
qui n'ont point de voix en chapitre , qui n'ont
pas même le droit de faſſeoir dans les bas ſtalles
du chœur , & dont toutes les fonctions ſe bor-
nent à dire la meſſe & à adminiſtrer les ſacremens aux Chanoineſſes, de tels eccléſiaſtiques
doivent-ils paſſer pour de véritables chanoines ?
non ſans doute : ce ſont des chapelains decorés ,
ou ſi l'on veut des chanoines ſans chapitre : autrement il faudroit dire qu'il y a deux chapitres
à Remiremont, l'un de dames nobles , & l'autre
d'hommes qui peuvent être indifféremment nobles ou roturiers. Au reſte la bulle de Benoît
XIII , où cette queſtion eſt décidée , & les arrêts
du conſeil & de la cour ſouveraine de Nancy
qui ont confirmé & enregiſtré cette bulle , ne
laiſſent aucun doute ſur le véritable état des
prêtres prébendés , des *chapelains prébendés* du chapitre de Remiremont.

2°. Il paroît que le droit de joyeux avènement
ne peut avoir lieu que dans les chapitres où ſe
trouvent des dignités. La déclaration du 18

février 1726 veut que *le droit de joyeux avène-ment n'ait lieu que fur les dignités & prébendes des collégiales, où il y a plus de dix prébendes outre les dignités.* L'édit de 1629 renferme des difpo-fitions encore plus favorables. Or il n'y a point de dignités dans le prétendu chapitre de Remi-remont : celle d'écolâtre n'eft qu'un fimple office de fecrétaire ou de greffier qui fe donne indifféremment à un chanoine ou a tout autre eccléfiaftique qui n'a pas même le droit d'offi-cier dans l'églife de Remiremont : toutes fes fonctions confiftent à lire les teftamens après la mort des Chanoineffes, à rediger des procès verbaux & à infcrire fur les regiftres du chapitre, tous les actes capitulaires.

3°. On peut ajouter enfin que nos rois ne doi-vent exercer en Lorraine que les droits des an-ciens ducs de cette province : le traité de ceffion de la Lorraine eft formel fur ce point. Or, quoi-que les ducs de Lorraine aient joui du droit de joyeux avènement comme les rois de France, jamais il ne l'ont exercé fur Remiremont. Il paroît donc bien vraifemblable qu'un brevet de joyeux avènement accordé fur cette églife ne pourroit être valable, & que les tribunaux ainfi que le chapitre, en le rejetant feroient égale-ment fondés & fur le droit & fur le fait.

L'églife de Remiremont jouit de la haute, moyenne & baffe juftice fur foixante-quinze pa-roiffes. Cinquante-deux de ces feigneuries font partagées entre le fouverain & le chapitre. La ville & la fénéchauffée de Remiremont appartien-nent exclufivement au chapitre. Jufqu'en 1702, les officiers ont eu la préféance fur les officiers royaux. Ils fe rendoient tous les ans dans chaque

feigneurie, & tenoient les plaids annaux. L'officier du chapitre qui avoit la préféance ordonnoit de *bannir*, c'eſt-à-dire de publier *le plaid
de par Dieu, de par Saint-Pierre & de par ſon
àlteſſe.* Le maire ou juge ordinaire du lieu ſe
démettoit enſuite de ſon office ; l'officier du
chapitre en choiſiſſoit un autre entre neuf habitans qu'on lui préſentoit pour rendre la juſtice
l'année ſuivante ; il établiſſoit de même les autres officiers ; il connoiſſoit en outre avec l'officier du ſouverain, de toutes les autres affaires
qui ſe préſentoient ; lui ſeul modéroit les amendes, les augmentoit ou les confirmoit ; enſuite
on les partageoit entre le prince & le chapitre.
Les maires ainſi établis rendoient la juſtice en
toute matière & même au petit criminel. A
l'égard du grand criminel les officiers du prince
en connoiſſoient ſeuls, ſans doute parce que
l'égliſe *abhorret à ſanguine.*

Au commencement de ce ſiècle, un arrêt du
conſeil a ordonné que les officiers du prince auroient déſormais la préféance. Le chapitre s'eſt
ſoumis avec reſpeɛt à une déciſion puiſée dans
les plus ſaines maximes du droit public ; mais
on lui a conſervé ſes autres droits ſans aucune
altération.

L'abbeſſe & la doyenne ont encore leurs tribunaux où elles jugent les procès en matière
civile, *mêmeles cauſes d'injures*, non-ſeulement
de toutes les perſonnes attachées au chapitre,
mais de tout le ban de la ville. Ces affaires
paſſent en première inſtance au tribunal de la
doyenne, enſuite par appel à celui de l'abbeſſe.
La doyenne doit être aſſiſtée des quatre plus
anciennes dames du chapitre & *de deux avocats*

au moins. L'abbeſſe, ou en ſon abſence ſa lieutenante a pour aſſiſtant le grand prevôt ou le
lieutenant Saint-Pierre avec deux avocats au
moins ; les jugemens ſe rendent au nom de
l'abbeſſe & de la doyenne ou de leurs lieutenan-
tes, & quant aux amendes *qui ſe font en la
chambre abbatiale*, elles ſont réglées par le receveur de l'abbaye, qui ſeul a le droit de les
taxer & modérer ainſi qu'il le juge à propos.

Aux jours des rogations & de Saint-Barthe-
lemi, le chapitre fait deux proceſſions ſolemnelles ; il ſe rend aux portes des priſons de la ville ;
les officiers municipaux ſont obligés de s'y trouver avec les clefs de ſes priſons ; ils les préſentent au chapitre qui a le droit d'en tirer tous les
priſonniers, & de leur rendre la liberté, droit
qui lui a été confirmé par un arrêt du conſeil
du 28 avril 1694.

L'hôpital de la ville eſt adminiſtré par un directeur nommé par l'abbeſſe & qui n'a de compte
à rendre qu'à elle ſeule, en préſence de la dame
aumônière

Cette dame aumônière eſt une dignitaire dont
la pricipale fonction conſiſte à fournir du vin &
de l'avoine aux Chanoineſſes & à leurs chanoines.

Pendant les mois de mars, juin, ſeptembre
& décembre, le chapitre a le droit de collation
ſur dix canonicats & ſoixante-quinze cures.
Durant le reſte de l'année, les canonicats ſont
à la nomination du roi, & les cures qui ſont à
la nomination du pape ſe donnent au concours
de l'évêché. Il y a pluſieurs autres cures, chapelles & bénéfices auxquels il eſt en tout temps
nommé par l'abbeſſe ſeule, par certaines digni-

taires, par de simples Chanoinesses, & même par les chanoines seuls.

Telles font les lois constitutives & les principaux droits de la collégiale de Remiremont. Il nous reste à examiner la nature des dignités & des autres bénéfices de cette église, examen qui donnera lieu à la discussion de plusieurs faits intéressans pour les chapitres de Chanoinesses en général. Les actes du clergé & le recueil des arrêts d'Augeard nous fourniront les détails & les principes qui servent de base aux deux questions suivantes.

1°. Les prébendes & dignités du chapitre de Remiremont sont-elles de simples offices civils, ou de véritables titres de bénéfices ?

2°. Si elles font de véritables bénéfices, la secrèterie qui est une dignité de ce chapitre, est-elle élective dans tous les mois de l'année ? ou est-elle sujette à la huitième règle de chancellerie qui donne au pape le droit de nomination pendant huit mois de l'année ?

La secrèterie du chapitre de Remiremont vaqua le 18 avril 1684 par le décès d'Anne de Malin de Luz, qui l'avoit possédée pendant près de cinquante ans.

Aussitôt après son décès, le chapitre s'assembla pour pourvoir à cette vacance : il fut résolu que le 19 juillet suivant, il seroit procédé à l'élection d'une secrette en la manière accoutumée, & qu'à cet effet, les dames qui étoient alors absentes, seroient averties de s'y trouver.

Dans l'intervalle du temps qui s'écoula depuis le décès d'Anne de Malin jusqu'au jour pris pour l'élection, Christine Ringraff de Salm Chanoinesse, fit ses efforts pour obtenir le suf-

frage des dames qui devoient y affifter ; & dans
la crainte de n'y pouvoir réuffir , elle fe pourvut à Rome, où elle obtint une bulle de provifion de cet office comme ayant vaqué dans un
des mois du pape.

L'abbeffe de Remiremont fa fœur la feconda
dans fes deffeins ; mais comme elle étoit actuellement en procès avec les dames de fon chapitre, elles fe liguèrent contre Chriftine de Salm,
& n'eurent même aucun égard à une lettre du
roi, par laquelle fa majefté leur recommandoit
les intérêts de cette dame.

Chriftine de Salm voyant que toutes fes démarches étoient inutiles, réfolut de prévenir l'é-
lection & de fe fervir de la bulle qu'elle avoit
obtenue du pape : c'étoit un mandat *de providendo* adreffé à l'official de Toul ; ainfi elle le
lui préfenta le 17 juillet 1684. Elle en obtint des
provifions le même jour ; & le lendemain 18,
elle entra dans l'églife à l'iffue des vêpres, re-
vêtue du grand couvre-chef & des ornemens
ordinaires de la fecrète , & accompagnée d'un
notaire apoftolique, elle prit poffeffion du fpirituel.

Les dames qui lui étoient oppofées allèrent
fur le champ trouver Gabrielle-Françoife-Elifa-
beth de Rouxel de Medavi ; elles l'amenèrent
dans l'églife , où après l'avoir élue , elles lui
firent prendre poffeffion avec les mêmes cérémonies qui venoient de s'obferver pour Chriftine de Salm , & elles déclarèrent qu'elles ne
reconnoiffoient que la dame de Rouxel pour
leur fecrette.

Le lendemain 19 juillet, jour marqué pour
procéder à l'élection, la doyenne ne laiffa pas

de convoquer le chapitre pour cet effet ; l'abbesse refusa d'y assister avec ses nièces de prébende, au nombre de huit, & huit autres·dames de son parti, & protesta de nullité de tout ce que pourroit faire le chapitre, tant parce que le pape y avoit pourvu qu'à cause de l'élection qu'elles avoient faite la veille.

Le chapitre composé de trente dames, n'eut point d'égard à cette opposition ; il procéda à l'élection d'une secrette par la voie du scrutin ; & la dame de Rouxel ayant eu 27 voix, elle fut de nouveau coiffée du couvre-chef de secrette ; & sur le refus de l'abbesse, elle fut installée par la doyenne.

L'abbesse de sa part fit le même jour une protestation contre ce qu'avoit fait le chapitre, & y joignit une déclaration des seize dames de son parti, qu'en tant que de besoin, elles élisoient Christine de Salm.

Dans la suite, les deux pourvues présentèrent leurs requêtes au parlement de Metz, & obtinrent réspectivement permission de prendre possession du temporel de la secrèterie : sur les oppositions réspectives, la dame de Rouxel fit assigner en complainte la dame de Salm, & le chapitre intervint pour soutenir son droit d'élection.

La cause portée à l'audience de la grand'chambre, il fut question de savoir si la secrèterie de Remiremont étoit un véritable titre de bénéfice, & si le pape avoit pu valablement en pourvoir la dame de Salm.

M^e. Thorel pour la dame de Rouxel demandresse, établit cinq propositions.

La première que le pape ne pouvoit conférer que les bénéfices purement ecclésiastiques,

La feconde que la fecrèterie de l'églife de Remiremont n'étoit pas un bénéfice eccléfiaf- tique.

La troifième, que quand c'en feroit un, le pape n'y auroit aucun droit.

La quatrième, que quand le pape auroit eu le droit de conférer cette dignité il ne l'avoit pu faire valablement en faveur de la dame de Salm.

La cinquième, que le dernier état de la fecrè- terie étoit favorable à la dame de Rouxel.

On prouvoit la première propofition par quan- tité d'autorités, & particulièrement par ce prin- cipe incónteftable en droit canon, *collationes non fiunt nifi de beneficio eccléfiaftico.*

Pour prouver la feconde propofition, on di- foit, qu'il falloit confidérer la fecrèterie de Re- miremont ou par rapport aux perfonnes qui peu- vent en difpofer, ou par rapport à elle-même, ou par rapport à celles qui peuvent la poféder.

Si on la confidère par rapport à elle-même, il eft certain que n'ayant jamais été érigé en titre de Bénéfice, on ne peut lui donner cette qualité, parceque pour faire un bénéfice, *requi- ritur fundatio in titulum perpetuum ecléfiafticum diœcefani auctoritate.* Une preuve infaillible que la place dont il s'agit, n'a jamais été érigée en titre de bénéfice, eft qu'elle ne fe trouve point infcrite fur le pouillé de l'evêché, quoiqu'il y foit fait mention du titre de l'abbaye ; d'ailleurs la fecrèterie eft définie par tous les canoniques un fimple office ; fes fonctions n'ont rien de fpirituel, elles ne confiftent qu'à avoir foin des ornemens de l'églife ; & ce foin fe donne indif- féremment à toutes fortes de perfonnes, mê- mes laïques ; enfin, dans les titres de la caufe la fecrèterie eſt qualifiée un ſimple office, & dans quelques-uns un office civil & manuel.

Si on la conſidére par rapport aux perſonnes qui en diſpoſent, ce ſont les dames de Remiremont ; c'eſt une maxime conſtante , que *benefi-cium ſine eanonica inſtitutione non poteſt poſſideri*. L'inſtitution canonique ne peut ſe donner que par des perſonnes conſtituées en dignité eccléſiaſtique , & les dames de Remiremont ſont perſonnes purement laïques & ſéculieres ; elles ne font point de vœux , elles peuvent quitter leur état & ſe marier quant il leur plait ; elles puſſèdent leur bien en propre ; elles en diſpoſent pas teſtament, ou autrement ; elles ſuccèdent à leurs parens ; elles poſſédent pluſieurs prébendes dans le même chapitre ſans diſpenſe ; elles y font reçues même dès leur enfance ; enfin elles n'ont aucune règle , ni aucune diſcipline qui les diſtingue des perſonnes laïques : or chaque dame en particulier étant laïque , elles ne peuvent faire un corps eccléſiaſtique , les individus ne changeant point de nature , ni de qualité par leur réunion.

Si l'on conſidére la fecrèterie par rapport aux perſonnes qui peuvent la poſſéder , on peut encore moins dire qu'elle ſoit un bénéfice eccléſiaſtique ; ce ſont les mêmes dames de Remiremont , qui par leur qualité de laïques ſont incapables de poſſéder aucun bénéfice eccléſiaſtique.

Pour ſoutenir la troiſième propoſition , on ſe ſervoit de trois moyens.

Le premier étoit la poſſeſſion immémoriale où on prétendoit qu'étoit le chapitre de Remiremont , de conférer par élection toutes ſes dignités , & tous ſes offices.

Le second étoit le concordat germanique, qu'on prétendoit devoir plutôt régir l'abbaye de Remiremont, qu'aucune autre règle, parceque'en 1448, lorsqu'il fut passé, cette abbaye étoit de la souveraineté de l'empire.

Le troisième étoit l'indult de Clement IX, lequel a mis le roi dans les droits du pape, qui par-conséquent ne peut plus les exercer.

On établissoit la quatrième proposition sur trois raisons d'incapacité qu'on objectoit à la dame de Salm.

La première, qu'elle étoit étrangere, étant née en Westphalie ; par conséquent incapable de posséder des bénéfices en France, n'ayant point obtenu de lettres de naturalité.

La seconde, qu'elle étoit sœur & nièce de prébende de l'abbesse, quainsi sa voix n'étoit pas à elle, & qu'elle étoit dans la dépendance de sa sœur.

La troisième, qu'elle avoit brigué la voix pour l'élection ; que par là, outre qu'elle avoit reconnu les droits du chapitre, elle s'étoit rendue indigne d'être élue.

On prétendoit la cinquième proposition infaillible dans le fait & dans le droit.

Dans le fait, on soutenoit que le chapitre de Remiremont avoit élu à la secrèterie dans tous les temps ; on rapportoit l'élection de la dame de Montereux, de l'année 1495, avec la transaction passée entr'elle, & Petronille de Haraucourt, en présence du duc de Lorraine ; l'élection d'Elisabeth Ringraf de l'année 1587, celle de Charlotte de Martel de l'année 1636, & celle d'Anne de Malin dernière secrète de la même année.

Dans

Dans le droit, on foutenoit par l'autorité des canoniftes, & par la jurifprudence des arrêts, que le dernier état devoit toujours prévaloir, & avoit toujours fervi de raifon de décider dans les affaires bénéficiales.

Enfin, on difoit pour réponfe à toutes les bulles produites par la dame de Salm, que celle de réfignation & celle de coadjutorerie n'avoient point d'application à l'efpèce préfente; que celle de Jacqueline Malin n'avoit jamais été exécutée; que cette dame n'avoit jamais pris poffeffion, qu'en vertu d'une démiffion qui lui avoit été faite de cet office, & non point en vertu de la bulle que la dame de Salm rapportoit.

Par ces raifons, on prétendoit qu'il y avoit lieu de confirmer l'élection de la dame de Rouxel.

Me. de Viry, pour les dames du chapitre de Remiremont intervenant, fe fervit pour établir leur droit, de tous les moyens allégués par la dame de Rouxel : il dit qu'étant purement laïques, elles poffédoient le droit d'élection, de la meme maniere que les laïques poffédent celui de patronage; & il employa la faveur des élections, comme la première & la plus fainte voie de pourvoir à la vacance des bénéfices.

Me. Bourcier pour la dame Chriftine de Salm, défendereffe, foutint au contraire quelle avoit été bien & valablement pourvue par le pape, & que l'élection de la dame de Rouxel n'étoit pas canonique.

Il établit la première de ces deux propofitions générales par quatre propofitions particulières.

1°. Que la fecréterie de Remiremont étoit un véritable bénéfice.

2°. Que l'églife de Remiremont fe gouvernoit par la huitième règle de chancellerie.

3°. Que la poffeffion & l'ufage particulier éta-
bliffoient le droit du pape.

4°. Que le dernier état du bénéfice ne pouvoit
être objecté.

A l'égard de la première propofition, on foutenoit que le chapitre de Remiremont compo-
foit un corps véritablement eccléfiaftique ; qu'il
avoit été depuis fa fondation, & pendant l'efpace
de plufieurs fiécles un monaftère de l'ordre de
faint Benoît ; fondation faite tant pour les hommes que pour les filles ; que ce monaftère s'étoit
fécularifé dans la fuite par la licence & le défordre des temps ; que cette fécularifation tolérée
par les papes avoit bien pu changer l'état régulier
de cette maifon en féculier, mais non pas le faire
ceffer d'être eccléfiaftique, & le réduire au nombre des établiffemens profanes & purement temporels.

De droit commun, les Chanoineffes de Remiremont font affujetties aux règles & aux conftitutions de l'églife, & foumifes à la juridiction
des fupérieurs eccléfiaftiques, comme il paroît
par un canon du concile de Vienne, & par plufieurs décifions des papes.

En particulier, l'églife de Remiremont jouit
de tous les privilèges des compagnies eccléfiaftiques ; elle exerce le patronage des canonicats
de Remiremont, des cures & des autres bénéfices, comme tous les eccléfiaftiques ; les dames
ne plaident que devant les juges eccléfiaftiques
pour les affaires qui regardent l'état & la difcipline de leur églife ; elles font exemptes de
la juridiction des évêques par deux bulles des

p̄apes ; elles ont été foumifes à des vifiteurs apoftoliques, comme on le voit par les décret de l'évêque d'Adrie, & par une fentence de l'évêque de Tripoly.

Enfin diverfes bulles qui font rapportées, font foi que la fecréterie dont il s'agit, a été donnée par les papes en qualité de bénéfice, & poffédée comme telle l'efpace de fix vingt ans qui font trois prefcriptions canoniques.

D'ailleurs, cette queftion a été folemnellement & contradiftoirement jugée par quatre fentences de la rote, & par un arrêt du confeil du roi de l'année 1675.

Pour prouver la feconde propofition, on pretendoit que Remiremont étoit un pays d'obédience ayant toujours été foumis à la domination temporelle des ducs de Lorraine, & fait partie du diocèfe de Toul pour le fpirituel.

Le diocèfe fe régit par la regle huitième : le concordat germanique n'y a jamais été obfervé. La bulle d'extenfion du concordat n'a été donnée que pour le chapitre de Toul feulement ; & le pape jouit de fes huit mois dans tout le diocèfe.

Il eft vrai que le roi exerce là règle huitième dans ce diocèfe, en vertu de l'indult de clément IX ; mais cet indult ne peut comprendre la fecréterie de Remiremont, puifqu'il n'a lieu que dans les pays qui étoient alors fous la domination du roi.

Les prébendes des chanoines de l'églife de Remiremont font foumifes à la règle huitième. La fecréterie eft de même nature puifque c'eft la même fondation, & que les chanoines & Chanoineffes ne faifoient autrefois qu'un même

chapitre ; ainfi elle ne doit pas moins être fou-
mife à la même règle.

Enfin Remiremont ne fe regiffant, ni par le
concordat François , ni par aucun concordat
particulier , il eft d'une conféquence néceffaire
qu'il foit régi par la règle huitième.

Pour établir la troifième propofition , on rapportoit toutes les bulles par lefquelles on
croyoit pouvoir juftifier que le pape avoit
pourvu à la fecréterie de Remiremont pendant
fix vingt ans ; on prétendoit même qu'il y en
avoit une en cas de mort dans le mois du pape.

A l'égard des élections objectées par la dame
de Roúxel , on difoit que la première avoit été
faite avant le temps de la règle huitième ; la
feconde dans une vacance arrivée dans un mois
du chapitre ; & la troifième dans le cas de réfignation qui n'eft point compris dans cette
regle.

Pour la quatrième propofition , par laquelle
on prétendoit que le dernier état de la fecréterie ne pouvoit être objecté , on difoit que
Charlotte de Martel n'avoit jamais accepté fon
élection , & n'avoit point pris poffeffion ; &
qu'Anne de Malin avoit été elue fur une fauffe
vacance ; d'ailleurs que le dernier état ne pouvoit jamais être objecté contre une bulle du
pape , qui déroge à toute coutume & à tout
indult : outre que la maxime du dernier état
étoit contraire aux principes de la jurifprudence canonique , dans l'application qu'on vouloit en faire dans l'efpèce préfente.

Pour ce qui eft des moyens d'incapacité allégués contre la dame de Salm , on faifoit voir
qu'elle n'étoit point étrangère , qu'elle ne s'étoit

point fervie de voies illégitimes pour être élue & que les nièces de prébende pouvoient poffé-der des dignités dans Remiremont.

Par la feconde propofition générale, on pré-tendoit que l'élection de la dame de Rouxel étoit nulle, qu'elle avoit été élue une première fois illégitimement fans convocation, & une fe-conde fois après que le chapitre avoit confom-mé fon droit dès la veille, dans un temps où il étoit dévolu au fupérieur, ou aux dames qui n'avoient pas été appelées à la première élec-tion : de forte que celle que firent ces dames, qui étoient au nombre de dix-huit, de la perfonne de la dame Chriftine de Salm, feroit la plus ca-nonique, fi le droit d'élection avoit lieu.

Par ces moyens, on foutenoit que la dame de Salm devoit être maintenue dans l'office de fecrette.

M. de Coberon alors procureur général du parlement de Metz dit qu'il falloit d'abord exa-miner, fi la fecréterie de Remiremont étoit un fimple office civil, manuel & féculier, ou fi c'étoit un titre eccléfiaftique qui contint en foi quelque chofe de fpirituel, & qui tint de la nature du bénéfice ; parceque fi elle étoit pure-ment féculière, il ne feroit pas néceffaire d'en-trer dans la queftion de favoir, fi le chapitre de Remiremont fe gouverne par la règle hui-tieme de Chancellerie ; il feroit certain que le pape n'auroit pu difpofer de cet office, en quel-que temps qu'il eut vaqué, fans paffer les juftes limites du pouvoir légitime qu'il exerce dans l'églife.

Il faut, pour la décifion de cette première

queſtion, rechercher quelle a été l'origine de la ſecréterie de Remiremont , conſidérer la nature de ſes fonctions, & des revenus qui y ſont attachés ; & examiner de quelle manière elle a été conférée depuis près de deux ſiècles.

Si l'on remonte à ſon origine , on trouve que c'étoit un office clauſtral , poſſédé par une religieuſe profeſſe de l'ordre de ſaint Benoît ; que l'abbaye de Remiremont étoit un monaſtère de religieuſes de cet ordre, qui fut bâti au commencement du ſeptième ſiècle par Romaric, comte d'Avend , qui depuis a mérité le titre de ſaint, ſur une des montagnes de Voſges, appelée le mont de Rombec ; *conſtruxi ibi monaſterium monialium ordinis ſancti Benedicti.* C'eſt ainſi qu'il parle lui même dans le titre de la fondation qu'il fit de cette abbaye au mois de mars de l'année 620.

Ce titre eſt accompagné de tant d'autres qui qualifient les dames de Remiremont religieuſes de l'ordre de ſaint Benoît , que quand il devroit paſſer pour apocriphe , on ne pourroit douter partout ce qu'on voit d'ailleurs, que la ſecréterie dont il s'agit , n'ait été dans ſon origine un office clauſtral , poſſédé par une religieuſe de ce monaſtère.

Cette maiſon a ſouffert pluſieurs changemens ſur la fin du neuvième ſiècle : elle fut détruite par les Hongrois dans une irruption qu'ils firent en Allemagne. L'empereur Louis IV la fit rebâtir au pied de la montagne où on la voit encore aujourd'hui.

Dans la ſuite des temps , des dames également illuſtres par leur naiſſance & par leur vertu ont rempli les places de ces religieuſes ; elles ont changé la face de ce monaſtère, & y ont formé un chapitre ſéculier ; mais comme les places monacales qu'elles rempliſſent, du nombre deſquelles eſt la ſecréterie, n'ont jamais été ſupprimées ni ſécularifées, elles ne peuvent avoir changé de nature au point qu'on doive les regarder aujourd'hui comme purement laïques & ſéculières.

Si l'on conſidère la qualité des fonctions de la ſecrette, il eſt conſtant qu'elles ſont purement eccléſiaſtiques ; en effet le ſoin des ornemens de l'égliſe, la décoration des autels, la garde des vaſes ſacrés, & l'inſpection ſur les perſonnes prépoſées à la deſſerte de la ſacriſtie, ont toujours été conſidérées par tous les canoniſtes comme une adminiſtration eccléſiaſtique ; *rerum eccleſiaſticarum adminiſtrationem.* Pluſieurs même ont cru que le ſoin des choſes ſacrées étoit la véritable étimologie du nom ſacriſtie. *Sacriſta à rerum ſacrarum nomine dictus.*

A l'égard des revenus de cet office, on ne peut pas diſconvenir qu'ils ne ſoient de même nature ; ce ſont la plupart des dîmes eccléſiaſtiques que la ſecrette ne poſſède qu'à cauſe des obligations dont elle eſt chargée, & le chapitre n'a point d'autres biens que ceux qui ont été conſacrés à Dieu par l'offrande que ſaint-Romaric lui en a faite.

Si l'on conſidère la poſſeſſion & la manière dont la ſecréterie a été conférée, on trouve dans une élection faite par le chapitre en 1625 qu'elle y eſt qualifiée office civil & manuel. Mais cet acte unique ne peut prévaloir ſur la poſſeſſion paiſible où eſt le pape depuis près de deux ſiécles, d'en pourvoir par réſignation comme d'un véritable bénéfice ; on rapporte plusieurs bulles qu'il en a accordées depuis l'année 1516, & qui ont toutes été exécutées ; & nous voyons trois résignataires, deux obituaires & deux coadjutrices, qui ont joui paisiblement de cette place, & qui font qualifiées fecrettes fur le regiftre mortuaire du chapitre.

Il eft inutile de remarquer que la bulle de la dame de Salm eft prefque la feule qui donne à la fecréterie le titre de dignité, & que les autres l'ont feulement nommée perfonat, ou fimple office ; il fuffit qu'elle foit un office eccléfiaftique, & que le titre en ait été conféré par le pape pendant près de deux fiècles, pour être comprife fous ces termes de la règle huitième, *omnia beneficia eccléfiaftica qualiter cumque qualificata.*

Il eft vrai qu'elle eft conférée par des perfonnes laïques & féculières à des perfonnes de même qualité ; mais c'eft un ancien abus, & un relâchement qui s'eft gliffé peu à peu dans la difcipline de ce chapitre ; les papes s'y font oppofé de tout leur pouvoir ; ils ont tâché par plufieurs règlemens, de remédier à ce défordre ; & n'ayant pu y parvenir, ils témoignent du moins combien ils le défaprouvent par cette claufe, tirée du chapitre *indemnitaribus, de elect. in fexto,* qu'ils infèrent à la fin de toutes les bulles, qu'ils envoyent au chapitre de Remiremont : *per hoc autem non intendimus ftatum dictæ ecclefiæ in aliquo approbare.*

Ainfi l'on ne doit point tirer à conféquence la manière dont les prébendes de Remiremont fe confèrent, ni les pactions illicites qui pourroient s'y être gliffées. Les abus que l'on commet dans la difpofition des bénéfices ne les font pas changer de nature, & fi ce qui a été une fois confacré au culte des autels, peut être profané, il n'en doit pas plus être confidéré comme profane ; *quidquid femel deo fuerit confecratum, fanctum fanctorum erit domino*, can. nulli. cauf. 12. q. 2.

Mais il ne fuffit pas que la fecréterie de Remiremont foit un titre eccléfiaftique, de la qualité de ceux dont il eft parlé dans la règle huitième de la chancellerie, pour conclure que le pape a le droit d'en difpofer dans fes huit mois, s'il n'eft certain en même temps, que cette règle foit une loi générale, qui s'étende fur les bénéfices eccléfiaftiques de la province où eft fitué Remiremont, ou que celui dont il s'agit étoit du nombre de ceux qui y font foumis.

Il eft néceffaire, avant d'entrer dans cette difcuffion, de remonter jufqu'à l'origine des referves apoftoliques, afin de connoître quel en eft le fondement, & quelle autorité, doit avoir celle qui fert aujourd'hui de titre à la bulle obtenue par la dame de Salm.

Il n'y a perfonne, pour peu qu'il ait de connoiffance de l'ancienne difcipline de l'églife, qui ne fache que les règles de chancellerie, & les autres referves font un droit nouveau, introduit par les papes dans les derniers temps, & inconnu dans l'églife pendant plufieurs fiècles. On n'en découvre aucun veftige dans les canons des anciens conciles, & nous ne voyons point qu'anciennement on pourvût à la vacance des bénéfices, autrement que par la voie de l'élection.

Alexandre III fut le premier qui introduifit

l'ufage des referves ; nous ne trouvons dans tout le droit canonique aucun mandat *de providendo* avant celui qu'il adreffa à l'évêque de Tournay pour pourvoir d'un canonicat de fon églife un juif nouvellement converti.

Les fucceffeurs de ce pape ont étendu peu a peu ce nouvel ufage, & les décretales font remplies fur ce fujet de conftitutions d'Innocent III, de Grégoire IX, d'Innocent IV, & de Boniface VIII.

D'abord leurs mandats ne contenoient que des recommandations en faveur de ceux qu'ils en gratifioient ; dans la fuite ils fe fervirent de la voie du commandement contre ceux qui n'y déféroient pas ; enfin ils fe mirent en poffeffion de faire exécuter leurs mandats par d'autres que par les collateurs ordinaires, en cas qu'ils refufaffent d'obéir.

La chancellerie apoftolique, dont on n'avoit jamais fait aucun mention avant le temps de Lucius III, fucceffeur d'Alexandre III, s'accrut infenfiblement par le nombre d'expéditions que produifit la multitude de fes mandats, & devint en peu de temps fi confidérable, que Jean XXII s'étant apperçu de l'utilité qu'il en pouvoit tirer, fit rédiger par écrit des règlemens concernant les fonctions des officiers de fa chancellerie, & la manière de dreffer les différentes expéditions qui s'y délivroient.

Voilà la première origine des règles de la chancellerie apoftolique, qui ne font pas plus anciennes que le quatorzième fiècle.

Les fucceffeurs de Jean XXII y ont prefque toujours ajouté quelque chofe, jufqu'au pontificat de Nicolas V qui fit le choix de ce qu'il y avoit de meilleur, qui y ajouta quelques règles pour fervir au jugement des affaires bénéficiales, & qui les rediga à peu près dans l'ordre ou nous les voyons aujourd'hui.

Une des plus confidérables de ces règles, eft la huitième qui referve au pape la difpofition de tous les bénéfices pendant huit mois de l'année ; quoique Gonzales, qui la commentée, lui donne pour auteur le pape Clement VIII, nous trouvons cependant qu'elle a été publiée dès l'an 1534 à l'évenement de Paul III fur le faint fiége.

Comme cette règle n'eft fondée que fur cette plénitude de la puiffance du pape, à laquelle les nouveaux canoniftes ne donnent point de bornes, elle n'a pas été introduite dans l'églife fans beaucoup de contradiction ; tous les peuples ne l'ont pas reçue également.

La France à confervé fon ancienne liberté par le moyen de la pragmatique, & du concordat paffé entre Leon X & François I.

L'empire a évité de fe foumettre à la huitième règle par le moyen du concordat germanique, paffé en 1448 entre le pape Nicolas V & l'empereur Frederic III.

Quelques églifes particulières fe font confervées dans l'ancien droit des élections ; il n'y a que les provinces que nous nommons pays d'obédience, qui ont fubi la loi qu'il a plu au pape de leur impofer.

Il faut voir maintenant en quel rang il faut mettre le chapitre de Remirémont ; fi on le confidèrera comme compris dans le concordat françois, ou dans le concordat germanique ; fi on doit l'envifager comme ayant confervé le droit & la liberté de l'élection, ou comme affujetti à la huitième règle de chancellerie.

Pour commencer par le concordat françois, il eft conftant qu'il devroit fervir de règle pour l'églife de Remiremont, s'il étoit univerfellement obfervé dans toutes les provinces de la France, puifque celle où ce chapitre eft fitué eft un des plus anciens fleurons de cette couronne.

L'hiftoire nous apprend que la Lorraine fut la conquête & l'ancien patrimoine de nos rois de la première race, fous le nom de royaume d'Auftrafie; & les titres rapportés dans les arrêts de la chambre royale, juftifient que fa réunion n'eft qu'un retour au droit commun.

Mais ce n'eft pas affez de faire partie du royaume de France, pour être gouverné par le concordat françois; la Bretagne, la Provence & le Dauphiné font foumis à la difpofition de la huitième règle de chancellerie; l'évêché de Metz fe gouverne par le concordat germanique; & plufieurs abbayes fituées en différentes provinces du royaume, & mentionnées dans l'article III de l'ordonnance de Blois, fe font confervées dans l'ancien droit des élections fous la protection de nos rois.

Nos rois mêmes, lorfqu'ils ont étendu les limites du royaume, ont confirmé les églifes qui fe font trouvées nouvellement fous leur domination, dans la liberté de jouir de leurs anciens privilèges. C'eft ce qu'a fait particulièrement Louis XIII pour le chapitre de Remiremont, par des lettres-patentes enregiftrées en la cour le 17 mars de l'année 1635. Enforte que le concordat françois n'y ayant jamais été obfervé , il eſt conſtant qu'il ne peut ſervir de règle pour la déciſion de la cauſe.

A l'égard du concordat germanique , ſoit qu'on examine le droit ou la poſſeſſion , le gouvernement temporel de la province , ou le ſpirituel du diocèſe, il doit encore moins avoir lieu dans l'égliſe de Remiremont.

Si l'on conſidère le gouvernement temporel , la province de Voſges où cette égliſe eſt ſituée , a fait juſqu'alors la partie qu'on nommoit autrefois la Lorraine ; & chacun ſait que la Lorraine ne s'eſt jamais gouvernée par le concordat germanique , & quelle a reçu pour la diſcipline le concile de Trente dans toute ſon étendue ; il paroît même par pluſieurs titres que lors de la réunion qui en a été faite , les ducs de Lorraine étoient en poſſeſſion depuis près de 200 ans d'exercer dans Remiremont les droits de ſouveraineté.

Pour ce qui regarde le ſpirituel , le chapitre de Remiremont eſt du diocèſe de Toul, dont l'archevêque de Trèves eſt ſon métropolitain. L'archevêque de Trèves s'eſt toujours gouverné par le concordat germanique , & les trois évêchés en dépendent comme de leur égliſe métropolitaine ; cependant cette raiſon n'a pas été aſſez forte pour faire qu'ils fuſſent cenſés compris ſous la même loi ; ils ont été obligés de recourir au pape , & ce n'eſt quen vertu des bulles qu'ils ont obtenues , que le concordat germanique s'y obſerve ; celle du diocèſe de Metz de l'année 1450 eſt générale pour tout le diocèſe ; mais celle de Verdun , accordée par Léon X en 1519, & celle de Toul accordée par Paul III en 1544 n'ont été données qu'en faveur des deux églises cathédrales , & ne s'étendent point dans le diocèse.

Enfin , si l'on considère la possession , le pape est en possession paisible de pourvoir dans ses huit mois aux bénéfices qui dépendent des dames de Remiremont & qui sont à leur nomination, ainsi qu'aux cures & aux prébendes des chanoines prébendés & semi - prébendés qui desservent leur église , comme il se voit par plusieurs provisions , qui ont été accordées par le pape dans les mois, qu'il s'est reservés par la huitième règle ; ainsi il est vrai de dire que le concordat germanique ne peut faire loi dans l'abbaye de Remiremont.

Il faut donc examiner si cette abbaye se gouverne par la huitième règle de chancellerie, ou si elle a conservé son droit primitif, & la liberté d'élire dans tous les mois de l'année.

Si le droit que le pape s'est arrogé de priver les ordinaires de la disposition des bénéfices qui sont à leur collation , lorsqu'ils viennent à vaquer dans certains mois de l'année, étoit aussi ancien qu'il est nouveau ; si c'étoit une prérogative , qui lui eût appartenu dès les premiers siècles de l'église, qui ne fût point contraire au droit commun, & qui eût été universellement reconnue , il importeroit peu que le pape fut en possession d'en jouir dans l'abbaye de Remiremont ; mais comme ce droit n'a pas été également reçu dans tout le diocèse de Toul, que plusieurs églises ne lui ont point donné d'entrée, & qu'il n'a point de fondement plus solide que la possession acquise par le pape sur ceux qui s'y sont soumis volontairement, il ne seroit pas juste d'assujettir à cette règle les églises qui font en poffeffion de leur franchife naturelle , & d'impofer une fervitude aux collateurs qui fe font confervés dans la liberté que le droit commun leur donne.

En effet , l'églife gallicane ne diffère des pays d'obédience, qu'en ce qu'elle n'a pas voulu recevoir comme eux les referves du pape , & qu'elle a eu plus de courage pour maintenir fa franchife , que ces pays qui fe font foumis volontairement à des lois contraires à leur ancienne liberté.

Dans l'origine des referves , l'églife gallicane n'a point eu de privilèges , ni de prérogatives particulières ; elle ne jouit aujourd'hui que de la liberté naturelle qui lui étoit commune avec toutes les autres églifes ; elles ont pu toutes fans exception, conferver comme elle la pureté de l'ancienne difcipline , & fe défendre contre les innovations qu'on y a voulu introduire.

Ainfi dès que quelque églife a eu le courage de fe maintenir dans cette liberté , & à confervé dans fon entier le droit des élections , on doit lui être favorable , & en confervant au pape le droit qu'il s'eft acquis par une poffeffion fuffifante pour prefcrire contre la liberté des ordinaires , il faut fe fouvenir que les officiers de la daterie ne travaillent qu'a étendre les droits du pape , & a former tous les jours de nouvelles prétentions.

Pour juftifier que le chapitre de Remiremont a reçu la huitième règle de chancellerie , la dame de Salm rapporte plufieurs provifions accordées par le pape dans fes huit mois pour les prébendes & femi prébendes des chanoines de cette églife ; elle prétend qu'ils font du corps du chapitre , auffi bien que les Chanoineffes , & elle le prouve par l'énoncé dans toutes les bulles qu'elle a produites , & qui parlent de ce chapitre comme d'un corps compofé de deux fexes (*).

Cette preuve ne paroît pas fuffifante pour en inférer que le chapitre de Remiremont foit gouverné par la huitieme règle , ni l'énoncé de ces bulles affez confidérable pour perfuader que ces prébendés & femi-prébendés , qu'on a dans la fuite honorés du nom de chanoines , foient véritablement du corps du chapitre , & qu'ils doivent jouir de fes privileges.

Il eft vrai que faint Bafile introduifit autrefois dans l'églife l'ufage des monaftères doubles , compofés d'hommes & de femmes , qui demeuroient fous un même toit , & que la crainte du fcandale , qui en pouvoit arriver , obligea les peres du fecond concile de Nicée de les féparer ; mais le titre de la fondation de Remiremont , que nous trouvons dans l'hiftoire des évêques de Metz , juftifie que cette abbaye n'a jamais été un monaftère femblable : il nous apprend que faint Romaric n'y a jamais fondé qu'un monaftere de religieufes de l'ordre de faint Benoît ; & quoique le commencement de ce titre donne lieu de croire que faint Romaric a eu deffein que fa fondation fût utile aux anachorettes qui habitoient depuis long-temps dans la montagne , au pied de laquelle il bâtit ce mo-

---

(*) *In quá præter abbatiffam & Canoniffas nonnulli Canonici fæculares , unicum capitulum facientes fore nofcuntur.*

naftère

naftère ; cependant les propres termes dont il fe
fert dans la fuite font connoître aifément qu'il
n'a prétendu fonder qu'un monaftère de filles :
conftruxi ibi monafterium monialium ordinis Bene-
dicti ; ainfi tout ce qu'on peut inférer de ce qu'il
dit lorfqu'il s'explique fur les motifs qui l'ont
obligé à faire cette fondation, eft qu'il a voulu
que le monaftère qu'il établiffoit eût foin de contribuer par fes aumônes à la fubfiftance des fo-
litaires qui habitoient cette contrée.

Les chanoines de Remiremont dont les prébendes font foumifes à la huitieme règle de
chancellerie ne font donc point du corps du
chapitre ; ce font à proprement parler des chapelains à qui les dames ont affecté des prébendes & des femi - prébendes, comme on a
fait dans plufieurs églifes cathédrales pour les
engager à remplir leurs devoirs avec plus d'e-
xactitude ; mais ils ne font aucune fonction de
chanoines ; ils n'ont point féance dans les ftalles
du chœur, point d'entrée, ni de voix délibérative dans le chapitre.

La dame de Salm rapporte cependant quatre
titres pour établir le contraire ; le premier &
le plus ancien eft la bulle d'exemption du chapitre de Remiremont, dans laquelle le pape
Jean dit : *quod venerabilis romaricus poft ad renun-
tiationem fæculi, monafterium conftruxiffe comperit
in quo non parvam congregationem , tum mona-
chorum , tum fanctimonialium inftituens etiam fe
eum eis paribus piæ devotionis ftudiis fociavit.*

On ne fait pas bien quel eft ce pape Jean,
qu'on prétend avoir accordé cette bulle ; ce
ne peut pas être Jean IV, car il dit l'avoir accordée à la prière de Clotaire roi de France :

or Clotaire II mourut plufieurs années avant le pontificat de Jean IV, & Clotaire III ne monta fur le trône que long-temps après la mort de ce pape.

On ne peut pas non plus attribuer cette bulle au pape Jean III qui gouvernoit l'églife fous le règne de Clotaire I, puifqu'il étoit mort dès 577, plus de 40 ans avant la fondation de Remiremont; on ne doit donc tirer aucune induction de cette bulle, qui eft évidemment fauffe, & dont l'énoncé doit paffer pour fabuleux, n'étant foutenu d'aucune autre pièce.

Le fecond titre eft un acte capitulaire de l'an 1286, par lequel il paroît que pendant la vacance de l'abbaye arrivée par le decès d'Agnès de Salm, la doyenne convoqua le chapitre, pour délibérer fur les affaires communes de la maifon, & qu'on y appela les chanoines.

Les termes de cet acte détruifent la conféquence que la dame de Salm en tire : voici comme il s'énonce : *nobis in dicto capitulo noftro exiftentibus cum majori parte clericorum officialium & minifterialium noftrorum* ; cette expreffion fait bien voir qu'on ne les appela point comme chanoines, mais comme clers & officiers dépendans du chapitre.

Le troifième titre eft de l'année 1509 : c'eft une prife de poffeffion d'Alix de Choifeux abbeffe de Remiremont, à laquelle les chanoines furent appelés, auffi bien que les Chanoineffes, comme faifant partie du chapitre.

Cette pièce n'eft encore d'aucune confidération ; il ne s'agiffoit point en cette occafion de délibérer, mais feulement d'être témoins d'une prife de poffeffion ; ainfi la préfence de ces

Chanoines ne prouve point qu'ils euſſent voix en chapitre.

Le quatrième titre eſt un acte d'élection fait par le chapitre en 1587, d'Eliſabeth Ringraff pour ſecrete après la mort. de Jacqueline de Malin.

Il eſt vrai que les chanoines ont été appelés à cette élection ; il paroît même qu'ils y ont conſenti ; mais c'eſt une nouveauté qui juſqu'alors n'avoit point eu d'exemple, qui depuis n'a jamais été ſuivie, & qui n'étant d'ailleurs ſoutenue d'aucun titre ne peut former une poſſeſſion en faveur de ces chanoines qui ne ſont que prébendés dans le chapitre de Remiremont, & non pas chanoines de ce chapitre : en effet leurs prébendes ſont à la collation des Chanoineſſes, & ils ſont ſoumis à leur juridiction même pour ce qui regarde la correction des mœurs.

A l'égard des proviſions qui partent de ce chapitre, comme d'un corps compoſé des deux ſexes, on ſait de quelle manière elles s'expédient en cour de Rome; les officiers de la daterie y font parler le pape, & lui font dire tout ce qui eſt énoncé dans la ſupplique, où il eſt aiſé de gliſſer ce qu'on veut, & le pape ne met autre choſe que *fiat ut petitur*; enſorte qu'une énonciation de cette qualité ne peut prévaloir contre le titre de la fondation qui eſt directement contraire.

Il doit donc demeurer pour conſtant, que les chanoines de Remiremont ne jouiſſent point des privilèges de cette abbaye, & ſont ſeuls ſujets à la huitième règle de Chancellerie : il y a pluſieurs autres abbayes de cette province, comme Senone, Moyen Mouſtier, ſaint Avold, Munſter, & Longeville, qui ont conſervé la liberté des élections , & où la huitième règle n'a jamais été obfervée , quoiqu'elles foient fituées dans le diocèfe de Toul ; cependant les cures qui en dépendent font fujettes au concours, & affectées au pape pendant huit mois de l'année.

Il en eft de même de celles qui dépendent de Remiremont , & qui font du patronage des dames ; elles font la plupart foumifes à la huitième règle, ainfi que les prébendes des chanoines ; mais celles des dames qui font le corps du chapitre, n'y ont jamais été affujetties ; aucune bulle ne juftifie que le pape ait difpofé dans fes huit mois de la dignité de doyenne, d'aucun des offices , tels que font la tréforerie , la célérerie & l'aumônerie , ni d'aucune des prébendes des dames dont il auroit pu difpofer, 'fi la huitième règle étoit obfervée dans le chapitre , puifqu'elle comprend tous les bénéfices ou offices de quelque qualité qu'ils foient.

Mais dit la dame de Salm , fi les prébendes des dames ne font pas fujettes à la huitième règle , c'eft qu'elles en ont été exemptées par l'évêque d'Adrie , légat apoftolique , lorfqu'il régla la manière dont les dames pourroient en difpofer ; & leurs offices n'étant que de fimples offices civils & manuels , ne peuvent tomber fous la réferve de la huitième règle.

Cette réponfe eft plus fubtile que folide. Les règlemens de l'évêque d'Adrie n'ont été faits qu'en 1613 , long-temps après l'établiffement de la huitième règle de chancellerie ; cette règle fut publiée avant le concile de Trente fous le pontificat de Paul III , & ces règlemens n'ont été donnés que long-temps après fous celui de Paul V ; cependant on ne voit point qu'avant ces règlemens le pape ait difposé dans fes huit mois des prébendes des dames de Remiremont ; ainfi il faut conclure qu'elles étoient auparavant exemptes de la huitième règle.

A l'égard des offices, on fait que la célérerie, l'aumônerie & la tréforerie ne font pas moins des titres eccléfiaftiques dans les abbayes de faint Benoît, que le doyenné & la facriftie ; ce font tous des offices clauftraux, par conféquent eccléfiaftiques; auffi voyons nous que dans les règlemens de l'évêque d'Adrie, qui traite de la même manière la célérière, l'aumonière, la tréforière, la doyenne & la facriftaine, il veut qu'elles faffent également des vœux fimples, après qu'elles auront été élues : c'eft dans l'article 36, où après avoir parlé de l'abbeffe, il ajoute : *Aliæ etiam quinque dignitates feu officia obtinentes, fcilicet decaniffa, facriftana, celeraria, eleemofinaria & thezauraria, quando ad dignitates feu officia earum eligentur & affumentur, decernimus & mandamus duo vota fimplicia emittere ; aliter facta de illis electio & admiffio fit nulla.*

Pour ce qui concerne le doyenné, il paroît par une bulle que le pape en a difpofé fur une réfignation ; mais on ne voit point qu'il en ait jamais pourvu en vertu de la huitième règle de chancellerie ; enforte que fi le pape n'a point difpofé de la fécréterie dans fes huit mois, il fera certain que cette règle n'a jamais eu d'entrée dans le chapitre de Remiremont ; c'eft ce qu'il faut examiner.

La dame de Salm prétend que le pape en a toujours difpofé depuis 1516 jufqu'à préfent, qu'il la conférée trois fois fur réfignation, en

1516 à Madélaine d'Haraucourt ; en 1524, à Marguerite du Châtelet ; en 1541, à Françoife du Châtelet : qu'il en a pourvu deux fois *per obitum*, la première en 1573, Jacqueline de Malin ; la fecréterie ayant vaqué au mois de mai, réfervée au pape par la règle huitième ; & la feconde en 1587, Elifabeth Ringraff qui lui demanda la confirmation de l'élection que le chapitre avoit faite de fa perfonne ; enfin qu'il en a accordé deux bulles de coadjutorerie ; l'une en 1612, à Claude de Nettancourt ; l'autre en 1621, à Yolande de Baffompierre ; que ces dernières provifions font le dernier état & la véritable vacance de la fecréterie.

Il faut d'abord retrancher les trois premières bulles données fur réfignation ; elles fervent à juftifier que la fecréterie eft un véritable titre de bénéfice, mais elles font inutiles pour prouver que le pape en a difpofé lorfqu'elle a vaqué dans fes huit mois.

La bulle accordée à Jacqueline de Malin eft plus confidérable, puifque le pape y confère la fecréterie, comme ayant vaqué par le décès de Françoife du Chatêlet arrivé au mois de mai qui lui eft refervé. A la vérité comme elle a été donnée par un vice-légat du cardinal de Lorraine, légat *à latere* dans cette province, il y a lieu de foupçonner que le crédit de la maifon de Lorraine, qui étoit toute puiffante en ce pays, a eu quelque part à cette innovation, & que la faveur ou l'intérêt particulier a porté ce premier coup aux franchifes de l'églife de Remiremont ; mais ce foupçon n'empêche pas qu'il ne foit certain que le pape a difpofé de la fecréterie en vertu de la règle huitième de chancellerie , & qu'il a commencé à s'établir une poſſeſſion qui lui aura pu former dans la ſuite un titre légitime , s'il en a joui pendant un temps ſuffiſant , & ſi le chapitre de ſa part n'a point de poſſeſſion à lui oppoſer.

Jacqueline de Malin à été ſecrette de Remiremont depuis 1573 juſqu'en 1586 , & a acquis au pape une poſſeſſion de treize années ; elle mourut au mois de décembre 1586 , mois affecté à l'ordinaire : le chapitre elut en ſa place Eliſabeth Ringraff : elle adreſſa au pape ſon élection & en obtint une bulle de confirmation le 22 février 1587 ; mais cette bulle ne peut ſervir à établir que le pape à le droit de conférer la ſecréterie dans ſes huit mois , puiſqu'elle a été donnée ſur une vacance arrivée dans les quatre mois affectés à l'ordinaire.

Tout ce qu'on peut induire de cette bulle , c'eſt que le pape a le droit de confirmer toutes les élections que fait le chapitre.

Il eſt difficile de découvrir combien de temps Eliſabeth Ringraff a poſſédé la ſecréterie & comment on en a diſpoſé depuis , juſqu'à la première bulle de coadjutorerie qui en fut accordée par le pape en 1612 à Claude de Netancourt du conſentement d'Antoinette de Frenels qui étoit alors ſecrette. On voit ſeulement dans le vu de l'arrêt du conſeil du 27 avril 1635 l'énoncé d'une permiſſion accordée par le duc de Lorraine le 16 décembre 1605 a Antoinette de Frenels de prendre poſſeſſion de la ſecréterie , en conſéquence de la démiſſion que lui en avoit faite Eliſabeth Ringraff ; mais cette énonciation n'eſt pas ſuffiſante pour établir la vérité d'un telle permiſſion.

Passons aux deux bulles de coadjutorerie qui suivent immédiatement. La première donnée en 1612 a Claude de Netancourt n'eut point d'exécution puisque cette dame se maria du vivant d'Antoinette de Frenels qui étoit alors secrette.

La seconde fut accordée par le pape en 1622 en faveur d'Yolande de Bassompierre, à la prière d'Antoinette de Frenels après le mariage de sa première coadjutrice. Cette seconde bulle fut le fondement d'un procès où le chapitre échoua. Car après la mort d'Antoinette de Frenels arrivée en 1625, le chapitre élut Charlotte de Martel & la soutint contre Yolande de Bassompierre; celle-ci porta l'affaire en cour de Rome & y obtint jusqu'à quatre sentences contre Charlotte de Martel & contre le chapitre. Dans la suite elle résigna son droit a Henriette de Bassompierre qui reprit le procès, & qui après plusieurs poursuites en différens tribunaux obtint contre le chapitre & contre Charlotte de Martel un arrêt contradictoire du conseil qui jugea la pleine maintenue à son profit, sans préjudice néanmoins du droit d'élection en autre cause.

C'est sur cet arrêt que la dame de Salm prétend établir la continuation de la possession du pape dans la disposition de la secréterie; elle soutient que la coadjutorerie est une réserve plus odieuse que celle de la règle huitième de chancellerie parce qu'elle prévient la vacance & qu'elle affecte le bénéfice dans tous les mois de l'année.

Il ne seroit pas difficile de faire voir au contraire que les coadjutoreries sont beaucoup moins odieuses que les réserves portées par les règles de chancellerie, puisque nous trouvons plusieurs exemples de celles-là dans les premiers siècles de l'église, au lieu qu'il n'a jamais été parlé de celle-ci avant le quatorzième siècle. La France qui ne s'est jamais soumise aux réserves des papes, n'a pas laissé de recevoir l'usage des coadjutoreries, & on l'emploie encore tous les jours du consentement du roi, pour les bénéfices consistoriaux.

Mais 1°. c'est un mauvais moyen que la possession où est le pape de pourvoir par coadjutorerie, pour prouver qu'il est en possession de pourvoir par mort dans ses huit mois; car il ne se fait point d'extension d'un cas à un autre : 2°. si l'arrêt du conseil qui confirme la bulle de coadjutorerie a Yolande de Bassompierre est contraire au chapitre, en ce qu'il introduit une coadjutrice, il lui est favorable par rapport à l'espèce présente, puisqu'il lui réserve en son entier son droit d'élection qui est incompatible avec la règle huitième de chancellerie : enfin la dame de Salm prétend que le chapitre de Remiremont n'a jamais élu à l'office de secrette, lorsqu'il à vaqué dans les mois du pape; que le dernier etat est une bulle de coadjutorerie, & que Henriette de Bassompierre est la dernière qui l'a possédé légitimement.

Pour chercher la vérité de ces propositions, il est essentiel d'examiner les élections que produit la dame de Rouxel.

On a remarqué que Henriette de Bassompierre avoit été maintenue dans la possession de la secréterie par arrêt du conseil du 27 avril 1635. Elle décéda le 2 janvier de l'année suivante, mois réservé au pape par la règle huitième, & le 13, au sortir de ses funérailles, le chapitre s'assembla & élut en sa place Charlotte de Martel ; celle ci ne furvécut que huit jours à fon élection ; le chapitre s'étant raffemblé le premier février élut Anne de Malin qui a joui paifiblement de l'office de fecrete jufqu'en avril 1684 époque de fa mort.

Il faut conclure de tous ces faits que le dernier état de la fecréterie de Remiremont eft une élection faite dans un mois du pape au préjudice de la huitième règle de chancellerie. Or tous les canoniftes font d'avis que le dernier état eft la règle la plus certaine pour juger de la nature d'un bénéfice, & de la manière dont on en doit pourvoir, parce que le dernier état eft une préfomption de la poffeffion.

Mais ce qui rend le dernier état décifif, c'eft lorfqu'il fe trouve joint à un autre acte de poffeffion qui le précède immédiatement & qu'un collateur a conféré un bénéfice deux fois de la même manière & fans aucun trouble : alors cette poffeffion eft prefque toujours fuffifante pour rendre la collation valable ; c'eft la difpofition expreffe du chapitre *cum olim* des décretales. Or Charlotte de Martel & Anne de Malin qui font les deux dernières fecretes, ayant été élues fans aucune réclamation, il s'enfuit que le chapitre de Remiremont a le droit d'élire à fa fecréterie au préjudice des bulles du pape.

Ce chapitre n'eft pas le feul qui ait confervé le droit d'élire au préjudice de la huitième règle de chancellerie ; le chapitre d'Epinal jouit de la même prérogative : jamais le pape n'y a difpofé d'aucune dignité ni prébendes ; & l'abbeffe qui par un concordat particulier fe trouve aux droits du chapitre, y pourvoit toujours fans conteftation.

Plufieurs abbayes de l'ordre de faint Benoît qui font dans la même province , ont le même avantage ; tous les offices clauftraux des abbayes de Senone , de Moyen Mouftier, de faint Avold , de Munfter & de Longeville , font de même nature ; le pape n'en difpofe point , non plus que du titre des abbayes , en vertu de la règle huitième , quoiqu'il difpofe dans fes huit mois des bénéfices qui en dépendent.

Le droit du chapitre de Remiremont établi , il faut voir maintenant laquelle eft élue plus canoniquement, de la dame de Rouxel , & de la dame de Salm.

La dame de Rouxel , a été élue deux fois ; mais il eft difficile que la première élection puiffe fubfifter ; 1°. parce quelle a été faite tumultuairement , défaut effentiel dans une élection ; 2°. parce qu'on a négligé d'y appeler l'abbeffe qui devoit y préfider , & feize dames qui devoient y affifter ; 3°. parce quelle a été prematurée , & que le jour de l'élection n'avoit été indiqué qu'au lendemain.

La feconde élection de la dame de Rouxel n'eft pas moins nulle , parce que les dames qui l'ont élue , avoient confommé leur ouvrage dès la veille , par une élection fuivie d'une prife de poffeffion.

A l'égard de l'élection de la dame de Salm , elle ne paroît pas plus canonique. 1°. Une lettre écrite par l'abbeffe fait voir qu'elle a brigué les fuffrages en faveur de la dame de Salm fa fœur ; ainfi s'étant parlà déclarée partie , elle ne pouvoit préfider à cette élection ; 2°. des feize dames qui ont élu Chriftine de Salm , huit étoient pièces de prébende de l'abbeffe , & toutes lui étoient si dévouées , qu'elles n'ont pas craint d'abandonner en faveur de la dame de Salm , le droit de leur chapitre pour reconnoître celui du pape.

Ces élections étant nulles , il reste à la dame de Salm la cause de dévolut opposée dans ses provisions en ces termes : *sive præmisso , sive alio quovis modo vacet* , qui lui donne droit par l'incapacité de sa partie ; mais on ne croit pas qu'elle puisse s'en servir en cette rencontre ; car suivant toutes nos règles , le dévotulaire ne peut tirer avantage de l'incapacité de l'autre pourvu arrivée depuis l'expédition des provisions , ou la clause de dévolut est insérée.

C'est le sentiment de Boerius dans ses décisions , décision 4 , livre 3 , titre 7 ; de Papon , dans ses arrêts , où il en rapporte un du parlement de Bordeaux du 29 avril 1520 , qui l'a ainsi jugé. Carondas rapporte dans ses pandectes ce même arrêt , & un autre du parlement de Paris du 7 juin 1541 qui l'a aussi jugé en termes formels.

La raison en est que la provision expédiée n'ayant point valu par rapport à la clause de dévolut jusqu'à l'incapacité survenue dans la personne de l'autre pourvu , ne peut valoir dans la suite suivant la règle de droit : *quod ab initio von valuit , ex post facto convalescere non potest ;* ce qui doit avoir lieu principalement dans la matière des dévoluts , qui est odieuse , & qui s'interprète toujours à la rigueur.

Or quand la dame de Salm a obtenu ses bulles , il n'y avoit point encore lieu au dévolut , ce n'est que depuis sa prise de possession que le chapitre a commis les nullités qui se rencontrent dans ſes deux élections ; il faudroit pour qu'elle pût aujourd'hui ſe ſervir de la clauſe de dévolut que le chapitre eût commis ces nullités avant l'obtention des bulles.

Il eſt inutile après cela d'entrer dans la diſcuſſion des moyens d'incapacité propoſés contre la dame de Salm , puiſqu'il eſt certain qu'aucune des deux pourvues n'a droit au bénéfice.

Il eſt donc néceſſaire d'ordonner , qu'il ſera procédé à une nouvelle élection ; & de conſerver par là au chapitre de Remiremont un droit ancien , introduit dans l'égliſe par les apôtres , confirmé par un uſage conſtant , & ſuivi ſans interruption juſques à la bulle de Jacqueline de Malin , qui eſt la ſeule qui ait dérogé , mais qui n'a donné au pape qu'une poſſeſſion de treize ans , après laquelle le chapitre a recouvré ſon ancienne liberté.

Il paroît d'autant plus important de l'y maintenir que les conſéquences du contraire ſont extrêmement dangereuſes ; car ſi la ſecréterie étoit une fois aſſujettie à la règle huitième de chancellerie , le doyenné , la tréſorerie , les prébendes & généralement tous les offices de Remiremont auroient dans peu le même ſort , & le pape étendroit bientôt ſon droit ſur tous les chapitres & ſur toutes les abbayes de la province.

Mais comme deux partis contraires diviſent le chapitre de Remiremont & que dans la dernière élection on a eu recours aux brigues & aux puiſſances afin d'empêcher la liberté des ſuffrages , il eſt néceſſaire pour remédier à ce déſordre d'interpoſer l'autorité du roi.

Par ces conſidérations , M. le procureur gé-

néral eſtima, qu'il y avoit lieu ſans s'arrêter aux
demandes reſpectives de la dame de Salm , &
de la dame de Rouxel , ayant égard à l'intervention des dames du chapitre , d'ordonner
qu'elles ſe retireroient par devers le roi , pour
obtenir un commiſſaire , & en ſa préſence ,
être procédé à l'élection d'une ſecrette en la
manière accoutumée.

La cour a reçu les parties de Viri , interve-
nantes ; faiſant droit ſur leur intervention , les
a maintenues & gardées dans la poſſeſſion &
jouiſſance de nommer & d'élire à la ſecréterie
de leur chapitre ; & ſans s'arrêter aux demandes reſpectives des parties de Thorel & de Bourcier, a ordonné que le 16 du mois de juillet
lors prochain , il ſeroit procédé à une nouvelle
élection, pour laquelle toutes les dames ſeroient
convoquées en la forme ordinaire tous dépens
compenſés. Prononcé le 4 juin 1685.

Il y a deux obſervations à faire ſur cet arrêt.

La première regarde le titre de fondation de
l'abbaye de Remiremont ; dont M. le procureur général du parlement de Metz s'eſt ſervi
pour prouver qu'elle a été originairement
compoſée de religieuſes de l'ordre de ſaint Benoit.

Le père Mabillon fit imprimer à Paris en 1687
une lettre où il établit manifeſtement cette
propoſition ; mais il prouve en même temps que
ce prétendu titre de fondation , rapporté dans
l'hiſtoire des évêques de Metz , compoſée par
Meuriſſe , évêque de Madaure , eſt gâté en pluſieurs endroits , & peut être même ſuppoſé.
Ce ſont les termes dont ſe ſert ce ſavant religieux.

Son sentiment a été confirmé par M. l'abbé Riquet grand prieur du chapitre de saint Dié; c'est ce qu'on peut voir dans un petit traité que ce fameux antiquaire a fait en forme de refléxions, sur la fausseté de ce titre de fondation, & qu'il fit imprimer à Nancy en 1701, à la suite de son systême chronologique & historique des évêques de Toul.

Mais la fausseté de ce titre ne diminue en rien la solidité de la décision intervenue au parlement de Metz, puisque la proposition avancée par M. de Corberon est d'ailleurs suffisamment justifiée, & qu'on ne doute plus à présent, que l'abbaye de Remiremont n'ait été originairement composée de religieuses de l'ordre de saint Benoît.

La seconde observation est qu'en exécution de l'arrêt du parlement de Metz, il fut procédé à une nouvelle élection, dans laquelle la dame de Rouxel fut élue tout d'une voix ; elle a possédé paisiblement la dignité de secrette jusqu'à son décès arrivé le 8 mai 1706.

Le 8 août suivant, le chapitre de Remiremont procéda à une élection, dans laquelle la dame de Méchatain eut 29 voix, & la dame de Stainville 28. La dernière prétendit qu'il y avoit des nullités dans cette élection & obtint des provisions du pape, avec la clause de dévolut *sive præmisso, sive alio quovis modo vacet*, en vertu desquelles elle prit possession de la secréterie comme avoit fait auparavant la dame de Méchatain en vertu de son élection : les oppositions respectives des parties formèrent une complainte, qui fut plaidée solemnellement en la cour souveraine de Lorraine, séante à

Nanci, où il intervint arrêt le 5 septembre 1707 qui maintint la dame de Stainville pourvue par le pape.

La différence de ces deux décisions paroît fondée sur l'une de ces deux raisons.

La première est que l'arrêt du parlement de Metz a été rendu sur le principe des libertés de l'église gallicane, qu'il a été facile d'étendre aux pays conquis, comme un retour au droit commun, & aux anciennes règles de l'église toujours favorables, lorsque le pape n'a point acquis de possession contraire ; au lieu que l'arrêt de la cour souveraine de Lorraine est fondé sur la nouvelle discipline de l'église introduite dans les pays d'obédience, telle qu'est la Lorraine depuis le retour du duc dans ses états.

La seconde raison, qui est plus vraisemblable, est que dans l'espèce de l'arrêt du parlement de Metz, le pape avoit donné des provisions de la secréterie de Remiremont avant le jour pris pour faire l'élection, & par conséquent dans un temps où il n'avoit aucun pouvoir, n'y ayant pas encore lieu à la dévolution : dans l'espèce de l'arrêt de Lorraine au contraire, le pape n'avoit donné des provisions à la dame de Stainville qu'après que le chapitre de Remiremont avoit eu rempli son pouvoir par l'élection qu'il avoit faite de la dame de Méchatain, & dans un temps que les nullités qui se trouvoient dans cette élection, avoient donné lieu à la dévolution au supérieur ecclésiastique : ainsi on peut dire que le parlement de Metz & la cour souveraine de Lorraine ont également bien jugé, & que leurs décisions ne sont point opposées,

ayant

ayant été rendues fur différentes efpèces , ou fur des principes différens & convenables à la différence des temps.

Nous avons cru que cette difcuffion, malgré fa longueur méritoit d'être rapportée toute entière. 1°. Parcequ'elle renferme des obfervations, des principes & des faits qu'on rencontreroit difficilement ailleurs. 2°. Parcequ'elle démontre combien les chofes font encore problématiques dans une matière où tout fembleroit devoir être éclairci. 3°. Afin de convaincre ceux qui fe trouvent chargés des affaires de ces fortes de chapitres , de quelle étendue de favoir, & de quel efprit de circonfpection ils ont befoin pour remplir dignement les places qui leur font confiées.

Voyez l'hiftoire des ordres religieux tom. 1. Van-Efpen , jurif. ecc. univ. par. 1. tom. 33 ; recueil des actes & titres du clergé. tom. 12 ; recueil des arrêts notables par Augeart tom. 2. n. 3 ; ftatuts du chapitre de Remiremont imprimés à Nanci en 1730 ; mémoire fur les droits du même chapitre imprimé à faint Mihiel en 1729; le recueil des ordonnances de Lorraine tom. 10. page 224 & 385. Voyez auffi les articles CHAPITRE , ÉLECTION, COLLATION , &c. (*article de M. l'abbé REMY, avocat au parlement*).

CHANTRE. C'eft le nom qu'on donne à celui qui chante dans une églife.

Comme ce terme a plufieurs acceptions, nous rapporterons ce qui eft relatif à chacune.

Nous examinerons d'abord les fonctions & les privilèges des dignités connues fous le nom de Chantreries. Nous parlerons enfuite des Chantres ordinaires des églifes, & nous finirons par rappeler les prérogatives dont jouiffent les Chantres de la chapelle du roi.

On nomme Chantre un chanoine qui eſt une des premières dignités d'un chapitre. Si nous conſultons les monumens de l'égliſe, nous trouvons que cette dignité eſt une des plus anciennes. Les Chantres ſont appellés chorevêques dans le concile tenu à Cologne à la fin du treizième ſiècle. Par ce concile ils ſont obligés à la réſidence, & ils ne peuvent ſe diſpenſer d'aſſiſter exactement au chœur. Le nom de chorevêque leur a encore été donné dans une autre concile tenu à Cologne au commencement du ſeizième ſiècle. Cette qualité annonce que l'égliſe regarde les Chantres dignitaires des cathédrales & des chapitres, comme les maîtres du chœur.

Il eſt fait mention des Chantres dans les canons apoſtoliques. Dans le tems de St. Iſidore & de St. Grégoire-le-Grand, les chantreries étoient déjà des dignités conſidérables. Les abbés & même les Evêques ſe faiſoient un devoir d'en remplir les fonctions.

Suivant le droit commun, le Chantre eſt le préſident du chœur. C'eſt à lui ſeul qu'il appartient de règler le chant, & de juger proviſoirement les conteſtations qui s'élèvent dans l'égliſe ſur le chant. Il doit veiller à ce que le ſervice divin ſe faſſe avec décence, & il a le droit de punir ceux qui troublent l'office ou qui y manquent.

Lorſque le Chantre officie, il porte la Chappe & le bâton. Comme il a l'inſpection ſur tout ce qui ſe paſſe dans le chœur, il doit, ſuivant la difpofition du concile de Méxique tenu en 1585, faire mettre toutes les femaines un tableau qui annonce l'ordre du fervice & des offices pour chaque jour. Il doit également défigner dans ce tableau ceux des dignitaires, chanoines ou autres eccléfiaftiques qui doivent remplir quelques fonctions. Enfin ce tableau doit contenir les noms de ceux qui réciteront, liront ou chanteront aux différens offices, & de ceux qui entonneront les verfets, les répons ou les pfeaumes.

Ainfi fuivant le droit commun la police du chœur appartient au chantre. Nous difons, fuivant le droit commun, parce qu'il y a des églifes où cette règle n'eft pas fuivie. Cependant c'eft un principe certain que toutes les fois que l'ufage n'eft pas contraire le Chantre eft préfident du chœur.

Nous trouvons dans le journal des audiences un arrêt rendu par le parlement de Paris le 17 janvier 1673 entre le préchantre, le doyen, & le chapitre de l'églife d'Amiens, qui a maintenu le préchantre dans la poffeffion & jouiffance de régir le chœur & de règler par provifion les difficultés qui s'éleveroient fur le chant & la célébration du fervice divin. Par le même arrêt, le doyen a été maintenu dans le droit d'entrer le premier au chœur & au chapitre, & d'y préfider.

M. l'Avocat général Talon qui porta la parole dans cette affaire, fe détermina à accorder au doyen l'entrée & la préfidence au chœur & au chapitre, parce que le préchantre dans l'ordre des dignités du chapitre d'Amiens n'eft que la feptième : ce magiftrat conclut de cette circonftance, qu'il ne feroit pas jufte que les fix

premiers dignitaires fuſſent préſidés par le préchantre.

Delà il réſulte que cet arrêt, quant à la diſpoſition, qui concerne le droit de préſider, doit
être regardé comme un arrêt particulier. On ne
peut l'oppoſer aux Chantres des autres chapitres du royaume qui ſont en poſſeſſion de préſider au chœur & au chapitre; parce qu'en général en matière de rang & de préſéance, c'eſt
l'uſage & la poſſeſſion qui doivent ſervir de règle.

Il y a des chapitres où la chantrerie n'eſt
point un titre de bénéfice, mais une ſimple commiſſion: alors elle ne peut être réſignée: c'eſt
ce qui a été jugé par un arrêt rendu au parlement
de Paris le 17 janvier 1731, en faveur du chapitre de Notre-Dame du Port de la ville de
Clermont en Auvergne. André Caſſiere, Chantre de ce chapitre, avoit réſigné ſa place à Jean
Caſſiere ſon neveu. Ce dernier en ayant pris
poſſeſſion en vertu de la réſignation qui lui en
avoit été faite, le chapitre s'y oppoſa, & ſou-
tint que la chantrerie n'étant qu'une ſimple commiſſion ne pouvoit être réſignée. Le chapitre
nomma en conſéquence Guillaume de Preux.
Les deux contendans plaidèrent d'abord devant
le juge de Clermont. Par ſentence de ce juge
le réſignataire fut maintenu. Le pourvu par le
chapitre interjeta appel de cette ſentence au
parlement de Paris, & par arrêt rendu au
rapport de M. de Paris, la ſentence de Clermont fut infirmée, & Guillaume de Preux fut
maintenu.

« Rouſſeau de la Combe dit, que le motif de
» cet arrêt eſt fondé ſur ce que les plus anciens
» titres de ce chapitre ne parlent que d'un doyen

» & de quinze chanoines ; que le Chantre n'a
» qu'une diſtribution un peu plus forte que les
» autres ; que jamais l'évêque de Clerment col-
» lateur des canonicats, n'avoit conféré la chan-
» trerie, & que le chapitre y avoit nommé
» dans tous les temps, comme à une ſimple
» commiſſion. On prétend, ajoute cet auteur,
» que tel eſt l'uſage dans les autres chapitres du
» diocèſe de Clermont.

Outre les prérogatives que nous avons rapportées, dont les Chantres ont le droit de
jouir, il y a pluſieurs égliſes cathédrales & pluſieurs chapitres où les Chantres ont, ſous l'autorité de l'évêque, l'inſpection ſur les petites
écoles. C'eſt un des priviléges du Chantre de
l'Egliſe de Notre-Dame de Paris. Dans cette
égliſe la chantrerie n'eſt que la ſeconde dignité.
L'archevêque en eſt collateur, & le chapitre a
le droit de choiſir le ſous-Chantre.

Toutes les petites écoles qui exiſtent dans la
capitale, & dans ſes fauxbourgs, ſont ſoumiſes
à l'inſpection du Chantre de l'égliſe de Notre-
Dame. Lui ſeul a le droit d'inſtituer les maîtres
& maîtreſſes d'école & de leur faire ſubir l'examen qu'il juge à propos. Il a une juridiction
qui eſt compoſée d'un vice-gérent, d'un promoteur, d'un greffier & d'un clerc. Tous les
maîtres & les maîtreſſes d'école de la ville,
fauxbourgs & banlieue, tous les maîtres de
penſion & même les répétiteurs de l'Univerſité
ſont ſoumis à la juridiction du Chantre de Notre-
Dame (*).

(*) La juridiction du Chantre de Notre-Dame de Paris
a été confirmée par une foule d'arrêts.

Les Urſulines ſont ſeules exceptées, & leurs écoles ne ſont point aſſujetties à l'inſpection du Chantre. Elles peuvent tenir de petites écoles ſans ſa permiſſion. Ce privilège leur a été confirmé par un arrêt rendu au parlement de Paris le 2 ſeptembre 1679. Cet arrêt eſt rapporté dans les mémoires du clergé.

Après avoir rappelé tout ce qui eſt relatif à la dignité de Chantre, nous devons à préſent parler DES CHANTRES ORDINAIRES DES ÉGLISES.

Tous les grands chapitres ont des Chantres & des chapelains pour ſoulager les chanoines & faire l'office en leur abſence. Les Chantres ont été inſtitués par St. Grégoire. Il en fit un corps qu'on appela l'école des Chantres. St. Hilaire ſe plaignit dans le concile de Rome de 595 de ce qu'on choiſiſſoit les Chantres parmi les miniſtres du ſaint autel, & il défendit qu'il y eût d'autres Chantres que des ſoudiacres : malgré ces défenſes, il exiſte une foule de prêtres qui ſont Chantres dans les différentes égliſes du royaume.

Les Chantres ordinaires ſont ſoumis pour les

En 1683 il fut ordonné par arrêt du 31 mars qu'une affaire de ſa compétence qui avoit été portée aux requêtes du palais lui ſeroit renvoyée.

Il a été maintenu dans ſon droit de juriſdiction ſur toutes les petites écoles de la ville, fauxbourgs & banlieue, par arrêts des 4 mars & 29 juille 1625, 19 mai 1628, 10 juillet 1632, 29 juillet 1650, 5 janvier 1665 & 31 mars 1683.

C'eſt encore un privilège du Chantre de n'être point ſoumis à la juridiction du chapitre.

fonctions qu'ils rempliffent dans le chœur, à la juridiction du Chantre dignitaire.

LES CHANTRES DE LA CHAPELLE DU ROI jouiffent de différens privilèges. Suivant une déclaration du 8 janvier 1558 enregiftrée le 13 mars 1560, ils font exempts de décimes pour les bénéfices qu'ils poffédent.

Par une déclaration du 7 décembre 1572, enregiftrée le 31 janvier 1573, le roi a ordonné que les Chantres, chapelains, clercs de chapelle, le compofiteur & le recteur des enfans de chœur de fa chapelle & oratoire feroient pourvus des canonicats, dignités & bénéfices qui font à fa nomination dans la Sainte Chapelle de Paris, dans celle de Dijon & dans plufieurs autres chapitres.

Les Chantres, chapelains, noteurs & compofiteurs de la mufique de la chapelle du roi & de la reine ont le privilége de jouir des gros fruits de leurs prébendes, quoiqu'ils ne réfident pas dans leurs bénéfices. Ce privilége leur eft accordé en leur qualité de domeftiques du roi & de la reine; pour le conferver il faut qu'ils foient fur les états de la maifon du roi.

Ce privilège leur a été confirmé par plufieurs arrêts; entr'autres par un rendu le 11 avril 1569 contre le chapitre de Notre-Dame de Corbeil; par un autre du 5 feptembre 1573 contre le chapitre de faint Spire de Corbeil, & par un troifième du 11 juilet 1575 contre le chapitre de faint Florent de Roye.

Cependant il a été jugé par arrêt du mois de juillet 1571, rendu en faveur du chapitre de Clermont en Auvergne, qu'un chanoine de la même églife ne pouvoit jouir du privilège accordé aux Chantres de la chapelle du roi ; parce que les chanoines de ce chapitre font hebdomadaires, & qu'étant obligés à une réſidence continuelle, ils ne peuvent jouir de la faveur accordée par les papes aux Chantres de la chapelle du Roi.

En 1579 le clergé voulant arrêter les abus que les chanoines faiſoient du privilège accordé aux Chantres, ſupplia le roi de fixer le nombre de chanoines que les égliſes canoniales & collégiales qui ne font pas de fondation royale, ſeroient tenues de fournir à la ſuite de la cour. Le roi ordonna par l'article 7 de l'édit de Melun qu'elles ne ſeroient chargées de fournir que deux Chantres, & que les égliſes de fondation royale en fourniroient quatre. Le roi ordonna encore que ſi les chapitres étoient compoſés de plus de quarante chanoines, ils pourroient être chargés de fournir ſix Chantres, & que dans ces trois cas les Chantres ſeroient diſpenſés de réſidence pour le ſervice de la chapelle du roi.

Charles IX, Henri III & Henri IV ont donné trois déclarations des années 1572, 1585 & 1594 qui ont été enregiſtrées au grand conſeil & par leſquelles ils ont ordonné que les Chantres, clercs & autres de la chapelle & muſique du roi ſeroient pourvus des prébendes & dignités qui font à la collation du roi dans les égliſes de fondation royale, ſuivant les rôles qui ſeroient faits & ſignés par le roi & qui ſeroient enregiſtrés ſur le regiſtre du grand aumônier de France.

Louis XIV par une déclaration du mois de mars 1666 enregiſtrée au grand conſeil le 18 du même mois, « a ordonné que les Chantres, cha-

» pelains , clercs & enfans de fa chapelle , ora-
» roire & chambre , bénéficiers & officiers de la
» Ste. chapelle de Paris , feroient réputés pré-
» fens en toutes les églifes du royaume , pour
» tous les bénéfices, offices & dignités que cha-
» cun d'eux avoit , ou auroit par la fuite ès dites
» églifes , pendant tout le temps de leur fervice;
» fcavoir les ordinaires pendant toute l'année,
» ceux de fémeftre pendant fix mois , & ceux de
» quartier pendant trois mois , & deux mois en
» outre à chacun pour leurs voyages ; que pen-
» dant le dit temps ils jouiroient de tous les
» fruits , revenus & émolumens de leurs béné-
» fices , des droits de nomination aux bénéfices,
» & de l'option des maifons du chapitre à leur
» tour & rang ; enfin généralement de tous droits
» quelconques , excepté des diftributions ma-
» nuelles qui fe font au chœur pendant le fervice
» divin ». Cette déclaration déroge à tout privilège contraire , & attribue au grand confeil
la connoiffance des conteftations qui pourroient naitre fur fon exécution.

Par un arrêt du confeil d'état du 22 novembre
1678 , les Chantres, chapelains, &c. de l'oratoire du roi , ont été maintenus dans les privilèges
qui leur ont été accordés par la déclaration de
1666 , & en conféquence le chapitre de St.-
Quentin qui conteftoit ces privilèges , a été débouté de fes demandes. Il a été en outre ordonné par cet arrêt que les regiftres , feuilles & tables du chapitre de St.-Quentin & des autres
chapitres du royaume feroient communiqués aux
privilégiés qui auroient des prébendes ou des
dignités dans ces chapitres , par les greffiers ou
autres officiers qui en feroient chargés , toutes

fois & quantes ils en feroient requis ; & en cas de contravention aux difpofitions de cet arrêt que fa majefté a declaré communs avec tous les chapitres & églifes du royaume, la connoiffance en a été réfervée au confeil d'état & interdite à toutes les autres cours.

Par un autre arrêt du confeil d'état du roi du 24 novembre 1687, Jofeph de Ville prêtre, Chantre & chapelain de la chapelle & mufique du roi, chanoine de Metz & de Toul a été maintenu contre ces deux chapitres dans tous les privilèges accordés aux Chantres de la chapelle du roi, conformément à l'arrêt du confeil d'état du 22 novembre 1678.

Les mêmes privilèges ont été encore confirmés par un autre arrêt du 28 janvier 1709.

Par une déclaration du roi de 1727, les Chantres, chapelains, clercs &c. de la chapelle du roi & de la Ste. chapelle de Paris ont été maintenus dans le droit 1° d'entrer en jouiffance des revenus de leurs bénéfices quand même ils n'auroient pas fait le ftage prefcrit par les ftatuts de leur chapitre, à proportion néanmoins de ce qui eft perçu par les chanoines réfidens qui font le ftage. Ils ne font toutefois pas difpenfés de prendre poffeffion perfonelle & de faire leur ftage après le temps de leur fervice à la cour ; 2° d'être employés fur le tableau pour nommer fuivant leur rang aux bénéfices qui font à la collation du chapitre ; 3° de parvenir aux maifons canoniales ; à leur tour, & 4° de participer à toutes les prérogatives qui appartiennent aux titulaires des bénéfices réfidens, excepté aux diftributions manuelles qui fe font pendant l'office divin.

La déclaration de 1727 enregiftrée au grand

conseil, a dérogé en plusieurs points à la décla-ration de 1666. Elle a ordonné que tous les of-fices & bénéfices des églises cathédrales ou col-légiales, autres cependant que les prébendes & dignités, qui sont chargés par les fondations ou par l'usage d'un service personnel ou continuel, seroient à l'avenir incompatibles avec les char-ges de la chapelle du roi, & qu'aucun de ces bénéficiers ne pourroit être pourvu de ces char-ges, qu'après avoir résigné ses bénéfices

Il a été également ordonné par cette déclara-tion, que les officiers de la Ste. Chapelle de Pa-ris qui seroient pourvus de pareils bénéfices, se-roient tenus d'opter dans le temps de droit, & qu'après ce temps ces bénéfices seroient décla-rés vacans & impétrables.

Enfin par une dernière déclaration du 18 dé-cembre 1740 enregistrée au grand conseil le 30 du même mois, les bénéficiers de la Ste. Cha-pelle ont été privés de tous les privilèges de compatibilité, dont ils jouissoient auparavant.

Voyez *Chopin*, *Dupeyrat*, *Brillon*, *Rous-seau de la Combe* &c. Voyez aussi les articles ABSENS, CHAPELLE, CHAPITRE, EGLISE CA-THÉDRALE, ECOLES, PRÉBENDES, RÉSIDEN-CE, &c. (*Cet article est de M. DESESSARTS avocat au parlement.*)

CHANVRE. Plante dont l'écorce sert à faire de la filasse.

Un arrêt du conseil du 12 avril 1764 avoit exempté de toute espèce de droit à la circula-tion, soit dans les cinq grosses fermes, soit dans les provinces réputées étrangères, les chanvres & lins peignés, apprêtés & filés tant blancs que teints, &c. Mais par un autre arrêt du 17 mars 1773, il a été dérogé au précédent & le roi a ordonné qu'à l'avenir il feroit perçu a toutes les entrées du royaume , favoir, douze fous par quintal fur les Chanvres apprêtés & non filés ; trois livres quinze fous , fur les lins peignés & façonnés ; fept livres dix fous fur les fils de Chanvre fimples , bis ou écrus ; douze livres fur les fils de Chanvre retors , bis ou blancs , douze livres fur les fils de lin fimples , bis ou écrus ; vingt livres fur les fils de lin retors , bis ou blancs ; & vingt deux livres fur le fils de lin ou de Chanvre teints , le tout par quintal.

Suivant un ordre du confeil du 26 août 1714, le Chanvre n'eft réputé venir d'Angleterre , & n'eft par conféquent défendu à l'entrée que quand il arrive fur des vaiffeaux Anglois.

Voyez *les lois citées* , & les articles , ENTRÉE, SORTIE , MARCHANDISE , SOU POUR LIVRE , &c.

CHAPE. C'eft aujourd'hui un ornement eccléfiaftique qui anciennement n'étoit qu'un manteau dont fe fervoit le clergé lorfque dans fes fonctions il étoit expofé aux injures de l'air ; & c'eft delà que ce manteau étoit appelé *pluvial*, parcequ'il fervoit principalement en temps de pluie.

Ceux qui font tenus de la fourniture des ornemens d'une églife paroiffiale , font également tenus de la fourniture d'une ou de plufieurs Chapes fuivant qu'il plaît à l'évêque de l'arbitrer.

Dans les grandes églifes on voit des Chapes de différentes couleurs felon les différens offices qu'on a à célébrer. On prétend qu'anciennement l'ufage de la Chape rouge n'appartenoit qu'au pape.

CHAPE, eſt auſſi le nom d'un droit que dans pluſieurs égliſes on ſe croit autoriſé d'exiger du titulaire qui vient y prendre poſſeſſion de quelque bénéfice, & ce droit on l'appelle droit *de Chape*, droit *de chapelle*, ou droit *d'entrée*, ou droit de *bienvenue*.

Ce droit n'eſt établi par aucun canon de l'égliſe ni par aucune ordonnance; au contraire on voit qu'il eſt défendu par la novelle 123 de Juſtinien, & par une bulle de Pie V de 1570; cependant on ne laiſſe pas de l'exiger pourvu qu'il ne tourne point perſonnellement au profit d'aucun de ceux qui le prétendent, & qu'il ſoit entièrement employé à l'utilité de l'égliſe; & en ce ſens il eſt tolérable ſuivant la gloſe de la pragmatique.

Lorſque l'uſage de ce droit eſt établi dans une égliſe par des jugemens ou par des tranſactions, les tribunaux ſoutiennent cet uſage, & Maynard rapporte pluſieurs arrêts qui l'ont autoriſé. Madame de Crequi héritière de M. le Tellier archevêque de Rheims, voulut le diſputer au chapitre ſous prétexte que le prélat avoit fait des dons conſidérables à cette égliſe; mais par un arrêt du parlement de Paris du premier février 1713, elle fut condamnée à le payer. Il eſt vrai qu'en conſidération de ces dons, le droit fut modéré à trois mille livres, mais il fut ajouté que cela ſeroit ſans tirer à conſéquence.

L'égliſe de Poitiers eſt en poſſeſſion de percevoir le droit dont il s'agit. M. de Clerambault évêque de cette égliſe fut condamné par arrêt du 19 juin 1669 à fournir *inceſſamment la chapelle complette de cinq couleurs ſuivant le nombre des officiers de l'égliſe & la décence d'icelle.*

Les héritiers de M. de Saillant évêque de la même église furent auffi condamnés par un arrêt du 5 mai 1699 à payer trois mille livres pour le même objet.

On prononça un femblable arrêt le 5 juillet 1735 contre les héritiers de M. de Foudras, évêque du même endroit. M. l'avocat général Gilbert de Voifins trouvoit cette fomme infuffifante & demandoit que les ftatuts de l'église de Poitiers du 31 juillet 1666, & l'arrêt intervenu en conféquence le 19 juin 1669, fuffent exécutés fuivant leur forme & teneur, mais la cour fe borna aux trois mille livres; ce qui fait voir que les juges fouverains tempèrent ce droit comme il leur plaît fuivant les circonftances.

L'évêque de Senlis difputa ce droit à fon chapitre en 1710 lorfqu'il fit fon entrée dans la ville & dans fon église. Le chapitre fur fon refus de le payer, fit faifir le temporel du prélat. Celui-ci demanda mainlevée provifoire de la faifie, mais il en fut débouté par un arrêt du mois de mars 1611. Cet arrêt valut pour lui un avis de payer. M. le Bret fur les conclufions duquel cet arrêt fut rendu obferve que l'ufage & la poffeffion en pareil cas valent force de loi; & que dans l'efpèce concernant l'évêque de Senlis, cet ufage étoit fuffifamment établi par les comptes des receveurs du chapitre depuis plus de cent cinquante ans.

Le parlement de Paris ne paroît pas fi favorable à ce droit, lorfqu'il eft prétendu par des religieux contre leur abbé commendataire. Les religieux de l'abbaye de fainte Croix de Bordeaux avoient demandé une fomme de 3000 livres contre les héritiers bénéficiaires de Francois Molé qui avoit été leur abbé commendataire pendant foixante fix ans: ils fe fondoient fur deux arrêts du parlement de Bordeaux & fur une poffeffion immémoriale appuyée même d'une tranfaction & d'une quittance ; cependant ils furent deboutés de leur demande au parlement de Paris par un arrêt de la troifième des enquêtes du 3 août 1734. Peut-être reprocha-t-on aux religieux d'avoir laiffé paffer foixante fix ans fans rien demander à cet abbé.

Il n'en avoit pas été de même au grand confeil la même année , car un prieur de faint Pierre le Moûtier fut condamné par un arrêt du 26 mars 1734 , à payer à l'abbaye de faint Martin d'Autun d'où relève ce prieuré , une fomme de 150 livres pour le droit de Chape que chaque titulaire eft obligé de payer lors de fon avènement à ce prieuré.

Voyez *les arrêts de Maynard & de Boniface ; la jurifprudence canonique* , &c. Voyez auffi les articles BIENVENUE , ENTRÉE, INSTALLATION. (*Article de M. DAREAU , Avocat , &c.*)

CHAPEAU. Sorte de coiffure à l'ufage des hommes.

Suivant le tarif de 1664 , les Chapeaux qui viennent des provinces reputées étrangères doivent à l'entrée des cinq groffes fermes , favoir , la douzaine de Chapeaux de caftor, trente fix livres , la douzaine de Chapeaux , demi-caftor, dix huit livres ; la douzaine de Chapeaux de vigogne, douze livres ; & la douzaine de Chapeaux de feutres de toutes fortes de poil & de façons fix livres.

Lorfque les Chapeaux viennent des pays

étrangers, ils doivent pour droit d'entrée, conformément aux arrêts du conseil des 14 août
1688, & 3 juillet 1692, savoir, les Chapeaux
de castor vingt livres par pièce ; les Chapeaux
demi-castor, huit livres par pièce ; les Chapeaux
de vigogne, dix-huit livres par douzaine, &
les Chapeaux de feutres de toutes sortes de
poils & de façons, douze livres par douzaine.

Les Chapeaux des fabriques d'Angleterre
& des pays en dépendans sont défendus à l'entrée du royaume.

Les Chapeaux de paille doivent à l'entrée
trois sous par douzaine, selon le tarif de 1664.

Les Chapeaux de castor qui sortent des cinq
grosses fermes pour les provinces reputées étrangères doivent pour droit de sortie douze livres
par douzaine, & seulement six livres lorsqu'ils
sont destinés pour Metz, Toul, & Verdun.
C'est ce qui résulte tant du tarif de 1664 que
des arrêts du conseil des 23 décembre 1704 &
18 avril 1734.

Les droits de sortie des Chapeaux demi-
castor & castor de Moscovie destinés pour les
provinces reputées étrangères ont été fixés par
l'arrêt du 18 avril 1734 à deux livres par douzaine, au lieu des six livres que portoit le tarif
de 1664.

Suivant le même arrêt, les Chapeaux de poil,
de toute sorte, ainsi que ceux de vigogne &
de demi vigogne destinés pour les provinces
reputées étrangères doivent quarante sous par
douzaine pour droit de sortie au lieu des droits
d'une livre & de trois livres que portoit le
tarif de 1664.

Quant aux Chapeaux de feutre garnis ou
non

non garnis ils doivent payer les droits de fortie par cent pefant comme mercerie.

Lorfque les Chapeaux de quelque efpèce qu'ils foient, ont été fabriqués dans le royaume & qu'on les envoie directement à l'étranger, ils font exempts de tout droit de fortie.

La douzaine de Chapeaux de paille doit trois fous pour droit de fortie, conformément au tarif de 1664.

Voyez *les lois citées*, & les articles ENTRÉE, SORTIE, MARCHANDISE, ÉTOFFE, MERCE-RIE, SOU POUR LIVRE, &c.

CHAPELAIN. Ce mot qui dérive de *cha-pelle* eft d'une fignification fort étendue On l'applique aux eccléfiaftiques habitués & défervans dans des chapitres ; à ceux qui font le fervice dans la chapelle du roi & dans la maifon des princes ; à ceux qui fous le titre d'aumoniers, font employés à dire des meffes dans des chapelles particulières ; à ceux enfin qui font poffeffeurs de chapelles ou de chapel-lenies érigées en bénéfices. On applique encore quelquefois ce titre de Chapelain dans quelque diocèfes, comme dans ceux de Clermont, de faint Flour & de Limoges, à certains prê-tres habitués dans une paroiffe pour aider le curé à la célébration des offices, & ces prêtres font plus particulièrement connus dans ces diocèfes-là fous le titre de *communaliftes*.

Les Chapelains dans les chapitres font re-gardés comme de fimples coadjuteurs que les chanoines fe font donnés pour leur foulage-ment dans le chant & le fervice divin. En gé-néral ils ne participent point aux honneurs ni aux privilèges des chanoines : ils doivent fe reftraindre à ce qui leur a été originairement concédé, ou du moins s'en tenir à l'ufage & à la poffeffion. Il s'éleva anciennement entre les Chapelains & les chanoines de la fainte Chapelle de Paris, une conteftation qui donna lieu à un arrêt du 20 feptembre 1413 rapporté par Duluc, par Papon & par Tournet; fuivant cet arrêt il fut décidé que les Chapelains ne pourroient prétendre ni ftalle au chœur ni place au chapitre, & que cette prérogative ne feroit que pour les chanoines.

Un arrêt du 5 août 1705 a jugé au parlement de Paris que les Chapelains de l'églife cathédrale de Meaux étoient fujets à la juridiction du chapitre, qu'ils ne pouvoient réfigner leurs chapelles fans fon confentement, ni faire corps féparé du chapitre, ni s'abfenter fans fa permiffion. Il leur eft enjoint par cet arrêt de faire les fonctions du chœur qui feront exigées d'eux, avec faculté au chapitre d'affifter à la reddition des comptes de leurs biens communs, fans qu'ils puiffent accepter de fondations, ni faire des baux emphitéotiques fans fon confentement.

Lorfque le titre d'établiffement de ces Chapelains exifte & qu'il paroît, il doit faire la loi entr'eux & les chanoines; fi au contraire il ne paroît pas, on doit s'en tenir à l'ufage & à la poffeffion, parcequ'il n'y a aucun règlement général à ce fujet; chaque églife a fes ufages particuliers. Il y a des églifes par exemple, ou les Chapelains portent l'aumuffe, & d'autres où il ne la portent point.

Les Chapelains dans quelques églifes font amovibles, & dans d'autres ils ne le font pas : on les regarde comme amovibles lorfqu'ils font aux gages des chanoines ; cependant on convient qu'ils ne peuvent être renvoyés fans fujet , & que l'infirmité & la vieilleffe ne font point des motifs pour les deftituer. Ils ceffent d'être amovibles lorfque leurs places font érigées en titre de bénéfice. Ils peuvent les réfigner ; mais pour l'ordinaire , comme nous l'avons dit , il faut le confentement du chapitre.

Grand-chapelain. L'office de cet eccléfiaftique étoit le même fuivant Bouchel que l'archichancelier. Le pere Thomaffin nous apprend que le chancelier de France étoit autrefois un eccléfiaftique ; il y avoit plufieurs chanceliers inférieurs qui étoient comme les fubftituts du grand chancelier qu'on nommoit archichancelier. La dignité de grand Chapelain s'eft éteinte lorfqu'on a ceffé de prendre les chanceliers dans le corps du clergé.

A l'égard des autres eccléfiaftiques qui portent le titre de Chapelains, voyez ce que nous allons dire à l'article CHAPELLE ET CHAPELLENIE , & ce qui fera dit à l'article COMMUNALISTE. (*Article de M.* DAREAU , *avocat* , &c.)

CHAPELLE, CHAPELLENIE. L'opinion la mieux fondée fur l'origine du mot *Chapelle* vient de cette efpèce de coffre ou de châffe dans laquelle on tenoit en dépôt les offemens & les reliques des martyrs : du mot *capfa* qui fignifie *chaffe* , eft venu celui de *Capella* qui fignifie *Chapelle.*

La vénération qu'on avoit anciennement pour les châffes des faints étoit telle que le lieu où l'on tenoit ces châffes , étoit un endroit de dévotion auquel on donna d'abord le nom *d'oratoire* , enfuite celui de *Chapelle.* De forte

qu'aujourd'hui une *Chapelle* eſt un lieu de dévotion particulière , ſous l'invocation de la
ſainte vierge , d'un ſaint ou d'une ſainte , ou
un lieu deſtiné à y honorer particulièrement
quelques myſtères de la religion. Et l'on appelle
Chapellenie le bénéfice du chapelain.

Il n'étoit pas rare anciennement de voir
fonder pluſieurs Chapelles. La volonté d'un particulier à l'article de la mort ſuffiſoit pour
cela : ſon teſtament valoit un titre de fondation.
Mais dans la ſuite des temps & aujourd'hui particulièrement depuis l'édit de 1749 qu'on appelle l'édit des gens de main-morte , il faut le
concours & de la puiſſance eccléſiaſtique &
de la puiſſance ſéculière.

Les Chapelles d'ancienne fondation auxquelles la puiſſance eccléſiaſtique n'a pas concouru
ne ſauroient être regardées comme des bénéfices , quand même elles ſeroient chargées de
meſſes & d'autres ſervices; ce ne ſont que des
fondations à la charge de ceux qui repréſentent
les fondateurs. Mais quand une fois elles ont été
autoriſées par l'évêque , ce ſont de vrais bénéfices.

Parmi ces Chapelles autoriſées de l'évêque ,
il y en a dont le titre eſt perpétuel , & d'autres dont il eſt révocable à volonté. Suivant
Barboſa le titulaire ne peut être revoqué ſans
ſujet , par humeur & par malice ; mais lorſqu'il
ne ſe comporte pas comme il doit le faire pour le
ſervice de la Chapelle , le patron peut alors le
révoquer ; & l'on ne regarde pas ces ſortes de
Chapelles comme de vrais bénéfices.

On obſerve une différence pour l'adreſſe des
lettres aux titulaires des Chapelles , ſuivant

que ces Chapelles font feparées d'une églife particulière, ou qu'elles font renfermées dans l'enceinte de cette même églife : fi c'eft une Chapelle particulière, le pape adreffe les lettres en ces termes : *rectori Capellæ N.* Si c'eft au contraire une Chapelle dans l'intérieur d'une églife, l'adreffe eft telle : *N. porpetuo Capellano in facrâ æde*, &c.

Quand les Chapellenies font à titre perpétuel, ce font de vrais bénéfices ; & quoique les Chapelains réguliers foient amovibles à la volonté de leurs fupérieurs, cependant fi les Chapelles quoique fondées dans des églifes de réguliers devoient être fervies par des eccléfiaftiques féculiers, ceux-ci lorfqu'ils en feroient une fois pourvus feroient inamovibles. Rebuffe dit que dans le doute les Chapellenies font préfumées des bénéfices & être *fpiritualifées* s'il fe trouve une collation ou une inftitution faite par l'évêque ; fur quoi le commentateur de Catelan obferve que le patron à qui la collation appartenoit originairement, n'eft pas déchu de fon droit irrévocablement, & que le bénéfice peut reprendre fa première nature par une poffeffion de 40 ans foutenue de trois collations, quoiqu'il faille 40 ans depuis la dernière collation pour qu'un patronage foit prefcrit par trois collations confécutives d'un évêque.

On peut obtenir des provifions en cour de Rome pour des Chapellenies ; mais fi ces provifions font contre la fondation de ces Chapellenies, elles font nulles de plein droit, fans que le poffeffeur puiffe s'aider de la règle *de pacificis poffefforibus.* Fevret obferve que les ora-

toires particuliers n'ayant point le titre de bénéfice & que pouvant être deffervis par qui
bon femble au fondateur , il y auroit abus fi
quelqu'un entreprenoit de fe faire pourvoir de
ces places en cour de Rome.

On comprend les Chapelles fous le nom de
bénéfices fimples , & comme telles on les affu-
jettit à la régale.

A l'égard du fervice & des charges d'une
Chapelle , on doit confulter le titre de la fondation. Il y a ici cette différence entre un *prêtre*
& un *Chapelain* , que s'il eft dit par le titre
que la Chapelle fera donnée à un prêtre , le
titre eft facerdotal & dèslors il ne fuffit pas à
un eccléfiaftique de fe foumettre à une promotion à la prêtrife dans l'année ; il faut qu'il
foit prêtre dans le temps même qu'il l'obtient;
ce qui feroit différent fuivant les canoniftes, s'il
n'y avoit qu'une obligation genérale de célébrer des meffes : cette obligation ne rend point
la Chapelle facerdotale , & il fuffit au fimple
eccléfiaftique qui en eft pourvu , de faire célébrer ces meffes par un prêtre.

Il y a des Chapelles qui exigent une réfidence
habituelle , & d'autres qui laiffent à cet égard
une pleine liberté. Quoique le titre de fondation ne parle point de la réfidence , elle peut fe
préfumer requife par la nature même de la fondation. S'il eft dit par exemple qu'il fera nommé un prêtre pour célébrer tous les jours la
meffe dans la Chapelle défignée, il eft certain
qu'alors la Chapellenie exige une réfidence ;
ce qui ne feroit pas la même chofe , fuivant
que nous l'avons obfervé , fi au lieu de nommer un *prêtre* , il étoit dit qu'on nommeroit

un Chapelain : ce Chapelain pouvant faire faire le service par autrui ne seroit pas obligé à la résidence. Sur quoi il faut remarquer que les Chapellenies qui exigent qu'on réside, sont incompatibles avec un autre bénéfice qui exige pareillement la résidence dans la même église & dans la même enceinte.

Le prêtre qui est chargé de dire lui-même les messes, n'est pas obligé de les faire dire par autrui lorsqu'il est malade. Mais les canonistes ne sont pas d'accord sur la durée de la maladie ; les uns font grace au malade pendant deux mois, les autres ne lui passent que huit à dix jours. A l'égard de l'application de la messe, le prêtre ne la peut faire à d'autre intention qu'à celle du fondateur, & il ne peut recevoir d'honoraire, qu'autant que le titre de fondation le lui permet : il est bon d'observer que ce titre de fondation est imprescriptible, soit par rapport à la nature du bénéfice en lui-même, soit par rapport aux charges & à la qualité des personnes qui doivent le remplir. Brillon nous apprend que dans l'église de Champigny en Brie, une Chapelle sacerdotale & à résidence par la fondation, quoique possédée pendant plus de cent cinquante ans au mépris de cette résidence, avoit été adjugée à un devolutaire par arrêt du parlement de Paris du 15 mai 1691.

Voici un fait à l'occasion d'une Chapellenie qui mérite d'être rapporté ; il étoit venu a vaquer un bénéfice de cette qualité dans la ville de Guéret : une dame croyant avoir droit de patronage, y avoit nommé un chanoine de la collégiale. Le sieur de Laval de la ville de Riom en Auvergne, prétendit avoir droit à cette nomination en qualité de tuteur naturel de ses enfans du chef de feu leur mère qui étoit une demoiselle Frogier. Le sieur de Laval avoit un de ses fils en état de posséder ce bénéfice, & il lui en fit la collation. Le chanoine précédemment pourvu, contesta d'abord au sieur de Laval le droit de patronage, & prétendit subsidiairement que quand ce droit lui seroit acquis, il ne pouvoit pas plus nommer son fils au bénéfice, qu'il n'auroit pu s'y nommer lui-même. Ceci a donné lieu à une contestation qui a été jugée au parlement de Paris au mois de mars 1775 ; & par l'arrêt intervenu, il a été décidé que le sieur de Laval avoit droit de patronage sur la Chapelle dont il s'agissoit, & qu'il avoit pu légitimement nommer son fils à ce bénéfice.

Les Chapelles sont sujettes aux visites des évêques & des supérieurs dont elles dépendent, & elles peuvent être taxées pour les décimes comme les autres bénéfices.

Les Chapelles qui sont dans les églises & qui ont été construites & dotées par des particuliers, ne sont point à la disposition des marguilliers ; c'est ce qui a été jugé au sujet d'une Chapelle de Saint-Germain l'Auxerrois, par un arrêt du 18 mars 1602, rendu au profit du seigneur de Leuville, contre le sieur Miron lieutenant civil au châtelet de Paris. La fondation peut se prouver non-seulement par le titre, mais encore par une possession publique d'user de cette Chapelle à l'exclusion des étrangers, surtout si, comme le remarque Loiseau, cette possession est accompagnée de signes visibles de la fondation, tels que des armoiries aux voûtes, au portail, à l'autel ou à d'autres endroits de la Chapelle.

Si cette Chapelle étoit cependant fous la grande voûte de l'églife & qu'elle n'eût jamais été fermée, ou qu'il y eût long-temps que le public fût en poffeffion de s'y placer, elle ne feroit pas fi particulière au fondateur qu'il pût en écarter les paroiffiens : il lui fuffi oit d'y avoir les premières places pour lui & pour fa famille ; c'eft ainfi que s'en expliquent les mémoires du clergé ; mais fi cette Chapelle étoit dans une des ailes de l'églife avec une voûte particulière, le fondateur feroit autorifé à la tenir fermée.

Chapelles domeftiques. Ce font celles qui font dans les maifons mêmes des particuliers. L'ufage en a commencé du temps des premiers empereurs chrétiens. Conftantin avoit fait bâtir dans fon palais une efpèce d'oratoire où il alloit tous les jours faire fes prières. Nos rois ont eu leur Chapelle, qu'on appelle encore aujourd'hui *la Chapelle du roi*. Cette Chapelle dans l'origine, étoit l'endroit où l'on gardoit la châffe de faint Martin. Il y avoit des eccléfiaftiques deftinés à y faire le fervice, & c'eft parmi ces eccléfiaftiques, que l'on prenoit ordinairement ceux qu'on élevoit à l'épifcopat. Tout ce qu'il y avoit de plus pieux dans le clergé féculier & régulier formoit la Chapelle des rois ; c'eft ce dont on peut s'inftruire dans le traité de la difcipline eccléfiaftique du père Thomaffin. Sous la feconde race il y avoit un *archi-chapelain* auquel étoit confiée la conduite de la Chapelle du palais & dont l'autorité étoit fort grande dans les affaires ecclefiaftiques. Il étoit dans les conciles comme le médiateur entre le roi & les évêques : fouvent il décidoit feul les conteftations, & ne faifoit fon rapport au roi que de celles qui étoient les plus confidérables. Sa dignité s'éteignit avec la maifon de Charlemagne , tant dans la France que dans l'Allemagne. Ceux qui compofent aujourd'hui la Chapelle du roi, font, le *grand aumônier* , qui eft regardé comme le chef de tout le clergé du palais, le confeffeur & les aumôniers fervant par quartier. Sur quoi on peut obferver que les officiers de la Chapelle du roi & de la reine ne font point aftreints à la réfidence : ils ont des privilèges particuliers communs aux Chanoines des faintes Chapelles.

L'exemple de ces Chapelles particulières aux rois & aux empereurs, a fait que les grands feigneurs ont obtenu dans la fuite la faculté d'avoir chez eux des oratoires. Des grands feigneurs l'exemple a paffé à des perfonnes de moindre diftinction ; de forte qu'aujourd'ui il eft très-commun de voir de fimples particuliers ayant leur Chapelle domeftique.

Suivant l'efprit des canons, la conceffion des Chapelles, fur-tout à de fimples particuliers , doit être regardée comme peu favorable. Cette conceffion dépend de l'évêque : il ne l'accorde ordinairement qu'à condition qu'on affiftera à la meffe de paroiffe les jours de Pâques, de Noël, de l'Epiphanie , de l'Afcenfion, de la Pentecôte, de la Nativité de faint Jean-Baptifte & du Patron , avec défenfe à tout prêtre de célébrer ces jours-là la meffe dans ces Chapelles fans une permiffion particulière , à peine d'excommunication.

Oblations faites aux Chapelles. Les curés dans les paroiffes defquels font fituées ces Chapelles , prétendent ordinairement aux offrandes qui s'y font ; mais il faut diftinguer entre ces oblations, celles qui ont du rapport à quelqu'une des fonctions curiales & celles qui n'ont pour objet que la décoration & l'entretien de la Chapelle. Quant aux oblations de la première forte, elles font regardées comme un honoraire des prières que fait le curé en cette occasion, & l'on ne peut point les lui disputer : honoraire cependant qui appartiendroit au chapelain lui-même, s'il y en avoit un en titre, & qu'il y fît les mêmes fonctions que le curé. A l'égard des oblations qui ont trait à la décoration ou à l'entretien de la Chapelle, le fondateur est en droit d'en faire l'application suivant l'intention des fidèles ; & les oblations de cette espèce font celles qui se font dans des troncs ou dans des lieux destinés à cet effet.

On connoît un arrêt du parlement de Bretagne du 18 février 1602, assez relatif à la matière dont il s'agit ici. Le sieur de la Marsilière avoit fait construire une Chapelle près de sa maison du Fretai dans une des extrémités de la paroisse de Bain : plusieurs particuliers y alloient faire leurs prieres ; quelquefois aussi on y alloit en procession ; il s'y faisoit des dons & des oblations. Le recteur, c'est-à-dire le curé de Bain, prétendit que les oblations lui revenoient. Le seigneur du Fretai les lui disputa, en disant qu'elles étoient pour les réparations & pour l'entretien de la Chapelle : cependant elles furent adjugées au curé. Mais il est à observer que la Chapelle n'avoit point été consacrée, & que ce fut ce motif qui détermina l'arrêt. Une Chapelle non consacrée est celle qui n'a point reçu le sceau de l'approbation de l'évêque, & il semble dès-lors qu'on ne peut point appliquer à une construction qui n'a aucune exiſtence canonique, des oblations qui dans l'eſprit de ceux qui les ſont, n'ont trait qu'à ſoutenir ce qui ſe trouve juſte & régulier. Au reſte cet arrêt a paru ſingulier à bien des auteurs ; & Tournet qui le cite, avoue que la même queſtion a reçu dans d'autres cas une déciſion différente, déciſion qui peut varier ſuivant la diſtinction que nous venons d'établir.

Un ſeigneur de paroiſſe avoit fait bâtir une Chapelle dans ſa maiſon : il s'y étoit formé une confrairie qui donnoit pour qu'on fît des aumônes. Comme l'emploi de ces dons de charité devenoit ſuſpect, il fut jugé par un arrêt contradictoire du conſeil privé dont il eſt fait mention dans les mémoires du clergé, que le compte de ces dons ſeroit rendu à l'évêque diocéſain, & qu'à l'avenir il ſeroit nommé par le curé de la paroiſſe & par le fondateur, un adminiſtrateur qui, à cet effet, prêteroit le ſerment entre les mains de l'évêque.

Réparations des Chapelles. Celles qui ſont conſtruites dans les parties latérales d'une égliſe ſont, ſuivant Deſgodets, à la charge des ſeigneurs qui en ſont les patrons, ou à celle des chapelains titulaires. Mais d'après un arrêt du 12 avril 1688, on fait la diſtinction ſuivante ; Si les Chapelles ont été bâties avec le corps de l'égliſe & qu'elles n'en faſſent pour ainſi dire pas un corps ſéparé, on juge qu'elles doivent être entretenues par les habitans ; ſi au contraire elles paroiſſent bâties après coup, on met les réparations & l'entretien à la charge du chapelain.

Les patrons des Chapelles qui ſont ſous la

voûte principale de la nef, ne font point tenus feuls des réparations à faire à la partie de la voûte correfpondante à leur Chapelle ; ils n'y font tenus que comme habitans, parce qu'il eft à préfumer que dans l'origine ils ont payé à l'églife pour avoir le droit d'une Chapelle, & que les habitans devant les faire jouir de ce droit, font obligés à toutes ces groffes réparations fans lefquelles la Chapelle ne pourroit plus fubfifter.

Dans la paroiffe de Marfilly fur Saône en Bourgogne, diocèfe de Langres, l'églife fut incendiée par les ennemis ; il n'en refta que les murs. Le chœur, qui étoit voûté, fouffrit moins de dommage que le refte de l'édifice ; & comme cette églife demeura long-temps fans qu'on la rétablit, deux principaux habitans firent conftruire chacun une Chapelle aux côtés du fanctuaire avec leur entrée par le chœur. Ce chœur menaçant ruine, les habitans intentèrent un procès aux gros décimateurs vers l'année 1660. Il y eut une defcente & un procès-verbal fur les lieux ; & de toutes les opérations faites à ce fujet, il réfulta que les gros décimateurs furent chargés des réparations du chœur, & les deux particuliers de celles des Chapelles qu'ils avoient fait conftruire.

Les habitans de Charonne près Paris, donnèrent au commencement dè ce fiècle leur requête au confeil au fujet des réparations qu'il y avoit à faire à leur églife. Il fut dreffé procès-verbal de ces réparations le 22 août 1701. Dans ce procès-verbal furent comprifes les réparations qui étoient à faire aux voûtes & aux piliers buttans des parties latérales aux côtés du chœur, quoique ces parties latérales euffent une clôture à l'alignement de celle de l'entrée du chœur; & il fut dit qu'au bout d'une des parties latérales étoit la Chapelle du feigneur, & que cette Chapelle joignoit le maître-autel. En conféquence il fut décidé par arrêt du confeil du 12 août 1702; que les réparations à faire à la Chapelle feroient fur le compte du feigneur feul.

Remarquez que lorfqu'il furvient des réparations à faire à une Chapelle, & que ces réparations concernent les fondateurs, les chapelains ne font tenus que des menues réparations d'entretien. Mais lorfque ce font de groffes réparations, elles concernent les patrons feuls, parce qu'on fait que des chapelains ne feroient pas en état de les fupporter.

Saintes Chapelles. Ce font des églifes diftinguées dont nos fouverains font les patrons & les collateurs. Telles font les Saintes-Chapelles de Paris, de Dijon, de Vincennes, &c. Ces églifes jouiffent de certains privilèges qui dérivent de la libéralité des fondateurs.

Voici ce que nous apprennent les mémoires du clergé au fujet des faintes Chapelles. Celle de Paris fondée par faint Louis, reçut du roi Charles VII par des lettres-patentes du 19 mars 1452, le don du produit de la régale dont elle a joui pendant long-temps. On prétendit fous le règne de François I, que cette conceffion ne devoit pas s'étendre au-delà de la Loire. La conteftation fut plus vivement agitée fous Henri II & fous Charles IX; elle fut portée aux états de Moulins. La Sainte-Chapelle obtint une feconde fois le même privilège par des lettres-patentes du

20 février 1466. Cette prérogative ayant donné lieu depuis à nombre d'altercations, Louis XIII se détermina à révoquer la ceſſion qui avoit été faite à cette égliſe du revenu des évêchés procédant du droit de régale ; mais Louis XIV pour dédommager la Sainte-Chapelle, y réunit l'abbaye de Saint-Nicaiſe, diocèſe de Rheims.

Le tréſorier de la Sainte-Chapelle de Paris, comme vicaire né du roi, a droit de conférer les Chapelles de fondation royale qui ſont tant dans la Sainte-Chapelle que dans la ville & prévôté de Paris. En cas de concours des proviſions du roi & de celles du tréſorier, les proviſions du roi prévalent, quand même celles du tréſorier feroient mention de l'heure, ſur-tout depuis l'article 3 de la déclaration du 10 novembre 1748.

Les chanoines & les officiers de la Sainte-Chapelle de Paris participent à beaucoup de priviléges des officiers de la Chapelle du roi, aux termes de deux déclarations, l'une du mois de mars 1666, & l'autre du 2 avril 1727, toutes les deux regiſtrées au grand conſeil. Ces derniers ſont tenus pour préſens dans toutes les égliſes du royaume pour les bénéfices qu'ils peuvent y poſſéder, pendant tout le temps de leur ſervice. Ceux de ſemeſtre pendant ſix mois ; ceux de quartier pendant trois mois, & deux mois encore à chacun d'eux pour venir à Paris & retourner à leurs bénéfices.

Ils doivent entrer en jouiſſance de leurs revenus quand même ils n'auroient pas fait le ſtage preſcrit par les ſtatuts de pluſieurs Chapelles, à proportion néanmoins de ce qui en eſt perçu par les chanoines qui font pour lors le ſtage, bien

entendu qu'on suppose qu'ils ont pris préalable‑
ment la possession personnelle que leurs statuts
peuvent exiger , & qu'après le temps de leur
service ils feront le stage.

On est obligé de les employer sur le tableau
pour nommer à leur rang aux bénéfices dépen‑
dans des églises où ils ont des dignités ou des
prébendes ; & s'il est d'usage que les nominations
se fassent dans le chapitre , ils sont admis à y
faire pendant leur temps de service, les nomi‑
nations par procureur.

Les maisons canoniales doivent leur être
déférées à leur tour , quand même les statuts des
chapitres exigeroient une résidence actuelle ,
cette résidence étant suppléée par le service qu'ils
rendent dans la Chapelle du roi ; & il leur est dû
une participation à tous les autres revenus,
à l'exception des distributions manuelles en
argent.

La loi accordoit anciennement aux chanoines
& autres bénéficiers de la Sainte-Chapelle de
Paris , le privilège de la compatibilité avec d'au‑
tres bénéfices; mais une déclaration du 18 décem‑
bre 1740 , regiftrée au grand conseil , déroge à
cet égard à celles de 1666 & de 1727 ; en consé‑
quence ils ne peuvent plus posséder conjointe‑
ment avec leurs dignités ou canonicats , aucun
autre bénéfice à charge d'ames ou sujet par
quelque titre que ce soit, à la résidence dans
d'autres églises ; & s'ils étoient pourvus de pa‑
reils bénéfices, il seroient tenus de faire l'option
de celui qu'ils voudroient retenir ; ce qui doit
être observé, est-il dit, à l'égard des chantres
& officiers de la Sainte-Chápelle , qui , sans être
pourvus

pourvus en titre, y doivent un fervice continuel à caufe des fonctions qu'ils y exercent.

. Ce fut un procès pendant au grand confeil qui donna lieu à cette déclaration. Un chanoine de la Sainte-Chapelle prétendoit que fon canonicat n'étoit point incompatible avec d'autres béné-fices fujets à réfidence. Là-deffus les juges du grand confeil crurent devoir s'adreffer au roi qui, par fa déclaration, fit connoître qu'il y avoit une différence à faire entre les chanoines de la Sainte-Chapelle de Paris & les eccléfiafti-ques qui compofent fimplement fa Chapelle particulière. Les chapelains du roi ne fervant que par quartier, ne font pas aftreints à la même réfidence que les chanoines de la Sainte-Cha-pelle. Le fervice de ceux-ci eft habituel, au-lieu que celui des autres n'eft que paffager.

. Lorfque le roi vient à la Sainte-Chapelle dans des occafions qui l'attirent au palais, c'eft la Chapelle du roi qui fait l'office à l'exclufion des chanoines de la Sainte-Chapelle.

. Il paroît que dans l'origine la Sainte-Chapelle fut formée de ces eccléfiaftiques qui compofoient en grand nombre les chapelains du roi, puifqu'on voit qu'à part l'incompatibilité qui a été pro-noncée contre les bénéficiers de la Sainte-Cha-pelle par la déclaration du 18 décembre 1740, les uns & les autres jouiffent à-peu-près des mêmes privilèges Cependant c'eft encore une queftion fi les Saintes-Chapelles jouiffent comme la Chapelle du roi, de l'exemption de la juri-diction épifcopale : cette queftion fut agitée en 1750 au fujet du chapitre de Dôle ; & d'après les folides raifons données par M. l'archevêque de Befançon en faveur de la juridiction épifcopale, il résulte que les Saintes-Chapelles bien différentes pour l'origine, pour l'état & pour les fonctions de la propre Chapelle du roi, ne font pas de leur nature exemptes de la juridiction ordinaire, & que celles qui le font ont eu des titres particuliers à cet effet : on peut voir la dissertation de M. l'archevêque de Besançon dans les mémoires du clergé. On y voit aussi des particularités concernant les Saintes-Chapelles de Dijon, de Bourbon & de Vincennes. A l'égard de celle de Vincennes, on se rappelle qu'il y a eu deux vicairies perpétuelles de supprimées dans cette Chapelle par des lettres-patentes du mois de mai 1769, & que sur les revenus de ces vicairies, on doit prendre une rétribution pour deux sujets choisis par le trésorier pour administrer les sacremens & pour desservir en son lieu & place en qualité de ses vicaires, la cure du château de Vincennes.

Droit de Chapelle, qu'on appelle encore *droit de chape*, est un droit dû dans certaines églises par le titulaire d'un bénéfice lorsqu'il en prend possession. Il est parlé de ce droit à l'article CHAPE.

Chapelle d'un évêque. On appelle ainsi tous les ornemens particuliers d'un évêque, y compris la croix, la crosse, &c. Il y a des églises cathédrales qui ont droit d'exiger tous ces ornémens à l'avènement de l'évêque à la prélature ; d'autres églises ne peuvent l'exiger qu'après sa mort.

Voyez le traité de la *discipline ecclésiastique du père Thomassin ; le dictionnaire des arrêts ; le traité de l'abus ; le traité des vacances de M. Piales ; la jurisprudence canonique ; Desgodets sur les lois des bâtimens & les notes de Goupi ; le journal des audiences du parlement de Bretagne ; des lettres-patentes du 19 mars 1452, & du 20 février 1466 ; les déclarations du mois de mars 1666, du 2 avril 1727, du 18 décembre 1740 ; des lettres-patentes du mois de mai 1769, &c.* Voyez auffi les articles CHAPE, CHAPELAIN, COLLATION, PATRONAGE, RÉGALE, &c. (*Article de M. DAREAU, avocat, &c.*)

CHAPITRE. Ce mot en droit & dans le ftyle de la jurifprudence a différentes fignifications. Il fe prend, ou pour le corps du clergé qui compofé chaque églife cathédrale ou collégiale, ou pour l'affemblée actuelle des chanoines de chacune de ces églifes, qui feuls ont entrée avec voix délibérative dans ces affemblées, & forment feuls le chapitre de ces églifes. Ce mot fe prend auffi pour le lieu même où l'affemblée des chanoines fe tient ordinairement. Il s'employe de même pour défigner les affemblées, foit générales, foit particulières, qui fe font dans les ordres religieux : il fignifie encore les partitions ou divifions des comptes qu'ont à rendre les tuteurs, curateurs, adminiftrateurs, receveurs, régiffeurs, & tous les autres comptables : enfin il fert dans les citations à marquer certains endroits des auteurs, ouvrages & monumens que l'on cite.

La troifième & la dernière fignification font trop connues & s'entendent affez d'elles-mêmes pour avoir befoin d'explication : on va reprendre les autres dans l'ordre qu'on les a rapportées, & fur chacune expofer les principes & les décifions qui peuvent y avoir rapport.

Chapitre ou corps du clergé de chaque églife cathédrale ou collégiale.

On a cy-deſſus au mot *chanoine* ſuffiſament expliqué, comment dans les huitième & neuvième ſiécles ſe formèrent dans chaque ville épiſcopale ces corps connus ſous le nom de Chapitres. On y a vu qu'à l'exemple de ceux qui s'étoient établis dans chaque égliſe cathédrale, & qui en prirent le nom, il s'en établit d'autres ſoit dans la même ville ſoit dans les autres villes du dioceſe, ſous le nom d'égliſe collégiale. On y a pareillement expoſé, comment après avoir long-temps obſervé la diſcipline régulière, & conſervé la vie commune, ces corps ou Chapitres, car ils en avoient déjà pris le nom, s'en étoient peu à peu éloignés & en étoient venus par dégrés à l'état où nous les voyons aujourd'hui.

Malgré cette ſorte de relâchement, la bonne conduite, les vertus, les talens de pluſieurs chanoines & le rang dont ils jouiſſoient déjà ont toujours inſpiré pour les Chapitres & pour les chanoines une juſte conſidération: toujours on a regardé comme intéreſſant que les chanoines fuſſent pourvus de revenus ſuffiſans pour ſoutenir d'une manière convenable le dégré & l'état de chanoines.

C'eſt pourquoi conformément au règlement fait à ce ſujet par le concile de Trente *ſeſſ.* 24 *chap.* 15 *de reform.* l'ordonnance de Blois article 23 a règlé « qu'aux égliſes cathédrales & collé-
» giales, ès quelles il ſe trouvera y avoir tel
» nombre de prébendes, que le revenu avec les
» diſtributions quotidiennes ne ſoit ſuffiſant pour
» ſoutenir honnêtement le dégré & état de cha-
» noine ſelon la qualité des lieux & des perſon-
» nes; les évêques pourront procéder à l'aug-

» mentation de tel revenu, soit par union de
» bénéfices simples, pourvu qu'ils ne soient pas
» réguliers, soit par réduction desdites pré-
» bendes à moindre nombre, pourvu qu'il soit
» suffisant pour la célébration du service divin...
» le tout néanmoins avec le consentement du
» Chapitre & des patrons auxquels la célébra-
» tion appartient, si lesdites prébendes sont en
» patronage laïc.

Un arrêt contradictoire du grand conseil du
30 janvier 1667, a confirmé l'union faite par
M. l'évêque de Tulles de l'aumônerie de son
église cathédrale à la mense du Chapitre de cette
église, au préjudice des gradués qui avoient requis ce bénéfice.

Ce qui regarde les Chapitres des cathédrales,
ayant été traité dy-dessus au mot *cathédrale*, il
ne reste à parler ici que de ce qui peut être
commun aux Chapitres, tant des églises cathédrales, que des églises collégiales.

On peut réduire à quatre chefs principaux,
ce qui concerne cette matière, 1° les devoirs
des Chapitres, 2° leurs droits, 3° l'administration de leur temporel, 4° la disposition des
bénéfices qui dépendent des Chapitres.

Des devoirs des Chapitres en général. Un détail
exact de toutes les obligations des Chapitres
passeroit les bornes & sortiroit même de l'objet
que l'on s'est proposé dans cet ouvrage ; une
partie de ces devoirs ne regardant que le for
intérieur de la conscience, & ne s'agissant principalement ici que de ce qui peut avoir trait au
for contentieux : on se contentera d'indiquer
sommairement ces devoirs ; s'il y a quelque

point qui paroiffe demander une difcuffion plus
étendue, on pourra confulter les articles différens auxquels ces points auront quelque rapport, & l'on y trouvera ces objets plus appro-
fondis.

L'un des principaux objets de l'établiffement
des Chapitres, & le feul pour ainfi dire qui leur
refte maintenant à remplir, c'eft la célébration
publique, folemnelle & perpétuelle de l'office
& fervice divin, auquel les autres miniftres de
l'églife trop occupés de l'inftruction & de la conduite des peuples, ne peuvent donner qu'une
partie de leur temps: le premier foin des Chapitres doit donc être auffi de ne rien négliger
pour donner au culte extérieur toute la pompe,
toute la décence & toute la majefté qui lui
conviennent. On a vu cy-devant au mot *cha-*
noine les précautions que l'églife & l'état avoient
prifes de concert pour engager & même obliger
les chanoines à la réfidence & à l'affiftance: c'eft
aux Chapitres de veiller à rendre cette affiftance
auffi édifiante qu'elle doit être exacte; & pour
cela ils doivent être également attentifs à maintenir la difcipline & la régularité parmi leurs
membres, & à ne choifir, lorfque le droit leur
en appartient, que des fujets capables de remplir dignement les places de chanoines. Ils doivent adminiftrer les biens communs en bons pères de famille, & préférer toujours l'avantage
du corps à celui des particuliers. S'il leur eft permis de montrer un zèle prudent pour la confervation des droits, privilèges & prérogatives
dont ils jouiffent légitimement; que jamais ils
n'oublient qu'à cet égard une fage modération

est bien plus sûre qu'une infléxible rigueur ; qu'ils sachent défendre avec fermeté, mais sans chercher à étendre, à pousser trop loin des privilèges que le nom seul rend odieux & défavorables.

Des Droits des Chapitres. Ces droits peuvent être ou relatifs à la juridiction des évêques dans les diocèses desquels les Chapitres sont établis, ou relatifs aux droits & pouvoirs des curés, dont les paroisses ont quelque rapport avec le corps du Chapitre, ou seulement avec quelques-uns de leurs membres ; ou relatifs enfin aux membres mêmes des Chapitres comme soumis à l'inspection & à l'autorité du corps.

1° Quant à la juridiction épiscopale, de droit commun les Chapitres y devroient être assujettis tant collectivement que distributivement. C'est-à-dire tant pour le corps que pour les membres en particulier. Ce sont les évêques qui ont été établis par l'esprit saint pour gouverner l'église : ils en sont les pasteurs : chaque diocèse doit être regardé comme un bercail dont la conduite & l'administration ont été confiées à l'évêque pour en prendre soin. L'évêque a besoin de coopérateurs sans doute ; mais toute autorité dans son diocèse qui ne reconnoît pas la sienne, & qui voudroit en devenir la rivale, ne peut que nuire au maintien de la paix & du bon ordre.

Aussi dans les premiers siécles où la discipline se soutenoit dans toute sa pureté & toute sa vigueur, ne connut-on aucun de ces partages d'autorité. Les évêques reconnoissoient bien des supérieurs dans l'ordre hiérarchique auxquels on pouvoit porter des plaintes contre eux, si l'on

s'y croyoit fondé ; mais chacun dans ſon dioçèſe
pouvoit ordonner à tous ce qu'il jugeoit de plus
convenable , ſans craindre de s'en voir diſputer
le droit & de rencontrer des clercs qui ſe pré-
tendiſſent autoriſés à leur refuſer l'obéiſſance.

On ſent bien que dans le temps où ſe formèrent auprès des égliſes cathédrales & des évêques ces communautés de clercs , qui dans là
ſuite ſont devenues ce qu'on appelle aujourd'hui
des Chapitres , il ne pouvoit encore être queſtion de prétentions pareilles. Les évêques qui
étoient les ſupérieurs , les chefs immédiats &
l'ame pour ainſi dire de ces communautés , n'y
voyoient que des membres ſoumis & reſpec-
tueux , des inférieurs pour qui la ſubordination
n'avoit rien de pénible , & à qui la bonté , la
douceur des chefs & la part que ces chefs leur
donnoient à l'adminiſtration & au gouvernement
rendoit même la ſubordination agréable. D'ailleurs les membres de ces communautés ne poſ-
ſédant rien en propre & n'ayant point de droits
perſonnels , quel intérêt auroit pu les porter à
vouloir ſe ſouſtraire à l'autorité & à la juridiction de leurs prélats ?

La ceſſation de la vie commune & de la diſcipline régulière dans les Chapitres , y fit bientôt germer de nouveaux ſentimens & naître des
idées différentes. Dès que les menſes Capitulaires des égliſes cathédrales eurent été diviſées
des menſes épiſcopales , les chanoines oubliant
en quelque ſorte les liens qui les avoient unis ,
& qui les devoient toujours tenir attachés à
leurs évêques , ne penſèrent qu'à ſe mettre en
garde , qu'à ſe fortifier contre eux.

Déjà les monaſtères avoient obtenu pluſieurs

exemptions qui faifoient gémir St. Bernard : moins touchés de fes plaintes, que jaloux des privilèges qui les avoient fi juftement occafion- nées, les Chapitres ambitionnèrent à leur tour des exemptions. Ils en demandèrent ; ils en ob- tinrent, fur-tout dans les temps fâcheux, où l'églife étoit déchirée par des fchifmes cruels, & où l'autorité flottante des prétendans au fou- verain pontificat, cherchoit à fe faire des appuis en prodiguant inconfidérément les faveurs, les difpenfes & les grâces en tout genre. C'eft fans doute une tache pour ces exemptions fi chères aux Chapitres, que l'époque même qui les a produites.

Ce n'eft pas que les Chapitres n'aient fouvent eu lieu de fe plaindre de la conduite des évêques à leur égard, & qu'il leur ait été interdit d'y chercher une reffource ; mais ces exemptions ne pouvoient la leur offrir ; ce ne fera jamais par le renverfement des règles que l'on pourra parvenir à rétablir l'ordre. Auffi tout l'effet de ces exemptions a-t-il été d'exciter, de nourrir une forte de rivalité entre les évêques & leurs Chapitres, d'où font réfultées des divifions & des conteftations fans nombre.

Le mal n'eût pas été fi grand, il n'y en auroit même pas eu, fi ces exemptions avoient tou- jours été bornées comme elles le furent d'abord, à une protection temporelle contre les exactions de quelques prélats & de leurs officiers. L'avan- tage en feroit toutefois peu confidérable ; car nous ne voyons pas que les bénéfices, les mo- naftères & les Chapitres non exempts en con- fervent moins pour cela leurs droits temporels, que ceux qui jouiffent de l'exemption. Mais ces exemptions demandées d'abord pour des droits temporels, on chercha bientôt & l'on parvint à les étendre à la juridiction des évêques ; celles-ci font les plus odieuses, les plus nuisibles au bien commun & les plus opposées aux vraiess maximes.

C'eſt d'après ces principes que le concile de Conſtance dans ſon règlement général ſur les exemptions, révoque un grand nombre de celles qui avoient été accordées dans les temps de ſchiſme, défend d'en introduire de nouvelles, & ne règle qu'une ſimple tolérance de celles que le temps & les circonſtances ne permettoient pas encore de révoquer. C'eſt en ſuivant le vœu de ce concile, que M. de Pibrac cité & loué par M. Servin dans ſes plaidoyers 30 & 32, proteſta portant la parole en qualité d'avocat-général en 1565, de requérir en temps & lieu que toutes les exemptions fuſſent déclarées abuſives.

Le clergé de France ne regarde pas les exemptions d'un œil plus favorable. Quoique dans la demande qu'il a ſouvent réitérée auprès de nos ſouverains pour la publication du concile de Trente, & que nos ſouverains avec raiſon n'ont jamais cru lui devoir accorder, il eût toujours ajouté cette condition, *ſans préjudice des priviléges & des exemptions des Chapitres & autres communautés exemptes ;* il ne faut pas regarder cette modification comme une approbation que le clergé de France ait entendu donner aux exemptions des Chapitres & des autres corps exempts: il ne faiſoit ſuivant la remarque du rédacteur des mémoires du clergé, que ſe prêter aux circonſtances du temps, qui ne permettoient pas de s'élever contre ces exemptions

& n'en attendoit pas avec moins d'empreffement des conjonctures plus propres pour folliciter le rétabliffement de l'ancienne difcipline fur ce point. Ce fait eft amplement expliqué dans les actes du condile de Rheims tenu en 1574. On y propofa dans la feffion 18 de demander la publication dans la province de Rheims des décrets du concile de Trente fur les exemptions, pour terminer les différens entre les évêques & leurs Chapitres. Le cardinal de Lorraine, archevêque de Rheims, répondit qu'il le defireroit beaucoup, mais que le temps ne lui paroiffoit pas propre à former cette demande.

De ces obfervations tirées en grande partie d'un plaidoyer de M. Talon portant la parole en qualité d'avocat-général dans une caufe célèbre entre M. l'archevêque de Sens & fon Chapitre en 1667; il réfulte 1°. que dans tous les points où les Chapitres n'ont point obtenu d'exemptions; ils reftent affujettis à la juridiction des ordinaires, puifqu'ils n'en font affranchis dans les autres points, qu'en vertu de ces exemptions, 2°. qu'à l'égard des exemptions, dont les Chapitres jouiffent fur le fondement de leurs titres & poffeffion, les ordinaires doivent les refpecter, puifque l'églife & l'état les tolèrent; mais que de leur côté les Chapitres ne peuvent apporter trop de modération dans l'ufage & l'exercice de ces exemptions & privilèges, dont ils ne jouiffent, comme on vient de le dire, que par une forte de tolérance. Plus même ces privilèges font exorbitans, plus la modération doit être grande de la part des Chapitres, la tolérance à cet égard devant paroître auffi moins favorable.

Pour obliger les ordinaires relativement aux exemptions des Chapitres, il faut, ainſi qu'on l'a tout à l'heure obſervé, que les Chapitres réuniſſent des titres à la poſſeſſion. Celle-ci toute-ſeule, quelque ancienne & paiſible qu'elle fût, ſeroit inſuffiſante pour garantir & faire maintenir des exemptions de la juridiȼton épiſcopale; on ne peut en effet acquérir ces exemptions par la voie de la preſcription ſeule. La maxime eſt certaine & indubitable, elle eſt fondée ſur l'autorité des Papes S. Gregoire le Grand, N ço'as premier, Innocent III; ſur l'autorité des corȼ les de Tours 1236, de Worceſter en 240, de Ravenne en 1314; ſur les Textes du droit canon & ſur les avis des gloſſateurs: Cujas & du Moulin ſur les décrétales l'ont érigée & poſée en principe: elle a été adoptée & établie par MM. les avocats généraux dans leurs plaidoyers; on peut conſulter ceux de MM. Capel, Servin, Bignon & Talon, cités & rapportés au tome 6 des mémoires du clergé page 894 & ſuivantes.

, Les titres ſeroient également inutiles, s'ils n'étoient accompagnés & ſoutenus d'une poſſeſſion conſtante: la faveur du retour au droit commun ne permettroit pas d'avoir égard à des privilégesȼ abandonnés par ceux qui les auroient obtenus.

. Il ne ſeroit pas poſſible de donner une lidée exaȼte des exemptions des Chapitres en général: elles varient à l'infini, & ſont plus étendues ou plus reſtreintes, ſuivant le dégré de faveur & de crédit dont jouiſſoient les Chapitres qui les ont ſollicitées & obtenues.

Parmi les Chapitres exempts, il en eſt qui

ne prétendent qu'une exemption perſonnelle, d'autres ſoutiennent qu'ils ont des exemptions locales. Quelques-uns peu ſatisfaits de n'être plus ſoumis à la juridiction de leur évêque ont porté leurs prétentions juſqu'à s'attribuer des droits quaſi épiſcopaux dans une partie du dio-cèſe. Les exemptions de territoire prétendues par les Chapitres, ne ſont pas toutes également odieuſes. Pluſieurs de ces Chapitres ſont demeu-rés ſoumis à la juridiction du métropolitain de leur province ; d'autres ſe ſont ſouſtraits à la juridiction de tout ſupérieur eccléſiaſtique dans le royaume.

Les jugemens intervenus ſur les conteſtations élevées entre les évêques & leurs Chapitres au ſujet des exemptions & privilèges prétendus par ceux-ci, ont auſſi varié ſuivant leurs titres & leur poſſeſſion: On peut voir entre autres ſur cette matière un arrêt du parlement d'Aix du 15 janvier 1608, entre l'évêque de Caſtres & ſon Chapitre : un autre rendu au conſeil privé le 16 janvier 1644, entre l'évêque d'Amiens & ſon Chapitre ; un autre du parlement de Paris du 20 décembre 1666, entre l'évêque de Noyon & le Chapitre de l'égliſe collégiale de Péronne ; deux autres du 28 juin 1667, & du 2 ſeptembre 1670, rendus au parlement de Paris entre l'ar-chevêque de Sens & ſon Chapitre ; un autre du même parlement du 29 mars 1671 entre l'évê-que de Luçon & ſon Chapitre ; un autre du conſeil d'état du 21 janvier 1673, entre l'évê-que d'Autun & le Chapitre de Vezelai ; un autre du parlement de Paris du 4 juin 1674, entre l'évêque d'Orléans & le Chapitre de St. Aignan ; un autre du conſeil privé du 11 mars 1677, en-tre l'archevêque d'Aix & ſon Chapitre ; un autre du parlement de Paris du 4 septembre 1684 entre l'évêque d'Angoulême & le Chapitre de cette ville ; un autre du même parlement du 27 juin 1686 entre l'évêque du Mans & son Chapitre ; un autre du conseil d'état du 10 février 1690 entre l'évêque & le Chapitre de Beauvais ; un autre du conseil d'état du 15 mars 1693 entre l'évêque & le Chapitre d'Auxerre ; un jugement rendu le 26 janvier 1700 par des commissaires de sa majesté dans la cause de l'exemption prétendue par le Chapitre de Viviers ; un autre arrêt du conseil d'état du 10 Août 1700, entre M. l'évêque & le Chapitre de Chartres ; un autre du parlement de Paris du 7 novembre 1700 entre l'archevêque de Tours & son Chapitre ; un du conseil d'état du 18 août 1703 entre l'évêque de Noyon & le Chapitre de St. Quentin ; un autre du parlement de Grenoble du 21 juin 1706, entre l'évêque de St. Paul-trois-Châteaux & son Chapitre.

Tous ces arrêts sont rapportés tome 6 des mémoires du clergé. Il en a encore depuis été rendu un par des commissaires de sa majesté le 20 décembre 1721 pour l'évêque d'Oléron contre son Chapitre ; un autre au conseil d'état le 4 octobre 1727 entre l'évêque de St. Malo & son Chapitre ; un autre aussi au conseil d'état entre les mêmes parties le 16 mai 1733 ; un autre au même tribunal le 20 septembre 1735, pour M. l'évêque de Rieux contre son Chapitre ; un autre le 8 septembre 1746 entre M. l'évêque d'Aire & son Chapitre ; un autre du 15 juillet 1749 entre l'évêque du Mans & son Chapitre , qui avoit renouvelé les contestations terminées par l'arrêt de 1686 ; enfin, car il faut se borner dans cette énumération, un autre aussi rendu au conseil d'état entre M. l'archevêque de Bezançon & le Chapitre de Dole le 29 janvier 1750. Ce dernier arrêt a déclaré abusives les exemptions accordées au Chapitre de Dole par des bulles des papes Benoît XII & Jean XXIII.

Par cette liste qu'il n'eût été que trop facile de prolonger, on voit de combien de dissensions les exemptions ont été la cause. Au milieu de ces combats, de ces conflits d'autorité entre les évêques & leur Chapitre, quel pouvoit être leur concert, leur concours pour le bien commun du diocèse, & quel préjudice n'en a-t-il pas dû résulter ?

Les jugemens intervenus sur ces différens ne peuvent point former de règle, si ce n'est pour ceux entre lesquels ils ont été rendus ; & l'on ne peut argumenter ici d'un Chapitre à l'autre, à moins que les exemptions ne soient absolument conçues dans les mêmes termes & n'aient reçu une semblable exécution : car en fait de privilèges tout est singulier, & rien ne peut être tiré à conséqnence.

Tout étant aussi de rigueur & même odieux en fait de privilèges & d'exemptions, rien ne peut être susceptible d'extension. Ainsi l'exemption accordée aux Chapitres ne s'étend point aux chapelles & aux églises dépendantes de ces Chapitres, si ces chapelles & ces églises ne sont pas expressément comprises dans les exemptions.

Le même principe qui veut que l'on restreigne autant qu'il est possible les exemptions comme défavorables, a fait juger, & c'est la discipline présente, que les Chapitres, quoique en poffeffion de l'exemption, n'en demeurent pas moins foumis à la juridiction des évêques diocéfains en plufieurs cas particuliers.

Ainfi d'abord, malgré toute exemption dont ils pourroient fe flatter & jouir, les Chapitres font affujettis à la juridiction des évêques en ce qui regarde l'exécution de leurs mandemens portant condamnation d'erreurs & concernant la foi & la doctrine de l'églife, comme il a été jugé contre les Chapitres de Soiffons, de Tours, de Rouen & contre l'abbaye de St. Germain des-Prés. C'eft en effet aux évêques, & aux évêques feuls qu'appartient la connoiffance & le jugement de la doctrine concernant la religion. L'article 30 de l'édit de 1695, qui le reconnoît formellement, enjoint expreffément a tout juge & aux parlemens mêmes, de renvoyer aux prélats la connoiffance & le jugement de ces matières, & de leur prêter l'aide dont ils auront befoin pour l'exécution des cenfures qu'ils pourront faire. On fent affez combien à cet égard la reftriction des exemptions étoit légitime, & combien les Chapitres feroient peu recevables à vouloir s'en couvrir en pareilles circonftances.

Les Chapitres quoique exempts, ne peuvent faire aucun mandement ni ordonnance pour les proceffions générales, les *te Deum* & les autres prières publiques qui fe font par ordre fupérieur, ni pour la publication des jubilés ou indulgences : ils doivent à cet égard fe conformer à ce qui eft règlé & ordonné par les évêques, qui, dans quelques endroits feulement, font tenus d'en conférer avec leurs Chapitres, mais fans avoir befoin de leur confentement, & qui dans les autres diocèfes ne doivent que faire avertir gracieufement

cieufement leurs Chapitres de ce qu'ils ont réglé & ftatué.

C'eft ce qui a été jugé par arrêt du parlement de Paris du 23 août 1635 pour M. l'évêque de Noyon contre le Chapitre de l'églife royale de Saint Quentin , qui fe prétendoit exempt & avoir la juridiction quafi épifcopale dans le territoire de cette ville ; & par un autre arrêt du même parlement du 8 janvier 1647 pour M. l'évêque d'Amiens contre fon Chapitre , appelant comme d'abus des mandemens donnés par le grand vicaire de ce prélat pour ordonner des proceffions dans l'églife cathédrale & les autres églifes qui font de la pleine inftitution & collation du Chapitre.

Dufrene après avoir rapporté cet arrêt livré 4, chapitre 45 du journal des audiences, obférve que M. Omer Talon qui porta la parole dans cette affaire en qualité d'avocat général , expofa que pour les prières publiques relatives aux néceffités du diocèfe comme en temps de pefte , de grande féchereffe , &c. l'évêque procédoit comme pafteur ordinaire & devoit en communiquer & prendre l'avis du Chapitre pour ordonner ces prières & les annoncer ; mais qu'à l'égard des prières qui fe font par ordre fupérieur , M. l'évêque n'y procède pas fimplement comme ordinaire. Cette diftinction a de quoi furprendre de la part d'un magiftrat d'une auffi grande fagacité ; ce n'eft au contraire qu'en leur qualité d'ordinaires que les évêques reçoivent & fe font un devoir d'exécuter les ordres fupérieurs dans le fecond cas dont parle M. Talon. Cette diftinction ne peut d'ailleurs rien avoir de favorable pour les prétentions des

Chapitres qui fe difent exempts, puifque c'eft précifément en confidération de leur qualité de pafteurs ordinaires en laquelle agiffent les évêques dans ces circonftances que leur a été & devoit leur être réfervé le droit exclufif d'ordonner & d'indiquer les prières publiques. Tout ce qu'on pourroit inférer de cette diftinction, c'eft que dans le cas où les prières publiques font indiquées & règlées par les évêques d'après les ordres fupérieurs qui leur ont été adreffés, les Chapitres qui fe prétendent exempts fe rendroient doublement coupables en y manquant, puifqu'ils manqueroient tout à la fois & à la déférence qu'ils doivent à leur évêque, & au refpect que leur doit infpirer la puiffance dont eft émané l'ordre fupérieur, qui a déterminé l'évêque.

Il y a encore un autres arrêt conforme rendu au parlement de Paris le 30 décembre 1643, en faveur de l'évêque d'Amiens contre le Chapitre de Roye, qui a maintenu le prélat dans la poffeffion de publier le jubilé dans la ville & territoire de Roye, prétendus exempts par le Chapitre, & déclaré n'y avoir abus dans fon ordonnance à ce fujet.

Un autre arrêt du confeil privé du 20 novembre 1643, a fait très-expreffes inhibitions & défenfes aux doyen, chanoines & Chapitre de Bordeaux, de recevoir d'autres perfonnes que de l'archevêque ou de fes vicaires généraux en fon abfence, l'ordre pour rendre les actions de grâce, & faire les prières publiques que fa majefté aura trouvé bon être faites en cette églife; a ordonné que l'acte capitulaire du 28 mai feroit fupprimé; que le fyndic feroit des excuſes à l'archevêque au nom du doyen & du Chapitre ; leur a fait défenſes de faire à l'avenir de pareils actes, & leur a enjoint de rendre à l'archevêque l'honneur & la révérence qu'ils lui devoient.

Un autre arrêt du conſeil d'état du 16 mai 1693, porte des diſpoſitions à peu près ſemblables en faveur de M. l'évêque d'Auxerre contre ſon Chapitre : il y en a encore un conforme en faveur de M. l'évêque d'Evreux, rendu auſſi au conſeil d'état le 2 janvier 1714.

La choſe devoit alors ſouffrir d'autant moins de difficulté, que par l'article premier de la déclaration du 30 juillet 1710, enregiſtrée au parlement de Paris le 21 août ſuivant, Louis XIV avoit ordonné « que les mandemens des » archevêques, évêques ou de leurs vicaires » généraux, qui ſeroient purement de police » extérieure eccléſiaſtique, comme pour les ſon- » neries générales, ſtations du jubilé, procef- » ſions & prières pour les néceſſités publiques, » actions de grâces & autres ſemblables ſujets, » ſeroient exécutées par toutes les égliſes & » communautés eccléſiaſtiques, ſéculières & » régulières, exemptes & non exemptes, ſans » préjudice à l'exemption de celles qui ſe pré- ·» tendent exemptes en autres choſes.

Cette ſage diſcipline eſt fondée ſur ces maximes inconteſtables que les Chapitres des cathédrales ſurtout, ſont bien les premiers corps eccléſiaſtiques des diocèſes, mais qu'ils n'en ſont pas les pontifes ; qu'à l'évêque appartient de droit de préſider aux choſes ſaintes dans ſon diocèſe, & de régler ce qu'il croit de plus convenable & de plus utile pour les prières ſolemnelles ; comme pour tout ce qui regarde la conduite des ames, ainsi que l'a déclarè le concile de Trente, *seff. 21. cap. 8. de reform.* (*)

Quoique les Chapitres se prétendent exempts & jouissent de l'exemption, les chanoines sont tenus d'aller en procession avec l'évêque : il y a plus de trois cens ans que cette question a été jugée au parlement de Paris, contre le Chapitre du Mans. M. Jean Galli ou le Cocq en rapporte l'arrêt dans la 326 de ses questions. M. Maynard liv. 1, chap. 5 de ses questions notables, écrit que des chanoines du pays de Languedoc, avoient eu dessein de refuser d'aller en procession avec leur évêque ; mais qu'avertis du châtiment qu'on leur préparoit & mieux conseillés, ils avoient changé de conduite & fait leur devoir.

Les Chapitres même exempts, ne peuvent rien s'arroger en ce qui regarde l'autorisation & la reconnoissance des miracles. Il est réservé aux évêques seuls de les vérifier, constater, admettre & faire publier. C'est la disposition de l'article 10 du règlement fait pour les réguliers, conforme à la discipline du concile de Trente, *seff.* 25, *de invocatione sanctorum :* plusieurs conciles tenus en France ont adopté & renouvelé ces dispositions ; on les trouve dans le concile de Reims en 1564, dans celui de Rouen en 1581, de Tours en 1583, d'Aix en 1584 & de Narbonne en 1609. On conserve dans les archives de Rouen l'acte d'une satisfac-

_____

(*) *Quacumque in dioceſi ad Dei cultum ſpectant, ab ordinario diligenter curari, atque iis, ubi oportet, provideri æquum eſt.*

tion faite à un archevêque de Rouen en 1452
par les cordeliers de cette ville qui avoient publié un miracle fans l'approbation de l'ordinaire.

Les miracles tiennent en effet de trop près &
font trop liés à la doctrine, pour en permettre la
vérification & le droit de les faire publier à
d'autres qu'aux évêques, à qui le dépôt & l'enfeignement de la vraie doctrine ont été fpécialement confiés.

C'eft par de femblables motifs qu'on a réfervé
pareillement aux évêques dans leurs diocèfes,
l'admiffion & tout ce qui regarde la vénération,
l'expofition & la tranflation des reliques des
faints.

Ce droit des évêques eft confirmé par les
conciles tant anciens que modernes. Le canon
50, dit d'Afrique, en contient une difpofition
expreffe qui a été renouvelée par le concile
tenu à Mayence fous Charlemagne. Le concile
de Trente, à l'endroit qu'on vient de citer,
en a fait une règle expreffe ; le quatrième concile
de Milan, fous faint Charles Boromée, y a joint
plufieurs réglemens très-fages & très-utiles.
Prefque tous les conciles provinciaux tenus en
France depuis celui de Trente, en ont emprunté
les difpofitions & même les termes fur ce fujet.
On peut voir le concile de Cambrai en 1565, de
Bourges en 1584, d'Aix en 1585, de Touloufe
en 1598, de Narbonne en 1609, de Bordeaux
en 1524.

Toutes les fois que les Chapitres même exempts
ont voulu entreprendre fur cette autorité des
évêques, leurs entreprifes ont été reprimées.
L'arrêt rendu au confeil d'état le 20 février 1690,
entre l'évêque de Beauvais & fon Chapitre porte,

D d iij

que le changement des reliques de faint-Évron
de l'ancienne châffe en la nouvelle ne fe fera,
que fur la requifition du Chapitre à l'évêque par
fes députés, avec lefquels l'évêque en conférera
& réglera tout. Les Chapitres quoique jouiffant
de l'exemption, ne peuvent même faire porter
proceffionnellement leurs reliques & châffes
fans le pouvoir fpécial de l'évêque, dans les occafions de néceffités publiques, comme il a été
jugé pour M. l'évêque d'Auxerre contre fon Chapitre, par arrêt du confeil d'état du 26 Mai 1693.

Par une fuite des mêmes maximes on ne peut
expofer à la vénération des fidèles dans aucune
églife, même exempte, des images, fi auparavant elles n'ont été examinées & approuvées
par les évêques. Ce point a de même été réglé
par le concile de Trente & par la plupart de
ceux tenus depuis en France, que l'on a cités
précédemment.

La conceffion des indulgences eft encore un
des droits réfervés fpécialement aux évêques,
fans que les Chapitres exempts puiffent y prétendre aucune participation ; mais ils peuvent
participer aux indulgences que l'évêque accorde
ou fait publier ; car la publication même des indulgences accordées par les fouverains pontifes,
ne doit & ne peut fe faire que par l'autorité &
avec l'agrément de l'évêque, même dans les
églifes exemptes. Le concile de Trente, *feff.*
25, *de indulgentiis*, l'a réglé ainfi d'après l'ancienne difcipline à laquelle plufieurs conciles
d'Italie & de France tenus depuis ce temps, ont
conformé leurs difpofitions.

Malgré leur exemption les Chapitres ne peuvent point introduire de nouveaux offices, ni

changer rien aux anciens fans le confentement &
l'autorité des évêques. C'eft ce qui a été jugé
par l'arrêt du confeil d'état du 10 février 1690,
pour M. l'évêque de Beauvais contre fon Chapitre ; & par un autre arrêt auffi rendu au confeil
d'état le 4 octobre 1727 en faveur de M. l'évêque
de Saint-Malo contre fon Chapitre.

Les Chapitres qui ont des bréviaires différens
de ceux des diocèfes. où ils font établis, y font
maintenus, quoique d'ailleurs ils foient foumis
à la juridiction des évêques diocéfains. C'eft ce
qui a été jugé pour le Chapitre de Roye, par
arrêt du parlement de Paris du 30 décembre
1669 ; & par un autre arrêt du même parlement
du 13 avril 1709 en faveur du Chapitre de Tours.
Le droit & l'ufage d'avoir un bréviaire particulier
ne font donc pas une preuve d'exemption pour
les Chapitres. Auffi le Chapitre de Saint-Quentin,
quoiqu'il alléguât pour preuve de l'exemption
qu'il prétendoit, l'ufage & le droit d'avoir fon
bréviaire particulier, fut-il, par l'arrêt du confeil du 8 août 1703, qui le maintint dans ce
droit, remis fous la juridiction de l'évêque de
Noyon.

Il n'eft pas non plus permis aux Chapitres,
quelque titre d'exemption qu'ils puiffent avoir,
de réduire par leur feule autorité & fans l'approbation des Évêques, les anciennes fondations
faites dans leurs églifes, même fous prétexte
que les fonds ne répondent plus aux charges.
La queftion a été jugée par l'arrêt du confeil
privé du 26 janvier 1644 contre le Chapitre
d'Amiens, & depuis par arrêt rendu au Parlement de Paris, le 20 janvier 1745 contre le
Chapitre de Noyon. Un des chefs décidés par

cet arrêt, porte que les fondations réduites par la délibération capitulaire du 13 avril 1741 ne feront point censées réduites, & comme telles exécutées, que préalablement le Chapitre ne se soit retiré par devers l'évêque de Noyon, pour être par lui pourvu, si faire se doit, à la réduction des fondations.

Indépendamment des égards pour le caractere épiscopal que l'on a voulu marquer par cette réserve, elle étoit d'ailleurs dictée par les principes de l'équité naturelle, qui ne permet pas que l'on soit juge dans sa propre cause.

Les Chapitres exempts ne peuvent rien régler pour ce qui concerne les fabriques des cathédrales & des églises qui dépendent des Chapitres sans le concours & l'approbation des évêques. C'est ce qui résulte des arrêts déja plusieurs fois cités de 1644 entre M. l'évêque & le Chapitre d'Amiens, de 1667 & 1670 entre l'archevêque & le Chapitre de Sens, & 1727 entre M. l'évêque de Saint-Malo & son Chapitre; ce dernier arrêt défend au Chapitre d'accorder des chapelles, des bancs ou places & autres choses concernant la fabrique de l'église de Saint-Malo, sans la permission par écrit de l'évêque ou de ses vicaires généraux.

On suit les mêmes maximes par rapport aux sépultures. Les Chapitres même exempts ne peuvent en donner dans leurs églises aux personnes qui n'y ont pas droit, sans la permission de l'évêque. C'est un des points décidés par l'arrêt de 1644, entre M. l'évêque d'Amiens & son Chapitre. Le Chapitre d'Aix en vertu d'une délibération capitulaire, ayant en 1747 fait dans le chœur de son église l'inhumation de feu M. de la

Tour, premier préſident du parlement, ſans avoir obtenu le conſentement de M. l'archevêque, ſans lui en avoir même communiqué; ce prélat pour maintenir & venger ſon autorité, rendit le 27 avril de la même année, une ordonnánce par laquelle il défendit expreſſément qu'aucune perſonne laïque de quelque qualité & condition qu'elle fût, même qu'aucune perſonne eccléſiaſtique ſéculière & régulière, à l'exception des dignités & chanoines de ſon égliſe, fût inhumée dans le chœur de l'égliſe, ſans ſa permiſſion expreſſe & par écrit, avec défenſes ſous les peines de droit à toutes perſonnes d'y contrevenir. Sur cette ordonnance le Chapitre révoqua d'abord ſa délibération, mais bientôt après par un changement ſubit il arrêta par une nouvelle délibération, que M. l'archevêque ſeroit ſommé de révoquer ſon ordonnance. Ce prélat, auquel ſe joignit l'aſſemblée du clergé qui ſe tenoit alors, porta ſes plaintes au roi. En conſéquence, intervint arrêt au conſeil d'état le 19 juillet 1748, qui caſſa la dernière délibération du Chapitre, ordonna qu'elle ſeroit rayée & biffée ſur le regiſtre, l'arrêt inſcrit en marge, & les ordonnances de M. l'archevêque exécutées.

Les Chapitres ne peuvent encore malgré leurs exemptions approuver des confeſſeurs pour adminiſtrer le ſacrement de pénitence à leurs membres; ils doivent en prendre parmi ceux qui ſont approuvés par l'évêque ou faire approuver par l'évêque ceux qu'ils veulent choiſir pour ce miniſtère. Cette loi fondée ſur les déciſions des conciles, ſur les diſpoſitions des ordonnances, n'eſt pas moins fortement établie par là juriſprudence des arrêts. Il y en a un du conſeil d'état rendu le 27 mars 1688, qui porte que les doyen,

chanoines & Chapitre de Béauvais ne pourront
choisir & nommer de confesseurs pour ceux du
corps du Chapitre & autres qui en dépendent,
que parmi les prêtres approuvés par l'évêque.
Un autre arrêt émané du même tribunal le 8
octobre 1691 en faveur de M. l'évêque de Châlons contre son Chapitre, ordonne que le doyen
seul de l'église de Châlons pourra confesser
& approuver des prêtres pour confesser en
son lieu & place les bénéficiers & habitués de
cette église, & cela en vertu du pouvoir à lui
donné par l'évêque, dont le même doyen sera
tenu de faire mention dans ses approbations;
sauf à l'évêque de pouvoir révoquer les prêtres
ainsi approuvés par le doyen.

L'évêque n'a pas besoin du consentement du
Chapitre, quoique jouissant de l'exemption,
pour célébrer l'ordination dans l'église cathédrale:
deux arrêts du parlement de Paris l'ont ainsi jugé;
le premier rendu le 15 février 1564 contre le
Chapitre de Châlons sur Marne, & le second du
4 août 1636 contre le Chapitre de Clermont.

De même l'évêque a presque par-tout le droit
de nommer le prédicateur pour le carême dans
l'église cathédrale : l'arrêt qu'on vient de citer
pour M. l'évêque de Châlons l'y a maintenu;
la même chose avoit été jugée en faveur de M.
l'archevêque d'Amiens par l'arrêt du conseil
privé du 26 janvier 1644, qui contient cette
disposition particulière ; *qu'ayant ledit sieur
évêque nommé un prédicateur pour prêcher le carême
en l'église cathédeale, il en donnera par chacun an
avis audit Chapitre trois mois au moins avant le
carême, afin de lui faire entendre, s'il trouve quelque chose à redire en la personne du prédicateur.*

Il y a néanmoins des églises cathédrales où le Chapitre qui est chargé de l'honoraire du prédicateur est aussi en possession de le nommer. Cet usage peut avoir été introduit par quelque convention faite avec l'évêque, ou par quelque disposition de ceux qui ont fondé la retribution des prédicateurs.

Quoiqu'il en soit de ces usages pour les sermons du carême, & quelque exemption dont jouissent d'ailleurs les Chapitres, l'évêque n'en est pas moins en droit de faire donner la mission dans son église cathédrale, d'y faire prêcher & confesser, & faire faire tous les autres exercices ordinaires dans les missions, après en avoir donné avis au Chapitre, & en prenant pour les prédications & autres exercices des heures convenables, afin de ne pas troubler l'office canonial : c'est un des points décidés par l'arrêt rendu au conseil privé le 26 janvier 1644 entre l'évêque d'Amiens & son Chapitre.

- L'exemption des Chapitres ne les autorise pas à donner des démissoires. Ce pouvoir est réservé aux évêques par une discipline dont on ne peut indiquer l'origine : le concile de Nicée en assura la pratique par son seizième canon, toujours confirmé par les conciles & par les papes. Cette règle ayant souffert quelques atteintes, le concile de Trente, *sess. 14, cap. 2, de reform.* & *sess. 23, cap. 8,* l'a renouvelée, avec peine de suspense contre les contrevenans (*). Plusieurs conciles provinciaux de France ont adopté ces

─────────────

(*) *Si secùs fiat ordinans a collatione ordinum per annum, & ordinatus a susceptorum ordinum executione quamdiù proprio ordinario videbitur expedire sit suspensus.*

décrets, & les assemblées du clergé en ont souvent fait l'objet de leurs délibérations. L'arrêt du parlement de Paris du 15 février 1664 en faveur de l'évêque de Châlons sur Marne, lui réserve expressément ce droit exclusif contre les prétentions de son Chapitre.

Ce même arrêt qui est en ce point commun à tous les évêques à l'égard de tous les Chapitres même exempts, conserve à l'évêque de Châlons le droit d'assister aux assemblées capitulaires, toutes les fois qu'il s'agit des biens de l'église ou du service du roi.

Les exemptions ne sauroient dispenser les Chapitres du respect & des égards qu'ils doivent à leur évêque, comme au chef & au pasteur ordinaire du diocèse. Plusieurs arrêts ont obligé les Chapitres même exempts, à faire visite par députés à l'évêque lorsqu'il revient de quelque voyage un peu long, à députer des chanoines pour le recevoir lorsqu'il doit venir officier, & condamné les chanoines à s'incliner pour recevoir sa bénédiction.

L'objet de ces arrêts fait bien connoître à quelles minuties peut conduire la prétention des privilèges.

Les injures, irrévérences & autres offenses dont un Chapitre exempt de la juridiction de l'évêque, ou quelques-uns de ses membres pourroient se rendre coupables contre la personne de l'évêque ou de ses officiers, font cesser les privilèges de l'exemption & soumettent les coupables à la juridiction de l'ordinaire.

C'est une restriction que les papes eux-mêmes ont souvent eu soin d'apposer aux bulles d'exemption qu'ils accordoient aux Chapitres. Elle est formellement énoncée dans la bulle de Clément VII, confirmative des exemptions du Chapitre de Bourges ; bulle, dont au rapport de Chenu, le parlement de Paris, sur la requête de l'archevêque de Bourges, ordonna l'enregistrement & l'exécution par arrêt du dernier juin 1542. Suivant Chopin il y a une semblable restriction dans la bulle de Clément V pour le Chapitre de Poitiers.

Fevret rapporte qu'un chanoine de l'église d'Auxerre ayant commis une irrévérence contre la personne de son évêque, le prélat en fit informer par son official. Mais le Chapitre pour conserver ses privilèges d'exemption, s'étant pourvu aux requêtes du palais, l'évêque porta l'affaire au parlement, qui par arrêt du 4 mai 1604 renvoya les parties devant l'évêque de Nevers ; & par cet arrêt, comme le remarque Fevret, le parlement préjugea que les exempts en cas d'offense contre l'évêque diocésain doivent subir sa juridiction, ou du moins en cas de soupçon contre la personne de l'évêque, ils doivent être renvoyés à l'évêque plus prochain.

C'est aussi le sentiment de Fevret, & de plusieurs autres auteurs, que les chanoines des Chapitres exempts qui sont choisis par l'évêque pour être ses officiers, sont par-là même soustraits à la juridiction de leurs Chapitres & ne relèvent plus que de celle de l'évêque, non seulement pour ce qui regarde les offices qu'ils ont auprès de l'évêque, mais pour ce qui concerne la correction même des mœurs. Il y en a une disposition précise dans l'arrêt déja si souvent cité, & qui a été rendu contradictoirement au conseil privé le 26 janvier 1644 entre M. l'évêque d'Amiens & son Chapitre. Un des chefs de cet arrêt porte ce qui suit : » fait sa majesté » défense audit Chapitre de prendre à l'avenir » aucune juridiction, ni connoissance de cause, » sous quelque prétexte que ce soit, contre les » officiers dudit évêque, quoiqu'ils fussent du » corps dudit Chapitre, à peine de cinq cens » livres d'amende, &c ».

La dignité épiscopale à laquelle il seroit injurieux de voir les officiers de l'évêque soumis à la juridiction & animadversion de ses inférieurs, le peu de faveur que méritent les privilèges qu'il faut pour cette raison restreindre plutôt que de les étendre, ont été les motifs & motifs bien légitimes du jugement du conseil privé, & de l'avis de Fevret.

Quelques arrêts néanmoins n'ont exempté les archidiacres de la juridiction des Chapitres, & ne les ont soumis immédiatement à celle de l'évêque que pour les fonctions archidiaconales. Cette jurisprudence peut avoir des fondemens qui n'ont rien de commun avec les grands vicaires & les officiaux des évêques. Les archidiacres sont tels par le titre de leurs bénéfices & non par le choix de l'évêque. Dans presque tous les Chapitres, ils en sont membres en cette qualité, & dans plusieurs en la même qualité, ils sont les premières dignités du Chapitre. D'où les Chapitres ont inféré que les archidiacres ne dépendoient de l'évêque & ne devoient être soumis à sa juridiction qu'en ce qui concerne les fonctions archidiaconales : ce qui a pu donner lieu aux arrêts dont on a parlé.

Enfin l'exemption dont les Chapitres jouissent,

ne les fouftrait point à l'obligation de fouffrir la
vifite de l'évéfain diocéfain toutes les fois qu'il la
juge convenable. C'eft même par cette vifite que
l'évêque doit commencer celle de fon diocèfe,
fuivant la difpofition du concile de Lyon, renouvelée par le concile de Trente, *feff. 6*, *cap. 4
de reform.* fuivie par l'affemblée de Melun en
1579, par les conciles de Bordeaux en 1583,
d'Aix en 1584, de Touloufe en 1590 & de Narbonne en 1599. Les difpofitions de ces conciles
ont été adoptées par les ordonnances de nos
rois : l'article 2 de celle d'Orléans eft conçu en
ces termes : « tous abbés, abbeffes, prieurs,
» prieures, (non étant chef-d'ordres) enfemble
» tous chanoines, Chapitres tant féculiers &
» des églifes cathédrales ou collégiales feront in-
» différemment fujets à l'archevêque ou évêque
» diocéfain, fans qu'ils puiffent s'aider d'aucun
» privilège d'exemption, pour le regard de la
» vifitation & punition des mœurs, nonobftant
» oppofitions & appellations quelconques, &
» fans préjudice d'icelles, defquelles nous avons
» évoqué la connoiffance & icelle retenue en
» notre confeil privé ».

Auffi par arrêt rendu au parlement de Paris
le 6 mai 1611, M· l'évêque de Toul fut-il
maintenu provifionnellement dans le droit de
vifiter le ciboire, les fonds baptifmaux & les
faintes huiles dans l'églife collégiale & paroiffiale de Ligny, malgré l'exemption du Chapitre.

Mais il faut obferver que les évêques doivent faire en perfonne la vifite des Chapitres
exempts, fuivant le règlement du concile de
Trente & celui du concile de Bordeaux, auxquels notre difcipline s'eft conformée; au lieu

qu'ils peuvent viſiter par eux, ou par leurs archidiacres, ou autres eccléſiaſtiques les égliſes paroiſſiales qui dépendent des Chapitres ; & où les Chapitres prétendent avoir droit de viſite, ainſi que le porte le quinzième article de l'édit de 1695.

On voit par-là en combien de manières on a tâché de reſtreindre les exemptions des Chapitres ; mais toutes ces reſtrictions & limitations ſont on ne peut pas plus favorables, comme étant des retours au droit commun, qui doit toujours l'emporter.

2°. Les prétentions des Chapitres contre les curés quoique moins odieuſes que les exemptions, n'ont guères moins excité de conteſtations & de procès.

Grand nombre de Chapitres, de cathédrales & de collégiales ont ſoutenu avoir le droit, ou du moins être en poſſeſſion d'adminiſtrer les ſacremens à leurs chanoines & bénéficiers malades, en quelques paroiſſes de la ville qu'ils fuſſent domiciliés, de même que de faire leur convoi après leur décès, & de les tranſporter dans leurs égliſes. De-là pluſieurs différens entre les Chapitres & les curés des villes, & ces diſputes ont donné lieu à différens jugemens. Quelquefois les arrêts ont été favorables aux Chapitres ; quelquefois ils ont prononcé à l'avantage des curés.

A l'appui des prétentions des Chapitres, on cite un arrêt rendu au parlement de Paris le 7 ſeptembre 1651, par lequel le Chapitre de l'égliſe de Paris a été maintenu dans les droits qu'il reclamoit à cet égard ; un autre arrêt du même parlement en 1701, au profit du Chapitre de
l'égliſe

l'églife collégiale de faint Pierre de Tonnerre ;
un troifième du 9 août 1712, pour le Chapitre de Bourges, & trois autres arrêts obtenus
en différens remps par les Chapitres de faint
Quentin, de Sézanne en Brie, & de faint Martin de Tours.

Les curés n'ont pas moins de préjugés en leur
faveur. Une grande conteftation à ce fujet fe pré-
fenţa en 1726, au parlement de Touloufe, entre le Chapitre & les curés de la ville. Le Chapitre concluoit à être maintenu au droit, poffeffion & ufage d'adminiftrer les facremens aux
membres & fuppôts de l'églife en cas de maladie, en quelque lieu de la ville qu'ils demeu-
raffent, & de faire la levée & fépulture de
leurs corps en quelque églife ou cimetière qu'ils
auroient élu leur fépulture, fans que les curés
des paroiffes puffent affifter à la levée & inbu-
mation de ces corps, ni prétendre aucune portion de cire. Outre la poffeffion articulée par
le Chapitre, il fe fondoit fur le droit commun
& fur l'ufage des autres cathédrales du royaume
dont il rapportoit trente certificats : Il citoit la
décifion d'une décrétale, la difpofition de plufieurs conciles, les fentimens de différens auteurs
& fur-tout les fix arrêts dont on a parlé tout à
l'heure.

Malgré tous les efforts du Chapitre & tous ces
moyens, le parlement de Touloufe par fon arrêt du 11 juillet 1735, maintint les curés de
la ville au droit d'adminiftrer les facremens aux
chanoines prébendés, bénéficiers & fuppôts du
Chapitre, ainfi qu'au droit de faire la levée de
leurs corps lorfqu'ils décéderoient, & de les
conduire au lieu de leur fépulture, avec l'étole :

& la croix de la paroiffe, foit que la fépulture fe fît aux églifes métropoles, abbatiales, paroiffiales & régulières, ou dans les cimetières. Les curés ont été maintenus auffi par cet arrêt, au droit de prendre toute la cire qui feroit offerte aux enterremens qui fe feroient dans leurs églifes, & la moitié de celle qui feroit offerte dans les autres églifes.

Pareille queftion fe préfenta au parlement de Paris en 173', entre les Chapitres des églifes royales & collégiales de faint Martin & de faint Laud d'Angers & les curés de la même ville. M. l'évêque d'Angers avoit rendu fur ce fujet une ordonnance portant règlement, dont les deux Chapitres avoient interjeté appel comme d'abus. Par fon arrêt du 9 juillet 1737, rendu fur les conclufions de M. d'Agueffeau, le parlement déclara n'y avoir abus dans l'ordonnance de l'évêque, & faifant droit au fond, maintint le curé dans le droit & poffeffion d'adminiftrer les facremens aux chanoines, chapelains, bénéficiers & autres membres des Chapitres de faint Martin & de faint Laud, qui feroient domiciliés, ou qui fe trouveroient malades dans l'étendue des paroiffes de la ville d'Angers, autres que celles qui feroient dépendantes de ces Chapitres, de même que dans le droit de faire la levée des corps & de les conduire dans leurs églifes paroiffiales, & de-là dans les églifes des chanoines, pour y être inhumés par ces chanoines.

Le 14 mai 1739 le parlement de Bretagne rendit un arrêt conforme à celui du parlement de Paris, pour les curés de la ville de Nantes, contre les chanoines & Chapitre de l'églife collégiale de la même ville.

Ces arrêts annoncent quelle faveur la jurisprudence préfente accorde aux curés & à leurs églifes. On doit même obferver que les arrêts des parlemens de Toulouſe & de Bretagne ont fimplement prononcé pour les curés, par la maintenue au droit, fans y ajouter comme quelques autres arrêts, au droit & poffeffion : d'où il paroît fuivre que ces cours n'admettent aucun droit de prefcription contre le droit qui appartient aux églifes paroiffiales.

Quelque égard cependant que mérite le droit de ces églifes paroiffiales, la longue poffeffion des autres églifes, fur-tout des cathédrales, fembleroit demander autant de faveur & devroit faire préfumer pour elles une réferve qui n'auroit en foi rien que de légitime. Ces églifes ont été les premières paroiffes des villes épifcopales : feroit-il furprenant que lors de l'érection des autres paroiffes, on eût réfervé à la première un droit fur fes membres, & la poffeffion où ces églifes fe font confervées ; n'eſt-elle pas comme une preuve de la réferve faite? Le même raifonnement auroit lieu pour les Chapitres des collégiales dont on pourroit prouver que l'établiffement en quelque lieu, a précédé l'établiffement des paroiffes ; & en a fouvent été l'occafion. C'eſt vraifemblablement d'après la préfomption légale de cette réferve que les mêmes arrêts des parlemens de Paris & de Bretagne, ont établi la diftinction qu'ils ont faite entre les paroiffes qui dépendent des Chapitres & celles qui n'en dépendent pas, pour accorder aux curés de celles-ci, plus de droits qu'aux curés de celles-là. Ces réferves d'ailleurs devroient paroître d'autant moins choquantes que pendant leurs vies, c'eſt dans les églises de leurs Chapitres que les chanoines & les autres bénéficiers remplissent tous les devoirs de la religion, & ceux principalement dont les simples fidèles font obligés de s'acquitter dans leurs paroisses. Jamais les curés n'ont disputé cet usage & ce droit aux Chapitres ni à leurs membres ; l'autre droit n'en paroîtroit-il pas une suite, à moins que la possession n'y fût contraire ? Cette possession sembleroit donc devoir être du plus grand poids : ou ce qui seroit encore plus à souhaiter, c'est que sur ce point comme sur tant d'autres, il intervint quelque loi générale & précise, qui pût fixer invariablement la jurisprudence, & prévenir les contestations entre les ministres des autels faits pour donner à tout autre état, des exemples de modération & de paix.

3°. Les Chapitres forment chacun un corps politique, une communauté légale, & à ce titre ils doivent avoir & ils ont sur leurs membres & suppôts, un droit de gouvernement, d'inspection & de correction pour le maintien du bon ordre, la décence & la police intérieure. Toutes les fois qu'ils ont usé de ce droit, les cours séculières se sont fait un devoir de les y maintenir, & de repousser les plaintes de ceux qui cherchoient à s'y soustraire.

Le Chapitre de Meaux ayant par une première ordonnance capitulaire, fait défense au sieur de Bonnechose, l'un de ses chanoines, de paroître au chœur en cheveux trop longs, & réglé par une seconde ordonnance, que ce chanoine seroit tenu pour absent jusqu'à ce qu'il eût fait couper ses cheveux ; celui-ci se rendit appelant comme d'abus des deux ordonnances ;

mais par arrêt du 18 mai 1654 rendu au parlement de Paris, il fut jugé qu'il n'y avoit abus : c'eſt-à-dire que ſelon l'uſage d'alors, la cour ſur l'appel, mit les parties hors de cour, & cependant condamna l'appelant en douze livres d'amende.

Le parlement de Bretagne avoit de même par ſon arrêt du 7 octobre 1613, mis les parties hors de cour ſur un appel comme d'abus, interjeté par un chapelain de l'égliſe de ſaint Pierre de Rennes, qu'à cauſe de ſes irrévérences au chœur, le Chapitre avoit été obligé de faire mettre hors du chœur & même renfermer dans une chapelle de l'égliſe, environ une heure pendant la célébration du ſervice divin.

Il n'en eſt pas ainſi de la police extérieure : les Chapitres n'y peuvent rien par de ſimples ordonnances, s'ils n'ont ſoin de les faire homologuer aux cours de parlement. Le Chapitre de Laon avoit arrêté par une concluſion capitulaire du 19 juillet 1726, que les chanoines *in minoribus* ſeroient obligés d'aller étudier deux ans en philoſophie & trois ans en théologie, dans une univerſité, ſans quoi ils ne ſeroient pas admis à réſidence : l'objet de cette concluſion étoit louable ſans doute ; mais c'étoit une ſorte de loi ou de réglement dont la ſanction n'étoit pas au pouvoir du Chapitre : auſſi ſur l'appel comme d'abus qu'en interjeta le ſieur Barbier, pourvu d'un canonicat de cette égliſe, & qu'on vouloit priver d'une portion de ſon revenu, faute par lui de s'être conformé à cette concluſion capitulaire, elle fut déclarée abuſive.

Quant aux fautes graves ou délits des chanoi-

nes, membres & suppôts des Chapitres, si ces
Chapitres ont juridiction, ils peuvent en connoître non pas en corps, mais par le ministère
de l'official qu'ils doivent nommer pour exercer leur juridiction contentieuse, ainsi que l'observoit M. l'avocat général Talon, portant la
parole dans une cause entre M. l'évêque de
Noyon & le Chapitre de saint Furcy de Péronne.

L'arrêt qui intervint le 20 décembre 1666,
au parlement de Paris, en maintenant le Chapitre de Péronne au droit & faculté d'avoir un
official, pour exercer sa juridiction sur tous les
chanoines & membres du Chapitre & même
sur tous les ecclésiastiques de la ville de Péronne,
ajoute, *à la charge que huitaine après les plaintes
qui lui seront portées, cet official sera tenu de faire
les instructions nécessaires pour parvenir au jugement, autrement l'official de l'évêque diocésain en
pourra connoître.*

A l'égard des Chapitres auxquels on a conservé un premier degré de juridiction, plusieurs
arrêts ont ordonné que le promoteur de l'évêque pourroit interjeter appel *à minimá* des
sentences de l'official du Chapitre: le parlement
de Paris par son arrêt du 4 septembre 1684,
entre M. l'évêque d'Angoulême & son Chapitre
a pris ce tempérament, en maintenant l'exemption & la juridiction de ce Chapitre.

Le rédacteur des mémoires du clergé tom. 7,
pag. 150, observe que l'on peut résoudre par
là une question qui est proposée par les canonistes, & qui consiste à savoir si lorsqu'un Chapitre qui a juridiction sur ses membres en a puni quelqu'un pour quelque faute dont il étoit
accusé, l'évêque dans sa visite lui peut imposer
de nouvelles peines pour la même faute ? Cet

auteur convient que Barbofa, Garcias & d'autres après avoir fait la queftion, ont été d'avis que l'évêque ne le pouvoit : ils s'appuyent fans doute fur la célèbre maxime *non bis in idem :* mais ajoute le rédacteur, leur réponfe doit être entendue en cas que le Chapitre ait ordonné une peine proportionnée à la faute & que le coupable s'y foit foumis & l'ait fubie. Cette diftinction ne réfout pas la difficulté, & ne donne point d'atteinte à la réponfe des docteurs cités. De ce que le promoteur de l'évêque peut appeler des fentences de l'officialité du Chapitre, il s'enfuit bien que l'évêque par le miniftère de fon official, peut revifer les fentences du Chapitre & infliger de plus grandes peines, fi celles qui font portées par ces fentences ne lui paroiffent pas proportionnées au délit : mais ce n'eft pas là la queftion propofée où il ne s'agiffoit pas de favoir fi comme juge d'appel, l'official de l'évêque peut réformer les fentences de l'official du Chapitre ; mais de favoir fi après que l'official du Chapitre a prononcé, & que fans appel du promoteur de l'évêque, le condamné a fatisfait à la fentence, l'évêque en cours de vifite pourroit encore punir pour la même faute. Or avec les auteurs cités, on ne croit pas qu'il le puiffe, non feulement à raifon de la maxime qu'on a rapportée, mais encore parce qu'en cours de vifite l'évêque ne peut faire aucun exercice de la juridiction contentieufe, & il doit renvoyer à fon official tout ce qui peut être fufceptible d'une inftruction judiciaire.

De l'adminiftration du temporel des Chapitres.

Par rapport à l'adminiftration de leur tem-

porel les Chapitres jouiffent du même droit &
des mêmes privilèges que les autres corps. C'eft
à eux que cette adminiftration appartient. Elle
doit être réglée en corps dans les affaires importantes, & pour la manutention ordinaire &
journalière être régie & fuivie par ceux des
membres que le Chapitre juge à propos d'en
charger ; mais toujours en fe conformant exactement aux loix établies dans le royaume pour
les gens de main-morte.

Ainfi les Chapitres ne peuvent aliéner leurs
biens que pour les caufes permifes & dans les
circonftances autorifées par le droit, qu'en
obfervant toutes les formalités requifes, & fur-
tout avec l'autorifation de l'évêque.

Les baux qu'ils font de leurs biens doivent auffi être paffés felon les formes réglées, & avec
les folemnités & l'infinuation ordonnées par les
loix.

Quant aux emprunts de deniers faits par un
Chapitre, ils font nuls s'ils ne tournent au profit du corps, qui ne peut aliéner ni hypothéquer fes revenus que pour les cas permis par
le droit.

Le Chapitre de Clermont ayant par des délibérations capitulaires, fait un emprunt dont
l'objet étoit de rembourfer aux chanoines des
avances qu'ils avoient faites aux chapelains de
de leur églife & ayant hypothéqué les revenus
du Chapitre, il fut jugé par un arrêt du parlement de Paris féant à Tours le 23 avril 1581,
que les chanoines payeroient fur leurs propres
deniers & fans pouvoir en efpérer ni prétendre
rien fur les revenus du Chapitre, ce que chacun
d'eux avoit reçu de l'emprunt fait, & défenfes

leur furent faites d'aliéner les revenus du Chapitre, sinon aux cas permis par le droit. Il n'y avoit qu'un chanoine opposant aux délibérations capitulaires & à leur exécution.

On ne peut regarder comme cause légitime d'emprunt de la part d'un Chapitre, l'obligation de payer les décimes & les charges ordinaires, parce que ces charges doivent être acquittées avec les fruits des bénéfices, sans quoi ces bénéfices seroient bientôt détruits par la mauvaise administration des bénéficiers. Ce fut sur ces principes que par arrêt du mois de juillet 1768, le parlement de Toulouse cassa des délibérations d'après lesquelles le Chapitre d'Aleth avoit fait des emprunts pour satisfaire au payement de pareilles charges.

Les procès ne doivent être intentés & poursuivis aux noms des Chapitres qu'en vertu de délibérations capitulaires, & pour les intérêts communs des Chapitres. C'est ce qui a été jugé par un arrêt du parlement de Grenoble du mois de janvier 1707, par lequel plusieurs chanoines du Chapitre de saint Paul trois châteaux ont été déchargés de toute contribution aux dépenses & emprunts faits pour la poursuite de deux procès que le sieur Valerian, syndic du Chapitre, & quelques autres chanoines avoient suivis au nom, mais sans intérêt, & sans délibération régulière du Chapitre, & il a été ordonné que ces dépenses & emprunts seroient supportés par le sieur Valerian & ses consorts en leur propre & privé nom.

Suivant la remarque de Papon, les priviléges, statuts & coutumes par lesquels en plusieurs Chapitres de cathédrales ou collégiales, les fruits des prébendes contentieuses sont acquis au

Chapitre, n'ont aucune force ; & celui des contendans qui a obtenu la recréance ou qui a été
nommé féqueftre, ne doit pas moins jouir des
fruits : cependant le 9 juillet 1565 en la caufe
d'un chanoine prébendier de l'églife de faint Juft
de Lyon, appelant comme d'abus d'un femblable ftatut de fon églife, il fut dit provifoi-
rement que le gros & manuel des prébendes fe
diviferoit également, le choix des parts réfer-
vées aux plus anciens chanoines.

M. le procureur général au parlement de
Flandres ayant interjeté appel comme d'abus
d'un femblable ftatut, qu'il avoit appris être fuivi au Chapitre de Cambray, le fit déclarer abufif par arrêt rendu au parlement de Douai le 14
août 1730. Mais le Chapitre s'eft pourvu en
caffation au confeil, qui a demandé les motifs de l'arrêt, & en a furfi l'exécution.

Papon obferve que les fruits des prébendes
peuvent être acquis au Chapitre pendant
qu'elles font vacantes, s'il a le droit d'y pourvoir, & qu'on l'a ainfi jugé au parlement de Bordeaux le 3 juin 1525.

Il eft d'un ufage conftant, fondé vraifemblablement & fur la prééminence des églifes cathédrales ; & fur l'étendue de leur temporalité,
que dans tous les diocèfes on prenne dans ces
Chapitres au moins un des députés qui doivent
former le bureau diocéfain pour les décimes.

Les Chapitres des cathédrales prétendent
avoir le choix & la nomination de ce député,
& l'on peut alléguer plufieurs raifons affez plau-
fibles à l'appui de cette prétention : mais il n'y
a rien de certain dans la pratique, & les décifions des affemblées du clergé ont varié fur ce
point. L'affemblée de 1635 ayant pris connoif-

fance d'une conteſtation élevée à ce ſujet entre le Chapitre & le clergé du diocèſe d'Aix,
maintint par ſa délibération le Chapitre dans le
droit de nommer ſon député. Même diſpute s'é-
tant préſentée dix ans après, entre le Chapitre
& le clergé du Mans, le Chapitre fut débouté
de ſa prétention par l'aſſemblée du clergé du 6
juin 1646. Le jugement porté par cette délibération fut même confirmé par arrêt rendu au
conſeil le 8 août de la même année.

Il paroît par-là que la poſſeſſion de chaque
Chapitre & l'uſage de chaque diocèſe en particulier, ſervent de principes & de motifs de déciſion en cette nature comme en bien d'autres.

Pluſieurs Chapitres de collégiales ſont auſſi
en poſſeſſion d'avoir un député de leur corps
au bureau diocéſain & de le nommer ; & lorſque cette poſſeſſion eſt bien établie, ces
Chapitres ne manquent pas d'y être maintenus.
Celui de Mortain diocèſe d'Avranches, obtint
un arrêt du conſeil d'état en date du 23 juillet
1665, qui lui confirma la faculté d'avoir & de
nommer un membre de ſon corps pour ſyndic
de la chambre eccléſiaſtique du diocèſe d'A-
vranches où il auroit voix active & paſſive. Le
Chapitre de la cathédrale d'Avranches ayant
formé oppoſition à cet arrêt & demandé le ren-
voi de la cauſe à la chambre ſouveraine des décimes de Rouen, fut débouté par un autre arrêt du conſeil privé, du 23 février 1666.

De la diſpoſition des bénéfices qui dépendent des Chapitres.

La diſpoſition des bénéfices qui dépendent des cathédrales & collégiales, deman-
deroit un grand détail ſi l'on vouloit entrer ici

dans toutes les queftions qui peuvent y avoir rapport; mais ces queftions feront traitées plus convenablement chacune fous l'article qui peut y donner lieu.

On a déja obfervé au mot CHANOINE, que plufieurs arrêts ont déclaré abufifs les partages par lefquels des Chapitres avoient voulu divi-fer entre les Chanoines les collations qui appar-tenoient au corps & devoient fe faire par le Cha-pitre en corps.

On a de même obfervé que les Chanoines non promus aux ordres facrés, ne pouvoient nommer ni préfenter aux noms des Chapitres.

Il refte feulement à remarquer ici que dans plufieurs Chapitres dont les ufages ont été fou-vent confirmés par des arrêts, il y a des pré-bendes, chapelles & bénéfices affectés aux chan-tres, enfans-de-chœur & autres eccléfiaftiques fervant dans ces églifes & que l'on ne peut dé-roger à cette affectation.

Chapitre, ou affemblée des chanoines d'une églife cathédrale ou collégiale, pour traiter d'affaires qui regardent le corps du Chapitre. On n'a commencé de donner le nom de Chapitre à ces fortes d'af-femblées que vers le tems où les chanoines, après avoir abandonné la difcipline régulière & la vie commune, commencèrent à vivre cha-cun en leur particulier : jufqu'alors leurs affem-blées s'étoient appelées *couvens* ou *collations*, noms empruntés des ufages des religieux, de mê-me que les demeures des chanoines auffi bien que celles des religieux, fe nommoient monaftères. C'eft donc à jufte titre que *Molanus, lib. 2 de Canonicis, cap. 12*, taxe d'ignorance ceux qui, faute d'avoir obfervé cette conformité de noms,

veulent toutes les fois qu'il eſt parlé de monaſtères dans les écrivains de ce tems-là, qu'il
s'agiſſe de maiſons d'ordres monaſtiques, tandis que les monumens les plus inconteſtables dé-
montrent que c'étoient ſouvent de vrais colléges de chanoines.

On ne donne le nom de Chapitre qu'aux aſſemblées de chanoines qui ſe font dans le lieu
deſtiné à traiter de leurs affaires & pour en traiter en effet.

Ces affaires ſe rapportent à deux principaux
objéts : le maintien ou le rétabliſſement de la
diſcipline, & l'adminiſtration du temporel.

Le premier objet eſt ſans doute le plus inté-
téreſſant, mais trop ſouvent le plus négligé.
Tant que la vie commune fut en vigueur parmi
les chanoines, ils devoient, ſuivant le chapitre
123 de la règle dreſſée pour eux au Concilé
d'Aix-la-Chapelle, venir tous les jours à une
collation ou conférence, pour y entendre la
lecture de l'écriture ſainte, reconnoitre leurs
fautes, en être repris & punis, & traiter de
l'utilité & des affaires de l'égliſe. Ce pieux uſage
s'eſt perdu avec les autres pratiques de la vie
régulière.

On y a ſubſtitué ce qu'on appelle les *Chapitres
de diſcipline*; mais Chapitres qui ne ſe tiennent
qu'une ou deux fois l'année, & dont l'effet ne
peut être que fort médiocre.

Un concile de Cologne de l'an 1536, exhorte
les chanoines à tenir de ces Chapitres plus ſouvent & avec plus de ſoin : les conciles de Bordeaux en 1564, & de Touloufe en 1590, ordonnent même que dans tous les Chapitres on
commence par ce qui regarde la célébration &

la décence du service & office divin, la réformation des mœurs & la punition des fautes;
avant de s'occuper des affaires temporelles &
civiles du Chapitre.

Celles-ci ne laissent pas d'avoir aussi de l'importance, & ne doivent être traitées, délibé-
rées, conclues & arrêtées qu'en Chapitre,
parce que chaque membre doit prendre part &
concourir à ce qui regarde, touche & intéresse
tout le corps.

Ce n'est pas que tous les membres d'un Chapitre, en prenant ce mot dans sa première si-
gnification pour le corps du clergé d'une église
cathédrale ou collégiale, doivent entrer & avoir
voix au Chapitre, pris pour l'assemblée qui à
la direction, l'administration & la conduite des
affaires. Tous les ecclésiastiques attachés par
quelque bénéfice ou même par quelque service
seulement à une église cathédrale ou collégiale,
sont bien & peuvent être dits membres du Chapitre de ces églises; ils jouissent de ses exemptions & priviléges, ils sont soumis à sa correction, à sa juridiction s'il en a une; mais ils ne
forment pas le Chapitre de cette église : ce droit
est réservé aux chanoines prébendés & à eux
seuls, à l'exclusion de tous les autres bénéficiers
de la même église, à l'exclusion même des dignitaires qui ne seroient pas chanoines, à moins
que par la fondation & l'institution de leurs dignités, ou par un long usage, ces dignitaires
n'aient le droit d'entrée, séance & voix au
Chapitre. Le parlement de Paris l'a jugé ainsi
par arrêt du 23 août 1664, rapporté au journal
du palais. Cet arrêt a fait défenses aux dignités
de l'église de Poitiers non pourvues de chanoi-

nies réelles & effectives, d'entrer au Chapitre, d'y prendre féance, d'y avoir voix délibérative, ni femaine de chappe pour conférer les bénéfices qui en dépendent.

Il n'y a d'exception à cette règle qu'en faveur du doyen, qui, comme chef de l'églife, a droit d'entrer & de préfider au Chapitre, quoiqu'il ne foit pas chanoine. C'eft ce qui a été jugé par un arrêt rendu au parlement de Paris le 15 juillet 1675, entre le doyen & le Chapitre de l'églife d'Amiens : le doyen fut maintenu dans le droit d'entrer au Chapitre, d'y préfider & de prononcer les conclufions capitulaires à la pluralité des fuffrages, en tout ce qui concerne le fpirituel, la correction des mœurs, la direction & la difcipline de l'églife, fans exception d'aucune délibération que de celles qui regardent le temporel des chanoines où il n'a point de part.

Cet arrêt eft cité par Van-Efpen, pour appuyer ce fentiment qu'il met en thèfe générale.

Roufeau de Lacombe, dans fon recueil de jurifprudence, après avoir copié la difpofition du même arrêt au mot DOYEN, cite pourtant comme établiffant une jurifprudence contraire, l'arrêt rendu au même parlement contre les dignités du Chapitre de Poitiers qu'on vient de citer, quoique cet arrêt ne parle que des dignités en général, fans faire mention expreffe du doyen. Il ajoute qu'avant la réunion du Chapitre de S. Germain l'Auxerrois à celui de l'églife de Paris, le doyen du premier dont le bénéfice étoit de 12000 livres de rente, n'entroit point au Chapitre, fi en même-tems il n'étoit réellement chanoine, & qu'il en eft de même dans la plupart des autres Chapitres du royaume.

Il n'y auroit donc encore ici que des usages locaux & particuliers, & point de jurisprudence générale, point de maxime universelle.

Un point généralement reconnu & déjà observé au mot CHANOINE, c'est que les chanoines non-promus aux ordres sacrés n'ont ni rang ni voix au Chapitre : ceux qui déjà promus au soudiaconat ne se font point promouvoir dans l'an à l'ordre supérieur attaché à leur dignité ou prébende, devroient aussi être privés de voix délibérative au Chapitre, suivant la disposition du concile de Vienne.

On a déjà fait observer aussi précédemment, qu'un arrêt du parlement de Paris du 15 février 1561, avoit jugé en faveur de l'évêque de Châlons-sur-Marne, que l'évêque a droit d'assister au Chapitre toutes les fois qu'il y est question des biens de l'église ou du service du roi. Cette jurisprudence est appuyée sur des motifs trop puissans, pour n'être pas maintenue s'il venoit à s'élever des contestations à ce sujet.

Ceux des membres des Chapitres qui n'ont au Chapitre ni séance ni voix, doivent cependant y être appelés & s'y rendre lorsqu'il est question de la discipline & de la correction des mœurs ; autrement ces Chapitres ne produiroient pas tout l'effet qu'on a voulu procurer en ordonnant de les tenir. Mais ces membres n'y viennent alors que pour entendre ce qu'on peut avoir à leur dire, & non pour délibérer ; ils doivent même se retirer dès que les délibérations commencent ; celles que l'on feroit en leur présence, seroient nulles & sans force.

Il y a des Chapitres où les revenus des prébendes, des dignités, des vicaires ou chapelains, ne font point diftingués les uns des autres, & ne forment tous enfemble qu'une feule
& unique menfe, dont le revenu total fe divife
tous les ans fuivant les répartitions anciennes.
Dans ces Chapitres comme dans les autres, ce
font bien les chanoines, & les chanoines feuls,
qui forment le Chapitre & dirigent toute l'adminiftration ; mais les dignitaires, s'il y en a,
& les bénéficiers inférieurs, dont la fortune &
le revenu fe trouvent ainfi mêlés & confondus
avec ceux des chanoines, doivent avoir le droit
d'affifter, au moins par députés, aux Chapitres
où fe règle l'adminiftration générale ; c'eft-à-
dire, à ceux qui fe tiennent pour la reddition
des comptes du receveur du Chapitre, relativement à la répartition des fruits & revenus
entre les divers cô-partageans ; pour les baux des
biens, pour les différentes adjudications &
pour les emprunts à faire. Quoiqu'en effet les
bénéficiers inférieurs ni les dignitaires même
qui ne font pas chanoines, ne puiffent même, à
raifon de cette confufion de revenus, prétendre
avoir voix délibérative au Chapitre, il ne feroit pas jufte de leur y refufer l'affiftance, parce
que la part qu'ils ont à ce qui s'y paffe, demande
néceffairement qu'ils en foient inftruits, afin de
pouvoir veiller à leurs propres intérêts, foit
par la voie des repréfentations, foit même par
celle de l'oppofition fi le cas le requiert : c'eft
ce qui a été réglé par plufieurs arrêts du parlement de Paris au fujet des vicaires en titre du
Chapitre de l'églife collégiale de Poiffy, dont
les revenus fe prennent fur la maffe commune

du revenu du Chapitre. Le dernier arrêt rendu en 1775 a maintenu ces vicaires dans le droit d'affiſter , par deux de leurs députés , aux aſſemblées & délibérations capitulaires concernant l'adminiſtration temporelle , ainſi que dans le droit de faire au Chapitre les repréſentations qu'ils jugeroient convenables. Ce même arrêt a décidé encore que les frais des procès mus entre les chanoines pour raiſon de préſéance & de prérogatives prétendues par les uns ſur les autres , ne ſeroient point pris ſur la maſſe commune des revenus , parce que les vicaires qui n'avoient aucune part ni aucun intérêt à ces procès , ne devoient en rien ſupporter , mais que ces frais ſeroient acquittés par le Chapitre ſur les parts & portions qui devoient leur revenir.

Voilà ce qui regarde l'objet & la formation des aſſemblées capitulaires ; voyons ce qui peut concerner la manière de les tenir , d'y délibérer & de conclure les délibérations.

Il y a des aſſemblées ordinaires & des aſſemblées extraordinaires. Les premiers ſe tiennent à des jours & des heures réglées ; les occaſions & les circonſtances peuvent engager à la tenue des autres dans tous les jours & à toutes les heures.

C'eſt au doyen lorſqu'il y en a un , ou s'il n'y en a point , à la première dignité du Chapitre ; & s'il n'y a pas de dignitaire , au plus ancien chanoine , d'aſſembler extraordinairement le Chapitre ; mais en cas d'abſence ou de refus de la part de celui à qui le droit en appartient , les chanoines peuvent eux-mêmes convoquer extraordinairement le Chapitre lorſqu'ils en ſont requis ou que les circonſtances le réquièrent.

C'eft ce qui a été jugé par arrêt rendu le 13 juin 1690 au parlement de Paris en faveur du Chapitre de l'églife collégiale de Nogent-le-Rotrou, contre le doyen du Chapitre.

Les affemblées tant ordinaires qu'extraordinaires, doivent toujours être indiquées & convoquées en la manière & avec les fignes accoutumés. Si l'on y manquoit, les délibérations prifes ne pourroient être regardées comme délibérations capitulaires. Un feul chanoine qu'on auroit négligé d'avertir & d'appeler, feroit déclarer nul tout ce qui auroit pu fe faire en fon abfence ; il y a même des cas où l'on doit écrire aux abfens & attendre leur retour, ou leur procuration pour paffer outre à l'affemblée & à la délibération.

Il eft expreffément défendu aux chanoines de tenir leurs Chapitres ordinaires pendant les heures deftinées à l'office & au fervice divin. Cette défenfe portée par le concile de Bafle, & adoptée par la pragmatique-fanction, a été renouvelée par les conciles provinciaux de Rouen, de Rheims, de Bourges & de Bordeaux, & confirmée par plufieurs arrêts. On en cite entr'autres un rendu au parlement de Paris le 10 juillet 1546 contre le Chapitre d'Orléans ; un autre rendu au même parlement au fujet de la même églife le 7 feptembre 1607 ; un autre donné aux grands jours de Troies le 12 octobre 1535 contre le Chapitre de l'églife collégiale de faint Etienne de la même ville.

Les Chapitres extraordinaires n'ont comme on l'a dit, & ne peuvent avoir ni jours ni heures fixes ; ce font des cas imprévus qui en occafionnent & en exigent la convocation &

la tenue; mais à moins de la plus urgente nécessité, on ne doit les assembler qu'après les
heures de l'office & service divin, attendu que
l'assistance à l'office est le premier & principal
devoir des chanoines. Tout doit être proposé,
examiné & délibéré dans les Chapitres : chaque capitulant doit avoir pleine liberté de dire son avis, d'y donner son suffrage; sans cela
il ne pourroit y avoir de délibération ni de
conclusion capitulaire.

Les chanoines capitulans ne peuvent opiner dans les affaires qui regardent les intérêts
de leurs parens. Si l'on recevoit leur suffrage,
la délibération seroit nulle : le parlement d'Aix
l'a ainsi jugé par un arrêt du 10 mai 1644.

Lorsque dans un même Chapitre il y a plusieurs chanoines qui sont parens, s'ils assistent
ensemble à une délibération, s'ils sont de même sentiment en cas de ponctuation ou de correction, leurs suffrages ne font qu'une voix;
mais ils ont chacun leurs voix & suffrages,
lorsqu'il s'agit de présentations, nominations
& choses pareilles. Ce sont les dispositions de
deux arrêts rendus au parlement d'Aix, l'un
le 22 octobre 1663; l'autre le 5 juin 1666.

Ces dispositions ont été adoptées par l'arrêt rendu au conseil d'état le 4 octobre 1727
entre M. l'évêque de St. Malo & son Chapitre. Cet arrêt porte que les chanoines ne peuvent opiner aux affaires qui regardent leurs
parens au premier & au second degré inclusi-
vement; que les frères, oncles, neveux & cou-
sins - germains, hors les cas de présentations
pour les bénéfices, ou du choix des sujets
pour remplir les charges & offices dépendans

du Chapitre, ne forment entr'eux qu'une voix lorfqu'ils font du même fentiment. L'arrêt ajoute que les membres du Chapitre qui feront en procès les uns contre les autres pour des intérêts particuliers, ne pourront opiner en matière de correction, & feront tenus de fe recufer d'eux-mêmes.

Un doyen qui eft en même-temps chanoine, ne peut opiner d'abord comme doyen, puis comme chanoine ; il n'a dans les délibérations qu'une voix, tant comme chanoine, que comme doyen. C'eft un des points décidés par l'arrêt rendu au parlement de Paris le 13 juin 1690 contre le doyen de Nogent le Rotrou.

Mais en plufieurs Chapitres le doyen a la voix préprondérante : & en cas de partage, le parti duquel il fe trouve l'emporte.

La pluralité des fuffrages dans les affemblées du Chapitre fuffit pour former les délibérations capitulaires, & y donner toute la force dont elles font fufceptibles. Ce règlement fait au troifième concile de Latran fous Alexandre III, & confirmé par la décifion du pape Innocent III, eft adopté & fuivi prefque partout.

Il y a cependant des cas à l'égard defquels un feul chanoine eft recevable à s'oppofer à des délibérations capitulaires, même à s'en rendre appelant comme d'abus, & à demander que la difcipline & les ufages d'un Chapitre foient réformés.

On a cité ci-devant en parlant de l'adminiftration du temporel des Chapitres, un arrêt du parlement de Paris du 23 avril 1581, qui fur l'oppofition d'un feul chanoine avoit caffé une délibération du Chapitre de l'églife cathédrale de Clermont, pour un emprunt.

L'appel comme d'abus ne feroit pas moins reçu s'il étoit fondé ; mais il faut de juftes moyens pour l'appuyer , fans quoi l'appelant feroit rejeté avec amende , ainfi qu'il a été jugé contre un chanoine de Tours , qui avoit interjeté appel comme d'abus de plufieurs actes & délibérations capitulaires & ufages de fon Chapitre, & qui y fut déclaré purement non recevable par arrêt rendu au parlement de Paris le 22 décembre 1695 : arrêt que le rédacteur des mémoires du clergé rapporte tom. 2 , pag. 1409, avec ce fommaire : *arrêt concernant les cas à l'égard defquels un chanoine eft recevable à appeler comme d'abus des délibérations capitulaires , & à demander que la difcipline & les ufages du Chapitre foient réformés.* L'arrêt en queftion n'entre cependant à cet égard dans aucun détail, ne fpécifie rien, ne pofe aucun principe, ne porte aucun règlement, & fe borne à déclarer l'appelant non recevable en le condamnant à l'amende & aux dépens, fauf à lui à fe pourvoir, s'il le juge à propos, par devant le Chapitre. Mais s'il a été déclaré non recevable , ce n'a pu être par défaut de qualité , puifque fon appel avoit d'abord été admis, mais par défaut d'intérêt dans les circonftances fur lefquels il fondoit & motivoit fon appel.

Les délibérations & actes capitulaires doivent être rédigés par écrit dans un regiftre deftiné à cet ufage, & foufcrits par les chanoines qui ont affifté au Chapitre, & par le fecrétaire du Chapitre ; il doit y être fait mention des formalités obfervées.

Du Chapitre ou lieu dans lequel les chanoines ont coutume de s'aſſembler pour tenir le Chapitre. La ſeule choſe à obſerver à ce ſujet, c'eſt qu'on ne regarde comme aſſemblées vraiment capitulaires, que celles qui ſe tiennent en ce lieu; & ſi quelque empêchement légitime obligeoit d'aſſembler ailleurs le Chapitre en quelque occaſion particulière, il ſeroit à propos d'expoſer dans l'acte, s'il en étoit dreſſé quelqu'un, l'obſtacle qui n'a pas permis de s'aſſembler au lieu accoutumé, & les motifs ainſi que la délibération priſe de s'aſſembler ailleurs.

Des Chapitres des religieux. Dans les ordres religieux comme parmi les chanoines, & peut-être à leur exemple, on a donné le nom de Chapitre aux aſſemblées qui s'y tiennent pour délibérer & ſtatuer ſur les affaires ſpirituelles & temporelles d'une maiſon ou d'un ordre.

Suivant Van-Eſpen *juris eccleſiaſt. univerſi par.* 1, *tit. 31, cap.* 4, les religieux laïcs qu'aujourd'hui on appele frères convers, frères laïcs, n'avoient pas autrefois moins entrée & voix dans ces aſſemblées que les religieux promus aux ordres. Il auroit même été bien difficile qu'on en eût agi autrement : car dans tous les monaſtères le nombre des religieux conſtitués dans les ordres ſacrés étoit le plus petit; ſouvent même il n'y avoit dans une communauté nombreuſe que l'abbé qui fût prêtre; & ſi l'on remonte juſqu'à la première origine, on verra que pendant pluſieurs ſiècles, les abbés & les religieux les plus pieux reſtoient dans le rang des ſimples laïcs; & lorſque le bien de l'égliſe demandoit qu'on allât chercher dans les monaſtères des hommes dignes d'être élevés aux ordres, on les tiroit de leur folitude pour les placer dans les fonctions publiques du faint miniftère. Quoique le nombre des clercs & même des prêtres fe fût depuis accru beaucoup dans ces retraites, il y reftoit au moins autant de religieux, qui n'étoient diftingués des fimples laïcs que par la profeffion, l'habit & la conduite : & ceux-ci avoient continué de partager à tous les droits & au gouvernement, avec les religieux conftitués dans la cléricature & même dans les ordres facrés.

Cette difcipline, comme Van-Efpen l'obferve à l'endroit cité, ne changea que dans le cours du quatorzième fiècle, & l'occafion de ce changement fût la défenfe portée par Clément VI au concile de Vienne, d'admettre aux affemblées capitulaires des églifes cathédrales ou collégiales, féculières ou régulières, les chanoines de ces églifes qui ne feroient pas au moins fou-diacres. Les monaftères de religieux adoptèrent pour eux ce règlement, qui n'avoit été fait que pour les colléges des chanoines. Comme le nombre des clercs s'y multiplioit tous les jours, les frères lais ou convers furent écartés peu à peu, & enfin totalement exclus des Chapitres, d'abord par un fimple ufage, qui dans la fuite fe changea en règle, & acquit comme force de loi. Ce qui peut paroître plus étonnant, c'eft que cet ufage & cette règle ont paffé des monaftères d'hommes jufques dans les monaftères de filles, où cependant il auroit dû fembler difficile d'imaginer une efpèce de diftinction entre des perfonnes qui fe confacrant à Dieu par les mêmes vœux, ne pouvoient trouver de raifon de prééminence les unes fur les autres : car la nobleffe, ou l'opulence des familles ne doivent plus être confidérées dans des perfonnes qui font profeffion de mourir au monde, & que le monde & les loix regardent comme mortes civilement. Un nouvel abus fervit de prétexte à ce changement. Malgré les défenfes réitérées des conciles, on s'étoit mis fur le pied & l'on a continué d'exiger de l'argent, ou du moins des dots des perfonnes qui vouloient fe confacrer à Dieu par les vœux folemnels de la profeffion. Celles qui furent en état de payer plus graffement leur entrée, s'il eft permis, ou puifqu'on eft forcé de le dire ainfi, furent reçues comme religieufes de chœur, tandis que celles qui n'avoient rien, ou que peu chofe à donner, ne furent admifes que fous le titre de fœurs converfes. Ces fœurs converfes furent exclues des affemblées capitulaires dans les monaftères de filles, comme les frères convers l'étoient dans les monaftères d'hommes.

Il n'y a que l'ordre de faint François ou des frères-mineurs qui n'a point admis cette diftinction odieufe à plufieurs égards. Les frères y confervent le droit de concourir par leurs fuffrages avec ceux qui ont été promus aux ordres facrés, & par un arrêt rendu en 1642 au parlement de Paris fur les conclufions du miniftère public, les fœurs converfes y ont été maintenues dans le droit de donner leurs voix pour les élections des abbeffes de leurs monaftères. Cet arrêt eft rapporté dans l'appendix, ou le fupplément des centuries de M. Leprêtre. A l'exception de cet ordre & de celui des frères de la Charité dont l'inftitut ne pouvoit comporter une femblable diftinction, dans tous les autres ordres les Chapitres ne font compofés que des religieux profès, promus aux faints ordres, & qui d'ailleurs ont rempli le temps & les conditions requifes par les conftitutions & règles des ordres, pour avoir voix délibérative au Chapitre.

Ces Chapitres font de trois fortes :

Il y a les Chapitres particuliers de chaque maifon ou monaftère ; les Chapitres provinciaux dans les ordres qui font divifés par province, comme font les ordres mendians, & enfin les Chapitres généraux.

LesChapitres particuliers de chaque maifon ou monaftère, font l'affemblée des religieux capitulans de ces monaftères ou maifons, tenue en la forme ordinaire & réglée par les conftitutions, foit générales de l'ordre dont dépendent ces maifons, foit particulières à ces maifons, fi elles en ont qui leur foient propres pour traiter de leurs affaires fpirituelles ou temporelles.

Le pouvoir de ces Chapitres eft différent fuivant les diverfes conftitutions des ordres dont ces monaftères dépendent, ou de ces monaftères mêmes s'ils ne font pas en congrégation & fous un chef.

Suivant la règle de faint Benoît, les Chapitres des monaftères gouvernés par des abbés ne font que le confeil de l'abbé & ne partagent point avec lui l'autorité du gouvernement : l'abbé doit bien d'après la règle confulter le Chapitre de fa maifon ; mais il n'eft pas obligé d'en fuivre l'avis & n'a pas befoin de fon confentement, fi ce n'eft dans les cas exprimés dans le droit où dans la règle. L'abbé Tritheme prétend qu'il y a sept cas dans lesquels l'abbé doit non-seulement consulter le Chapitre, mais avoir même son consentement. 1°. Lorsqu'il s'agit de l'aliénation des biens & fonds du monastère. 2°. Lorsqu'il est question d'admettre quelqu'un à la profession. 3°. Lorsqu'il veut affecter & hypothéquer les biens du monastère au payement de quelque rente ou redevance. 4°. S'il veut envoyer quelqu'un de ses religieux dans un autre monastère du même ordre. 5°. S'il veut faire admettre quelque statut ou quelque obligation que les règles n'ont pas prescrites. 6°. S'il veut accorder à quelqu'un l'association ou l'affiliation à son monastère. 7°. S'il veut donner une place monacale à perpétuité. L'abbé Tritheme ajoute qu'en plusieurs autres cas il est très-convenable que l'abbé ne fasse rien sans avoir demandé, & même obtenu le consentement du Chapitre, quoiqu'il n'y soit pas obligé selon les règles.

Mais Van-Espen observe avec raison que l'esprit & la lettre de la règle de St. Benoît ne mettant presque point de bornes au pouvoir des abbés; on ne peut leur en prescrire d'autres que celles qui se trouvent marquées par la règle & par le droit, ou par l'usage constant d'une maison.

Ce qu'on vient de dire au sujet des abbés bénédictins, doit s'appliquer aux abbesses, ainsi qu'aux prieurs & prieures perpétuelles & en titre des monastères où il n'y a point d'abbés.

Dans les autres ordres & même dans les maisons de celui de St. Benoît dont les titres sont en commende, ou qui sont entrés dans les nouvelles réformes, le Chapitre de la maison n'en est pas seulement le conseil, c'est en lui que réside

à proprement parler la grande adminiſtration &
l'autorité véritable ; le ſupérieur, ſous quelque
nom qu'on le déſigne, n'a que la manutention
& la ſurveillance de la diſcipline. Tout ce qui
regarde l'intérêt commun de la maiſon doit ſe
règler & s'arrêter en plein Chapitre & de l'avis
& conſentement du Chapitre.

Il ſeroit impoſſible pour ainſi dire, ou du
moins trop long d'entrer ici dans l'énumération
des cas où le ſupérieur doit aſſembler le Chapitre, le conſulter & avoir ſon conſentement. On
doit d'abord mettre dans ce nombre toutes les
choſes dont parle l'abbé Tritheme, dans l'endroit qu'on en a rapporté ; mais on ſent qu'il y
en a bien d'autres, où le conſentement du Chapitre n'eſt pas moins néceſſaire, & en général un
ſupérieur ſage, prudent & modéré, ne doit jamais rien ſe permettre d'important ſans l'avoir
propoſé au Chapitre & en avoir le conſentement.

Pour l'avoir au reſte ce conſentement, il n'eſt
pas néceſſaire que tous les capitulans donnent le
leur : le ſuffrage du plus grand nombre ſuffit.

Mais il faut que le Chapitre ſoit convoqué,
aſſemblé & tenu en la manière ordonnée & preſ-
crite. Il faut que l'on y appelle tous ceux qui
ont droit de s'y trouver, & que l'on y laiſſe à
tous la liberté des ſuffrages. Il faut auſſi que les
délibérations ſoient rédigées par écrit, portées
ſur des regiſtres & ſignées par les capitulans.

Les Chapitres provinciaux ſont ceux qui ſe
forment des députés de chacune des maiſons,
qui dans certains ordres compoſent ce qu'on
appelle une province. La diviſion de ces provinces ne ſuit point la diviſion civile des provinces
des différens royaumes ou états où ces ordres
ſont établis ; elle a plutôt été règlée ſur le nom-

bre des maiſons que l'ordre avoit dans ces provinces. Lorſqu'il ne s'en trouve pas aſſez dans
une province pour en faire une diviſion particulière, on les joint à la diviſion qui porte le
nóm de quelque province limitrophe. Ainſi
dans quelques ordres, ce qu'on appelle la province de Champagne, comprend non-ſeulement
les maiſons de l'ordre qui ſont en Champagne,
mais auſſi celles de la Lorraine, de la Picardie, &c.

L'aſſemblée des députés de toutes, ou de preſque toutes les maiſons d'un ordre en compoſe le
Chapitre général, & fait comme les états, ou le
concile & le prémier tribunal de l'ordre, auquel
doivent ſe porter & ſe terminer les grandes
affaires.

Ces Chapitres généraux ou provinciaux étoient
inconnus & peu néceſſaires parmi les anciens
religieux, qui ne formoient point entr'eux ce
qu'on a depuis appelé des ordres ou des congrégations. Chaque monaſtère avoit ſon ſupérieur
& ſon gouvernement particulier, & ne tenoit
point aux autres monaſtères. On a bién vu
quelquefois des abbés avoir ſous leur conduite
une grande múltitude de ſolitaires ou de religieux, & un certain nombre de *celles* ou de *lau-*
res : c'eſt ainſi qu'on nommoit en orient, où
l'ordre monaſtique a pris ſa naiſſance, les demeures des religieux : mais ces *laures* ou *celles*
étoient ordinairement fort rapprochées: l'abbé
pouvoit les viſiter & les viſitoit ſouvent en per
ſonne. Il les gouvernoit toutes avec une autorité abſolue, & aucune de ces maiſons n'avoit
point de droits temporels à conſerver. Les Chapitres n'y pouvoient donc être d'aucune uti-

lité; l'abbé ou le supérieur avoit tout le pouvoir nécessaire pour conduire sa maison, & la sagesse, la régularité, la prudence de la plupart de ces supérieurs n'avoient même laissé entrevoir aucun besoin de donner un contre-poids pour ainsi dire, & de mettre des bornes à leur autorité.

En occident la plupart des maisons religieuses adoptèrent ce genre d'administration. On n'y connoissoit que la règle de St. Benoît, & non pas son ordre. Ce furent les grandes réformes de ces monastères qui furent l'origine des ordres & des congrégations. Les monastères qui avoient embrassé la réforme établie à Clugny, voulurent continuer de tenir à cette maison ; il en fut de même par rapport à la réforme de Cîteaux à laquelle la réputation, la sainteté & les qualités rares de St. Bernard donnèrent bientôt le plus grand éclat & les succès les plus rapides : les abbés des monastères qui l'avoient adoptée, ou qu'elle avoit elle-même formés pour soutenir l'union qu'ils vouloient faire régner entre ces maisons, & y conserver & maintenir la discipline, résolurent de s'assembler de temps à autre en Chapitres généraux. Cet usage fut bientôt imité par les autres congrégations & ordres. Le quatrième concile de Latran sous le pontificat d'Innocent III en ayant reconnu l'avantage, en fit une règle pour tous les ordres religieux, & leur prescrivit de tenir ces Chapitres généraux au moins tous les trois ans. Comme les Chapitres provinciaux peuvent à peu-près en tenir lieu dans les ordres divisés par provinces, les Chapitres généraux y sont un peu plus rares & ne s'y tiennent que dans les grandes occaſions, lors par exemple qu'il s'agit de l'élection d'un général, ou de quelque affaire de cette nature.

C'eſt dans les Chapitres provinciaux comme on l'a dit, que ſe règlent les affaires de toute la province, & que ſe nomment les ſupérieurs dans les ordres dont les ſupériorités ſont électives & à temps : dans les ordres où elles ſont perpétuelles, on ne nomme que des viſiteurs. Ces Chapitres peuvent faire des règlemens pour la province ; mais ces règlemens n'ont de force qu'autant qu'ils ſont approuvés & confirmés par les ſupérieurs majeurs de l'ordre ou de la congrégation.

Les Chapitres généraux doivent décider les affaires générales de l'ordre. C'eſt-là que s'éliſent les généraux & les premiers officiers des ordres. C'eſt dans ces Chapitres qu'eſt cenſé réſider le pouvoir laiſſé à la plupart des ordres par les bulles d'approbation ou de confirmation qu'ils ont obtenues, de faire à leur conſtitution les changemens qu'ils jugent convenables, & les nouveaux règlemens qui paroiſſent néceſſaires.

Mais ces changemens, ces nouveaux ſtatuts & règlemens ne peuvent acquérir en France la force de loi, même par rapport aux membres de ces ordres ou congrégations, s'ils n'ont été revêtus de lettres-patentes duement enregiſtrées ; ce qui a ſagement été établi pour conſerver les droits du roi & empêcher que dans ces nouveaux ſtatuts, on n'inſère rien de contraire aux libertés de l'égliſe gallicane & aux maximes du royaume.

Auſſi par arrêt de règlement rendu au parlement de Paris le 8 mars 1717, ſur les concluſions du miniſtère public, fut-il enjoint aux cordeliers de la province de France de *préfenter inceffamment au roi les prétendus ftatuts de leur ordre imprimés en 1621, 1669, & 1704, & autres ftatuts non autorifés par lettres-patentes enregiftrées à la cour, fi aucun y a, pour être autorifés des lettres-patentes du feigneur roi, s'il lui plaifoit de leur en accorder, avec ordre de lire & enregiftrer l'arrêt au premier Chapitre provincial.*

Les Chapitres tant généraux que provinciaux, doivent être convoqués & affemblés en France fuivant les formes prefcrites : autrement il ÿ auroit abus, ainfi qu'il a été jugé par un arrêt rendu au parlement d'Aix le 12 février 1671, qui déclare abufives & caffe la convocation & les opérations d'un Chapitre provincial des Servites, parce qu'on n'y avoit point obfervé les formalités prefcrites par les conftitutions reçues dans le royaume.

Lorfque les Chapitres généraux ou provinciaux fe tiennent en pays étranger, il eft défendu aux religieux François de s'y rendre & de fortir du royaume. C'eft l'expreffe difpofition d'une ordonnance rendue par Louis XI au mois de feptembre 1476. Il faut que ces religieux, s'ils veulent aller à ces Chapitres, en obtiennent la permiffion du fouverain.

Les Chapitres généraux exercent un premier degré de juridiction fur les religieux de leur ordre, & leurs jugemens tiennent lieu de première fentence. Le parlement de Touloufe l'a ainfi jugé contre deux religieux de l'abbaye de Gimont, qui par arrêt de cette cour du 21 avril 1621, furent déclarés non-recevables à fe pourvoir une troifième fois en cour de Rome pour avoir des juges délégués en France, contre

un

un jugement de leur Chapitre général, attendu que les deux premiers commiſſaires apoſtoliques avoient confirmé le jugement du Chapitre, & que par-là les trois degrés de juridiction ſe trouvoient épuiſés. On a donc regardé le jugement du Chapitre comme une première ſentence.

Voyez *Chopin de ſacrâ pol.* ; *Fuet des matières bénéficiales ; les mémoires du clergé ; l'édit du mois d'avril 1695 ; Fevret de l'abus ; Van-Eſpen ; les loix eccléſiaſtiques ; le recueil de juriſprudence canonique, & les arréts cités.* Voyez auſſi les articles CHANOÏNE, CLERGÉ, CLERC, BÉNÉFICES, BUREAUX DIOCESAINS, DÉCIMES, DON GRATUIT, ÉVÊQUE, CURÉ, DIGNITÉ, INDULT, ÉLECTION, GRADUÉ, RÉGALE, COLLATION, &c. (*Cet article eſt de M. l'abbé REMY, avocat au parlement*).

CHAPITRE, OU DIVISION ET PARTITION DE COMPTE. On appelle Chapitre dans les comptes à rendre, les différentes diviſions que l'on eſt obligé d'y faire, tant pour la clarté du compte, que pour le ſoulagement de la mémoire. Il y a trois diviſions générales.

Les Chapitres de recette qui doivent comprendre tout ce que le comptable a reçu pour celui dont il géroit les affaires.

Les Chapitres de dépenſe qui doivent également renfermer tout ce que le comptable a dépenſé au même nom.

Enfin les Chapitres de repriſe où le comptable reporte à l'oyant tout cedont il a été obligé de ſe charger en recette, mais qu'il n'a pu effectivement toucher.

Tome IX.   G g

Voyez COMPTE. (*Article de M. l'abbé* REMY *avocat au parlement.*)

CHARBON. Subſtance inflammable qu'on emploie à divers uſages.

Suivant l'article 22 du titre 27 de l'ordonnance des eaux & forêts, les foſſes à Charbon doivent être placées aux endroits les plus vides & les plus éloignés des arbres & du recru, à peine d'amende arbitraire.

Ces endroits doivent être déſignés par les officiers des eaux & forêts, & le grand maître peut obliger les marchands ſous peine d'amende arbitraire, à y replanter du bois avant qu'on leur délivre leur congé de cour.

L'article 6 du titre 2 de la déclaration du duc Léopold de Lorraine du 31 janvier 1724, fait défenſe de faire plus d'une foſſe à Charbon dans l'étendue de trois arpens, ſous peine de cinquante francs d'amende & de tous dépens, dommages & intérêts. La même loi veut que les adjudicataires emploient à cet effet les places qui ont ſervi dans les ventes précédentes, s'il y en a eu, ſinon qu'ils faſſent leurs foſſes dans les endroits les moins dommageables & que les officiers des eaux & forêts leur auront déſignés.

L'adjudicataire qui fait faire du Charbon dans une vente, doit répondre des délits des charbonniers qu'il emploie.

Les officiers des maîtriſes des eaux & forêts ſont en droit de connoître entre toutes ſortes de perſonnes, des actions qui procèdent des contrats, marchés, promeſſes, baux & aſſociations paſſés pour vente & achat de Charbon lorſque ces actes ont été faits avant que les marchandiſes fuſſent tranſportées hors des forêts. C'eſt ce qui réfulte tant de l'article 5 du titre premier de l'ordonnance des eaux & forêts, que de divers arrêts du confeil, & particulièrement de ceux des 20 mars 1675, 2 octobre 1688, 21 août 1691, 6 août 1709, 7 août 1712, 13 mars 1736, 25 juin 1748, 8 mars 1750, 5 avril 1757, &c.

D'autres arrêts du confeil, des 31 octobre 1722, & 8 mars 1723, ont défendu à tout propriétaire de bois, & à tout adjudicataire ou marchand, de vendre du Charbon de bois aux étrangers & d'en faire fortir hors du royaume, fans une permiffion expreffe du roi, fous peine de confifcation du Charbon, ainfi que des voitures & équipages, & de trois mille livres d'amende.

Le Charbon qui entre à Paris eft fujet aux droits de domaine & barrage.

Par arrêt du 16 juillet 1776, le parlement a fait au fujet de la vente des Charbons deftinés à l'approvifionnement de Paris, le règlement qui fuit :

« Louis, par la grace de Dieu, roi de France
» & de Navarre : au premier de nos huiffiers de
» notre cour de parlement ou autres. Savoir
» faifons que vu par notredite cour l'ordon-
» nance rendue par les officiers du bureau de la
» ville le 19 juin 1755, par laquelle il a été
» prononcé l'exécution des ordonnances & rè-
» glemens concernant le Charbon de bois amené
» par terre, il a été enjoint en conféquence à
» tous marchands qui en amèneront en charrette,
» de les faire voiturer en bannes feulement &
» non en facs, & de les conduire ès lieux indi-
» qués ; il leur a été fait défenfes d'en vendre &

» diſtribuer ſur les routes ; il leur a été enjoint
» de repréſenter leurs lettres de voiture aux
» officiers municipaux, à peine de cinq cent
» livres d'amende & de ſaiſie des Charbons,
» charrettes, chevaux & harnois : là requête
» préſentée per Claude Turlin & autres mar-
» chands faiſant le commerce de Charbon pour
» la proviſion de Paris, ſur les rivières d'Yonne,
» de Marne, de Seine & autres y affluentes, à
» ce qu'il plût à notredite cour homologuer la-
» dite ordonnance du 19 juin 1755, pour être
» exécutée ſelon ſa forme & teneur, ainſi que
» l'ordonnance du mois de décembre 1772,
» regiſtrée en notredite cour le 20 février 1773,
» que les ſupplians ſeroient & demeureroient
» autoriſés à pourſuivre en leur nom & à leur
» requête, l'exécution de l'arrêt qui intervien-
» droit contre les contrevenans, & que ledit
» arrêt ſeroit imprimé, publié & affiché par-
» tout où beſoin ſeroit à leurs frais, pourſuite
» & diligence : l'arrêt de notredite cour du 6
» février dernier, qui a ordonné que ladite re-
» quête ſeroit communiquée aux prévôt des
» chands & échevins de la ville de Paris : autre
» arrêt rendu ſur la requête de notre procureur
» général le 15 mars 1776, qui a ordonné que
» la requête des marchands de Charbon par eau
» fût pareillement communiquée au ſubſtitut du
» procureur général au bureau de la ville : l'avis
» du prévôt des marchands & échevins de la
» ville de Paris du premier mars 1776, pour
» que l'ordonnance du 19 juin 1755 ſoit homo-
» loguée ; l'avis du ſubſtitut de notre procureur
» général au bureau de la ville du 28 du même
» mois ; la requête préſentée à notredite cour

» par ledit Claude Turlin & confors, pour
» qu'il plût à notredite cour, en homologuant
» la délibération du bureau de la ville du pre-
» mier mars, leur adjuger les conclufions prifes
» par leur première requête, ladite requête
» fignée Levaffeur, procureur, enfemble l'or-
» donnance du bureau de la ville, dont la teneur
» fuit :

*De par les Prévôt des Marchands & Echevins
de la ville de Paris.*

*Ordonnance de Police, concernant les Charbons qui feront
amenés par terre, du 19 juin 1755.*

« Sur ce qui nous a été remontré par le pro-
» cureur du roi & de la ville, que, fuivant les
» ordonnances & règlemens, les Charbons qui
» peuvent venir par terre en cette ville n'y doi-
» vent être amenés qu'avec des précautions dont
» l'obfervation eft bien néceffaire pour éviter
» les abus qui porteroient un préjudice notable
» au public & aux acheteurs ; au public, en ce
» que le carreau de l'ifle Louvier & la garre ne
» fe trouveroient point garnis, foit pour le débit
» journalier, foit pour un approvifionnement
» convenable dans la faifon de l'hiver, où les
» chemins font impraticables aux acheteurs, en
» ce qu'ils feroient trompés fur la qualité & fur
» la quantité, s'ils fe fourniffoient ailleurs qu'à
» ladite place, après la vifite & la mefure qui
» y eft faite par les officiers mefureurs, vifiteurs
» & contrôleurs de ladite marchandife ; que c'eft
» par ces motifs que les Charbons ne peuvent
» être amenés en cette ville qu'en charrettes
» bannées & à fomme fur chevaux dans des facs

» de continence ; que les bannes doivent être
» conduites directement sur ladite place ; &
» quand elle est remplie, sur ladite garre par le
» chemin le plus court, sans pouvoir s'en écarter
» ni séjourner en aucun lieu de la route, à la
» distinction des Charbons venus sur chevaux
» qui peuvent être vendus par les rues, mais
» seulement dans le jour de leur arrivée, à la
» charge de porter sur ledit carreau ce qui n'au-
» roit pu en être débité dans le cours de la
» journée ; qu'à l'égard des Charbons que les
» propriétaires font venir de leur crû par char-
» rettes pour leur provision personnelle, il ne
» seroit pas possible d'exiger qu'ils leur fussent
» amenés autrement qu'en sacs, d'autant plus
» que devant entrer dans les maisons de ces
» propriétaires, & pour leur usage seulement,
» il ne peut en résulter aucun de ces deux in-
» convéniens, c'est-à-dire que ces Charbons leur
» étant envoyés par leurs concierges, ces pro-
» priétaires ne peuvent être trompés sur les
» qualités & sur les mesures : enfin, que l'entière
» exécution des règles dépend de la désignation
» des barrières par lesquelles lesdites voitures
» & lesdites sommes devront entrer dans l'in-
» térieur de cette ville. Pourquoi requéroit le
» procureur du roi & de la ville, qu'il nous plût
» y pourvoir.

« Nous, ayant égard au réquisitoire du pro-
» cureur du roi & de la ville, après l'avoir ouï
» en ses conclusions, & y faisant droit, disons
» que les ordonnances & règlemens concernant
» les Charbons de bois amenés par terre pour
» la provision de cette ville, seront exécutés
» selon leur forme & teneur ; en conséquence,

» ordonnons que tous marchands qui y en feront
» venir en charettes, feront tenus de les y faire
» voiturer en bannes feulement & non en facs,
» & de les faire conduire par le chemin le plus
» court, foit fur le carreau dans l'ifle Louvier ;
» & lorfqu'il fera garni, fur la garre établie dans
» la demi-lune de la porte Saint-Antoine : leur
» faifons très-expreffes inhibitions & défenfes
» d'en vendre & diftribuer en route, ni de faire
» féjourner lefdites voitures & Charbons dans
» aucun lieu de cette ville & de fes faubourgs,
» fous quelque prétexte que ce foit ; leur enjoi-
» gnons de repréfenter à l'inftant au bureau des
» communautés des officiers mefureurs & por-
» teurs de ladite marchandife, les laiffez-paffer
» qui leur auront été délivrés à leur paffage aux
» barrières de cette ville : le tout à peine, même
» pour la première fois, de cinq cent livres
» d'amende, de confifcation defdits Charbons,
» charrettes, chevaux & harnois, qui feront à
» l'inftant vendus devant l'hôtel-de-ville par une
» fimple expofition, pour les deniers en prove-
» nans être remis un tiers au dénonciateur, un
» tiers au profit des deux communautés des offi-
» ciers mefureurs & porteurs de ladite mar-
» chandife par moitié, & le dernier tiers appli-
» qué aux pauvres qu'il appartiendra, les frais
» de vente, & ceux pour y parvenir, préalable-
» ment pris, & même d'interdiction du com-
» merce s'il y échet.

» II. Pourront lefdits marchands faire entrer
» lefdites charrettes par les barrières du Trône,
» de Rambouillet, de la Croix-Faubin, de Saint-
» Denis, de Saint-Martin, de la Conférence,
» de Sève, des Carmes, de Saint-Michel & de

» Saint-Jacques, des Gobelins & de Saint-Vic-
» tor ; leur faiſons très-expreſſes inhibitions &
» défenſes de les faire paſſer à toutes autres
» barrières, ſur quelque prétexte que ce ſoit,
» ſous les peines portées par l'article précé-
» dent.

» III. Faiſons pareilles très-expreſſes inhibi-
» tions & défenſes à tous hôteliers, aubergiſtes
» & autres perſonnes de cettedite ville & fau-
» bourgs, de recevoir chez eux leſdites voi-
» tures chargées deſdits Charbons, à peine de
» cinq cent livres d'amende, même pour la pre-
» mière fois.

» IV. Permettons néanmoins d'amener en
» cette ville par charrettes & dans des ſacs, les
» Charbons qui proviendront du crû des pro-
» priétaires qui les auront fait façonner pour
» leur compte & pour leur conſommation per-
» ſonnelle ſeulement, en ſatisfaiſant par eux à
» toutes les formalités auxquelles tous proprié-
» taires ſont tenus pour raiſon de l'entrée en
» cettedite ville des proviſions provenans de
» leur crû ; & où leſdites formalités n'auroient
» point été remplies, ordonnons que leſdits
» Charbons ſeront conduits ſur ledit carreau de
» l'iſle Louvier & vendus au public, ſauf à être
» les deniers provenans de ladite vente, remis
» auxdits propriétaires, s'il y a lieu, les frais
» de vente, & ceux pour y parvenir, préalable-
» ment pris ſur leſdits deniers.

» V. Les marchands qui ameneront Charbon
» à ſommes, pourront le vendre aux bourgeois
» & artiſans non regratiers par les rues & ſur
» chevaux, mais dans le jour de leur arrivée
» ſeulement, paſſé lequel ils ſeront tenus de les

» faire conduire fur le carreau public de ladite
» ifle Louvier : leur défendons très-expreffément
» d'en vendre auxdits regratiers , ni de les faire
» féjourner dans les hôtelleries , auberges ou
» toutes autres maifons, le tout fous peine con-
» tre lefdits marchands , de confifcation des
» marchandifes, facs & chevaux, qui feront pa-
» reillement vendus à l'inftant , & leurs deniers
» appliqués comme deffus, de cent livres d'a-
» mende , même pour la première fois ; & en
» cas de récidive, d'interdiction du commerce ,
» qui fera prononcée même auffi pour la pre-
» mière contravention en cas d'infidélité dans
» ladite mefure.

» V I. Faifons pareilles très-expreffes inbibi-
» tions & défenfes à tous regratiers d'acheter
» ledit Charbon par les rues, à peine de con-
» fifcation de ladite marchandife , applicable
» comme deffus, de cent livres d'amende pour
» la première fois , & d'interdiction de pouvoir
» faire le regrat en cas de récidive ; & auxdits
» hôteliers , aubergiftes & autres perfonnes ,
» d'ouvrir leurs maifons auxdits marchands de
» Charbon & chevaux, à leffet de leur donner
» retraite , fous la même peine de cent livres
» d'amende auffi pour la première fois.

» V I I. Enjoignons pareillement auxdits mar-
» chands de faire entrer lefdits chevaux & mar-
» chandifes par les barrières ci - deffus ; leur
» faifons très-expreffes inhibitions & défenfes de
» les faire paffer par toute autre , fur quelque
» prétexte que ce foit , fous les peines portées
» en l'article précédent. Mandons aux huiffiers
» commiffaires de police de l'hôtel-de-ville , de
» tenir exactement la main à l'exécution des

» préfentes , de dreffer des procès-verbaux des
» contraventions qui y feront commifes , & de
» les remettre dans le jour es mains du procu-
» reur du roi & de la ville : enjoignons aux offi-
» ciers des communautés des mefureurs , con-
» trôleurs , vifiteurs , & des jurés-porteurs de
» Charbon , de lui dénoncer lefdites contraven-
» tions auffi-tôt qu'elles feront venues à leur
» connoiffance , & feront ces préfentes lues ,
» publiées & affichées par-tout où befoin fera ,
» & exécutées nonobftant oppofitions ou appel-
» lations quelconques, & fans préjudice d'icelles.
» Fait au bureau de la ville le dix-neuvieme jour
» de juin mil fept cent cinquante-cinq. *Signé*
» TAITBOUT.

» L'an mil fept cent cinquante-cinq , le vingt-
» unième jour de juin, l'ordonnance ci-deffus a
» été lue & publiée au fon du tambour fur les
» ports , lieux & endroits ordinaires & accou-
» tumés de cette ville , par moi Jean Balige ,
» huiffier audiencier, commiffaire de police de
» l'hôtel de-ville , fouffigné. *Signé* BALIGE.

» Conclufions de notre procureur général , ouï
» le rapport de Me. Léonard de Sahuguet, con-
» feiller : Tout confidéré.

» Notredite cour ordonne que l'ordonnance
» du bureau de la ville dudit jour 19 juin 1755 ,
» fera homologuée pour être exécutée felon fa
» forme & teneur ; enjoint au fubftitut du pro-
» cureur général au bureau de la ville , de tenir
» la main à l'exécution du préfent arrêt ; permet
» audit Claude Turlin & autres marchands de
» Charbon pour la provifion de Paris par eau ,
» de faire conftater les contraventions par des
» procès-verbaux qu'ils pourront faire faire à

» leur requête , pour , fur la dénonciation qui
» fera par eux faite defdits procès-verbaux au
» fubftitut du procureur-général au bureau de la
» ville , être fait les pourfuites qu'il appartiendra
» contre les contrevenans ; ordonne que l'or-
» donnance dudit jour 19 juin 1755 , & le pré-
» fent arrêt feront imprimés, publiés & affichés
» par-tout où befoin fera , tant à la requête du
» fubftitut du procureur général du roi au bureau
» de la ville , qu'à la requête, pourfuite & dili-
» gence dudit Claude Turlin & confors. Si man-
» dons mettre le préfent arrêt à due , pleine &
» entière exécution felon fa forme & teneur ; de
» ce faire , te donnons plein & abfolu pouvoir.
» Donné en notredite cour de parlement le feize
» juillet, l'an de grace mil fept cent foixante-
» feize, de notre règne le troifième. Colla-
» tionné DE HANSY. Par la chambre , DUFRANC.
» Scellé.

Le Charbon de bois doit à l'entrée des cinq
groffes fermes douze fous par banne, conformément au tarif de 1664.

Suivant l'arrêt du confeil du 5 février 1761 ,
les Charbons de terre venant d'Angleterre ,
d'Ecoffe , d'Irlande ou des autres pays étrangers,
& entrant par la Flandre , la Picardie , la Normandie ou la Bretagne , ont été affujettis à un
droit de trente fous par barril pefant 250 livres
poids de marc.

On s'eft bientôt apperçu que la perception
de ce droit au barril étoit fufceptible de difcuffions & d'abus dans les différens ports ; en
effet , il arrivoit fouvent que les capitaines de
navire qui amenoient des Charbons, & les négocians auxquels ils étoient adreffés , deman-

doient qu'on les difpensât d'en faire la déclaration
fous prétexte qu'ils ignoroient la quantité de
barrils de deux cens cinquante livres pefant que
pouvoient contenir les navires : les raifons
données par les uns étoient que les Charbons de
terre étant à bas prix en Angleterre s'y chargeoient fans mefurage : les autres, qui conve-
noient d'un mefurage, alléguoient que les mefu-
res ufitées en certains endroits où fe chargeoient
les Charbons varioient fi fort entre elles, &
étoient fi différentes du barril de deux cent cinquante livres, qu'il ne leur étoit pas poffible
d'en faire la réduction au barril & de donner une
déclaration jufte. Il réfultoit de ce défaut d'exac-
titude dans les déclarations, des difficultés &
des longueurs qu'entraînoit néceffairement le
mefurage des Charbons, & par-là on parvenoit
fouvent à éviter le payement d'une partie des
droits d'entrée.

Ces confidérations ont déterminé le confeil à
rendre un nouvel arrêt le 18 feptembre 1763,
par lequel il a été ordonné qu'à l'avenir il feroit
perçu dans tous les ports du royaume, fur les
Charbons de terre qui y viendroient des pays
étrangers, par mer, douze livres par tonneau
de mer, fuivant la continence à morte charge,
des navires par lefquels ils feroient apportés, à
la charge toutefois que le droit ne pourroit être
levé que fur la continence de la calle entière,
s'il n'y avoit aucun Charbon chargé fur l'entrepont : en conféquence il a été enjoint aux capitaines de navires de faire dans les vingt-quatre
heures de leur arrivée, la déclaration exacte du
nombre de tonneaux que contiendroient leurs
navires, en obfervant de diftinguer, lorfqu'il

n'y auroit aucun chargement de Charbon fur l'entrepont, la jauge de la calle d'avec celle de cet entrepont : il a d'ailleurs été dit que fi après le jaugeage la continence du navire ne fe trou-voit excéder que d'un dixième la continence énoncée dans la déclaration, il ne feroit payé que les frais de jaugeage au-delà du droit de douze livres par tonneau à raifon de la quantité des tonneaux vérifiés ; mais que fi la continence du navire excédoit la déclaration de plus d'un dixième, les capitaines feroient condamnés à une amende de cent livres par chaque tonneau non déclaré, indépendamment des droits, frais & dépens, laquelle amende ne pourroit être remife ni modérée, pour quelque raifon ou pré-texte que ce fût.

Le même arrêt a réglé que les droits d'entrée fur les Charbons·de terre qui viendroient de l'étranger par terre, fe percevroient fur le pied qu'ils avoient été réglés par l'arrêt du 5 février 1761 : enfin pour favorifer l'exploitation des mines & faciliter la circulation des Charbons de terre dans le royaume, le roi a ordonné que ceux qui feroient tranfportés dans les différentes provinces, foit des cinq groffes fermes ou ré-putées étrangères, jouiroient de l'exemption de tout droit des traites, dans cette circu-lation.

Par un autre arrêt du confeil du 18 juillet 1764, le roi a réglé par provifion & en atten-dant qu'il lui plût d'en ordonner autrement, qu'à l'avenir il ne feroit plus perçu fur les Charbons de terre venant de l'étranger par mer, dans les ports des généralités de Bordeaux & de la Ro-chelle, que neuf livres par tonneau de mer, au-lieu des douze livres portées par l'arrêt du 18 septembre 1763, dont l'exécution a été ordonnée pour le surplus des dispositions qu'il contient.

Le Charbon de bois destiné pour les provinces réputées étrangères, doit à la sortie des cinq grosses fermes, vingt-six sous par banne, & dix-huit sous par charretée, conformément au tarif de 1664.

Voyez *l'ordonnance des eaux & forêts du mois d'août 1669 ; les lois Forestières ; le code Léopold ; le dictionnaire raisonné des eaux & forêts ; le traité général des droits d'aides ; les observations sur le tarif de 1664*, &c. Voyez aussi les articles BOIS, BARRAGE, ENTRÉE, SORTIE, MARCHANDISE, SOU POUR LIVRE, &c.

CHARDON. Sorte de plante d'une grande utilité dans les manufactures d'étoffes en laine.

La balle de Chardon, du poids de cent cinquante livres, doit vingt sous à l'entrée des cinq grosses fermes, & douze livres dix sous pour droit de sortie, conformément au tarif de 1664.

Il faut observer que le droit de sortie fixé par le tarif, ne concerne actuellement que les Charbons sortant des provinces des cinq grosses fermes à la destination des provinces réputées étrangères.

Quant aux Chardons destinés pour les pays étrangers, soit en temps de foire, soit hors de foire, ils doivent pour droit de sortie quatre livres par balle de cent cinquante livres, conformément à l'arrêt du conseil du 15 décembre 1715.

Voyez *les loix citées*, & les articles ENTRÉE,

Sortie, Marchandise', Sou pour livre, &c.

CHARGE. Ce mot a plusieurs acceptions en jurisprudence : quelquefois il signifie une dignité ou un office, qui donne pouvoir d'exercer certaines fonctions publiques.

Quelquefois il signifie obligation, condition onéreuse, & s'applique à tout ce qui est dû sur une chose mobilière ou immobilière, ou sur une masse de biens. Il y a les Charges publiques, les Charges foncières, les Charges locales affectées sur le domaine du roi, les Charges de la communauté entre conjoints, les Charges d'une succession, d'une donation, d'un testament, les Charges d'un bénéfice, &c.

Nous allons parler successivemenr de ces différentes sortes de Charges.

Charge dans l'acception d'office. Quoique dans l'usage on donne indistinctement le nom de *Charge* à toute sorte d'office, & que ces mots paroissent synonymes, ils ne le sont cependant pas : car comme le remarque l'auteur des loix civiles, le mot *Charge* comprend outre les offices, divers autres emplois qui en sont distingués, en ce qu'on exerce ces autres emplois sans provision & seulement pour un temps : au lieu que pour les offices il faut des lettres du prince qui en assurent le titre aux officiers pendant leur vie, à moins qu'ils ne s'en démettent volontairement, ou qu'ils ne s'en rendent indignes. Ainsi les Charges des officiers des parlemens, des chambres des comptes, des cours des aides, des présidiaux & des baillages, sont des offices; mais les Charges d'échevin ou de consul & les autres Charges municipales ne sont pas des offices: ceux qui y font nommés ne les exercent que pour un temps, & n'ont d'autre titre que le choix qu'on a fait de leur personne. Au reste nous parlerons de chaque espèce de Charge ou office sous le nom qui lui est propre.

Charges publiques. On comprend sous cette dénomination quatre sortes de Charges : savoir, 1° les impositions établies pour les besoins de l'état & qui se payent par les sujets du roi. Le maintien & la conservation de tout état exigent de chacun des membres qui le composent, des secours que l'on peut regarder comme une contribution inhérente à la qualité de citoyen, & comme une Charge des fonds dont il jouit paisiblement & sans trouble à l'ombre de la protection qui veille sans cesse à sa défense : cette police intérieure qui fait sa sûreté & sa tranquillité ; les moyens qu'il est indispensable d'employer pour éloigner de ses possessions les ravages de la guerre, pour prévenir ou arrêter les effets de l'ambition ou de la jalousie des nations voisines, entraînent nécessairement dans des dépenses dont l'objet est plus ou moins considérable, eu égard à l'étendue, à la position & à l'intérêt de chaque état. Chaque individu est tenu de contribuer à la cause commune & nationale, par ses travaux, par ses talens, & dans la proportion de ses facultés ; c'est ce concours de zèle, c'est cette réunion d'efforts qui font respecter la nation au dehors ; entretiennent au dedans l'ordre, l'harmonie & la paix dans les différentes conditions où chaque citoyen se trouve placé ; maintiennent les droits de la propriété, & assurent l'exécution des loix qui ont été successivement établies.

Ainsi

Ainsi la contribution est indispensable ; mais l'objet principal & le plus intéressant, est d'en rendre la répartion aussi égale, & par cette circonstance, la moins onéreuse qu'il est possible. Toute imposition affecte nécessairement ou la personne, ou le fond, ou les marchandises & denrées, ou les actes & contrats de la société civile : sous ces quatres classes se rangent toutes les levées de deniers, dont la source & l'origine ont été également dans tous les pays les motifs qu'on a précédemment rappelés ; la nécessité des conjonctures & le besoin de l'état en ont souvent déterminé l'accroissement.

On doit principalement considérer la nature, la quotité & l'assiette de chaque imposition, les formes & l'économie de la perception & du recouvrement : il est des vices & des abus qu'on peut regarder comme étant dans l'essence même des choses ; tout ce que le zèle le plus éclairé & le plus actif peut faire, c'est d'en diminuer les effets ; on ne peut se flatter de les détruire entièrement : les circonstances locales & particulières à un pays, les différentes situations qu'il a éprouvées sont souvent le principe & la cause des inconvéniens, & en même temps un obstacle aux remèdes qui pourroient seuls les faire cesser.

Ces dernières réfléxions reçoivent l'application la plus directe à la France.

Il fut un temps malheureux pour les peuples, où ce royaume divisé en territoires distincts les uns des autres, pouvoit compter autant de despotes que de seigneurs. On vit paroître dans un même état & dans un seul royaume plusieurs états, & comme plusieurs rois différens, qui

ayant interrompu le cours & l'ordre de la domination légitime, s'étoient fubftitués au véritable fouverain. Ce n'eft que fucceffivément
que les différentes provinces que l'anarchie
féodale avoit enlevées à la couronne y ont été
réunies; elles ont apporté lors de cette réunion, & ont confervé depuis les ufages fuivant
lefquels elles étoient adminiftrées & régies à
cette époque; elles font attachées à ces ufages, & en regardent le maintien comme la
marque la plus intéreffante pour elles de la protection du fouverain : de-là cette variété dans
la nature & la perception des différens droits,
dont plufieurs font un obftacle fans ceffe renaif-
fant à la circulation des denrées & marchandifes
dans l'intérieur du royaume : de-là ces établiffemens difpendieux, mais néceffaires pour empêcher les verfemens facilités par le local : de-
là la néceffité de deftiner à cette fonction une
infinité de fujets qui pourroient être employés
plus utilement pour l'état : de-là l'inconvénient de laiffer toujours fubfifter à la fraude un
appat qui détourne un grand nombre d'habitans de la culture des terres, & qui par la perf-
pective d'un plus grand profit, les entraîne dans
la fainéantife, qui eft la fource de tous les crimes & de tous les maux. L'uniformité pourroit
feule faire ceffer tous ces inconvéniens; mais
il eft plus facile de les appercevoir & de les
fentir, que d'y remédier.

D'un autre côté, fi chaque particulier fujet
à l'impofition fe rendoit juftice fur la quotité
qu'il en doit fupporter, ou fur les droits qu'il
doit acquiter, les règlemens que la fraude toujours ingénieufe a forcé de multiplier, feroient

superflus ; la régie seroit débarassée de cette multitude de formalités qui deviennent onéreuses au redevable, & dont celui-même qui est de bonne-foi ne peut être excepté; la sûreté de la perception les exige.

Enfin les différens états éprouvent également le malheur de ne pouvoir pas toujours considérer autant qu'il seroit nécessaire, dans l'établissement des droits & impositions, ce qu'exigent la culture des terres, l'industrie & le commerce des peuples; mais les besoins de l'état le commandent: des vues économiques exigeroient la medération, ou même la suppression totale de certains droits, mais l'état seroit privé d'une branche de revenus nécessaires pour subvenir aux dépenses dont il est chargé, & qui ne peut être remplacée par aucune autre voie.

Il seroit pareillement à desirer que l'on pût perfectionner la forme des impositions, que l'arbitraire en fût entièrement banni, & que la répartion fût assise sur une base fixe & certaine ; mais des opérations qui sont faciles, de peu de durée, & qui occasionnent des frais médiocres dans un état peu étendu, rencontrent dans un grand état des obstacles d'un tout autre genre, & demandent un temps & des dépenses considérables. Enfin un petit état se maintient presque sans effort, & par le seul intérêt qu'ont les autres puissances qu'il subsiste tel qu'il est; mais un grand état est sans cesse exposé à des événemens qu'il doit prévoir & prévenir; il fixe l'attention de toutes les puissances; il ne peut même pendant la paix en goûter entièrement les douceurs; il est toujours obligé d'entretenir des forces capables d'en imposer, & de tenir ses frontières en état de défenfe & fuffifamment approvifionnées.

Ainfi l'adminiftrateur fe trouve arrêté & contrarié dans l'exécution des projets que lui infpire le defir de procurer à l'agriculture les encouragemens qu'elle exige, au commerce les facilités qui lui feroient néceffaires pour lui donner toute l'étendue dont les productions du pays & le génie des habitans le rendent fufceptible : fans ceffe occupé de pourvoir à un fervice toujours inftant, il eft forcé de fe refufer à des changemens qui, quoique utiles en eux-mêmes, apporteroient quelque diminution, ou même quelque retardement dans la rentrée des fonds affectés à des objets de dépenfes indifpenfables.

Les Chatges publiques de la claffe dont il s'agit, font pour la plupart annuelles, telles que la taille, la capitation, &c. quelques-unes font extraordinaires & feulement pour un temps ; telles que le dixième, le vingtième, &c.

2° On appelle auffi Charges publiques certaines Charges locales communes aux habitans d'un certain pays feulement, telles que les réparations d'un pont, d'une chauffée, d'un chemin, de la nef d'une églife paroiffiale, d'un prefbytère, le curage d'une rivière, d'un canal, &c.

3° On appelle pareillement *Charges publiques*, les Charges impofées par la police ; telles que l'obligation de faire balayer les rues, ou de les arrofer durant la chaleur, chacun au devant de fa maifon, &c.

4° Enfin ou appelle *Charges publiques*, certains engagemens que chacun eft obligé de rem-

plir dans fa famille ; comme la tutelle ou curatelle de fes parens, &c.

On trouvera des détails fur chacune de ces
fortes de Charges aux articles qui les concernent.

Charges foncières. Ce font les redevances principales des héritages impofées lors de l'aliénation qui en a été faite , pour être payées & fup-
prrtées par le détenteur de ces héritages : tels
font le cens & le furcens ; les rentes feigneuriales, foit en argent, en grain ou en d'autres
denrées ; les rentes fecondes non feigneuriales ;
les fervitudes & les autres preftations dûes fur
l'héritage.

Quoique le cens foit de fa nature une rente
foncière, néanmoins dans l'ufage quand on parle fimplement de rentes foncières fans autre
qualification, on n'entend ordinairement que
les redevances impofées après le cens.

Toutes les Charges foncières, même le cens,
ne peuvent être créées que lors de la tradition
du fonds, foit par donation, legs, vente,
échange, ou autre aliénation. Il en faut feulement excepter les fervitudes, lefquelles peuvent être établies par une fimple convention,
même hors la tradition du fonds. Cela s'eft ainfi
introduit à caufe de la néceffité fréquente où
l'on eft d'impofer des fervitudes fur un héritage en faveur d'un autre. Les fervitudes diffèrent encore en un point des autres Charges
fonciéres, favoir, que celui qui a droit de fervitude exerce fon droit directement fur la chofe ;
au lieu que les autres Charges foncières doivent
être acquitées par le détenteur. Du refte les

servitudes font de même nature & fujettes aux mêmes règles.

Les Charges foncières une fois établies font fi fortes, qu'elles fuivent toujours la chofe en quelques mains qu'elle paffe.

L'action que l'on a pour l'acquitement de ces Charges eft principalement réelle & confidérée comme une efpèce de vendication fur la chofe. Elles produifent néanmoins auffi une action perfonnelle contre le détenteur de l'héritage, tant pour le payement des arrérages échus de fon temps, que pour la réparation de ce qui a été fait au préjudice des claufes de la conceffion de l'héritage.

Les Charges foncières diffèrent des dettes & obligations perfonnelles en ce que celles-ci, quoique contractées à l'occafion d'un héritage, ne font pas cependant une dette de l'héritage & ne fuivent pas le détenteur ; elles font perfonnelles à l'obligé & à fes héritiers : au lieu que les Charges foncières fuivent l'héritage & le détenteur actuel, & qu'elles ne paffent à fon héritier, qu'autant qu'il fuccéde à l'héritage.

Il y a auffi une différence entre les Charges foncières & les fimples hypothèques, en ce que l'hypothèque n'eft qu'une obligation acceffoire & fubfidiaire de la chofe, pour plus grande fûreté de l'obligation perfonnelle qui eft la principale; au lieu que la Charge foncière eft dûe principalement par l'héritage, & que le détenteur n'en eft tenu qu'à caufe de l'héritage.

Voyez d'ailleurs ce que nous difons aux articles CENS, CHAMPART, RENTE ET SERVITUDE.

Charges locales assurées sur le domaine du roi.
Ce font les aumônes, les gages d'officiers, les rentes & les autres objets de dépense assignés sur les domaines du roi.

On arrête tous les ans au conseil un état des Charges locales, & en conséquence le receveur général des domaines paye les parties prenantes, après s'être fait remettre les fonds par le fermier des domaines auquel il en fournit la quittance comptable.

Le fermier des domaines est tenu d'acquitter en déduction du prix de son bail, les Charges dont le fonds est fait dans les états du roi, & il doit pour cet effet fournir en deniers ou quittances valables, de six mois en six mois, ou au plus tard six semaines après l'échéance de chaque terme, entre les mains du receveur général des domaines en exercice, le montant de ces Charges, conformément aux états arrêtés au conseil, desquels les extraits doivent lui être remis par le fermier général.

Les receveurs généraux des domaines peuvent décerner leurs contraintes pour la remise des fonds destinés au payement des Charges employées dans les états du roi, & les faire mettre à exécution après les avoir fait viser par les trésoriers de France, ou par les intendans des généralités, dans les lieux où il n'y a point de bureaux des finances. C'est ce que portent les lettres-patentes du 12 juillet 1687 & l'édit du mois de décembre 1701.

Au reste comme le fermier ne peut valablement payer les Charges locales qu'autant qu'elles font employées dans les états du roi, il faut en conclure que les receveurs généraux ne peuvent décerner contre lui aucune contrainte qu'en vertu de ces états. De même les parties prenantes ne peuvent user de cette voie contre les receveurs généraux, qu'après que les états dont il s'agit ont été arrêtés, & qu'ils ont reçu, ou du recevoir du fermier les fonds néceſſaires pour acquitter les Charges employées dans ces états.

Un arrêt du conseil du 2 juillet 1668, a défendu à toutes les cours & juridictions du royaume de décerner contre le fermier des domaines, aucune contrainte pour des ſommes qui ne ſeroient pas employées dans les états du roi.

Par un autre arrêt du conseil du 3 février 1672, il a été défendu à toutes les cours & juridictions de décerner aucune contrainte dans les lieux où les domaines ſont engagés, & il a été ordonné que dans les lieux où les domaines ne ſont pas engagés, il ne pourroit en être décerné aucune au-deſſus des ſommes employées dans les états du roi.

Un autre arrêt du conseil du 7 septembre 1677, a déchargé le fermier du domaine d'une condamnation contre lui prononcée par un arrêt de la cour des monnoies relativement au pain des priſonniers, & a défendu à Gillard, boulanger, de faire aucune pourſuite à ce ſujet, à peine de tous dépens, dommages & intérêts & de 500 livres d'amende. Il a en même temps été défendu à la cour des monnoies de prendre à l'avenir aucune connoiſſance des affaires concernant les domaines, à peine de nullité & de tous dépens dommages & intérêts.

Le parlement de Toulouse ayant décerné contre le ſieur Bermont faiſant la recette générale des gabelles, une contrainte pour faire payer les gages dus aux officiers de ce parlement, le conseil cassa cette contrainte par arrêt du 11 janvier 1716, ainsi que tout ce qui avoit été fait en conséquence, & ordonna que la somme de cinquante-cinq mille livres délivrée par le sieur Bermont au sieur Guérard, payeur des gages du parlement, lui seroit restituée en espèces & au prix pour lequel elles avoient cours lors du payement: il fut en même temps défendu au parlement de Toulouse & à tous autres d'user à l'avenir de pareilles voies, à peine de désobéissance; & M. de Ciron, président du parlement, eut ordre de venir à la suite du conseil pour y rendre compte de sa conduite.

Par un autre arrêt du 3 mars 1716, le conseil cassa une ordonnance du bureau des finances de Rouen, par laquelle le receveur général des domaines avoit été condamné à payer à l'abbé de St. Vandrille les arrérages d'une rente, quoique les fonds ne lui eussent pas été remis, & il fut fait défense aux officiers de ce bureau & à tous autres de rendre à l'avenir de pareilles ordonnances, lorsque le receveur général n'auroit pas reçu les fonds destinés au payement des Charges.

Par un autre arrêt du 25 août 1722, le conseil a cassé un arrêt du parlement de Bretagne, qui avoit autorisé le sieur Gerbier receveur & payeur des bougies du parlement, à contraindre le receveur du domaine à lui payer dans le jour 2434 livres pour le fonds des bougies qu'il avoit fournies: le même Gerbier a été condamné par-corps à rétablir cette somme entre les mains du receveur du domaine, & il lui a été fait défense & à tous autres d'user de pareilles voies à l'avenir, & à tout huissier d'exercer aucune contrainte contre les receveurs particuliers des fermes, ni même contre les receveurs généraux des domaines qu'après que les fonds pour l'acquit des Charges du domaine leur auroient été remis.

Les Charges qui s'emploient dans les états du roi ont souffert plusieurs réductions. Un édit du mois de janvier 1716 réduisit au denier 25 toutes les augmentations des gages & autres Charges employées dans les états du roi ; & par un arrêt du conseil du 19 novembre 1726, différentes parties ont été réduites à moitié, & d'autres qui ne produisoient aux parties prenantes que vingt livres & au dessous, ont été entièrement retranchées de ces états.

Les engagistes des domaines sont tenus d'acquitter annuellement les Charges locales qui étoient assignées lors de l'engagement, sur les portions de domaine qu'on leur a engagées, quand bien même ils n'en auroient pas été chargés par les titres de leurs acquisitions. C'est ce qui résulte de différentes lois, & particulièrement des déclarations du 12 octobre 1601 & du 22 décembre 1659 ; de l'édit du mois d'août 1669 ; des lettres-patentes du 12 juillet 1687 ; de l'édit du mois de décembre 1701, &c.

Lorsque quelques engagistes ont racheté le fonds des Charges locales, & qu'ils justifient d'un titre suffisant, ces Charges se portent sur le compte du roi dans les états arrêtés au conseil, pour être payées annuellement aux parties prenantes.

Charges de la communauté entre conjoints. Ce font les dettes & les dépenses qui doivent être acquittées aux dépens de la communauté.

La communauté légale est tenue de toutes les dettes mobilières dont chaque conjoint étoit débiteur au moment du mariage. Cette jurisprudence est fondée sur l'article 221 de la coutume de Paris, qui forme à cet égard le droit commun.

Il faut néanmoins excepter de cette règle les dettes mobilières qui résultent de l'acquisition d'un propre de communauté de l'un ou de l'autre des conjoints. Ainsi dans le cas où avant de vous marier vous auriez acquis une terre pour la somme de vingt mille écus payables dans dix ans, & que vous fussiez encore débiteur de cette somme en vous mariant, cette dette, quoique mobilière, feroit à votre Charge :& non à la Charge de la communauté. Il faut en dire autant de la somme dont un conjoint feroit débiteur pour le retour d'un partage d'immeubles d'une succession échue avant son mariage.

L'exception dont il s'agit est fondée sur ce qu'il est équitable d'exempter la communauté de payer un bien que l'un des conjoints retient pour lui seul & qui lui est propre de communauté.

Observez toutefois que cette décision ne s'applique qu'au cas où le conjoint possède au moment du mariage le bien dont il doit le prix ; car s'il en avoit disposé avant de se marier, la communauté feroit chargée de ce qu'il pourroit devoir à cet égard, comme de toutes ses autres dettes mobilières ; quand même elles excéderoient non-seulement la valeur de l'actif mobilier, mais encore celle de tous les biens du conjoint débiteur. Il y a dans ce cas-ci un remède pour la femme, qui eft de renoncer à la communauté ; mais le mari n'a aucun moyen pour fe faire décharger des dettes qu'avoit contractées la femme qu'il a époufée, & qui en conféquence font entrées dans la communauté : c'eft pourquoi l'on dit proverbialement, *qui époufe la femme, époufe les dettes.*

Remarquez que quoique le mari devienne débiteur des dettes de la femme qu'il a époufée, & que les créanciers aient contre celle-ci un titre exécutoire, ils ne peuvent néanmoins pas procéder par voie d'exécution contre le mari, fans avoir préalablement obtenu contre lui une fentence qui le condamne à payer, ou qui déclare exécutoires contre lui les titres que les créanciers ont contre fa femme.

Remarquez auffi que pour éviter les fraudes par lefquelles la femme pourroit rendre inutile la règle qui ne lui permet pas de contracter fans le confentement de fon mari, aucune dette à la Charge de la communauté, la jurifprudence des arrêts a établi que la communauré n'étoit point obligée de payer les dettes de la femme lorfqu'elles n'étoient juftifiées que par des actes fous fignatures privées, quoiqu'ils euffent une date antérieure au mariage, à moins que le créancier ne prouvât la vérité de cette date.

C'eft ainfi que par arrêt du 19 août 1729, un mari a été déchargé d'une demande en payement d'un billet fait par fa femme avant le mariage, fauf au creancier à fe pourvoir fur les biens de la femme après la diffolution de la communauté.

Dans une autre efpèce, la dame d'Herbouville étant majeure avoit, avant ſon mariage, fait un billet de douze mille livres au ſieur Paris Duvernay : celui-ci ayant demandé le payement de cette ſomme durant le mariage de cette dame : ſentence intervint aux requêtes du palais le 11 juillet 1730, qui mit les parties hors de cour & condamna le ſieur Duvernay aux dépens. Cette ſentence fut enſuite confirmée par un arrêt du premier juin 1733, qui réſerva au ſieur Duvernay le droit d'exercer ſon action contre ſa débitrice après la diſſolution de la communauté.

Dans une troiſième eſpèce, le ſieur Meiller receveur des domaines & bois à Marſeille, demanda le payement d'une ſomme de cent treize mille ſept cent cinquante-trois livres, faiſant le montant d'un billet de la marquiſe de Melun lequel avoit une date antérieure au mariage de cette dame.

Le marquis de Melun oppoſa à la demande qu'il n'avoit eu en ſe mariant, aucune connoiſſance de cette dette : cependant le châtelet de Paris le condamna à la payer : mais par arrêt du onze décembre 1743, le parlement infirma la ſentence du châtelet & déclara le billet nul.

Dans les affaires de cette nature, on doit avoir beaucoup d'égard aux circonſtances.

Si lors du mariage un conjoint étoit perſonnellement débiteur d'une dette mobilière pour une certaine portion, la communauté ne ſeroit chargée que de cette portion, quoique le conjoint débiteur fût obligé hypothécairement pour le tout.

Quant aux dettes paſſives immobilières, chaque conjoint eſt tenu de celles qu'il a contractées avant le mariage, & la communauté n'en eſt pas chargée.

Cette règle a lieu non-seulement à l'égard de la dette d'un immeuble certain & déterminé, mais encore pour celle d'un immeuble indéterminé. Ainsi en supposant que mon frère qui n'avoit point de terre & dont j'ai recueilli la succession, vous ait légué *dix arpens de terre à prendre dans les environs de Paris*, & que ce legs ne se soit point trouvé acquitté avant mon mariage, la communauté légale avec ma femme ne doit pas en être chargée ; c'est pourquoi si durant mon mariage je fais l'acquisition des arpens de terre légués pour les délivrer au légataire, il faudra que je récompense la communauté de ce que j'en aurai tiré pour cette acquisition.

Il en seroit différemment si le legs étoit conçu en ces termes, *Je lègue à Paul dequoi acheter dix arpens de terre :* dans ce cas ce ne seroit pas dix arpens de terre qu'on auroit légués, ce seroit la somme nécessaire pour les acquérir : or la dette occasionnée par un tel legs ne seroit point la dette d'un immeuble, mais la dette d'une somme d'argent, & par conséquent une dette mobilière à la charge de la communauté.

Si lorsque vous vous êtes marié vous étiez obligé envers un particulier à lui délivrer une métairie, & que vous dussiez en outre à ce particulier une somme d'argent relativement à la même métairie, soit à cause des fruits que vous auriez perçus ou des dommages & intérêts auxquels vous auriez été condamné, il n'y auroit que la délivrance de l'héritage qui ne seroit point à la charge de la communauté : elle seroit tenue du surplus comme étant dette mobilière.

Il y a des coutumes, comme celle de Paris, qui réputent immeubles les rentes cons fituées à prix d'argent ; & d'autres coutumes, comme celle de Rheims, qui réputent meubles ces mêmes rentes : fera-ce en conféquence du domicile du créancier à qui la rente eſt due, ou du domicile du conjoint qui la doit, qu'on décidera ſi elle eſt à la Charge de la communauté ou à celle de ce conjoint ? Le Brun, & après lui plufieurs jurifconfultes, ont folidement établi que c'étoit le domicile qu'avoit le créancier de la rente lorſque le débiteur s'eſt marié, qui devoit déterminer ſi elle devoit être confidérée comme une dette mobilière, & en ce cas être à la Charge de la communauté, ou comme une dette immobilière que le conjoint débiteur eſt tenu ſeul d'acquitter.

. Ainſi lorſqu'un habitant de Reims, débiteur d'une rente envers un parifien, vient à ſe marier, cette rente étant un immeuble à Paris, l'habitant de Reims eſt tenu d'une dette immobilière, qui ne peut par conféquent pas être à la Charge de la communauté légale de ce débiteur.

. Si c'eſt au contraire un parifien qui doive en ſe mariant une rente à un habitant de Reims, cette rente fera une dette mobilière à la Charge de la communauté légale de ce parifien.

. Si poſtérieurement au mariage la rente venoit à changer de nature, & que d'immobilière elle devînt mobilière par le changement de domicile du créancier, elle conferveroit, relativement aux conjoints, la qualité qu'elle avoit dans le temps du mariage. C'eſt pourquoi ſi elle étoit alors mobilière, elle feroit à la Charge de la communauté légale ; & ſi elle étoit immobilière, le conjoint débiteur en feroit ſeul tenu.

On conçoit qu'il n'y a que les principaux des

rentes conſtituées qui puiſſent être des dettes immobilières à la Charge de l'un des conjoints ; les arrérages de ces rentes ſont toujours dès dettes mobilières à la Charge de la communauté légale.

Il faut en dire autant des arrérages des rentes foncières dont les héritages des conjoints ſont chargés , quand même ces arrérages ſeroient échus avant la célébration du mariage.

Le mari étant le chef de la communauté , il a le droit d'en diſpoſer tant pour ſa part que pour celle de ſa femme , ſans qu'elle puiſſe s'y oppoſer : & même lorſqu'il contracte , elle eſt cenſée s'obliger avec lui juſqu'à concurrence de ce qu'elle peut prétendre dans la communauté légale. Ainſi les dettes contractées devant le mariage ſont des Charges de cette communauté , quand même elle n'en auroit retiré aucune utilité.

Il y a néanmoins quelques exceptions à cette règle : 1°. ſi les dettes contractées par le mari n'ont eu pour objet que ſon intérêt ſeul , la communauté légale n'en ſera pas chargée. La raiſon en eſt que quoique le mari ſoit en général le maître abſolu des biens de la communauté & qu'il puiſſe les diſſiper à ſon gré, il ne peut toutefois pas les détourner à ſon profit au préjudice de la part que ſa femme doit y avoir.

Ainſi dans le cas où le mari pour affranchir ſon héritage d'un droit de ſervitude, ſe feroit obligé à payer une certaine ſomme , cette dette ne feroit point une Charge de la communauté ; & ſi le mari employoit les deniers communs à la payer , il en feroit du récompenſe à la communauté.

2°. Si

2°. Si durant la communauté le mari vient à contracter une dette en faveur d'un enfant qu'il a eu d'un mariage précédent, ou s'il n'a pas d'enfant, en faveur d'un de ses héritiers présomptifs qui profite seul de cette dette, ce ne sera point à la communauté à supporter cette Charge : la raison en est qu'il n'est pas plus autorisé à faire profiter des biens de la communauté ces personnes, qu'il ne peut en profiter lui-même au préjudice de la part que sa femme a droit d'y prendre.

Ainsi dans le cas où le mari venant à marier un enfant de son premier mariage, ou quelqu'autre de ses héritiers présomptifs, s'oblige à donner pour dot une certaine somme, il doit seul acquitter cette dette, & sa communauté n'en peut pas être chargée.

Il en seroit différemment d'une dette que le mari auroit contractée sans le consentement de sa femme, en faveur d'un des enfans nés du mariage subsistant. Une telle dette seroit une Charge de la communauté.

3°. M. Pothier avoit établi dans son contrat de vente, que le mari venant à aliéner durant la communauté un héritage propre de sa femme, sans qu'elle eût consenti à l'aliénation, l'obligation de garantie étoit néanmoins une dette à la Charge de la communauté : au moyen de quoi la femme qui avoit accepté la communauté, devoit être déclarée non-recevable pour moitié dans la demande en révendication de l'héritage aliéné. Mais ce jurisconsulte a dans la suite changé d'avis & avec raison. En effet, la loi n'a attribué au mari le droit de faire participer sa femme aux obligations qu'il contracte en qualité de chef de la communauté, qu'à la charge qu'il ne pourroit vendre les héritages propres de sa femme sans qu'elle y eût consenti. Il résulte de cette limitation du pouvoir qu'a le mari de contracter seul tant pour lui que pour sa femme, qu'en aliénant un bien propre de sa femme, sans qu'elle y ait consenti, il ne peut être censé avoir contracté pour sa femme, ni par conséquent l'avoir assujettie à l'obligation de garantie envers l'acquéreur. Ainsi cette obligation concerne le mari seul & la communauté légale n'en doit point être chargée : elle ne peut-être tenue en cas d'éviction, que de rendre le prix qu'elle a reçu. Concluons donc que quoique la femme ait accepté la communauté, elle n'a pas moins le droit de revendiquer son bien propre aliéné par son mari : il suffit qu'elle offre de rendre à l'acquéreur le prix de l'acquisition pour la part dont elle peut être tenue comme commune, sauf à lui à se pourvoir contre les héritiers du mari pour le surplus, ainsi que pour les dommages & intérêts résultans de l'obligation de garantie. Cette décision est conforme à l'article 230 de la coutume de Poitou, qui sans distinguer si la femme est commune ou si elle ne l'est pas, lui permet de se faire rendre ses biens propres lorsque son mari les a aliénés.

Lorsque durant la communauté, une femme autorisée de son mari contracte des dettes, elles sont à la Charge de la communauté.

Il en est de même des dettes qu'une femme contracte relativement au commerce qu'elle fait au vu & su de son mari, quoiqu'elle ne soit pas spécialement autorisée pour cet effet. Le consentement que le mari donne au moins tacitement au commerce de fa femme , fait préfumer cette autorifatiorr.

Quant aux dettes contractées par la femme , même avec l'autorifation de la juftice , mais fans celle du mari , la communauté n'y eft obligée que jufqu'à concurrence de l'utilité qu'elle a retirée des objets pour lefquels elles ont été contractées.

Ainfi dans le cas où , d'après votre refus d'autorifer votre femme , la juftice l'auroit autorifée à pourfuivre l'exécution d'un teftament fait en fa faveur , la communauté ne pourroit être obligée aux dettes relatives à cette pourfuite , que jufqu'à concurrence du profit qu'elle en auroit retiré. C'eft pourquoi fi les créanciers vouloient exiger de vous le payement de ces dettes , il fuffiroit , pour vous faire décharger de leur demande , que vous offriffiez de leur remettre ce que vous auroient produit les pourfuites dirigées par votre femme.

Cette décifion eft conforme à l'article 201 de la coutume d'Orléans, qui eft ainfi conçu :

« Femme conjointe par mariage peut pour-
» fuivre fes actions & droits avec l'autorité de
» fon mari, & au refus elle peut requérir être
» autorifée par juftice , & en cette qualité in-
» tenter lefdites actions fans que les fentences ou
» jugemens qui pourroient être donnés à l'en-
» contre defdites femmes non autorifées , ni
» avouées par lefdits maris , puiffent être exé-
» cutés fur les biens de la communauté pendant
» icelle : toutefois le mari fera tenu rapporter
» ce qu'il aura pris & reçu à caufe defdits droits
» & actions pourfuivis par fadite femme ».

Il fuit de ces difpofitions , que fi le mari n'étoit pas en état de juftifier par un inventaire ou par d'autres titres, qu'il n'a reçu que telle.ou telle fomme en conféquence des pourfuites de fa femme, il pourroit être obligé indéfiniment envers les créanciers.

Si la communauté n'a nullement profité des dettes contractées par la femme fans l'aveu du mari, elles ne feront point à la Charge de la communauté.

Suppofons, par exemple, que durant le mariage la femme ait été condamnée à payer dix mille livres de dommages & intérêts réfultans d'un délit qu'elle a commis ; la communauté n'ayant tiré de ce délit aucune utilité, elle ne doit point être obligée d'acquitter cette fomme : or, comme tous les revenus des biens de la femme appartiennent à la communauté, il faut en tirer la conféquence que les dix mille livres dont il s'agit ne pourront être exigées qu'après la diffolution de la communauté.

Plufieurs coutumes ont établi cette règle, & elle doit être fuivie dans le reffort des autres coutumes qui n'ont point de difpofitions contraires. Celles d'Anjou & du Maine fe font écartées du droit commun qui s'obferve fur cette matière : elles ne font aucune diftinction entre le mari & la femme : elles veulent que le créancier du conjoint qui a commis le délit, puiffe exiger fur les biens communs, le payement des dommages & intérêts qu'on lui a adjugés par forme de réparation civile : elles autorifent feulement le conjoint innocent à demander la féparation des biens de la communauté, à l'effet de reftreindre le créancier à la part qu'y peut prétendre le conjoint coupable ; & cette féparation continue à l'avenir.

Parmi les Charges de la communauté légale, font les alimens & les frais de l'éducation des enfans communs.

Quant aux alimens & aux frais d'éducation des enfans que l'un des conjoints peut avoir d'un précédent mariage, la communauté n'en doit pas être chargée, fi ces enfans ont un revenu fuffifant pour fubvenir à ces dépenfes ; mais fi ce revenu eft infuffifant, les mêmes dépenfes doivent être à la Charge de la communauté, attendu qu'elles font une dette naturelle du père ou de la mère de ces enfans, & que la communauté eft tenue des dettes des conjoints.

Puifque la communauté jouit du revenu des biens propres du conjoint, il faut en conclure qu'elle doit être chargée des dépenfes néceffaires pour entretenir ces biens en bon état.

Ainfi ce qu'il peut en coûter pour cultiver des vignes, pour les garnir d'échalats, pour marner des terres, pour peupler un colombier, pour empoiffonner un étang, eft à la Charge de la communauté.

Il faut en dire autant des réparations qu'exigent les bâtimens qui font fur les héritages propres de chacun des conjoints.

On doit néanmoins excepter de cette décifion ce qu'on appelle *les groffes réparations*. Celles-ci font confidérées comme des reconftructions plutôt que comme des réparations ; c'eft pourquoi la communauté n'en eft pas chargée. Suivant l'article 262 de la coutume de Paris, les groffes réparations à la Charge du conjoint propriétaire, font *les quatres gros murs, poutres, entières couvertures & voûtes :* toutes les aurres réparations

font des réparations d'entretien à la Charge de
la communauté.

Ainfi lorfqu'il faut refaire à neuf l'un des
quatre gros murs, qu'on eft obligé de fubftituer
une poutre neuve à la place d'une qui ne vaut
plus rien, qu'on veut reconftruire une voûte,
ou rétablir en entier une couverture dont la
charpente ne peut plus fervir, ce font des groffes
réparations dont la communauté doit être in-
demnifée par le conjoint propriétaire, lorfqu'elle a payé ce qu'il a fallu pour les faire.

Obfervez que quoique régulièrement la communauté ne doive pas être chargée des groffes
réparations, fi c'étoit un bien propre de la
femme qui les exigeât, & que le défaut d'entretien de ce bien conftant le mariage y eût
donné lieu, la communauté en feroit chargée.
Cette décifion eft fondée fur ce que le mari
ayant négligé d'entretenir le bien comme fa qualité de chef de la communauté l'obligeoit de le
faire, il eft jufte que le dommage occafionné par
cette négligence foit fupporté par cette même
communauté.

On ne doit pas mettre dans la claffe des dépenfes de fimple entretien, celles que l'on a
faites pour donner à un héritage une forme plus
avantageufe que celle qu'il avoit, comme quand
on conftruit un bâtiment pour loger un fermier,
ou que l'on convertit en prairie une terre in-
culte : ainfi lorfque la communauté a fait des
dépenfes de cette nature, elle doit en être in-
demnifée par le conjoint dont l'héritage a été
amélioré.

Parmi les Charges de la communauté doivent être compris les frais qui, lorfqu'elle eft

diſſoute, ſe font pour inventorier les effets dont elle étoit compoſée.

Il en eſt de même des frais de partage des biens de la communauté & des frais de liquidation des repriſes que les conjoints ou leurs héritiers ont à exercer ſur la communauté.

Mais il ne faut pas mettre dans cette claſſe les frais funéraires du conjoint prédécédé : ſa ſucceſſion ſeule en doit être tenue. Tel eſt le droit commun, & c'eſt ce que décident pluſieurs coutumes. La raiſon ſur laquelle eſt fondée cette juriſprudence, eſt que les frais dont il s'agit ne ſe font que dans un temps où il n'y à plus de communauté, puiſqu'elle a été diſſoute par la mort du conjoint.

Charges d'une ſucceſſion, d'une donation, d'un teſtament. Ce font les obligations impoſées à l'héritier, donataire ou legataire, comme de payer les dettes, acquitter les fondations faites par le donateur ou teſtateur, & faire délivrance des legs univerſels ou particuliers.

Il en eſt de même de l'obligation de ſupporter ou acquitter un douaire, un don mutuel ou quelqu'autre uſufruit, de payer une rente viagère, de ſouffrir une ſervitude en faveur d'une tierce perſonne, & de remplir d'autres engagemens de différente nature, plus ou moins étendus, ſelon les conditions impoſées par le donateur ou teſtateur, ou ſelon les droits & actions qui ſe trouvent à prendre ſur les biens de la ſucceſſion, donation ou teſtament. Comme il y a des Charges pour la ſucceſſion en général, il y en a auſſi de communes à l'héritier, & au légataire ou donataire univerſel, telles que les dettes auxquelles chacun d'eux contri-

bue à proportion de l'émolument. Il y a auffi
des Charges propres au donataire & légataire
particulier ; ce qui dépend des droits qui fe
trouvent affeftés fur les biens donnés ou légués,
& des conditions impofées par le donateur ou
teftateur.

· Les droits de centième denier dus pour les
mutations à titre fucceffif, en ligne collatérale,
ab inteftat, ou en vertu de teftament, doivent
être payés fur la valeur des biens fans aucune
déduftion d'ufufruit, dettes, ni autres Charges
quelconques, finon des rentes foncières non-
rachetables, en juftifiant par l'héritier de l'exif-
tence & de la nature de ces rentes.

C'eft d'après ces principes, que par arrêt du
11 février 1710, rendu contre le fieur de la
Heufe & la Demoifelle Voifin, qui demandoient une diftraftion de la légitime de cette
Demoifelle, fur des biens fitués en Normandie
provenans de la fucceffion du fieur voifin, le
confeil a jugé qu'ils payeroient le centième denier de la valeur entière de ces biens.

Par un autre arrêt du 2 oftobre 1714, le
confeil a jugé de même contre M. l'évêque de
Metz, qui en qualité d'héritier bénéficiaire de
M. le duc de Coaflin, difoit que les biens
étoient chargés de dettes, & qu'après qu'elles
feroient acquittées, il ne lui refteroit rien.

Le confeil a pareillement jugé en 1725, que
le centième denier devoit être payé fur les
biens échus à titre fucceffif fans qu'on put admettre aucune diftraftion foit pour penfion réfervée par une religieufe ou pour dettes, droits
de la veuve, & autres Charges, finon des rentes foncières.

- Et par arrêt du 9 mai 1739, le conseil a condamné le sieur de la Sigogne héritier de son frère, à payer le centième denier de la valeur entière des biens, faute par lui de justifier que les rentes dont il demandoit la distraction étoient foncières.

Par un autre arrêt du 3 mars 1742, rendu en faveur du marquis de Lambert, le conseil a ordonné que sur la valeur des biens qui lui étoient échus, il seroit fait distraction d'une rente léguée à l'Hôtel-Dieu, attendu qu'étant affectée sur ces biens sans pouvoir être rachetée, c'étoit une charge perpétuelle & inhérente au fonds.

Par un autre arrêt du 29 mars 1753, le conseil a réformé une ordonnance de l'intendant de Languedoc, par laquelle il avoit jugé que pour une remise d'hérédité faite au sieur de Mercoran par sa mère, le droit de centième denier ne seroit payé qu'après déduction faite des Charges inhérentes telles que les tailles, les censives, les droits seigneuriaux qui affectoient le fonds, & il a été décidé que le droit de centième denier seroit payé sur le pied du denier vingt du revenu justifié par les baux, en déduisant seulement les rentes foncières.

Charges d'un bénéfice. Les Charges d'un bénéfice sont spirituelles ou temporelles. Les Charges spirituelles concernent les fonctions que doit remplir un ecclésiastique relativement à la dignité ou au caractère dont il est revêtu. Voyez à cet égard les articles ÉVÊQUE, CURÉ, &c.

- Les Charges temporelles consistent dans les réparations à faire aux bâtimens dépendans des bénéfices, dans l'obligation de payer les décimes, les impositions, &c.

Les Charges temporelles doivent être acquittées annuellement fur les fruits du bénéfice, par le titulaire actuel, fans qu'il puiffe aliéner les fonds ni le patrimoine de l'églife pour cette obligation.

Obfervez même que fi le prédéceffeur du titulaire actuel avoit été autorifé felon les formes ufitées en pareille matière, à contracter des dettes pour un cas extraordinaire, mais utile & non étranger au titre du bénéfice, ce feroit au titulaire actuel à les acquitter. Il en feroit différemment fi les dettes avoient été contractées pour acquitter les Charges ordinaires ; elles feroient alors à la Charge du prédéceffeur ou de fes héritiers.

Catelan rapporte un arrêt du mois de juillet 1668, qui a déclaré non valables les emprunts faits par un chapitre pour acquitter des décimes & d'autres Charges ordinaires, parce que ces fortes de Charges doivent être acquittées fur les revenus.

Comme l'année commence au premier janvier pour le partage des fruits d'un bénéfice entre le nouveau titulaire & fon prédéceffeur ou ceux qui le repréfentent, de même le payement des Charges de l'année doit fe régler à proportion de la jouiffance de chacun depuis le premier janvier.

Les Charges d'une abbaye fe divifent communément en deux claffes : les unes font appelées Charges communes ou clauftrales, & les autres font des Charges particulières. Les Charges communes font les réparations de l'églife abbatiale, des lieux réguliers, des ornemens & des autres chofes néceffaires à la célébration du ſervice divin ſelon les conſtitutions de l'ordre. Les Charges particulières ſont celles qui n'ont rapport qu'aux beſoins de l'abbé ou à ceux des religieux.

Il y a des Charges qui concernent l'abbé & les religieux conjointement : telles ſont les rentes à prix d'argent par eux conſtituées conjointement ſur les revenus de l'abbaye ; les Charges foncières, comme les cens & autres droits dûs aux ſeigneurs des fiefs d'où relèvent les terres ; les portions congrues des curés & des vicaires ; les réparations des chœurs des égliſes paroiſſiales où l'abbé & les religieux ſont décimateurs, &c.

Dans la diviſion des biens & des Charges d'une abbaye, les Charges ordinaires du tiers lor ſont les réparations & réédifications de l'égliſe abbatiale & des lieux réguliers ; les anciennes décimes créées avant 1690 ; l'achat des ornemens, du linge, du luminaire ; les dépenſes de l'hôtellerie & de l'infirmerie ; les gages des médecins, des chirurgiens, des apothicaires & du portier, &c.

Dans les partages qui ſe font entre l'abbé & les religieux, on a coutume d'évaluer les Charges dont on vient de parler à une certaine ſomme que l'abbé s'oblige de donner annuellement aux religieux pour les acquitter. Cette évaluation ſe fait relativement au revenu du tiers lot, dont il doit reſter au moins un tiers à l'abbé pour l'adminiſtration des biens qui le compoſent.

Lorſque dans une abbaye il y a des offices clauſtraux tels que ceux de ſacriſtain, d'infirmier, d'aumônier, qui ont des biens affeſtés pour l'acquit des Charges & que ces offices n'entrent point en partage, les religieux à la menfe defquels ils font réunis doivent acquiter ces Charges à la décharge du tiers lot.

On appelle *bénéfices à Charge d'ames*, ceux dont les titulaires ont la direction des ames & la juridiction au for intérieur.

Suivant la déclaration du 13 janvier 1742, nul eccléfiaftique ne peut être pourvu d'une cure ou autre bénéfice à Charge d'ames, s'il n'eft conftitué dans l'ordre de prêtrife & s'il n'a atteint l'age de vingt-cinq ans accomplis.

Charges des comptes, ou fur les comptes. C'eft en ftyle de la chambre des comptes, les jugemens interlocutoires qui laiffent en fouffrance certaines parties de la recette ou de la dépenfe d'un compte.

Suivant un règlement du 22 octobre 1537, les auditeurs après la clôture de leurs comptes doivent donner un état des Charges au procureur-général pour en faire pourfuite : mais depuis, cette pourfuite a paffé au folliciteur des reftes, & enfuite au contrôleur-général des reftes.

Charges en matière criminelle. Ce font les indices & les preuves qu'il y a par les informations & les autres piéces du procès contre un accufé.

Suivant l'article 19 du titre 15 de l'ordonnance criminelle du mois d'août 1670, l'accufé d'un crime qui ne mérite pas de peine afflictive peut, après avoir fubi interrogatoire, *prendre droit par les Charges*, c'eft-à-dire, s'en rapporter aux dépofitions des témoins & confentir que fans autre inftruction il foit procédé au jugement du procès. C'eſt pourquoi le juge doit à la fin de l'interrogatoire, demander à l'accuſé s'il veut prendre droit par les Charges (*).

Lorſque l'accuſé eſt dans le cas d'être admis à prendre droit par les Charges, & qu'on ne l'y admet pas, les frais de la procédure extraordinaire qui ſe fait enſuite par récollement & confrontation, ne doivent pas être à ſa charge, même quand il viendroit à ſuccomber.

. Lorſque la partie publique & la partie civile ont été admiſes à prendre droit par l'interrogatoire, & que l'accuſé a été reçu à prendre droit par les Charges, la partie peut donner ſa requête contenant ſes demandes, & l'accuſé ſes réponſes dans le délai fixé par les juges, paſſé lequel, il doit être procédé au jugement, quand même on n'auroit donné ni la requête, ni les réponſes dont on vient de parler. C'eſt ce qui réſulte de l'article 20 du titre cité.

Voyez *les loix civiles; Loyſeau traité des offices ;. Baſnage ſur la coutume de Normandie ; Charondas en ſes réponſes ; Chorier ſur la juriſprudence de Guypapè ; le traité du déguerpiſſement par Loyſeau ; l'édit du mois d'août 1669 ; les lettres-patentes du 12 juillet 1687 ; l'édit du mois de décembre 1701 ; les arrêts du conſeil des 2 juillet 1668 & 3 février 1672 ; l'édit du mois de janvier 1716 ; les déclarations des 12 octobre 1601*

(*) L'article 16 du titre 7 de l'ordonnance criminelle de Lorraine, du mois de novembre 1707, s'exprime ainſi ſur cette matière :

« Par le dernier interrogat le commiſſaire ſera tenu de » demander à l'accuſé s'il veut prendre droit par les Charges, » ce qui lui ſera expliqué ; s'il en veut croire la dépoſition » des témoins ; à quoi il pourra être reçu ès accuſations » pour crimes eſquels il n'échéra peine afflictive ».

& 22 décembre 1659 ; les arrêts du conseil des 23
février 1706, 6 septembre 1707, 28 mars 1719,
& 19 novembre 1726 ; le bail de Foruville du 16
septembre 1738 ; le traité de la communauté par
Lebrun ; les œuvres de Renusson & celles de Pothier ;
Ferrières, sur la coutume de Paris ; les coutumes
d'Orléans, d'Anjou & du Maine ; les loix ecclésiastiques ; le recueil de jurisprudence canonique ;
les arrêts de Catelan ; les mémoires du clergé ;
les arrêts de Papon ; le traité du partage des
fruits des bénéfices ; l'ordonnance du mois d'août
1670, & les commentateurs ; le traité de la jus-
tice criminelle de France ; l'ordonnance du duc
Léopold de Lorraine du mois de novembre 1707,
&c. Voyez aussi les articles OFFICE, PARLE-
MENT, BAILLIAGE, CONSEIL, COUR, ÉCHE-
VINS, DESTITUTION, COMMISSION, OPPO-
SITION, CENS, CHAMPART, RENTE, SERVI-
TUDE, DÉGUERPISSEMENT, DETTES, DEUIL,
FRAIS FUNÉRAIRES, IMPÔTS, COMMUNAUTÉ,
SUCCESSION, DONATION, TESTAMENT, EN-
GAGISTE, DOMAINE, BÉNÉFICE, PARTAGE,
LOT, INFORMATIONS, CRIME, &c.

CHARGE D'ENQUÊTE. Ce terme est employé dans les coutumes de Mons & de Valenciennes, pour désigner les formules de sentence que les magistrats de ces deux villes donnent aux gens de loi de leur ressort dans les
affaires de leur compétence.

Comme les gens de loi des villages n'ont aucune teinture du droit, & que même il s'en
trouve quelquefois qui ne savent pas lire ; il
seroit dangereux de les laisser juger à leur
mode. On a remédié à cet inconvénient en leur
ordonnant de prendre auparavant l'avis de quelques jurisconsultes.

Dans les chefs-lieux de Valenciennes & de Mons, c'eſt au magiſtrat ou corps des èchevins de ces deux villes que les gens de loi doivent s'adreſſer pour prendre *Charge d'enquête.* Dans l'étendue du chef-lieu de Mons, il n'y a que les mayeurs & échevins de village qui ſoient tenus *à cette Charge d'enquête* : ceux des villes, telles que Maubeuge, Binck, Landreci, &c. n'ont jamais été aſſujettis à cette formalité : ils ont toujours jugé eux-mêmes les cauſes inſtruites par devant eux.

Il n'en eſt pas de même des villes qui reſſortiſſent au chef-lieu de Valenciennes ; leurs magiſtrats ſont tenus comme ceux des villages d'y aller prendre *Charge d'enquête.*

Cet uſage ſubſiſte encore dans toute ſa vigueur dans les villes & les villages du chef-lieu de Valenciennes : à l'exception du reſſort du bailliage du Queſnoi, les villages qui reſſortiſſent au ſiège royal de Bouchain & Bouchain même, n'en ſont pas exempts.

A l'égard des villages ſitués dans la partie du chef-lieu de Mons qui appartient à la France, les mayeurs & échevins de ces endroits ne peuvent aller demander leur *Charge d'enquête* au magiſtrat de Mons ; ils y ſuppléent par l'avis de trois ou cinq avocats. On en uſe de même dans le reſſort du bailliage du Queſnoi & dans toutes les autres coutumes des Pays-bas qui n'ont pas de diſpoſition particulière ſur ce point.

Anciennement le magiſtrat de Cambrai donnoit auſſi *Charge d'enquête* aux mayeurs & èchevins du Cambréſis. La loi Godefroi, ainſi appelée parce qu'elle fut portée par l'évêque Go-

defroi dans le mois de novembre 1227, ordonne au magiftrat de Cambrai de *donner loyau-
ment les enquêtes des forains*. Ce font les termes
de l'article trois; mais aujourd'hui cet ufage
ne fubfifte plus. Les Charges d'enquête fe donnent par des gradués au choix des gens de loi.

On demande fi les mayeurs & échevins de
village font obligés de deférer à la *Charge* ou
avis des magiftrats ou jurifconfultes auxquels
ils font adreffés.

La coutume du chef-lieu de Valenciennes,
article 221, décide pour l'affirmative. Le parlement de Flandres a jugé de même en 1676,
pour la chatellenie de Courtrai; mais c'étoit
dans un cas où les avocats avoient été dénommés par un juge fupérieur.

Hors ce cas, & dans les coutumes qui ne
décident rien là-deffus, M. Maillart prétend
que les mayeurs & échevins de village ne font
point obligés de juger conformément à la *Charge* ou avis qu'ils ont pris. L'ufage eft contraire
à cette opinion, & l'on doute fi peu de la néceffité où font les gens de loi de fe conformer
à cette *Charge*, que les avocats qu'ils confultent
rédigent leur avis, non dans les formes ordinaires, mais dans la forme d'une fentence.

Les huiffiers du parlement de Douai font
auffi tenus de prendre avis de jurifconfultes
dans le cas de l'article 34 de l'arrêt de règlement du 16 feptembre 1672. Voici de quoi
parle cet article.

Lorfqu'on veut fe pourvoir en complainte
pour un bien fitué dans un endroit où il ne
fe trouve point de juge royal, comme dans
le Cambréfis, on leve une commiffion en la
chancellerie

chancellerie établie prés du parlement. Cette commission est adressée à un huissier. C'est par devant lui que s'instruit la complainte. C'est lui qui entend les témoins : & s'il n'y a point d'enquête faite par le défendeur, il prend avis d'avocats & prononce en conséquence sur la provision. Si le défendeur a fait une enquête, l'huissier envoye toutes les piéces du procès à l'audience des *conseillers commissaires*, qui jugent la récréance & renvoient les parties à l'une des chambres du conseil pour le plein possessoire.

Les consultations que donnent les avocats par forme de jugemens s'appelent *avis pro judice* : ils sont obligés de les signer même contre leur sentiment, si la pluralité des voix est contre eux. C'est la différence qu'il y a entre ces consultations & celles qui se font à la réquisition d'une partie ; ils ne peuvent signer ces dernières contre leur propre opinion, sous prétexte de la pluralité de voix. Un arrêt de règlement du 14 mai 1720, rendu par le parlement de Douai, le leur défend formellement.

Voyez *le style du parlement de Douai ; les coutumes de Mons & de Valenciennes ; Maillart sur Artois ; Deghewiet en ses institutions belgiques ; Wiclant en son traité des fiefs ; Perèrz sur le code ; le placard du 30 juillet 1672, &c.* Voyez aussi les articles CONSEILLER COMMISSAIRE AUX AUDIENCES, CONSEILLER PENSIONNAIRE, &c. (*Article de M. MERLIN, avocat au parlement de Flandres.*)

CHARITÉ (FRÈRES DE LA). Ce sont des religieux hospitaliers qui forment une congrégation fous le titre de *faint Jean-de-Dieu*, leur fondateur.

Ce fondateur originaire du Portugal, paffa dans l'Efpagne vers l'an 1504 à un âge fort tendre : des circonftances particulières l'ayant fait paffer pour fou, on le renferma à Grenade dans un hôpital deftiné aux gens de cette efpèce. Content de trouver une occafion de fervir les malades qui étoient dans cette maifon, il fit aifément connoître que fa folie n'avoit été qu'apparente. Il en fortit au mois d'octobre 1539, emportant avec lui la réfolution de fe confacrer toute fa vie au foulagement des pauvres. Dénué de fortune & de fecours, il s'employoit aux travaux les plus pénibles pour avoir de quoi les affifter : fon zèle connu des perfonnes opulentes lui procura des aumônes & une maifon pour y recevoir ceux qui avoient befoin de fes fecours.

Voilà quels furent les commencemens de fon ordre. L'archevêque de Grenade s'employa en tout ce qui dépendit de lui pour le favorifer. Mais il ne fut queftion alors que de former une fociété de perfonnes féculières pour avoir foin de ce nouvel hôpital qui fervit de modèle dans la fuite pour en inftituer d'autres femblables dans divers endroits de l'Epagne, comme à Cordoue, à Lucène, &c.

Les perfonnes confacrées au fervice de ces hôpitaux & qui avoient déja un fupérieur, demandèrent au pape Pie V d'approuver leur inftitut en forme de congrégation. Ce pontife le fit par une bulle du premier janvier 1572, & donna à ces hofpitaliers la règle de faint Auguftin, avec pouvoir d'élire un fupérieur fous le nom de *majeur* dans chaque hôpital. Il leur permit en même temps de faire promouvoir aux ordres facrés l'un d'entr'eux pour adminiftrer les facremens à leurs confrères ainfi qu'aux malades, les foumettant à la juridiction des évêques des lieux où leurs maifons feroient fituées.

Ce nouvel établiffément fut très-approuvé dans l'Italie ; on cherchd à l'imiter dans plufieurs endroits ; il le fut particulièrement à Milan où l'on fait qu'il y a un hôpital très-magnifique & très-connu.

Le nombre de ces hôpitaux s'etant beaucoup augmenté en Efpagne & en Italie, Sixte V permit aux hofpitaliers de tenir un chapitre général à Rome, & de dreffer des conftitutions, en érigeant la congrégation fous le nom de *Jean-de-Dieu* (*).

Grégoire XIV en confirmant leurs priviléges, leur donna pour protecteur le cardinal Rufticucci. Comme ce pape leur avoit accordé les priviléges de l'hôpital du Saint-Efprit dans la Saxe, & que parmi ces privilèges étoit celui d'être exempts de la juridiction des ordinaires, les nouveaux hofpitaliers voulurent jouir de cette exemption ; mais Clément VIII, la leur refufa formellement : il ordonna qu'à l'avenir ils ne feroient plus gouvernés par un *majeur :* il leur défendit en même temps de prendre les ordres facrés & de faire profeffion folemnelle, voulant qu'à l'avenir ils ne fiffent qu'un feul vœu, celui de pauvreté & d'hofpitalité ; mais leur protec-

_____

(*) Le fondateur ne portoit d'autre nom que celui de *Jean*, ce fut l'évêque de Tuy, préfident de la chambre royale de Grénade, qui lui donna le furnom *de Dieu.*

teur repréfenta que les hôpitaux fouffriroient beaucoup de cette privation d'un chef, & qu'il en réfulteroit une défunion préjudiciable : fur ces repréfentations, le pape par un bref de l'an 1596, remit ces hofpitaliers dans le droit qu'ils avoient d'élire un général.

A l'égard de la promotion aux ordres facrés, Paul V leur permit de la faire prendre à deux de leurs frères dans chaque hôpital, mais à condition qu'ils ne pourroient exercer aucune charge, afin qu'ils fuffent plus en état de vaquer aux befoins fpirituels des malades. Il leur permit auffi de faire les trois vœux en religion outre celui de l'hofpitalité, & déclara que les évêques n'auroient droit de vifite que dans les maifons où il y auroit moins de douze religieux; qu'alors ces prélats examineroient les recettes & les dépenfes, conjointement avec les provinciaux & les fupérieurs de l'ordre.

Depuis le bref de Clément VIII de l'an 1592, les religieux d'Efpagne ont toujours été feparés des autres hôpitaux étrangers, de forte qu'il y a eu depuis ce temps-là deux généraux, l'un pour l'Efpagne & les Indes occidentales, & l'autre pour la France, l'Allemagne, la Pologne & l'Italie. Celui-ci fait ordinairement fa réfidence à Rome.

Ce fut la reine Marie de Médicis qui en 1601, amena avec elle de ces religieux en France, du nombre defquels étoit le frère Jean Bonelli. Elle leur donna une maifon au fauxbourg faint Germain à Paris, où ils ont bâti un fameux hôpital. Au mois de Mars de l'année fuivante Henri IV leur accorda des lettres patentes pour leur établiffement, avec permiffion de faire conftruir re des hôpitaux dans tous les lieux du royaume où ils feroient appelés. Louis XIII leur accorda d'autres lettres-patentes qui confirment leur établiffement en France, comme érigé en vraie religion, par Pie V, & qui veulent qu'il foit reconnu pour tel.

Ces religieux ont un vicaire-général réfident à Paris, avec droit de vifiter tous les autres hôpitaux du royaume. Ils tiennent tous les fix ans le chapitre général dans lequel on élit le majeur de l'ordre ; & tous les trois ans le chapitre provincial, dans lequel chaque province (*) choifit fon provincial, dont les fonctions ne font que pour les trois ans.

L'habillement de ces hofpitaliers eft d'un drap brun-noir, avec un fcapulaire de même couleur, un capuce rond & une ceinture de cuir noir. Ils font regardés par tout comme très-utiles, par fervices qu'ils rendent aux malades.

Voyez *la vie de faint Jean-de-Dieu, par Baillet & Giry ; le catalogue des ordres religieux, par Bonanni ; l'établiffement des mêmes ordres, par Hermant ; &c.* (Article de M. DAREAU, avocat, &c.)

CHARITÉ (FILLES DE LA). Ce font des filles qui font profeffion d'aller vifiter les malades & de leur fournir les fecours qui dépendent d'elles.

C'eft au zèle de Vincent-de-Paul, fondateur de la congrégation des prêtres de la miffion, que le public eft redevable de l'inftitution des filles dont il s'agit ici. Cet eccléfiaftique s'em-

---

(*) Les hôpitaux qui reconnoiffent le général de Rome, font divifés en fix provinces.

ploya auprès de quelques dames, pour faire affifter les pauvres dans leurs befoins. Ses démarches ne furent pas fans fuccès: il fe forma une fociété de dames pour exercer envers eux la Charité. La dame le Gras (*) donna fur-tout l'exemple le plus marqué d'un entier dévoûment. Mais comme il n'étoit pas poffible à cette dame de donner par elle-même aux malades tous les fecours dont ils avoient befoin, il fut convenu avec Vincent-de-Paul qu'on auroit des filles dont le miniftère feroit de fervir les pauvres, fous la dépendance des dames de la paroiffe où elles feroient employées. Mais un défaut de liaifon & de correfpondance empêchant que ces filles ne fuffent fuffifamment inftruites, on prit le parti de les unir en communauté fous la conduite d'une fupérieure, qui fut la dame le Gras. Cette dame qui fe trouvoit alors dans l'état de viduité, reçut chez elle toutes ces filles; & c'eft dans fa maifon à Paris, proche faint Nicolas-du-Chardonnet, que commença cette affociation le 21 novembre 1633.

L'hôtel-Dieu étoit l'endroit principal où l'on envoyoit ces filles faire leur apprentiffage; enfuite fuivant les befoins, on les employoit à fervir les pauvres chez eux, dans les différens quartiers. Mais comme les emplois de Charité e multiplioient tous les jours, & qu'ils augmentoient la néceffité d'un commerce plus fré-

_____

(*) Cette dame le Gras étoit la veuve d'un fecrétaire de la reine Marie de Médicis. Elle étoit iffue du mariage de Louis de Marillac fieur de Ferrières avec Marguerite le Camus.

quent avec toutes les perfonnes qui y prenoient part, Vincent-de-Paul engagea la dame le Gras d'aller loger avec fa communauté au faubourg faint Denis, vis-à-vis faint Lazare, dans une maifon qu'elle loua d'abord & qu'elle acheta enfuite.

Dans ce temps-là s'établit l'hôpital des Enfans-Trouvés ; on en donna le foin à la dame le Gras & aux filles de fa communauté. La ville d'Angers ayant entendu parler du zèle & de l'intelligence de ces filles, en demanda pour le fervice de fon hôpital ; la dame le Gras alla elle-même faire cet établiffement.

Pendant ce voyage la reine Anne d'Autriche demanda de ces mêmes filles pour le fervice des malades de Fantainebleau. Cette princeffe qui entretenoit durant le fiége de Dunkerque un hôpital pour les foldats bleffés & malades, en donna encore le foin à ces filles. La reine de Pologne, louife-Marie de Gonzagues, en demanda de fon côté pour la Pologne, & on en fit paffer un certain nombre à Varfovie. Peu de temps après on fonda à Paris l'hôpital du nom DE JESUS pour quarante pauvres de l'un & de l'autre fexe (*) : on en donna le gouvernement, l'économie & le fervice à la dame le Gras & à fes filles. Elles furent encore chargées des infenfés enfermés dans l'hôpital des Petites-Maifons, ainfi que du foin d'un grand nombre de vieillards que le bureau y fait entretenir.

Une fociété dont le but étoit fi utile, méritoit de prendre une confiftance. Vincent-de-

_____

(*) Cet hôpital a fervi de fondement à l'hôpital général.

K k iv

Paul s'occupa de cet objet : il fit des ſtatuts &
des réglemens qu'il préſenta avec un mémoire
à l'archevêque de Paris qui y donna en 1655,
des lettres d'approbation & d'érection ſous le
titre de congrégation de *ſervantes des pauvres*.
Ce prélat les mit en même temps ſous la direction du ſupérieur géréral de la miſſion & de
ſes ſucceſſeurs; avec cette réſerve néanmoins
qu'elles demeureroient à perpétuité ſous la dépendance des archevêques de Paris.

Après que ces lettres eurent été obtenues,
Vincent-de-Paul fit aſſembler toutes les filles
dans la maiſon de la communauté le 8 août de
la même année, pour faire l'acte de leur établiſſement, & la lecture des ſtatuts & des règlemens qui les concernoient. Il prit le nom de
celles qui avoient été reçues & qui perſévéroient
dans leur vocation; il nomma les officières : la
première fut la dame le Gras qu'il pria de continuer ſes fonctions de ſupérieure pendant ſa
vie ; il déſigna enſuite une aſſiſtante, une éco-
nome, &c. Peu de temps après, cette congrégation fut autoriſée par des lettres-patentes de
l'année 1657, & confirmée en 1660, par le cardinal de Vendôme, légat du pape Clément IX,
en France.

Il y a beaucoup d'établiſſemens de ces ſortes
de filles en France, en Pologne & dans les Pays-
Bas. Tous ces établiſſemes ſont ſoumis à la maiſon principale qui eſt celle du faubourg ſaint Denis, vis-à-vis ſaint Lazare. Ces filles n'ont ordinairement aucun fond en propriété. Elles ſont
nourries dans les hôpitaux où elles demeurent.
On donne à chacune pour ſon entretien une ſomme fort modique. Celles qui veulent entrer dans

l'affociation, font reçues fans dot dans la maifon de faint Denis qui eft leur maifon de féminaire. On n'exige d'elles que les frais de leur premier habit & de leur petit ameublement. Si elles fortent, on leur rend en efpèce ou en valeur, tout ce qu'elles ont apporté.

Avant de les recevoir on prend des informations fur leurs mœurs & fur leur famille. Elles reftent fix mois dans le féminaire avec leur habit ordinaire ; enfuite on leur donne celui de l'inftitut, qui eft d'une étoffe grife avec une cornette blanche. Pendant leur féminaire on les forme aux exercices relatifs à leur inftitut, enfuite on les difperfe dans les villes & les campagnes fuivant le befoin qu'on a d'elles.

Quand elles ont été éprouvées pendant cinq ans, elles font admifes à faire des vœux fimples, mais feulement pour un an ; & ce vœu, elles le renouvellent chaque année le 25 mars, après en avoir obtenu la permiffion de leurs fupérieurs.

Le général les change de maifons quand il le juge à propos. De temps en temps elles font rappelées au féminaire pour s'y confirmer dans l'efprit de leur inftitut par les exercices fpirituels d'une retraite de huit jours. La fupérieure de ce féminaire eft élue tous les trois ans, au bout defquels elle peut être continuée pour trois autres années.

On connoît toute l'étendue des fervices que ces filles qu'on nomme fœurs de la Charité, ou autrement *fœurs-grifes*, rendent au public, fans être à charge à perfonne. Cette liberté qu'elles ont de renoncer à leur inftitut d'une année à l'autre, fait que leur affociation eft toujours compofée d'excellens fujets qui fe prêtent de bonne volonté aux foins & aux travaux auxquels on les deftine. Ces filles méritent encore d'autant plus de confidération, que plufieurs d'entr'elles appartiennent par la naiffance, à des perfonnes de la première diftinction. (*Article de M. DARAEAU, avocat, &c.*)

CHARITÉ (NOTRE-DAME DE). C'eft un ordre compofé de religieufes qui vivent fous la règle de faint Auguftin, & qui font un vœu particulier de travailler à l'inftruction des filles & des femmes pénitentes qui veulent fe retirer chez ces religieufes pour un temps.

Le pere Eudes, frère de Mezerai hiftoriographe de France, eft reconnu pour le fondateur de cet ordre. Pendant qu'il travailloit aux miffions en 1638, 1639 & 1640, il fit de tels fruits que plufieurs filles & plufieurs femmes lui demandèrent un lieu de refuge pour y faire pénitence, en lui avouant que la néceffité avoit eu beaucoup de part à leur vie déréglée. Ce vertueux eccléfiaftique leur indiqua d'abord un lieu de réunion chez une femme qu'on appeloit *Marguerite l'Ami.* Il fe détermina enfuite à leur fonder une maifon dans la ville de Caën en Normandie, où elles furent renfermées en 1641; fous la conduite de quelques filles dévotes.

Mais comme ces filles n'étoient attachées à leur miniftère par aucun inftitut particulier, & que la plupart d'entr'elles y renonçoient après un certain temps, on jugea convenable de leur fubftituer des religieufes qui après avoir fait les trois vœux folemnels de la règle de faint Auguftin, feroient celui de prendre foin de la converfion des pénitentes; & l'on obtint à cet ef-

&t des lettres-patentes de Louis XIII du mois de novembre 1642.

On délibéra fur l'habillement que ces religieufes porteroient : on convint qu'il feroit blanc, pour dénoter la grande pureté dont elles faifoient profeffion. Elles ont fimplement un voile noir ; & portent fur leur fcapulaire un cœur d'argent où eft gravé l'image de la Vierge tenant l'enfant Jefus entre fes bras.

Le pape Alexandre VII érigea cette congrégration en ordre religieux par une bulle du 22 janvier 1666. Ils s'eft formé des établiffemens de cette même congrégation en plufieurs endroits, notamment à Rennes en 1674 ; à Guincamp dans l'évêché de Treguier en 1678 ; à Vannes en 1683, &c.

Voyez *les origines de la ville de Caën, par M. Huet, évêque d'Avranche.* (*Article de M. DA-REAU, avocat, &c.*)

CHARIVARI. C'eft un bruit confus de poëles, chaudrons & autres inftrumens femblables qu'accompagnent des cris & des huées, & que les gens du peuple ont coutume de faire la nuit devant la maifon des femmes veuves & âgées qui fe remarient.

Les Charivaris, fi contraires au bon ordre & à la tranquillité publique, furent autrefois tellement en ufage, que les reines mêmes n'étoient pas épargnées.

Etienne Bouchin, procureur du roi à Beaune, nous apprend dans fon fixième plaidoyer imprimé à Paris, chez Claude Morel en 1610, que l'abus dont il s'agit étoit autorifé dans certaines juridictions, du moins dans le reffort de Beaune, où des juges avoient condamné de nouveaux ma-

riés à payer les frais d'un Chavari. Sur l'appel
qu'interjetèrent de la fentence les nouveaux mariés , Bouchin obferva que quoique quelques
auteurs euffent écrit que *non fit injuria fecondo*
nubenti fi carivarium detur; cependant Faber &
Chaffanée condamnoient le Charivari : en conféquence il conclut à ce qu'il fût dit qu'il avoit
été mal jugé, bien appelé (*).

(*) Ce plaidoyer eft curieux & peut donner une idée
de la manière dont les affaires fe traitoient alors au barreau. Bouchin commence par louer la virginité & les veuves
qui ne fe remarient point : il déclame enfuite contre les
fecondes noces, & furtout contre l'impatience des veuves
qui fe remarient trop promptement , contre l'imprudence
des vieillards qui fe marient & enfin contre les maratres :
enfuite il excufe ou il juftifie ce qu'il vient de condamner.

Pour faire connoître la bigarrure & la fingularité du
ftyle , nous allons en tranfcrire un échantillon tiré de l'endroit où Bouchin détaille les malheurs des fecondes noces :

» Si que l'on peut dire avec Héfiode que celui qui fe
» remarie ,

    » *Naufragus navigat* bis *profundum difficile* ,

» il fait naufrage en un endroit où il n'y a point de fond.
» Après la mort d'une femme en rechercher une feconde,
» c'eft fuivant l'opinion du comique Philémon , vouloir
» flotter encore fur une mer d'inquiétudes & mifères :
» c'eft un jeu où le hazard y a plus de part que la raifon ;
» & un effet de la blanque, où chacun court aux béné-
» fices, & les plus heureux les rencontrent : alors les mal-
» heureux fe plaignent en vain de Cupidon qui ne les a
» point frappés du trait doré & armé par le bout d'une
» pointe Luifante ,

    » *Cujus fuit aurea cufpis* ,

» qu'eft celui dont la bleffure engendre l'amour dedans les
» cœurs navrés ; mais de celui qui eft doué d'une vertu
» contraire , qui porte avec foi la haine de l'amour , &

» eſt tout mouſſe , & n'a ſon bois armé que dé plomb,

  » *Fugat hoc facit illud amorem.*

» que s'il y a encore quelque reſte de beauté coutumiere-
» ment plaſtrée,

  » *Quaſi ſit ſignum pictum in pariete ;*

» dit Plaute,

  » *Nam iſthæc veteres , quæ ſe unguentis unctitant*
    » *interpoles ,*

» *Vetulæ , edentulæ , quæ vitia corporis fuco occulunt,*
» *Ubi ſe ſe ſudor cum unguentis conſociavit , illico,*
» *Itidem alent , quaſi quem una multa jura confundit*
    » *coquus ,*

» que ſi elles ajuſtent leurs cheveux avec un peu plus
» d'artifice ,

  » *Comptis arte manuque comis ,*

» ſi elles les détrempent dedans de l'eau qui vient de la
» rivière de Chratis ou de celle de Cybaris , pour les
» rendre comme fil d'or ,

  » *Electro ſimiles faciunt auroque capillos ;*

» que ſi elles n'oublient à porter leurs chaines & car-
» quans ,

  » *Auratis circumdata colla catenis ,*

» & s'il y a encore quelque peu de bonne grace ;

  » *Et faciunt cura , ne videantur anus.*

» que ſi au coutraire de la Soſaſtre de Plaute , elles ſont
» complaiſantes & cageoleuſes , l'on a mal en teſte , l'on
» entre en défiance ,

  » *Eſſe metus cœpit , ne jura jugalia conjux ,*
  » *Non bene ſervaſſet.*

» la femme autant ſuſceptible de jalouſie que le mari ;
» plus pâle que la jalouſe Procris ,

  » *Palluit ut ſerâ lectus de vite racemus :*

» plus ſèche de ce peccant humeur , & plus jaune que les

crits par tout, soit par les arrêts des cours, soit
par divers règlemens de police qui prononcent

» feuilles battues du mauvais vent , & qui ont déja ressenti
» du froid ,

» *Frondes quas nova læsit hyems* ;

» & qui ne voudroit permettre que ses servantes entras-
» sent dans le temple de la déesse Leucothea , si ce n'étoit
» pour les souffleter , se peut d'autre côté plaindre avec la
» vieille Syra de ce que les maris se persuadent avoir plus
» de privilèges que les femmes ,

» *Ecastor lege durâ vivunt mulieres ,*
» *Multoque iniquiore miseræ quam viri ;*
» *Nam si vir scortum duxit clam uxore suâ ,*
» *Id si rescivit uxor , impunè est viro :*
» *Uxor vero , si clam domo egressa est foras ,*
» *Viro fit caussa , exigitur matrimonio.*
» *Utinam lex esset eadem uxori , quæ est viro !*

» elle est susceptible de jalousie lois mesmement que
» quelque genisse usurpe ses pascages (ce sont les termes
» d'Œnone à Pâris) & lorsque son mari ;

» *Fundum alienum arat, incultum familiarem deserit ;*

» ce qu'elle ne croit pas lui estre plus permis qu'à elle ;
» *periniquum est ut pudicitiam vir ab uxore exigat quam*
» *ipse non præstet* , dit le jurisconsulte Papinien , que s'il
» s'émancipe & s'en fasse accroire , le plus souvent elle
» suit sa brisée.

» *Vitio est improba facta viri :*

» ce qui cause avec les autres incommodités du mariage
» un mauvais mesnage , lequel provient peut être par faute
» d'avoir sacrifié à la jugale Junon inventrice du mariage ,
» & qui a le soin des noces ,

» *Toris quæ præsidet alma maritis ,*

» à laquelle Didon , voulant avoir Ænée pour mari , n'ou-
» blia pas de faire les premiers sacrifices ,

» *Junoni ante omnes cui vincla jigalia cura* «.

des amendes plus ou moins fortes, & d'autres peines contre les contrevenans.

Baffet rapporte un arrêt du parlement de Grenoble, inscrit dans le livre vert, portant défense de faire aucun Charivari à peine de prison, de 500 livres d'amende & de punition corporelle.

Le parlement de Touloufe a défendu les Charivaris par plufieurs arrêts des 18 janvier 1537, 6 février 1542, 9 octobre 1545, 11 Mars 1549, & du mois de mars avant Pâques 1551.

Bouvot rapporte un arrêt du mois de juin 1716, par lequel le parlement de Dijon fit défenfe *de plus mener le Charivari*, à peine de cinquante livres d'amende.

Deux arrêts du parlement d'Aix des trois novembre 1640, & 25 février 1645, rapportés par Boniface, ont déclaré les auteurs de Charivari criminels, & ont enjoint aux officiers de tenir la main à ce que l'on n'en fît point.

Un arrêt de règlement du parlement de Lorraine du 17 janvier 1715, a pareillement défendu les Charivaris, à peine d'être procédé extraordinairement contre les coupables, & ordonné que les pères, les mères & les maîtres demeureroient refponfables civilement des contraventions de leurs enfans & de leurs domefiques (*).

_____

(*) *Cet arrêt eft ainfi conçu :*
Vu par la cour la requête préfentée par le procureur général; expofitive, qu'il a reçu de grandes plaintes, qu'en divers endroit du reffort de la cour, il fe commet des défordres fcandaleux, à l'occafion des mariages, foit en premières, foit en fecondes nôces, en ce que la plupart

des jeunes gens des lieux , particulièrement du nombre des artisans , & gens de boutique , s'attroupent de jour & de nuit , pour insulter les nouveaux mariés ; soit sous prétexte de seconds mariages , en faisant des Charivaris nocturnes , avec des huées insolentes , & des instrumens bruyans ; soit même au sujet des premiers mariages , pour faire payer des droits qu'ils prétendent leur être dûs ; ce qui aboutit à de si grands excès , que souvent il en naît des querelles violentes , avec blessures d'armes à feu , ou a coups d'épée ; ce qui oblige plusieurs nouveaux mariés de se dérober à cette fureur , en se retirant à la campagne pour quelques jours , au retour desquels ils sont souvent exposés aux mêmes insultes , qu'ils ne peuvent éviter , qu'en donnant beaucoup d'argent à cette jeunesse licentieuse , qui va le depenser au cabaret , & dont elle ne sort qu'avec grand bruit , qui trouble la tranquillité publique , & scandalise les honnêtes gens ; notamment les Charivaris , que l'église à défendus en divers conciles , à peine des plus fortes censures ; & que les princes & les magistrats ont aussi réprimés par des peines sévéres , dans les états bien policés , non seulement comme rejaillissant au mépris & à l'opprobre du mariage qui est le fondement de la société civile ; mais aussi comme tendant à assemblées illicites & émotions populaires , ce qui l'oblige de se pourvoir : requérant qu'il plaise à la cour faire très expresses inhibitions & défenses à toutes personnes de quelque état , qualité & condition qu'elles soient , de s'attrouper de jour ou de nuit , pour insulter par paroles ou par voies de fait , sous quelque prétexte que ce soit , les nouveaux mariés , soit en premières , soit en secondes noces , ou exiger d'eux aucun droit , soit en argent , soit en vin , ou autres effets , même des étrangers , qui seroient venus épouser une fille ou veuve du lieu , à peine d'être procédé extraordinairement contre les coupables ; enjoindre aux officiers des lieux de faire informer incessamment contre les contrevenans , sans attendre aucune plainte ni dénonciation , & de faire punir ceux qui seront convaincus de contravention , tant par prison , que par condamnation d'amende , dont ils seront

police

police au châtelet de Paris, le 13 mai 1735, a condamné à l'amende différens particuliers pour avoir fait Charivari. Elle a en outre ordonné l'exécution des règlemens relatifs à la tranquillité publique, & déclaré que les pères, les mères, les maîtres & les maitreffes feroient refponfables des amendes qui pourroient être prononcées con-

---

tenus folidairement, fauf leurs recours les uns contre les autres ; ordonner que les peres, meres, & maîtres, demeureront refponfables civilement des contraventions de leurs enfans & domeftiques, de l'un & de l'autre fexe ; & que l'arrêt qui interviendra fera lu, publié, affiché, & régiftré par-tout où befoin fera, à ce qu'aucun n'en prétende caufe d'ignorance. Oui le fieur Barret confeiller, en fon rapport. Tout vu & confidéré.

La cour fait très-expreffes inhibitions & défenfes à toutes perfonnes, de quelque qualité, état, & condition qu'elles foient, de s'attrouper de jour ou de nuit, pour infulter par paroles, ou par voies de fait, fous quelque prétexte que ce foit, les nouveaux mariés, foit en premieres, foit en fecondes noces, ou exiger d'eux aucuns droits, foit en argent, foit en vin, ou autres effets, même des étrangers, qui feroient venus époufer une fille ou veuve du lieu, à peine d'être procédé extraordinairement contre les coupables ; enjoint aux officiers des lieux de faire informer inceffamment contre les contrevenans, fans attendre autre plainte ni dénonciation, & de faire punir ceux qui feront convaincus de contravention, tant par prifon, que par condamnation d'amende, dont ils feront tenus folidairement, fauf leurs recours les uns contre les autres ; ordonne que les peres, meres, & maîtres, demeureront refponfables civilement des contraventions de leurs enfans & de leurs domeftiques, de l'un & de l'autre fexe : ordonne en outre que le préfent arrêt fera lu, publié, affiché & regiftré par-tout où befoin fera, à ce qu'aucun n'en prétende caufe d'ignorance. Fait à Nanci le 17 janvier 1715. Signé, par la cour, Vaultrin.

tre leurs enfans, leurs apprentis & leurs domeſtiques (*).

(*) *Voici cette ſentence.*

Sur le rapport à nous fait par maître Julien-Etienne
Divot, conſeiller du ioi, commiſſaire en cette cour; qu'au
préjudice des arrêts de la cour, ordonnances, ſentences
& réglemens de police, qui font défenſes à toutes perſonnes de s'attrouper les nuits, & d'interrompre le repos public, ſous quelque prétexte que ce ſoit, même ſous prétexte de faire des Charivaris; néanmoins les nommés
Leroy, maître menuiſier, Carqueville ſon compagnon,
& Geoffroy deux fieres, boureliers, demeurans tous rue
du temple, entre les rues paſtourelle & porte foin, auroient
le lundi neuf du préſent mois, ſur les neuf heures du ſoir,
attroupé aux environs de leurs portes une nombreuſe populace compoſée de domeſtiques, ouvriers & autres, & les auroient excités à faire un Charivari extraordinaire depuis ladite
heure juſqu'à minuit, à l'occaſion d'une veuve qui demeure
même maiſon que ledit Leroy, qui doit ſe marier inceſſamment; qu'ils ont fait réitérer ce Charivari le lendemain dix du même mois par une populace auſſi nombreuſe, partie armée de chaudrons, poeles, ſifflets, &
partie de ſonnettes & de couvercles de marmites, en ſorte
que ce bruit donna lieu au ſieur Antheaume, biigadier du
guet à cheval, de s'y tranſporter avec Guillaume, ſer-
gent du guet, & ſon eſcouade; qu'à leur approche toute
cette populace ſe ſauva dans la maiſon dudit Leroy, dont
la porte fut fermée, ſans qu'ils puſſent en arrêter aucun,
ſinon un domeſtique, qu'ils emmenèrent chez lui commiſſaire, qui de ſon ordonnance l'envoya ès priſons du
grand châtelet, & du tout dreſſa ſon procès-verbal;
qu'ayant conſidéré ce procédé de la part deſdits Leroy,
Carqueville & Geoffroy fieres, auteurs de ce Charivari,
comme une déſobéiſſance manifeſte auxdits arrêts de la
cour, ſentences & réglemens de police, il a délivré ſon
ordonnance, en vertu de laquelle leſdits Leroy, Carqueville & Geoffroi freres on été aſſignés à la requête du
procureur du roi par exploits des 11 & 12 du préſent
mois, fait par Brion huiſſier de la Cour, à comparoir à
cette audience.

Voyez *Brodeau sur la coutume de Paris; Sauval, antiquités de Paris; les arrêts de Baffet;*

Sur quoi nous, après avoir oui ledit commiſſaire Divot en ſon rapport, ledit Leroy en ſes défenſes, & les gens du roi en leurs concluſions, nous avons donné défaut contre leſdits Carqueville & Geoffroy freres non comparans, & pour le profit, nous ordonnons que les arrêts de la cour, ſentences & règlemens de police concernant la tranquillité & le repos public ſeront exécutés ſelon leur forme & teneur; & en conſéquence faiſons défenſes à tous bourgeois & habitans de cette ville d'exciter le ſoir & la nuit aucune émotion populaire pour faire des Charivaris, à peine de cent livres d'amende, dont les peres & les meres ſeront reſponſables pour leurs enfans, & les maîtres & maitreſſes pour leurs ouvriers, apprentis & domeſtiques, même contre leſdits domeſtiques ſous peine d'être empriſonnés; & pour les contraventions commiſes par leſdits Leroy, Carqueville & Geoffroy freres, nous les condamnons pour cette fois ſeulement, par grâce, & ſans tirer à conſéquence, chacun en dix livres d'amende envers le roi, leſdits Leroy & Carqueville ſolidairement, comme icelui Leroy reſponſable civilement dudit Carqueville ſon compagnon. Leur faiſons defenſes de récidiver ſous plus grande peine; ſur les premiers deniers provenans deſquelles amendes nous avons adjugé audit Brion huiſſier de la Cour cent ſous pour les quatre aſſignations par lui données. Mandons aux commiſſaires au châtelet de tenir exactement la main, chacun dans l'étendue de leur quartier, à l'exécution de la préſente ſentence, qui ſera exécutée nonobſtant oppoſitions ou appellations quelconques, & ſans préjudice d'icelles, imprimée, lue, publiée & affichée dans tous les lieux & carrefours ordinaires & accoutumés de cette ville, & notamment aux portes deſdits Leroy, Carqueville & Geoffroy. Ce fut fait & donné par meſſire René Herault, chevalier, ſeigneur de Fontaine-l'Abbé & de Vaucreſſon, conſeiller d'état, lieutenant général de police de la ville, prévôté & vicomté de Paris, tenant le ſiège de l'audience de la chambre de police audit châtelet, les jour & an que deſſus. Signé, Herault.

Chaſſanée, ſur la coutume de Bourgogne ; les arrêts de Boniface ; Mourgues, ſur les ſtatuts & coutumes de Provence ; le receuil des ordonnances & règlemens de Lorraine ; le dictionnaire des arrêts; le traité de la police ; &c.

CHARLATAN. Ce terme s'emploie particulièrement pour déſigner quelqu'un qui n'ayant ni études, ni principes, ni degrés dans une univerſité, exerce néanmoins la médecine & la chirurgie ſous prétexte de ſecrets qu'il poſſéde & qu'il applique a tout.

Depuis que les hommes vivent en ſociété, il y a eu des Charlatans & des dupes. On voit dans l'hiſtoire médicinale des Egyptiens & des Hébreux une foule d'impoſteurs qui profitant de la foibleſſe & de la crédulité, ſe vantoient de guérir les maladies les plus invétérées par leurs amulettes, leurs charmes, leurs divinations & leurs ſpécifiques.

Les Grecs & les Romains furent à leur tour inondés de Charlatans en tout gente. Ariſtophane a célébré un certain Eudamus qui vendoit des anneaux contre la morſure des bêtes venimeuſes.

Nos Charlatans ne diffèrent pas des anciens pour le caractère ; c'eſt le même génie qui les gouverne, le même but auquel ils tendent ; celui de gagner de l'argent & de tromper le public, & toujours avec des ſachets, des peaux divines, des calottes contré l'apoplexie, l'hémiplegie, l'épilepſie, &c.

Voici quelques traits raſſemblés par M. Dionis, ſur les Charlatans qui ont eu le plus de vogue en France vers la fin du ſiècle dernier.

Le marquis Caretto, un de ces avanturiers

hardis, d'un caractère libre & familier, qui se produisant eux-mêmes, protestent qu'ils ont dans leur art toute l'habileté qui manque aux autres, & qui sont crus sur leur parole, perça la foule, & parvint jusqu'à l'oreille du prince, & en obtint la faveur & des pensions. Il avoit un spécifique qu'il vendoit deux louis la goutte : le moyen qu'un remède si cher ne fût pas excellent? Cet homme entreprit M. le maréchal de Luxembourg, & l'empêcha d'être saigné dans une fausse pleurésie dont il mourut. Cet accident décria le Charlatan; mais le grand capitaine étoit mort.

Deux capucins succédèrent à l'avanturier d'Italie; ils firent publier qu'ils apportoient des pays étrangers des secrets inconnus aux autres hommes. Ils furent logés au Louvre; on leur donna 1500 livres par an. Tout Paris accourut vers eux; ils distribuèrent beaucoup de remèdes qui ne guérirent personne; on les abandonna, & ils se jetèrent dans l'ordre de Clugni. L'un, qui se fit appeler l'abbé Rousseau, fut martyr de la Charlatanerie, & aima mieux mourir que de se laisser saigner. L'autre, qui fut connu sous le nom de l'abbé Aignan, ne se réserva qu'un remède contre la petite vérole; mais ce remède étoit infaillible. Deux seigneurs de la première qualité s'en servirent : l'un étoit M. le duc de Roquelaure, qui en réchappa, parce que sa petite vérole se trouva de bonne qualité : l'autre M. le prince d'Epinoi, qui en mourut.

En voici un pour les urines; on l'appeloit le médecin des bœufs. Il étoit établi à Seignelai, bourg du comté d'Auxerre : il prétendoit connoître toutes sortes de maladies par l'inspection des urines; Charlatanerie facile, usée &

de tout pays. Il passa pendant quelque temps pour un oracle ; mais on l'instruisit mal, il se trompa tant de fois que les urines oublièrent le chemin de Seignelai.

Le père Guiton, cordelier, ayant lu dans un livre de chimie la préparation de quelques médicamens, obtint de ses supérieurs la liberté de les vendre, & d'en garder le profit, à condition d'en fournir gratis à ceux du couvent qui en auroient besoin. M. le prince d'Isenghien & plusieurs autres personnes éprouvèrent ses remèdes, mais avec un si mauvais succès, que le nouveau chimiste en perdit son crédit.

Un apoticaire du comtat d'Avignon se mit sur les rangs avec une pastille, telle qu'il n'étoit point de maladie qui ne dût céder à sa vertu. Ce remède merveilleux, qui n'étoit qu'un peu de sucre incorporé avec de l'arsenic, produisit les effets les plus funestes. Ce Charlatan étoit si stupide, que prenant pour mille pastilles mille grains d'arsenic qu'il mêloit sans aucune précaution avec autant de sucre qu'il en falloit pour former les mille pastilles, la distribution de l'arsenic n'étoit point exacte ; ensorte qu'il y avoit telle pastille chargée de très - peu d'arsenic, & telle autre de deux grains & plus de ce minéral.

Le frère Ange, capucin du couvent du faubourg saint Jacques, avoit été garçon apoticaire ; toute sa science consistoit dans la composition d'un sel végétal, & d'un syrop qu'il appeloit méfentérique, & qu'il donnoit à tout le monde ; attribuant à ce syrop la propriété de purger avec choix les humeurs qu'il falloit évacuer. C'étoit, dit-on, un bon-homme, qui le croyoit de bonne foi. Madame la Dauphine, qui étoit indisposée, usa de son son sel & de son sirop pendant quinze jours; & n'en recevant aucun soulagement, le frère Ange fut congédié.

L'abbé de Belzé lui succéda à Versailles. C'étoit un prêtre normand qui s'avisa de se dire médecin; il purgea madame la Dauphine vingt-deux fois en deux mois, & dans le temps où il est imprudent de faire des remèdes aux femmes: la princesse s'én trouva fort mal, & les demoiselles Besola & Patrocle, deux de ses femmes-de-chambre, qui avoient aussi fait usage de la médecine de l'abbé, en contractèrent un dévoiement continuel, dont elles moururent l'une après l'autre.

Le sieur du Cerf vint ensuite avec une huile de gayac qui rendoit les gens immortels. Un des aumôniers de madame la Dauphine, au lieu de se mêler de son ministère, s'avisa de proposer le sieur du Cerf; le Charlatan vit la princesse, assura qu'il en avoit guéri de plus malades qu'elle; courut préparer son remède; revint, & trouva la princesse morte: & cet homme, qui avoit le secret de l'immortalité, mourut trois mois après.

Ces détails pourroient faire penser que nous n'avons point de loi en France contre les Chartans, mais ce seroit une erreur. L'article 26 de l'édit du mois de mars 1707 défend sous peine de cinq cent livres d'amende, à quiconque n'est ni docteur, ni licencié dans une faculté de médecine, d'ordonner aucun remède, même gratuitement, sous quelque prétexte que ce soit.

L'article 27 du même édit a déclaré que les religieux mendians & non mendians étoient compris dans les défenses précédentes, & a ordonné qu'en cas de contravention, la maison du religieux non mendiant seroit tenue de l'amende de cinq cens livres, & que le religieux mendiant seroit renfermé pour un an.

L'article 28 défend à tout juge, sous peine d'interdiction, de permettre l'exercice de la médecine aux personnes qui n'ont pas obtenu le degré de licencié.

Il seroit à desirer pour l'intérêt public que ces dispositions fussent mieux exécutées qu'elles ne le sont, sur-tout à Paris.

Par la raison que les Charlatans n'ont nul droit d'exercer la médecine, ils n'ont, comme le remarque Chopin sur la coutume de Paris, aucune action pour répéter des salaires, non plus que le payement des drogues qn'ils ont fournies.

Voyez les articles MÉDECIN, CHIRURGIEN, APOTICAIRE, IMPÉRITIE, &c.

CHARLEVILLE. Ville capitale d'une principauté de même nom, située en Champagne sur la Meuse.

Anne, Palatine de Bavière, veuve du prince de Condé, créancière privilégiée & héritière bénéficiaire de feu Ferdinand-Charles de Gonzague, duc de Mantoue, fut en cette qualité, maintenue par arrêt du 15 janvier 1709, dans la propriété & possession de Charleville.

Un autre arrêt du conseil & des lettres patentes des 15 avril & 24 mai 1710, ordonnèrent que cette princesse jouiroit de tous les droits utiles dans la principauté de Charleville, comme en jouissoit le duc de Mantoue, à l'exception du ressort & de la souveraineté : les habitans furent confirmés dans tous leurs privilèges, & il fut ordonné que les appellations des juges de Charleville, concernant les droits domaniaux, reſſortiroient au parlement de Paris.

Madame la princeſſe, madame la ducheſſe de Brunſvick & M. le prince de Salm obtinrent au mois de janvier 1718, des lettres patentes par leſquelles il fut établi dans la principauté de Charleville, une ſeule juſtice avec titre de bailliage.

Le conſeil décida le 10 mai 1723 que le contrôle des actes n'auroit pas lieu à charleville, même dans les lieux de la principauté poſſédés par indivis avec le roi; mais que les Notaires ne pourroient recevoir d'actes où les ſujets du roi ſeroient parties, ſans les faire contrôler au prochain bureau.

Divers arrêts & lettres patentes ont déchargé les habitans de la principauté de Charleville de la ſubvention par doublement, & des autres anciens droits d'aides ſur les vins & eaux-de-vie qu'ils tirent du royaume pour leur conſommation, ſoit qu'ils faſſent venir ces boiſſons des pays exempts ou nom exempts de ces droits.

Ils jouiſſent de la même exemption pour les boiſſons de leur crû qu'ils tranſportent ailleurs.

Quant aux autres boiſſons qui ne ſont pas de leur crû & qu'ils font paſſer à l'étranger ou dans les pays exempts d'aides, les droits en ſont dus, & le fermier a été autoriſé à établir des bureaux pour les percevoir.

M. le duc de Bourbon a acheté de la maiſon de Brunſvick la principauté de Charleville & la moitié de celle de ſaint Mange: M. le prince de condé jouit dans la principauté de Charleville des droits régaliens, à la charge d'hommage au roi; & l'appel des juges de Charleville reſſortit au parlement de Paris, conformément aux lettres patentes de 1710.

Dans saint-Mange, la souveraineté appartient au roi & au prince, par moitié; les juges de Sedan, pour le roi, & ceux de Charleville, pour le prince, se réunissent à Saint-Mange, & y rendent conjoitement la justice en dernier ressort. Les droits de contrôle, le papier timbré, & les autres droits de cette nature, n'ont point lieu à Saint-Mange.

CHARMÉ. En termes de juridiction des eaux & forêts, on appelle *bois Charmé*, les arbres qu'on a gâtés par le pied pour les faire périr.

Cette expression paroît tirer son origine de ces temps de simplicité où l'on croyoit que les effets de cette nature ne pouvoient s'opérer que par des *Charmes*, des sorts, ou quelque pouvoir surnaturel.

L'article 22 du titre 27 de l'ordonnance des eaux & forêts défend à toute personne de charmer les arbres ni d'en enlever l'écorce, sous peine de punition corporelle.

CHARRUE. C'est une machine qui sert à labourer les terres.

La Charrue d'un laboureur ne peut pas être saisie, même pour deniers royaux. Ce privilège introduit en faveur de l'agriculteur, étoit déja en usage chez les romains. Il a pareillement été adopté dans notre droit françois, & différentes lois l'ont confirmé, entr'autres l'ordonnance de François premier, de 1540; l'édit de Charles IX du 8 octobre 1571, & l'ordonnance de Henri IV du 16 mars 1595: cette dernière est générale & accorde le privilège même contre les deniers royaux, au lieu que l'édit de 1571 n'étoit que pour un an, & exceptoit du privilège des laboureurs les deniers royaux. Enfin l'article 16 du titre 33 de l'ordonnance du mois d'avril 1667, a fixé la jurisprudence sur ce point : elle défend de saisir les Charrues, charrettes & ustensiles servant à labourer, même pour deniers royaux, à peine de nullité (*).

Observez cependant que cette défense ne s'étend ni au vendeur des Charrues & ustensiles, ni au propriétaire des terres où servent ces ustensiles. Ce vendeur & ce propriétaire peuvent saisir ces effets tant pour le prix de la vente qui en a été faite, que pour les fermages qui peuvent être dûs.

En 1358, le seigneur de Mantor, proche Abbeville, comptoit au nombre de ses droits celui de prendre les socs, contres, & ferremens des Charrues, faute de prestation de ses cens & corvées : mais il étoit défendu de donner en gage aux juifs ces mêmes ustensiles, comme il est dit dans une ordonnance de 1360.

Une Charrue, en matière de privilège & d'exemption de tailles, signifie la quantité de terres que chaque Charrue peut labourer.

Par l'édit du mois de mars 1667, il fut ordonné que les ecclésiastiques, gentilshommes, chevaliers de Malte, officiers, privilégiés, & bourgeois de Paris, ne pourroient tenir qu'une ferme par leurs mains dans une même paroisse, & sans fraude ; savoir les ecclésiastiques, gentilshommes & chevaliers de Malte, le labour de quatre Charrues ; & les officiers, privilégiés

(*) La même jurisprudence a lieu en Lorraine en vertu de l'article 16 du titre 17 de l'ordonnance civile du duc Léopold du mois de novembre 1707.

& bourgeois de Paris, deux Charrues chacun; fans pouvoir jouir de ce privilège que dans une feule paroiffe.

L'article 15 du réglement de 1673 porte qu'un bourgeois de Paris peut tenir une ferme par fes mains, ou la faire exploiter par fes va-lets & domeftiques, pourvu qu'elle foit fituée dans l'étendue de l'élection de Paris, & qu'elle ne contienne que la quantité de terre qu'une Charrue peut labourer.

Les règlemens ne fixent point le nombre d'ar-pens de terre dont une Charrue doit être com-pofée, par rapport à l'exemption de tailles. Ce-là dépend de l'ufage & de la mefure des terres dans chaque généralité. Dans celle de Paris, on fixe ordinairement chaque Charrue à 120 arpens, c'eft-à-dire à quarante arpens par folle; on ne dif-tingue pas fi c'eft à la grande ou à la petite me-fure; cela fait pourtant une différence confidé-rable.

Dans l'Orléanois, une Charrue n'eft commu-nément que de 28 à 30 arpens par folle, & on la fixe à 90 arpens, c'eft-à-dire à 30 arpens par folle, par rapport au privilège.

La déclaration du roi du 22 janvier 1752, concernant la nobleffe militaire, porte article premier, que ceux qui feront actuellement au fervice du roi & n'auront point encore rempli les conditions prefcrites par l'édit de novembre 1750, pour acquérir l'exemption de taille, n'au-ront pas le droit qu'ont les nobles ni même les privilégiés, de faire valoir aucune Charrue.

L'article 2 dit que ceux qui auront rempli les conditions portées par l'édit pour acqué-rir l'exemption de taille, foit qu'ils foient encore au fervice du roi, ou qu'ils s'en foient retirés, pourront faire valoir deux Charrues feulement.

Voyez *le recueil des ordonnances de Louet ; l'ordonnance du mois d'avril 1667 ;celle du duc Léopold de Lorraine , du mois de novembre 1707 ; l'édit du mois de mars 1667 ; la déclaration du roi du 22 janvier 1752 , &c.* Voyez auffi les articles SAISIE , BAIL , PRIVILÉGE , TAILLE , EXMPTION , NOBLESSE , CLERGÉ , &c. (*Cet article appartient à M.* BOUCHER D'ARGIS *, ancien confeiller au confeil fouverain de Dombes*).

• CHARTE-PARTIE. C'eft l'acte par lequel on loue un navire.

Le préfident Boérius a expliqué l'étimologie de ce terme. Les anglois ainfi que les habitans de l'Aquitaine redigeoient , dit-il , par écrit leurs conventions fur une Charte que l'on divifoit enfuite en deux parties & chacun des contractans en prenoit une. Ceux-ci repréfentoient & réuniffoient ces parties lorfqu'il s'agiffoit de favoir ce que portoit la convention. On s'affuroit par le rapport que l'une devoit avoir avec l'autre , quel étoit le véritable original fur lequel la convention avoit été redigée. L'auteur cité affure l'avoir vu fouvent pratiquer de cette manière.

Suivant l'article premier du titre premier du livre trois de l'ordonnance de la marine , toute convention pour le louage d'un vaiffeau appelée *Charte-Partie* , doit être redigée par écrit. Un édit du mois de décembre 1657 avoit créé dans chaque fiège d'amirauté deux offices de notaires greffiers pour recevoir les Charte-Parties & les autres contrats maritimes à l'exclufion de tout

autre notaire, mais cet édit n'a point été exécuté. C'eſt pourquoi les Chartes ſe font ſous ſignature privée auſſi bien que par devant notaires.
La convention eſt même valable lorſqu'elle n'eſt
que verbale, mais la preuve par témoins n'en
peut être reçue que juſqu'à la ſomme de cent
livres conformément à l'ordonnance de Moulins
& à celle du mois d'avril 1667. C'eſt pourquoi,
lorſqu'il s'agit d'un affrètement un peu conſidérable, ſoit pour la totalité du bâtiment, ſoit
au tonneau ou au quintal, on en dreſſe preſque
toujours une Charte-Partie : mais pour les petits
bâtimens qui ne vont que d'un lieu à l'autre,
ſur-tout dans la même amirauté, la convention
eſt ordinairement verbale. Les expéditions de
cette nature ſont trop courtes pour exiger d'autres précautions, que celle de donner au patron
de la barque une facture ou note des choſes chargées ; ou ſi le chargement eſt pour le compte
d'une tierce perſonne, on remet au patron pour
cette perſonne une lettre de voiture où ſont
ſpécifiés les effets chargés & la ſomme qu'il faut
payer au patron pour ſon fret.

Cette lettre de voiture qui fait le titre commun du chargeur, du patron & de la perſonne
à laquelle les marchandiſes ſont envoyées, tient
lieu de Charte-Partie, de connoiſſement & de
facture de chargement. Le patron eſt obligé de
remettre les marchandiſes énoncées dans la
lettre de voiture comme s'il l'avoit ſouſcrite,
& elle lui ſert auſſi de titre pour l'autoriſer à
demander le payement de ſon fret. M. Valin aſſure que tout cela s'exécute de bonne foi & qu'on
ne voit aucun procès s'élever à ce ſujet.

Toutes les clauſes d'une Charte-Partie doivent être expliquées avec précifion pour éviter les difcuffions.

L'article 3 du titre cité veut que la Charte-Partie contienne le nom & le port du vaiffeau, le nom du maître & celui de l'affréteur, le lieu & le temps de la charge & de la décharge, le prix du fret avec les intérêts des retardcmens & féjours : au furplus, il permet aux contractans d'ajouter à ces chofes toutes les conditions dont ils jugent à propos de convenir (*).

Obfervez avec M. Pothier, que l'omiffion de quelqu'une des chofes dont on vient de faire l'énumération n'empêcheroit pas que la Charte-Partie ne fût valable : c'eft en effet ce qu'on doit induire de l'article 4, qui fuppofe valable une Charte-Patie dans laquelle on n'a pas fait mention du temps de la charge & de la décharge.

Outre le prix du fret il eft affez ordinaire de ftipuler dans la Charte - Partie une fomme modique qu'on appelle *le vin*, *le chapeau* ou *les chauffes du maître*. En vertu de cette ftipulation ce bénéfice eft acquis au maître, fans qu'il foit

---

(*) C'eft en conféquence de cette permiffion que par fentence de l'amirauté de Marfeille du mois de feptembre 1752, il a été jugé qu'une Charte-Partie portant ftipulation que le maître ne pourroit prétendre aucun fret s'il ne partoit dans le delai fixé, devoit avoir fon effet.

Mais M. Valin a fort bien obfervé que pour adopter une pareille décifion, il faudroit que le maître eût été mis-juridiquement en demeure, & qu'il fût d'ailleurs queftion de marchandifes dont le tranfport ne put être différé fans un dépériffement confidérable, ou fans en faire manquer le débit, comme feroient, par exemple, des provifions de carême qui n'arriveroient qu'à Pâques.

obligé d'en faire part aux propriétaires du navire ni aux gens de l'équipage (*).

Si le chapeau n'a été promis au maître que sous la condition que l'on seroit content de lui, on ne peut le lui refuser qu'en prouvant qu'on a lieu d'être mécontent de sa conduite : c'est pourquoi au mois de mars 1751, l'amirauté de Marseille a condamné le sieur Lüther fils, négociant, à payer un chapeau qu'il refusoit sans cause vérifiée.

* L'article 7 déclare qu'une Charte-Partie sera résiliée si la guerre ou autre interdiction de commerce avec le pays auquel elle a rapport, survient avant le départ du vaisseau, & que le chargeur sera tenu de payer les frais du chargement & du déchargement des marchandises. Ces frais sont peu de chose en comparaison de ceux de l'armement; mais enfin tout est compensé dans ce malheur commun ; il y a impossiblité d'exécuter la convention.

Le même article ordonne que la Charte-Partie subsistera malgré la déclaration de guerre, si c'est avec un autre pays que celui pour lequel le vaisseau est destiné : c'est qu'il n'y a point d'impossibilité à exécuter la convention, que les opérations du commerce ne doivent jamais être suspendues & que le bien général assujettit les motifs particuliers.

(*) C'est ce que décide Cleirac au titre *des contrats maritimes*, & M. Valin a adopté cette décision. M. Pothier dit cependant qu'on lui a assuré que suivant l'usage, le maître devoit compter du *chapeau* tout comme du fret aux propriétaires du navire, à moins que par une convention expresse le chapeau ne lui eût été attribué.

Il y a cependant une grande différence entre la poſition de l'armateur & celle du chargeur: celui-ci augmentera le prix de ſes marchandiſes du riſque qu'elles auront couru, au lieu que l'armateur ne peut augmenter le prix de ſon fret avec les riſques de ſon vaiſſeau; l'aſſurance qu'il peut faire de ſon bâtiment en peut même abſorber le capital.

Si la loi n'a rien ſtatué en faveur de l'armateur, elle lui laiſſe l'eſpoir d'un dédommagement, lorſqu'une paix inopinée ſurvient. Les Charte-Parties faites pendant la guerre ſubſiſtent lorſque les riſques ſont paſſés.

Ce ſeroit donc une injuſtice de les réſilier dans ce dernier cas, ſi on ne l'a pas fait dans le premier. Il peut arriver que la marchandiſe chargée ne ſuffiſe pas pour payer le fret; mais c'eſt la poſition où s'eſt trouvé l'armateur, lorſque ſon fret n'a pu payer la moitié de ſes riſques.

La raiſon d'état égale à celle de la néceſſité, mais ſi ſouvent mal interprêtée, n'a point lieu ici; & ſi elle pouvoit être appliquée, ce ſeroit en faveur de la navigation.

Enfin l'on n'a jamais réſilié un contrat de conſtitution, parce que le prêt qui y a donné lieu, a été employé à l'achat d'une maiſon que le feu a conſumée dès le lendemain. Si une loi actuelle a des inconvéniens particuliers, il eſt auſſi ſage que facile de la changer; mais elle doit conſerver ſon caractère de loi & maintenir l'égalité entre les contractans.

Une Charte-Partie ne laiſſe pas de ſubſiſter, quoique le vaiſſeau ſoit arrêté dans un port par force majeure, parce que le voyage n'a été entrepris qu'à cause du chargement : la perte est réciproque, & la circonstance étant imprévue, doit retomber sur tous les deux.

La loi ordonne encore qu'en cas de pillage d'une partie du chargement par les ennemis ou par des pirates, la Charte-Partie sera résiliée relativement à la portion enlevée, parce que le contrat n'est pas rempli quant à cette portion.

Ces deux pertes sont cependant involontaires, & il semble par les lois civiles que l'acte de Dieu, non plus que celui d'un ennemi, ne peuvent être reprochés dans une action particulière ; mais les lois de la mer ont été obligées de punir ces fautes involontaires, pour prévenir celles qui ne le seroient pas & à cause de la difficulté qu'il y auroit à les distinguer. Ce n'est pas une injustice pour cela, puisque la perte est partagée entre le vaisseau & la marchandise ; c'en seroit une aucontraire, si un risque qui doit être commun, puisqu'il est forcé, retomboit sur une seule partie.

En cas de rachat, la Charte-partie a son plein effet, mais le prix du rachat se supporte par la marchandise & par le vaisseau au prorata, comme avarie commune pour le salut de tous.

C'est dans le même esprit d'égalité que la loi ordonne que si un vaisseau déja en route apprend l'interdiction de commerce avec le pays où il va, & qu'il soit obligé de revenir dans le port d'où il est parti, il ne lui sera dû que la moitié du voyage, quand même l'affrettement seroit fait pour le voyage entier.

Si les propriétaires, après s'être obligés par,

une Charte-Partie de faire route en droiture à l'endroit défigné, donnent ordre au maître de faire une relâche, ou fi le maître en fait une fans néceffité, les propriétaires du vaiffeau, outre les dédommagemens du retard qu'ils doivent aux chargeurs, leur feront garans de tous les évènemens de la mer. Les accidens du commerce font fi variables, qu'un efpace de temps, même très-court, en changé toute la face : le retard n'eût-il porté aucun préjudice, il ne feroit pas moins jufte d'en imputer un; parce qu'une loi doit être générale, & que toute léfion de contrat doit être punie. La même raifon applique cette maxime aux rifques de la mer.

Réciproquement un chargeur qui fait changer de route au vaiffeau, ou qui le retient, eft garant fur la fimple oppofition du capitaine, de tous les frais, rifques, & dommages & intérêts. Tous les contractans y font affujettis dans le droit & dans le fait; le fouverain même lorfqu'il fait des conventions avec fes fujets : s'il s'en difpenfoit, il fe priveroit de fes reffources dans un befoin urgent; & il perdroit bientôt par l'excès des prix que l'on exigeroit de lui, le médiocre profit d'une économie mal entendue. Telle eft prefque par-tout l'origine du furhauffement du prix des affrettemens pour l'état; & fi malgré ce furhauffement il manque encore à fa convention, le prix augmente avec le difcrédit.

Si le maître eft obligé en route de faire radouber fon vaiffeau, & qu'il foit prouvé qu'il étoit hors d'état de naviguer avant le départ, les propriétaires font tenus des rifques, dommages & intérêts.

Une Charte-Partie subsiste quant au payement, quoique le Chargeur n'ait pas rempli la capacité qu'il avoit retenue dans le navire, soit qu'il n'ait pas eu assez de marchandises, soit qu'il ait laissé expirer les jours de planche.

Par nos lois, le maitre peut en ce cas prendre les marchandises d'un autre, avec le consentement du chargeur. Par les lois Angloises, il peut s'en charger de plein droit, & cette loi est plus favorable au commerce.

Par les lois Rhodiennes, le chargeur étoit obligé outre le fret entier, de payer dix jours de la nourriture & des gages de l'équipage.

Lorsqu'une Charte-Partie porte que le vaisseau partira au premier bon vent, quoique cela ne s'exécute pas, si le vaisseau arrive à bon port, le fret est dû, parce que l'acte du départ donne au maître un titre pour le fret : mais il est tenu des évènemens de la mer. Si le retard est trop considérable, il doit des dédommagemens, & même le chargeur peut prendre un autre vaisseau.

Une Charte-Partie n'est pas rompue par la saisie de marchandises prohibées que l'on destinoit au chargement : l'armateur n'a point entendu prêter son vaisseau pour contrevenir aux lois, & il l'a armé de bonne foi pour faire son commerce.

Les propriétaires d'un vaisseau doivent un dédommagement au chargeur, si leur navire est déclaré dans la Charte-Partie de plus d'un quarantième audessus de son port véritable.

Enfin le navire, ses agrès & apparaux, le fret & les marchandises chargées, sont respectivement affectés aux conventions de la Chârte-Partie *.

Voyez *Cleirac des contrats maritimes ; Stracha de navibus; les jugemens d'Oleron; Kuricke ad jus hanseaticum ; Loccenius de jure maritimo ; les œuvres de Pothier ; l'ordonnance de la marine du mois d'août 1681 & les commentateurs ; le droit maritime de toutes les nations*, &c. Voyez aussi les articles AFFRETTEMENT, AVARIE, ASSURANCE, CONNOISSANCE, CAPITAINE, LOUAGE, &c. (*Ce qui est entre les deux astériques de cet article appartient à* M. V. D F.)

CHÂRTRE, ou CHARTE. On appelle ainsi d'anciens titres, d'anciennes lettres-patentes des rois, des princes, &c.

A la tête de l'excellent ouvrage qui a pour titre l'art de vérifier les dates, par des religieux bénédictins de la congrégation de saint Maur, on trouve une dissertation très-utile sur la difficulté de fixer les dates des Chartres & des chroniques. Les difficultés viennent de plusieurs causes ; 1°. de la manière de compter les années, qui a fort varié, ainsi que les divers jours où l'on a fait commencer l'année ; 2°. de l'ère d'Espagne, qui commence trente-huit ans avant notre ère chrétienne & dont on s'est servi long-temps dans plusieurs royaumes ; 3°. des différentes sortes d'indictions ; 4°. des différens cycles dont on a fait usage & de plusieurs autres causes. Dans l'ouvrage dont il s'agit, on a eu pour objet de remédier à ces inconvéniens.

Anciennement, & jusqu'au temps de Philippe-Auguste, il n'y avoit point de lieu fixe pour y garder les Chartes du roi ; ces actes étant alors en petit nombre, nos rois les faisoient porter à leur suite par-tout où ils alloient, soit pour leurs expéditions militaires, soit pour quelqu'autre voyage.

Guillaume le Breton & d'autres historiens, rapportent qu'en 1194 Philippe-Auguste ayant été surpris pendant son dîner, entre Blois & Fretteval, dans un lieu appelé Bellesoye, par Richard IV, dit Cœur-de-Lion, roi d'Angleterre & duc de Normandie, avec lequel il étoit en guerre, il y perdit tout son équipage, notamment son scel & ses Chartes, titres & papiers.

M. Brussel prétend néanmoins que cet enlèvement n'eut pour objet que certaines pièces, & que les Anglois n'emportèrent point les registres ni les titres considérables.

Il y a du moins lieu de croire que dans cette occasion les plus anciens titres furent perdus, parce qu'il ne se trouve rien au trésor des Chartes que depuis Louis-le-Jeune, lequel, comme on sait, ne commença à régner qu'en 1137.

Philippe-Auguste pour réparer la perte qui venoit de lui arriver, donna ordre que l'on fît de soigneuses recherches pour remplacer les pièces qui avoient été enlevées.

Il chargea de ce soin Gaultier le jeune, *Galterius junior*, auquel du Tillet donne le titre de chambrier.

Ce Gaultier, autrement appelé frere Guerin, étoit religieux de l'ordre de Saint-Jean de Jérusalem. Il fut évêque de Senlis, garde des sceaux de France sous Philippe-Auguste, puis chancelier sous Louis VIII & sous S. Louis.

Il recueillit ce qu'il put trouver de copies de Chartes qui avoient été enlevées, & rétablit le surplus de mémoire le mieux qu'il lui fut possible.

Il fut arrêté que l'on mettroit ce qui avoit été ainsi rétabli & ce qui seroit recueilli à l'avenir, dans un lieu où ils ne fussent point exposés aux mêmes hasards, & Paris fut choisi, comme la capitale du royaume, pour y conserver ce dépôt précieux.

Il est présentement placé dans un petit bâtiment en forme de tour quarrée, attenant à la Sainte-Chapelle du côté septentrional : au premier étage de ce bâtiment est le trésor de la Sainte-Chapelle ; & dans deux chambres l'une sur l'autre, au-dessus du trésor de la Sainte-Chapelle, est le trésor des Chartes.

Mais ce dépôt n'a pu être placé dans cet endroit que sous le règne de saint Louis, & seulement depuis 1246, la Sainte-Chapelle n'ayant été fondée par ce roi que le 12 janvier de cette année.

Les Chartes ou titres recueillis dans ce dépôt sont les contrats de mariages des rois & des reines, des princes & des princesses de leur sang, les quittances de dot, assignations de douaire, lettres d'apanages, donations, testamens, contrats d'acquisition, échanges & autres actes semblables ; les déclarations de guerre, les traités de paix, d'alliance, &c.

On y trouve aussi quelques ordonnances de nos rois, mais elles n'y sont pas recueillies de suite ni exactement ; car le registre de Philippe-Auguste & les autres des règnes suivans, jus-

qu'en 1381, ne font pas des recueils d'ordonnances de ces princes, mais des regiftres de
toutes les Chartes qui s'expédioient en chancellerie, parmi lefquelles il fe trouve quelqués
ordonnances.

Le roi enjoignoit pourtant quelquefois par fes
ordonnances mêmes, de les dépofer en original
au tréfor des Chartes, témoin celle de Philippe VI touchant la régale du mois d'octobre
1344, à la fin de laquelle il eft dit qu'*elle fera
gardée par original au tréfor des Chartes & lettres
du roi.*

On appelle communément *lettres de Chartre*,
ou *lettres expédiées en forme de Chartre*, les lettres de grande chancellerie qui attribuent un
droit perpétuel, telles que les ordonnances &
édits, les lettres de grâce, rémiffion ou aboli-
tion qui procédent de la pleine grâce du roi,
toutes lefquelles lettres contiennent cette adreffe,
à tous préfens & avenir, & n'ont point de date
de jour, mais feulement de l'année & du mois,
& font fcellées de cire verte fur des lacs de foie
rouge & verte, à la différence des autres lettres-
patentes qui contiennent cette adreffe, *à tous
ceux qui ces préfentes lettres verront*, renferment
la date du jour, du mois & de l'année, & font
fcellées en cire jaune fur une double queue de
parchemin.

On appelle *Chartre de commune*, les lettres
par lefquelles le roi ou quelqu'autre feigneur
érigeoient autrefois les habitans d'une ville ou
bourg en corps & communauté. Ces lettres furent une fuite de l'affranchiffement que quelques-uns des premiers rois de la troifième race

commencèrent à accorder aux ſerfs & mortail-lables ; car les ſerfs ne formoient point entr'eux de communauté. Les habitans auxquels ces Chartres de commune étoient accordées, étoient liés réciproquement par la religion du ſerment & par de certaines lois. Ces Chartres de com-mune furent beaucoup multipliées par Louis VII, & furent confirmées par Louis VIII, par Phi-lippe-Auguſte & par leurs ſucceſſeurs. Les évê-ques & les autres ſeigneurs en établirent auſſi avec la permiſſion du roi. Le principal objet de l'établiſſement de ces communes, fut d'obliger les habitans des villes & bourgs érigés en com-mune, de fournir du ſecours au roi en temps de guerre, ſoit directement, ſoit médiatement, en le fourniſſant à leur ſeigneur qui étoit vaſſal du roi & qui étoit lui-même obligé de ſervir le roi. Chaque curé des villes & bourgs érigés en com-mune venoit avec ſa bannière à la tête de ſes paroiſſiens. La commune étoit auſſi inſtituée pour la conſervation des droits reſpectifs du ſeigneur & des ſujets. Les principaux droits de commune ſont celui de mairie & échevinage, de collège, c'eſt-à-dire de former un corps qui a droit de s'aſſembler ; le droit de ſceau, de cloche, bef-froi & juridiction. Les Chartes de commune ex-pliquoient auſſi les peines que devoient ſubir les délinquans & les redevances que les habitans devoient payer au roi ou à leur ſeigneur. M. Caterinat dans ſa diſſertation que les coutumes ne ſont point de droit étroit, dit que ces Char-tres de communes ſont les ébauches des cou-tumes. En effet, ces Chartres ſont la plupart du douzième & du treizième ſiècles, temps à-peu-près où nos coutumes ont pris naiſſance, les plus anciennes n'ayant été rédigées par écrit que dans le treizième & le quatorzième ſiècles. On ne trouve point que la ville de Paris ait jamais obtenu de Chartre de commune, ce qui provient ſans doute de ce qu'on a ſuppoſé qu'elle n'en avoit pas beſoin à cauſe de la dignité de ville capitale du royaume.

On appelle *Chartre Normande*, ou *Chartre aux Normands*, la ſeconde des deux Chartres que Louis X, dit Hutin, donna à la Normandie pour la confirmation de ſes privilèges. La première qui étoit de l'an 1314, ne contenoit que quatorze articles : la ſeconde qui eſt du 15 juillet 1315, contient vingt-quatre articles. Celle-ci à laquelle on a attribué ſingulièrement le nom de *Chartre aux Normands*, ou de *Chartre Normande*, fut confirmée par Philippe-de-Valois en 1339, par Charles VI en 1380, par Charles VII en 1458, par Louis VI en 1461, par Charles VIII en 1485, & par Henri III en 1579. Voici la traduction qu'ont donnée de cette pièce importante les éditeurs des ordonnances des rois de la troiſième race (*).

_____

(*) *Le préambule de la Chartre Normande eſt ainſi conçu :*

Louis par la grace de dieu roi de France, à tous nos feaux, & nos juſticiers, ſalut. Nous avons reçu la grieve complainte des prélats, perſonnes d'égliſe, des barons, des chevaliers, & de tous autres nobles, & ſubmis, & du menu peuple de nôtre duché de Normandie, contenant que depuis le temps de ſaint Louis nôtre biſael, moult de griefs avoient été faits à iceux, de nouvelletés, tailles, ſubventions, & diverſes impoſitions, contre la

« *Article I.* Le roi & ſes ſucceſſeurs ne feront
» faire en Normandie d'autre monnoie que celle
» de Paris & de Tours ; & les gros tournois ſe-
» ront du poids & de la valeur qu'ils étoient du
» temps de Saint Louis.

„ 2°. Le fouage ou le monnoyage ſera levé ,
» comme il eſt marqué dans le regiſtre des cou-
» tumes de Normandie.

» 3°. Les nobles & les habitans de Normandie
» qui. doivent au roi dès ſervices à la guerre ,
» feront libres lorſqu'ils s'en feront acquités.

» 4°. Quand les ſeigneurs de fief auront rendu
» leurs ſervices, le roi ne pourra rien exiger de
» leurs vaſſaux, ſauf le cas d'arrière-ban.

» 5°. Lorſque le roi & ſes ſucceſſeurs reven-
» diqueront quelque héritage , le procès ſur la
» propriété ſera jugé, quoique les poſſeſſeurs
» oppoſent là ſaiſine ou la poſſeſſion d'an &
» jour.

» 6°. S'il y a conteſtation ſur la poſſeſſion
» d'an & jour, la choſe contentieuſe ſera miſe
» en la main du roi juſqu'à ce que la queſtion
» ſur la poſſeſſion ait été décidée.

---

coutume du pays , & contre les droits & franchiſes d'i-
celle, deſquelles choſes, griefs & perils à eux, & à leurs
ſucceſſeurs étoient engendrez , dommages & préjudices
infinis. Pourquoi ils nous ſupplierent que nous voulliſſions
ajouter auxdits griefs remede convenable, leſquels il nous
expoſerent plus a plain. Nous alors inclins à leurs juſtes
prières, qui à eux , & à tous autres nos ſoumis ſommes
débiteurs en juſtice, voulant à iceux non ſans cauſe faire
grace eſpecial, ſur leur requête, euc délibération ſolemnelle
avec notre conſeil avons pourveu, ſi comme il s'enſuit.

Premièrement , &c.

» 7°. Le roi ne levera en Normandie que fes
» revenus ordinaires, & n'exigera que les fer-
» vices qui lui font dûs, à moins qu'il n'y ait
» quelque urgente néceffité.

» 8°. Aucun fergent royal de l'épée ou autre,
» ne pourra faire exercer fon office par des per-
» fonnes de louage, fous peine de perdre l'of-
» fice.

» 9°. On ne pourra prendre des vivres ou
» autres denrées pour le roi, fans fes lettres
» fcellées de fon fceau ou du maître de fon hô-
» tel; & quand il y aura des lettres, les mar-
» chandifes feront appréciées & payées avant
» d'être enlevées.

» 10°. Le droit de tiers & danger ne fera pas
» levé fur le mort-bois.

» 11°. Si quelqu'un fe prétend franc du tiers
» & danger parce que fes bois ont été plantés
» anciennement, il en fera exempt en prou-
» vant.

» 12°. Les deniers levés pour faire ou répa-
» rer les ponts y feront employés, &c.

» 13°. Lorfque le roi fera chargé des bâti-
» mens ou de la reconftruction des ponts, les
» particuliers n'y contribueront pas.

» 14°. Les nobles dans leurs terres, auront le
» varech & les chofes guaives.

» 15°. De trois ans en trois ans, le roi en-
» verra des commiffaires pour informer des
» excès de fes officiers.

» 16°. Nul homme libre ne fera mis à la quef-
» tion, à moins qu'il n'y ait contre lui des pré-
» fomptions violentes de crime.

» 17°. Aucun avocat ne pourra prendre plus

» de trente livres pour les grandes caufes, &c.

» 18°. Les caufes décidées à l'échiquier de » Normandie ne feront pas portées au parlement » de Paris.

» 19°. La prefcription de quarante années » aura lieu en Normandie en toutes matières.

» 20°. Les héritages qui feront réunis au do-» maine du roi par défaut de payement, feront » eftimés par des prud'hommes.

» 21°. Les parens pourront faire le retrait » des héritages réunis au domaine du roi faute » de payement.

» 22°. Ceux qui auront des domaines du roi » par don, échange ou autre aliénation, ne » pourront traduire les autres fujets du roi dans » les juftices éloignées.

» 23°. Quand il s'agira d'exécution de lettres » paffées fous le fcel royal, les parties ne feront » pas mifes en procès, à moins que l'une d'elles » ne prétende avoir payé.

» 24°. En matière de retrait, celui qui ne » poffédera pas l'héritage ne pourra être ajour-» né ».

On a dans la fuite dérogé à plufieurs de ces difpofitions : cependant l'autorité de la Chartre Normande eft telle que quand il s'agit de faire quelque règlement qui peut intéreffer la pro-vince de Normandie, & qui eft contraire à cette Chartre, on a foin d'y inférer la claufe, *nonob-ftant clameur de haro, Chartre Normande, &c.*

CHARTRE, eft auffi un vieux mot qui fignifie prifon ; & l'on appelle *Chartre privée*, un lieu où quelqu'un eft détenu fans autorité de juftice.

Il eft défendu à toute perfonne, même aux

officiers de juſtice, de tenir qui que ce ſoit en Chartre privée.

Par arrêt du 16 février 1608, il fut enjoint au prévôt des maréchaux de Loudun & à tous autres, de mettre les accuſés dans les priſons ordinaires des lieux, avec défenſe de les tenir dans des maiſons privées ſous la garde de leurs archers, à peine d'être punis comme prévaricateurs. Et l'article 10 du titre 2 de l'ordonnance de 1670 a fait défenſe aux prévôts des maréchaux de faire *Chartre privée* dans leurs maiſons ni ailleurs, à peine de privation de leurs charges. Cette loi veut qu'à l'inſtant de la capture l'accuſé ſoit conduit dans les priſons du lieu s'il y en a, ſinon aux plus prochains, dans vingt-quatre heures au plus tard.

Voyez le recueil des ordonnances des rois de France ; les coutumes de Meaux, de Nivernois & de Normandie ; le recueil chronologique de Blanchard ; l'art de vérifier les dates ; les ordonnances de Fontanon ; le gloſſaire de Ducange ; Charondas en ſes pandectes ; le recueil d'arrêts de M. Froland ; le traité des droits du roi par Dupuy ; le dictionnaire des arrêts ; la bibliothèque de Bouchèl ; l'ordonnance criminelle du mois d'août 1670 ; &c. Voyez auſſi les articles COMMUNE, COUTUME, PRIVILÉGE, HARO, SCEAU, COMMITTIMUS, PRESCRIPTION, PRISON, ACCUSÉ, PRÉVÔT, &c.

CHARTREUX. Ce ſont les religieux de l'ordre qui a été fondé par ſaint Bruno.

Cet ordre a pris naiſſance dans le onzième ſiècle. On y vit d'une manière très-auſtère ; la clôture & la ſolitude ſont deux obligations eſſentielles de ces religieux.

Plufieurs auteurs prétendent que l'étymologie du mot Chartreux vient du nom de chartreufe que portoit le lieu où faint Bruno fit le premier établiffement de cet ordre. D'autres tirent l'étymologie de Chartreux du mot chartre, qui anciennement fignifioit prifon, parce que les religieux de faint Bruno fe condamnent à une efpèce de prifon perpétuelle.

Ceux qui voudront connoître les ftatuts des Chartreux peuvent confulter l'ouvrage que D. Maffon leur général fit imprimer en 1703 fous le titre de difcipline de l'ordre des Chartreux (1).

Les Chartreux jouiffent d'une foule de priviléges. Ils ont été dans tous les temps exempts de tout impôt. Cette exemption leur a été confirmée par différentes lettres-patentes, & particulièrement en 1383 & en 1446.

Les papes ont donné des marques d'une protection fpéciale à l'ordre des Chartreux. Choppin cite une bulle du premier avril 1191, par laquelle le pape Céleftin III excommunioit tous ceux qui empêcheroient les fidèles d'exercer des libéralités envers les Chartreux, & même qui donneroient des confeils contraires à l'aggrandiffement du patrimoine de cet ordre.

Les menaces faites par cette bulle ont eu fans doute leur effet, puifque les Chartreux poffèdent aujourd'hui des biens confidérables. L'excommunication prononcée par le pape Céleftin III étoit certainement abufive ; mais dans

---

(*) L'ouvrage de D. Maffon eft écrit en latin ; il a pour titre : *difciplina ordinis Carthuctenfis.*

le douzième fiècle on n'ofoit pas réclamer contre les entreprifes des fouverains pontifes, & c'eft dans ces temps-là que les ordres religieux ont profité de l'ignorance & de la foiblefse des féculiers pour accumuler les richefses dont ils jouifsent.

Les Chartreux ne s'adrefsoient dans les premiers fiècles de leur établifsement, qu'au pape même pour leurs affaires temporelles. Choppin rapporte une bulle de la fin du douzième fiècle, par laquelle le pape Luce III défendoit » de faire aucune pêche dans les rivières voi- » fines des maifons de Chartreux, & de chafser » ni les oifeaux ni les animaux à quatre pieds » fur les terres qui étoient dans les environs des » monaftères des Chartreux. Ce pape défendit » encore de faire paître les beftiaux fur les ter- » res de ces religieux, & même de les y faire » pafser ».

Une pareille bulle prouve jufqu'à quel point le Saint-Siège entreprenoit fur la juridiction féculière dans ces temps d'ignorance.

Outre les privilèges que nous venons de rappeler, les Chartreux ont encore obtenu des papes l'affranchifsement de payer la dime ; mais ce privilége qui leur a été formellement accordé par une bulle du pape Jean XXII, a été reftreint dans des bornes plus étroites. Ils ne jouifsent aujourd'hui de l'exemption de la dîme que fur les fruits produits par leur ancien patrimoine ; encore eft-il nécefsaire pour que l'affranchifsement ait lieu, que les terres foient cultivées par les Chartreux.

Nos rois ont confirmé par différentes lettres-

patentes-

patentes , le privilège d'exemption de dîme dont cet ordre jouit. Louis XI lui en accorda en 1465, Louis XII en 1498 , François I en 1516 & en 1520. Il en a également obtenu de Henri II, de Henri III, de Henri IV , de Louis XIII & de Louis XIV. Les lettres-patentes accordées par ce dernier monarque font de l'année 1663 , & elles ont été enregiſtrées par le grand conſeil & par le parlement.

Par un édit de 1553 , l'ordre des Chartreux a été affranchi de l'obligation de recevoir, nourrir , loger & habiller les religieux laïcs.

En 1654 les Charteux ont obtenu des lettres-patentes qui ont été enregiſtrées au grand conſeil , & par leſquelles Louis XIV a confirmé généralement tous les privilèges qui leur appartiennent.

Toutes les communautés religieuſes font obligées par l'ordonnance des eaux & forêts, de faire des réſerves dans leurs bois. Les Chartreux ne font point ſoumis à cette diſpoſition de l'ordonnance ; ils en ont été affranchis par des lettres-patentes qui leur ont été accordées par Louis XIV au mois de février 1670. Ce privilège leur a été de nouveau confirmé par un arrêt du conſeil du 15 juillet 1717 , par des lettres-patentes du mois de mai 1727 & par un arrêt du conſeil du 2 février 1734.

L'ordre des Chartreux n'eſt point ſoumis aux oblats.

Suivant une ancienne bulle , les Chartreux étoient dans l'opinion qu'aucun membre de leur ordre ne pouvoit s'adreſſer aux juges ſéculiers. En 1723 le chapitre général fit de nouvelles défenfes d'enfreindre la bulle du pape Clément III, & déclara qu'il puniroit les infracteurs comme coupables de défertion. Les Chartreux de Paris plus inftruits des principes de la difcipline de l'églife que le chapitre général, ne voulurent point fe foumettre à un décret auffi contraire aux lois du royaume ; ils en interjetèrent appel comme d'abus. La conteftation fit beaucoup de bruit ; le roi l'évoqua à fon confeil & s'en réferva la connoiffance. Par un arrêt folemnel rendu le 14 août 1723, le décret du chapitre général fut déclaré abufif, & les Chartreux furent autorifés à avoir recours à la puiffance royale dans le cas d'oppreffion perfonnelle.

Nous avons dit ci-devant que nos rois ont difpenfé les Chartreux de tout impôt : cependant il s'eft élevé une conteftation en 1717 entre le général de cet ordre & le fous-fermier des aides de Champagne fur la queftion de favoir fi les Chartreux devoient ou non payer les droits *d'anciens cinq fous & ceux d'infpecteurs des boiffons pour les vins de leur provifion & confommation.*

Cette conteftation a été portée au confeil d'état, & elle a donné lieu à une difcuffion approfondie des privilèges de l'ordre des Chartreux. Le général de cet ordre foutenoit que dans tous les temps les Chartreux avoient joui de l'exemption de tout impôt ; qu'ainfi la prétention du fous-fermier des aides de Champagne devoit être profcrite.

Pour appuyer fa défenfe, le général invoquoit les différentes lettres-patentes que nous avons rappelées ci-devant & qui contiennent la confir-

mation précife & formelle de tous les privilèges
accordés à cet ordre. Il oppofoit encore plufieurs
arrêts du confeil rendus en 1694 , en 1696 &
en 1714, qui avoient jugé que les Chartreux
devoient être exempts de tout impôt fur les vins
& autres provifions néceffaires à leur confommation.

Le fous-fermier foutenoit au contraire que
les Chartreux ne pouvoient trouver dans les
lois qu'ils invoquoient un titre pour fe difpenfer
de payer *les droits d'anciens cinq fous & ceux
d'infpecteurs des boiffons ;* parce que , (difoit-il),
1°. l'édit de Charles IX du 23 feptembre 1561
qui a créé ces droits , porte formellement « qu'il
» n'y aura perfonne de quelqu'état & condition
» qu'elle foit , qui en foit exempte ; encore
» même que le vin proviendroit du crû de fa
» majefté, qu'il fût pour fon ufage , celui de la
» reine , des princes & princeffes de fon fang »;
2°. que l'édit de 1705 portant création d'offices
d'infpecteurs des boiffons contenoit les mêmes
difpofitions.

D'après ces lois le fous-fermier prétendoit
que les Chartreux n'avoient aucun prétexte
pour fe fouftraire à un impôt auquel le roi
& la famille royale étoient foumis ; & il ajoutoit que quelque favorable que fuffent les privilèges de cet ordre , ils ne pouvoient lui fervir
de titre d'exemption des droits dont il s'agiffoit.

Sur ces moyens oppofés , il intervint le 13
février 1717 un arrêt du confeil d'état, par lequel le roi, « en interprêtant en tant que de
» befoin les arrêts du confeil & lettres-patentes

» accordées aux Chartreux en 1714 & en 1715,
» a ordonné que lefdits arrêts & lettres-patentes
» feroient exécutés felon leur forme & teneur;
» ce faifant, que les Chartreux jouiroient dés
» privilèges, franchifes & exemptions y men-
» tionnés, à l'exception feulement des anciens
» cinq fous fur les vins & des droits des infpec-
» teurs aux boiffons qu'ils feroient tenus de payer
» pour les vins de leur provifion & confomma-
» tion ».

Il réfulte de cet arrêt, que les privilèges généraux accordés par nos rois aux Chartreux font
foumis à des exceptions, & qu'ils ne font exécutés que pour les impôts ordinaires & non pour
ceux au payement defquels le légiflateur a voulu
que tous fes fujets, fans aucune exception, fuffent affujettis.

Les vingtièmes font une impofition de cette
nature. Auffi les Chartreux y font-ils foumis. La
feule grâce que le roi ait accordée à quelques
chartreufes, c'eft de faire avec elle une efpèce
d'abonnement. Nous en trouvons deux exemples
dans deux arrêts du confeil d'état du 31 août
1730 & du 18 juillet 1762, rendus en faveur
de la chartreufe de Rhètel. Par le premier de ces
arrêts, il a été ordonné « que les Chartreux de
» Rhètel en payant la fomme de huit cens livres,
» feroient difpenfés de l'exécution de l'édit du
» mois de février 1760, qui concernoit la levée
» du troifième vingtième & des deux fous pour
» livre d'icelui.

Par le fecond arrêt, il a été ordonné « que les
» Chartreux de Rhètel en payant annuellement,
» à compter du premier janvier 1762, la fomme

» de trois cens livres pour tenir lieu de chacun.
» des trois vingtièmes, celle de foixante livres
» pour les deux fous pour livres du dixième,
» & celle de trente livres auſſi par année pour
» les deux fous pour livre du troiſième ving-
» tième, ſeroient diſpenſés de l'exécution des
» édits & déclarations portant prorogation deſ-
» dites impoſitions.

Voyez *le dictionnaire des arrêts ; Chopin ; la
bibliothèque hiſtorique du père le Long; la diſcipline de l'ordre des Chartreux par D. Maſſon général de cet ordre ; le père Thomaſſin ; les mémoires
du clergé, &c.* Voyez auſſi les articles Dîmes,
Novales, Oblats, Religieux, &c. (*Cet
article eſt de M. Désessarts, avocat au parlement*).

CHARTRIER. C'eſt le lieu où l'on conſerve
les chartres, les anciens titres d'une abbaye,
d'une grande ſeigneurie, &c. On appeloit autrefois *Chartrier du roi,* ou *Chartrier de France,*
ce que l'on appelle aujourd'hui tréfor des chartes : mais ce Chartrier étoit moins un lieu où
l'on renfermoit les chartes de la couronne, que
le recueil & la collection de ces chartes que l'on
portoit alors par-tout à la ſuite du roi. Richard
roi d'Angleterre, ayant défait l'armée de Phi-
lippe-Auguſte entre Châteaudun & Vendôme,
en 1194, enleva tout ſon bagage, & notamment
le Chartrier de France. Cette perte fut cauſe
que l'on établit à Paris un dépôt des chartes de
la couronne, que l'on appela le tréfor des chartes. *Voyez* Trésor des chartes.

Fin du Tome neuvième.

Page 27, ajoutez après la seconde ligne ce qui suit :

Le droit de meilleur Cattel a encore lieu dans plusieurs coutumes de la Flandre Flamande : on y connoît deux droits de cette espèce ; l'un seigneurial, comme dans le Hainaut & le Luxembourg ; l'autre ecclésiastique.

Le droit de meilleur Cattel seigneurial doit en cette Province son origine à la même cause que dans le Hainaut : ce fut la Comtesse Marguerite qui l'introduisit, comme nous l'apprend Burgundus en son traité sur les coutumes de Flandres.

Il faut observer que ce droit n'est pas si privilégié que d'autres dettes ne le soient encore plus : par exemple, il n'est pas préféré aux tailles, il ne peut se lever qu'après qu'elles sont tout-à-fait acquittées, suivant un arrêt du Parlement de Flandres, rendu dans la coutume de Courtrai en 1694 ; ce que l'on doit entendre pour l'année courante & celle qui précède immédiatement, car dans la Flandres Flamande les tailles ne sont privilégiées que pour les deux dernieres années, suivant le placard du 17 octobre 1671 : aussi le parlement de Flandres a-t-il décidé en 1696 que le droit de meilleur Cattel devoit être préféré aux tailles surannées.

Le droit de meilleur Cattel ecclésiastique est le droit qu'a un doyen de chrétienté de choisir le plus précieux meuble de la maison mortuaire d'un curé dont il a célébré les funérailles. Ce droit dépend absolument de l'usage ; il est en vigueur dans le diocèse d'Ipres, & il a été confirmé par arrêt rendu depuis peu au parlement de Flandres, au rapport de M. Remy, en faveur des doyens de chrétienté de la partie de ce diocèse qui est sous la domination du Roi, contre les sieurs Fockedey appelans d'une sentence du présidial de Bailleul, du 20 février 1772.

Ce droit, soit seigneurial, soit ecclésiastique, ne peut se lever indistinctement sur toutes sortes d'effets, comme on l'a vu à l'article *Cattel* pour le Hainaut, & comme l'indique pour la Flandre ce passage de Burgundus : *Catellum autem hîc est non domus, non armentum, non grex, aut arbor, aut alia quæ piam res parieti, vel solo affixa, sed ejus pecoris pecudifve caput, vel quidquid in fupelleCtili, ornamento, & mundo, & inftrumento habetur pretiofiffi-mum, vel pro cariffimo patronus eligit.*

Page 43, après ces mots de la feconde ligne, *en cette cour*, ajoutez :

C'eſt ſur ce principe qu'eſt fondé un arrêt qu'a rendu la grand'chambre du parlement de Flandres, le 18 décembre 1776, au rapport de M. de Flory, en faveur du ſieur Defontaines contre le ſieur Deſmons. Cet arrêt a décidé que dans la coutume de la châtellenie de Lille, les Catteux n'entrent en communauté, que lorſque la communauté eſt introduite par la loi, & non lorſqu'elle eſt ſtipulée par le contrat de mariage, parce que dans les diſpoſitions de l'homme les Catteux ſont de véritables immeubles.

Pag. 299, ligne 27, *lettres & fermes*, liſez *lettres en fermes.*

Pag. 398, ligne 14, après ces mots fille du marquis d'Eſtampes, ajoutez, actuellement vicomteſſe de Bourdeilles.

TOME IX.

Addition à l'article *Chanceliers des Conſuls de France dans les pays étrangers*, lequel commence à la page 25 & finit à la page 27.

Depuis l'impreſſion de cet article, le roi a rendu une ordonnance le 9 décembre 1776, par l'article 7 de laquelle ſa majeſté a ſupprimé tous les Chanceliers des échelles, à l'exception de ceux de Barbarie. Les fonctions de ces officiers ſont actuellement exercées par des drogmans à la nomination des conſuls qui doivent en répondre conformément à l'article 16 du titre 9 de l'ordonnance de la marine de 1681.

Suivant l'article 8, les émolumens des chancelleries doivent appartenir en totalité aux drogmans qui font les fonctions de Chanceliers, quand ces émolumens n'excèdent pas la ſomme de mille livres; & lorſqu'ils ſurpaſſent cette ſomme, l'excédent doit en être partagé avec les autres drogmans de l'échelle.

Les drogmans chargés des chancelleries ne peuvent ſous ce prétexte, ſe diſpenſer du ſervice ordinaire de drogmans. C'eſt ce qui réſulte de l'article 9.

Lightning Source UK Ltd.
Milton Keynes UK
UKHW022353020119
334667UK00009B/1461/P